2011

中国教育经费统计年鉴

China Educational Finance Statistical Yearbook

教育部财务司
国家统计局社会科技和文化产业统计司 编

（京）新登字 041 号

图书在版编目（CIP）数据

中国教育经费统计年鉴. 2011 / 教育部财务司，国家统计局社会科技和文化产业统计司编. -- 北京 ：中国统计出版社，2012.5

ISBN 978-7-5037-6508-7

Ⅰ. ①中… Ⅱ. ①教… ②国… Ⅲ. ①教育经费-统计资料-中国-2011-年鉴 Ⅳ. ①G526.72-54

中国版本图书馆 CIP 数据核字（2012）第 059242 号

中国教育经费统计年鉴—2011

作　　者/教育部财务司　国家统计局社会科技和文化产业统计司
责任编辑/尹　伊
封面设计/李雪燕
出版发行/中国统计出版社
通信地址/北京市西城区月坛南街 57 号　邮政编码/100826
办公地址/北京市丰台区西三环南路甲 6 号　邮政编码/100073
网　　址/www. stats. gov. cn/tjshujia
电　　话/邮购（010）63376907　书店（010）68783172
印　　刷/河北天普润印刷厂
经　　销/新华书店
开　　本/787×1092mm　1/16
字　　数/984 千字
印　　张/41
版　　别/2012 年 5 月第 1 版
版　　次/2012 年 5 月第 1 次印刷
书　　号/ISBN 978-7-5037-6508-7/G · 215
定　　价/220. 00 元

《中国教育经费统计年鉴—2011》
编辑委员会

前　言

《中国教育经费统计年鉴—2011》比较全面、系统地反映了2010年全国教育经费来源和使用的情况，为国家和地方编制教育发展规划、制定教育财政政策提供了重要的参考依据。它对于研究教育经费结构和使用效益有一定价值；对于各地之间的情况交流，提高教育财务管理水平，也将会起到促进作用。

随着我国公共财政体制的逐步建立和各项财政制度改革的的深入，为完整、准确地反映政府收支活动，经国务院同意，财政部制定了《政府收支分类改革方案》，决定自2007年1月1日起，全面实施政府收支分类改革。改革后，政府收支的分类范围、分类体系和具体科目设置方法等都有较大变化。为了与这项改革相适应，并配合近年来教育事业自身的改革和发展，特对全国教育经费统计部分指标作了相应的调整。

全国教育经费统计资料的各项数据是从最基层单位开始填报，经过乡（镇）、县（市、区）、地（市）、省（自治区、直辖市）等教育主管部门层层汇总的。各级教育和统计部门对教育经费统计工作十分重视，从人员、时间、设备等方面给予了保证，并认真组织，按照准确、及时、完整的要求编制报表，保证了全国教育经费统计资料汇总工作的顺利完成。

教育部财务司组织了全国教育经费统计资料的审核、整理工作，以及全国教育经费统计分析的计算机程序编制工作。国家统计局社会科技和文化产业统计司对全国教育经费统计工作给予了很大的支持，并与教育部财务司联衔编印出版此年鉴。参加这项工作的除教育部财务司的同志外，还有上海智力开发研究所以及陈永年、李艳春、周亚君、宋吉国、张利生、徐宣清等地方教育部门的同志。

目前，中国教育经费统计工作还处于充实、完善阶段，加之全国教育经费统计范围广，工作量大，因此在资料的收集、编排、整理等环节上难免有不足之处，诚望同志们提出批评和建议，以便今后加以改进，把教育经费统计工作做得更好。

编　者

2012年1月

目　　录

第一部分　全国教育经费收支

第二部分　省、自治区、直辖市按来源分类教育经费收入

第三部分　省、自治区、直辖市各级各类教育机构教育经费收入情况

第四部分　省、自治区、直辖市各级各类教育机构教育经费支出明细

第六部分　省、自治区、直辖市教育部门和其他部门各级各类学校生均教育经费支出

第一部分

全国教育经费收支

1-1 全国教育经费

指 标	总 计		
	合 计	中 央	地 方
总 计	**1956184707**	**215834667**	**1740350040**
一、国家财政性教育经费	1467006696	149209470	1317797226
1. 公共财政预算教育经费	1348956285	140350553	1208605732
(1)教育事业费拨款	1119463593	68337834	1051125759
(2)基本建设拨款	46177099	6136620	40040479
(3)科研拨款	26539626	21271027	5268599
(4)其他拨款	156775967	44605072	112170895
2. 各级政府征收用于教育的税费	93007002		93007002
(1)教育费附加	67434005		67434005
(2)地方教育附加	16885729		16885729
(2)地方基金	8687268		8687268
3. 企业办学中的企业拨款	5191138	1524145	3666993
4. 校办产业和社会服务收入用于教育的经费	2336136	652946	1683190
5. 其他属于国家财政性教育经费	17516135	6681826	10834309
二、民办学校中举办者投入	10542536		10542536
三、社会捐赠经费	10788394	1509344	9279050
#农村	698342		698342
四、事业收入	410606635	53478661	357127974
#学杂费	301555934	25953930	275602004
五、其他收入	57240446	11637192	45603254

注:表中“#”表示其中的主要项,以下同。表中“空格”表示无该项数据,以下同。

总收入

单位:千元

教育部门和其他部门			企业办学			民办学校
合　　计	中　　央	地　　方	合　　计	中　　央	地　　方	地　　方
1787633213	**207843619**	**1579789594**	**20222607**	**7991048**	**12231559**	**148328887**
1444638511	143068282	1301570229	12356899	6141188	6215711	10011286
1332811420	135758552	1197052868	6973760	4592001	2381759	9171105
1105705551	64837222	1040868329	5412048	3500612	1911436	8345994
45561557	5546500	40015057	600120	590120	10000	15422
26539626	21271027	5268599				
155004686	44103803	110900883	961592	501269	460323	809689
92133471		92133471	70725		70725	802806
66790132		66790132	45012		45012	598861
16766036		16766036	25131		25131	94562
8577303		8577303	582		582	109383
			5191138	1524145	3666993	
2221188	630049	1591139	114948	22897	92051	
17472432	6679681	10792751	6328	2145	4183	37375
						10542536
9574792	1495747	8079045	75047	13597	61450	1138555
698342		698342				
280520004	51887276	228632728	6871863	1591385	5280478	123214768
187114152	24744352	162369800	5737555	1209578	4527977	108704227
52899906	11392314	41507592	918798	244878	673920	3421742

1-2 全国各级各类教育机构

学校类别	总计	国家财政性教育经费	公共财政预算教育经费					各级政府征收用于教育的税费	
				教育事业费拨款	基本建设拨款	科研拨款	其他拨款		教育费附加
总计	**1956184707**	**1467006696**	**1348956285**	**1119463593**	**46177099**	**26539626**	**156775967**	**93007002**	**67434005**
一、高等学校	562907706	296532064	277779562	211429484	11685452	26442501	28222125	7068526	2487448
1. 普通高等学校	549786489	290180256	271880064	206414946	11498496	26430119	27536503	6856010	2325827
高等本科学校	444637576	241017683	227624762	169479531	8755695	26331370	23058166	3449635	588722
高职高专学校	105148913	49162573	44255302	36935415	2742801	98749	4478337	3406375	1737105
2. 成人高等学校	13121217	6351808	5899498	5014538	186956	12382	685622	212516	161621
二、中等职业学校	135730990	96828258	83251935	70639514	4284097		8328324	12534714	10090691
1. 中等专业学校	60655115	41513358	36942660	31178162	1877623		3886875	4193926	3349384
2. 职业高中	50929581	39276109	31815292	27800630	1421958		2592704	7309033	5923482
#农村	6373406	4748291	3995373	3396190	268534		330649	736406	609132
3. 技工学校	16964436	10709221	9641512	7521421	917710		1202381	594742	458895
4. 成人中专学校	7181858	5329570	4852471	4139301	66806		646364	437013	358930
三、中学	542108677	447744116	411598880	362602697	16090876		32905307	34756142	26376872
1. 普通中学	541649552	447420437	411313729	362341328	16090876		32881525	34723527	26369689
普通高中	200334600	132183501	117585796	100895417	6030893		10659486	14101126	11096128
#农村	27317623	18051087	16681487	14910679	376975		1393833	1212453	902532
普通初中	341314952	315236936	293727933	261445911	10059983		22222039	20622401	15273561
#农村	190091845	184218223	174699149	157171788	5352187		12175174	9198336	6350883
2. 成人中学	459125	323679	285151	261369			23782	32615	7183
四、小学	488747549	464299531	438962486	386031523	8330386		44600577	24313206	17714379
1. 普通小学	488707190	464259842	438922866	385995897	8330386		44596583	24313137	17714342
#农村	311658112	304197396	292271174	257685711	5088872		29496591	11482404	7837818
2. 成人小学	40359	39689	39620	35626			3994	69	37
五、特殊教育	7190829	6838045	6198986	4789023	1032112		377851	567413	454685
1. 特殊教育学校	6878902	6543779	5996619	4619094	1023216		354309	546628	435486
2. 工读学校	311927	294266	202367	169929	8896		23542	20785	19199
六、幼儿园	72801425	24435264	21874105	18724589	1357797		1791719	1722928	1253271
七、教育行政单位	29060464	26053777	22583711	18643800	1017551		2922360	3446713	2483162
八、教育事业单位	62694547	52004212	43136500	36707495	1630770		4798235	8513958	6560097
九、其他	54942520	52271429	43570120	9895468	748058	97125	32829469	83402	13400

教育经费收入情况

单位:千元

地方教育附加	地方基金	企业办学中的企业拨款	校办产业和社会服务收入用于教育的经费	其他属于国家财政性教育经费	民办学校中举办者投入	社会捐赠经费	#农村	事业收入	#学杂费	其他收入
16885729	**8687268**	**5191138**	**2336136**	**17516135**	**10542536**	**10788394**	**698342**	**410606635**	**301555934**	**57240446**
1146537	3434541	1726771	1229233	8727972	2696469	2998175		227677329	172454231	33003669
1103887	3426296	1567468	1164052	8712662	2696469	2963565		221655520	167607559	32290679
665031	2195882	240387	1047127	8655772	1239649	2670395		171722879	124016906	27986970
438856	1230414	1327081	116925	56890	1456820	293170		49932641	43590653	4303709
42650	8245	159303	65181	15310		34610		6021809	4846672	712990
1693304	750719	650725	163012	227872	1290231	255148	7641	33200220	27655768	4157133
622304	222238	247372	74330	55070	560224	89907	798	16296801	13818491	2194825
908233	477318	72745	14138	64901	561058	144776	6821	9987928	8444242	959710
94354	32920	7400	575	8537	115091	31649	4522	1315752	1073333	162623
92168	43679	312592	66310	94065	105220	4614		5378459	4477709	766922
70599	7484	18016	8234	13836	63729	15851	22	1537032	915326	235676
6237503	2141767	1122940	258469	7685	2448497	4061188	296964	79184067	53566013	8670809
6217977	2135861	1122940	258069	2172	2448497	4060996	296914	79089221	53543707	8630401
1922407	1082591	373431	122017	1131	987095	1818458	94151	61052575	43574909	4292971
186663	123258	129533	27206	408	91804	308599	55857	8413129	6087631	453004
4295570	1053270	749509	136052	1041	1461402	2242538	202763	18036646	9968798	4337430
2428454	418999	228471	91577	690	183275	876116	175202	3034361	1445939	1779870
19526	5906		400	5513		192	50	94846	22306	40408
5166875	1431952	891854	131412	573	1295019	2602621	370829	15290196	8960423	5260182
5166843	1431952	891854	131412	573	1295019	2602621	370829	15289542	8960423	5260166
3024474	620112	357636	86169	13	360806	1186646	338246	3464711	1668541	2448553
32								654		16
77049	35679		71646		1120	64239	3798	103084	5613	184341
75464	35678		532		1120	63954	3798	95804	5613	174245
1585	1		71114			285		7280		10096
380681	88976	791970	46261		2811200	502139	12302	43420651	38419749	1632171
702791	260760	4870	18483			139593	4751	1779917		1087177
1477934	475927	7	352732	1015		158952	1403	7807695		2723688
3055	66947	2001	64888	8551018		6339	654	2143476	494137	521276

1-3　中央属各级各类教育机构

学校类别	总　计	国家财政性教育经费	公共财政预算教育经费					各级政府征收用于教育的税费	
				教育事业费拨款	基本建设拨款	科研拨款	其他拨款		教育费附加
总　计	**220463220**	**153838023**	**145518643**	**69499097**	**6029993**	**23714544**	**46275009**	**21762**	**21762**
一、高等学校	174670866	111486507	104142138	61767623	5479482	23714118	13180915	21762	21762
1. 普通高等学校	173941930	111342527	104053504	61704088	5477482	23714118	13157816	21762	21762
高等本科学校	171466842	110143726	103366762	61229041	5377138	23713300	13047283	21418	21418
高职高专学校	2475088	1198801	686742	475047	100344	818	110533	344	344
2. 成人高等学校	728936	143980	88634	63535	2000		23099		
二、中等职业学校	836680	504616	379887	297484	19000		63403		
1. 中等专业学校	557174	356404	297739	242006	19000		36733		
2. 职业高中	26651	20672	17369	7299			10070		
#农村									
3. 技工学校	216962	112676	53585	39546			14039		
4. 成人中专学校	35893	14864	11194	8633			2561		
三、中学	2742646	2190831	1944915	1514283	184644		245988		
1. 普通中学	2742646	2190831	1944915	1514283	184644		245988		
普通高中	1305283	847402	751864	609955	34222		107687		
#农村	238819	210945	180316	130096	25953		24267		
普通初中	1437363	1343429	1193051	904328	150422		138301		
#农村	984333	976715	900750	667703	141073		91974		
2. 成人中学									
四、小学	2052352	1980739	1774649	1408313	201806		164530		
1. 普通小学	2052352	1980739	1774649	1408313	201806		164530		
#农村	1401236	1388622	1282074	982434	183774		115866		
2. 成人小学									
五、特殊教育									
1. 特殊教育学校									
2. 工读学校									
六、幼儿园	975733	560448	223020	68195	139816		15009		
七、教育行政单位	137634	111484	106614	99689			6925		
八、教育事业单位	6581430	4934253	4899516	3574630			1324886		
九、其他	32465879	32069145	32047904	768880	5245	426	31273353		

教育经费收入情况

单位:千元

地方教育附加	地方基金	企业办学中的企业拨款	校办产业和社会服务收入用于教育的经费	其他属于国家财政性教育经费	民办学校中举办者投入	社会捐赠经费	#农村	事业收入	#学杂费	其他收入
		1524145	**652946**	**6120527**		**1509344**		**53478661**	**25953930**	**11637192**
		620757	595272	6106578		1388840		50873225	25247267	10922294
		567549	593738	6105974		1388764		50323828	24823109	10886811
		80394	570729	6104423		1388725		49167797	23911670	10766594
		487155	23009	1551		39		1156031	911439	120217
		53208	1534	604		76		549397	424158	35483
		121353	1835	1541		20		307665	229296	24379
		58195	470					191830	151909	8940
		3303						5621	1726	358
		56185	1365	1541		20		90205	73076	14061
		3670						20009	2585	1020
		238796	7120			55268		307366	200200	189181
		238796	7120			55268		307366	200200	189181
		91988	3550			40426		264864	200135	152591
		30627	2			1		26277	23902	1596
		146808	3570			14842		42502	65	36590
		75784	181			1033		3085		3500
		205588	502			10097		20099	570	41417
		205588	502			10097		20099	570	41417
		106244	304			762		7443		4409
		330773	6655			55111		278399	233462	81775
		4870						2246		23904
		7	34730					1413700		233477
		2001	6832	12408		8		275961	43135	120765

1-4 地方各级各类教育机构

学校类别	总计	国家财政性教育经费	公共财政预算教育经费	教育事业费拨款	基本建设拨款	科研拨款	其他拨款	各级政府征收用于教育的税费	教育费附加
总计	**1735721487**	**1313168673**	**1203437642**	**1049964496**	**40147106**	**2825082**	**110500958**	**92985240**	**67412243**
一、高等学校	388236840	185045557	173637424	149661861	6205970	2728383	15041210	7046764	2465686
1. 普通高等学校	375844559	178837729	167826560	144710858	6021014	2716001	14378687	6834248	2304065
高等本科学校	273170734	130873957	124258000	108250490	3378557	2618070	10010883	3428217	567304
高职高专学校	102673825	47963772	43568560	36460368	2642457	97931	4367804	3406031	1736761
2. 成人高等学校	12392281	6207828	5810864	4951003	184956	12382	662523	212516	161621
二、中等职业学校	134894310	96323642	82872048	70342030	4265097		8264921	12534714	10090691
1. 中等专业学校	60097941	41156954	36644921	30936156	1858623		3850142	4193926	3349384
2. 职业高中	50902930	39255437	31797923	27793331	1421958		2582634	7309033	5923482
#农村	6373406	4748291	3995373	3396190	268534		330649	736406	609132
3. 技工学校	16747474	10596545	9587927	7481875	917710		1188342	594742	458895
4. 成人中专学校	7145965	5314706	4841277	4130668	66806		643803	437013	358930
三、中学	539366031	445553285	409653965	361088414	15906232		32659319	34756142	26376872
1. 普通中学	538906906	445229606	409368814	360827045	15906232		32635537	34723527	26369689
普通高中	199029317	131336099	116833932	100285462	5996671		10551799	14101126	11096128
#农村	27078804	17840142	16501171	14780583	351022		1369566	1212453	902532
普通初中	339877589	313893507	292534882	260541583	9909561		22083738	20622401	15273561
#农村	189107512	183241508	173798399	156504085	5211114		12083200	9198336	6350883
2. 成人中学	459125	323679	285151	261369			23782	32615	7183
四、小学	486695197	462318792	437187837	384623210	8128580		44436047	24313206	17714379
1. 普通小学	486654838	462279103	437148217	384587584	8128580		44432053	24313137	17714342
#农村	310256876	302808774	290989100	256703277	4905098		29380725	11482404	7837818
2. 成人小学	40359	39689	39620	35626			3994	69	37
五、特殊教育	7190829	6838045	6198986	4789023	1032112		377851	567413	454685
1. 特殊教育学校	6878902	6543779	5996619	4619094	1023216		354309	546628	435486
2. 工读学校	311927	294266	202367	169929	8896		23542	20785	19199
六、幼儿园	71825692	23874816	21651085	18656394	1217981		1776710	1722928	1253271
七、教育行政单位	28922830	25942293	22477097	18544111	1017551		2915435	3446713	2483162
八、教育事业单位	56113117	47069959	38236984	33132865	1630770		3473349	8513958	6560097
九、其他	22476641	20202284	11522216	9126588	742813	96699	1556116	83402	13400

教育经费收入情况

单位:千元

地方教育附加	地方基金	企业办学中的企业拨款	校办产业和社会服务收入用于教育的经费	其他属于国家财政性教育经费	民办学校中举办者投入	社会捐赠经费	#农村	事业收入	#学杂费	其他收入
16885729	**8687268**	**3666993**	**1683190**	**11395608**	**10542536**	**9279050**	**698342**	**357127974**	**275602004**	**45603254**
1146537	3434541	1106014	633961	2621394	2696469	1609335		176804104	147206964	22081375
1103887	3426296	999919	570314	2606688	2696469	1574801		171331692	142784450	21403868
665031	2195882	159993	476398	2551349	1239649	1281670		122555082	100105236	17220376
438856	1230414	839926	93916	55339	1456820	293131		48776610	42679214	4183492
42650	8245	106095	63647	14706		34534		5472412	4422514	677507
1693304	750719	529372	161177	226331	1290231	255128	7641	32892555	27426472	4132754
622304	222238	189177	73860	55070	560224	89907	798	16104971	13666582	2185885
908233	477318	69442	14138	64901	561058	144776	6821	9982307	8442516	959352
94354	32920	7400	575	8537	115091	31649	4522	1315752	1073333	162623
92168	43679	256407	64945	92524	105220	4594		5288254	4404633	752861
70599	7484	14346	8234	13836	63729	15851	22	1517023	912741	234656
6237503	2141767	884144	251349	7685	2448497	4005920	296964	78876701	53365813	8481628
6217977	2135861	884144	250949	2172	2448497	4005728	296914	78781855	53343507	8441220
1922407	1082591	281443	118467	1131	987095	1778032	94151	60787711	43374774	4140380
186663	123258	98906	27204	408	91804	308598	55857	8386852	6063729	451408
4295570	1053270	602701	132482	1041	1461402	2227696	202763	17994144	9968733	4300840
2428454	418999	152687	91396	690	183275	875083	175202	3031276	1445939	1776370
19526	5906		400	5513		192	50	94846	22306	40408
5166875	1431952	686266	130910	573	1295019	2592524	370829	15270097	8959853	5218765
5166843	1431952	686266	130910	573	1295019	2592524	370829	15269443	8959853	5218749
3024474	620112	251392	85865	13	360806	1185884	338246	3457268	1668541	2444144
32								654		16
77049	35679		71646		1120	64239	3798	103084	5613	184341
75464	35678		532		1120	63954	3798	95804	5613	174245
1585	1		71114			285		7280		10096
380681	88976	461197	39606		2811200	447028	12302	43142252	38186287	1550396
702791	260760		18483			139593	4751	1777671		1063273
1477934	475927		318002	1015		158952	1403	6393995		2490211
3055	66947		58056	8538610		6331	654	1867515	451002	400511

1-5 全国教育部门和其他部门各级各类

学校类别	总计	公共财政预算教育经费	教育事业费拨款	基本建设拨款	科研拨款	其他拨款	各级政府征收用于教育的税费	教育费附加
总计	**1779082328**	**1332811420**	**1105705551**	**45561557**	**26539626**	**155004686**	**92133471**	**66790132**
一、高等学校	498746379	273610252	207844206	11639650	26442501	27683895	6935809	2445892
1. 普通高等学校	486120978	267768955	202878179	11454694	26430119	27005963	6723293	2284271
高等本科学校	400781265	225308062	167499160	8718063	26331370	22759469	3386545	586208
高职高专学校	85339713	42460893	35379019	2736631	98749	4246494	3336748	1698063
2. 成人高等学校	12625401	5841297	4966027	184956	12382	677932	212516	161621
二、中等职业学校	121795453	79649684	67285595	4255097		8108992	12404713	9973236
1. 中等专业学校	55252895	35581058	29942269	1854623		3784166	4140027	3302193
2. 职业高中	46308633	30518502	26555064	1421958		2541480	7250792	5868812
#农村	5803611	3859331	3265375	268534		325422	726962	600689
3. 技工学校	13735399	8894016	6825780	911710		1156526	578844	445224
4. 成人中专学校	6498526	4656108	3962482	66806		626820	435050	357007
三、中学	504317617	407292572	358982983	15897082		32412507	34381275	26094484
1. 普通中学	503858492	407007421	358721614	15897082		32388725	34348660	26087301
普通高中	182838000	116447151	99904964	5996371		10545816	13962918	11010857
#农村	25057459	16429868	14711645	351022		1367201	1192930	897183
普通初中	321020492	290560270	258816650	9900711		21842909	20385742	15076444
#农村	186182296	173438364	156154564	5211114		12072686	9165139	6321362
2. 成人中学	459125	285151	261369			23782	32615	7183
四、小学	470687865	435570482	383231486	8127140		44211856	24113009	17543061
1. 普通小学	470647506	435530862	383195860	8127140		44207862	24112940	17543024
#农村	306470395	290416104	256149813	4905098		29361193	11436366	7794081
2. 成人小学	40359	39620	35626			3994	69	37
五、特殊教育	7172877	6194147	4784865	1032112		377170	566896	454168
1. 特殊教育学校	6860950	5991780	4614936	1023216		353628	546111	434969
2. 工读学校	311927	202367	169929	8896		23542	20785	19199
六、幼儿园	38393656	21328745	18431129	1218597		1679019	1687696	1222632
七、教育行政单位	29006994	22552506	18619520	1017551		2915435	3446713	2483162
八、教育事业单位	62674244	43119200	36691389	1630770		4797041	8513958	6560097
九、其他	46287243	43493832	9834378	743558	97125	32818771	83402	13400

教育机构教育经费收入情况

单位:千元

地方教育附加	地方基金	事业收入	#学杂费	校办产业和社会服务收入用于教育的经费	捐赠收入	其他收入	附1:本年实际收取学费	#普通本专科学费	附2:上级补助收入
16766036	**8577303**	**289097694**	**187114152**	**2221188**	**9574792**	**53243763**	**192728029**	**94748223**	**6704504**
1091308	3398609	182330496	121299366	1186616	2861899	31821307	126278372	94748223	1714155
1048658	3390364	176544776	116664778	1122818	2827385	31133751	121396537	92924206	1623979
638207	2162130	141073452	86549576	1047127	2567828	27398251	90112452	64034271	1062832
410451	1228234	35471324	30115202	75691	259557	3735500	31284085	28889935	561147
42650	8245	5785720	4634588	63798	34514	687556	4881835	1824017	90176
1684522	746955	25678141	21228073	102328	231311	3729276	21356891		1025532
619296	218538	13303877	11265813	63379	78486	2086068	11302450		547150
904662	477318	7511724	6261529	12233	133399	881983	6367546		198744
93353	32920	1033244	843037	575	31515	151984	850265		23753
90005	43615	3689258	3093885	20725	3864	548692	3079519		183719
70559	7484	1173282	606846	5991	15562	212533	607376		95919
6196708	2090083	51523296	31259062	257122	3247500	7615852	31456313		1789332
6177182	2084177	51428450	31236756	256722	3247308	7569931	31434580		1781877
1902993	1049068	47038577	31236756	121375	1430535	3837444	31434580		798660
186629	109118	6780687	4638282	27204	261516	365254	4673374		88520
4274189	1035109	4389873		135347	1816773	3732487			983217
2424778	418999	998082		91396	826729	1662586			491714
19526	5906	94846	22306	400	192	45921	21733		7455
5156581	1413367	3653232		130501	2456498	4764143			1213582
5156549	1413367	3652578		130501	2456498	4764127			1213376
3022173	620112	1071256		85865	1167335	2293469			610701
32		654				16			206
77049	35679	94370		71646	62418	183400			40673
75464	35678	87090		532	62133	173304			39106
1585	1	7280		71114	285	10096			1567
376088	88976	14113313	12847050	36872	410282	816748	13217747		367590
702791	260760	1777671		18483	139593	1072028			145947
1477934	475927	7805443		352732	158952	2723959			341257
3055	66947	2121732	480601	64888	6339	517050	418706		66436

1-6 中央属教育部门和其他部门各级各类

学校类别	总计	公共财政预算教育经费	教育事业费拨款	基本建设拨款	科研拨款	其他拨款	各级政府征收用于教育的税费	教育费附加
总计	**212459764**	**140926642**	**65998485**	**5439873**	**23714544**	**45773740**	**21762**	**21762**
一、高等学校	172041148	103303448	61059937	5437312	23714118	13092081	21762	21762
1. 普通高等学校	171446123	103241603	61020027	5437312	23714118	13070146	21762	21762
高等本科学校	170393984	102749992	60692366	5343138	23713300	13001188	21418	21418
高职高专学校	1052139	491611	327661	94174	818	68958	344	344
2. 成人高等学校	595025	61845	39910			21935		
二、中等职业学校	143605	88185	78598			9587		
1. 中等专业学校	127440	77310	77030			280		
2. 职业高中	16165	10875	1568			9307		
#农村								
3. 技工学校								
4. 成人中专学校								
三、中学	798939	422546	346880			75666		
1. 普通中学	798939	422546	346880			75666		
普通高中	634637	327038	275365			51673		
#农村	5129	3305	1996			1309		
普通初中	164302	95508	71515			23993		
#农村	2890	1937	1170			767		
2. 成人中学								
四、小学	216271	179980	170582			9398		
1. 普通小学	216271	179980	170582			9398		
#农村	3375	2287	1412			875		
2. 成人小学								
五、特殊教育								
1. 特殊教育学校								
2. 工读学校								
六、幼儿园	265431	3242	765	1816		661		
七、教育行政单位	84164	75409	75409					
八、教育事业单位	6561127	4882216	3558524			1323692		
九、其他	32349079	31971616	707790	745	426	31262655		

教育机构教育经费收入情况

单位:千元

地方教育附加	地方基金	事业收入	#学杂费	校办产业和社会服务收入用于教育的经费	捐赠收入	其他收入	附1:本年实际收取学费	#普通本专科学费	附2:上级补助收入
		57993250	**24744352**	**630049**	**1495747**	**11392314**	**25661558**	**10838280**	**433432**
		55939285	24460423	575415	1387533	10813705	25376799	10838280	308625
		55439288	24083554	573881	1387493	10782096	24905113	10828110	305225
		54920148	23667998	570729	1387493	10744204	24484147	10410490	305225
		519140	415556	3152		37892	420966	417620	
		499997	376869	1534	40	31609	471686	10170	3400
		52315	30448			3105	30672		1500
		47383	29043			2747	29267		1500
		4932	1405			358	1405		
		164614	82833	6475	49101	156203	82583		39162
		164614	82833	6475	49101	156203	82583		39162
		131654	82833	3226	36988	135731	82583		32851
		1078	195			746	195		
		32960		3249	12113	20472			6311
		517				436			
		3748		27	5595	26921			15148
		3748		27	5595	26921			15148
		590				498			799
		167623	141049	6570	53510	34486	141049		20655
						8755			
		1411448		34730		232733			
		254217	29599	6832	8	116406	30455		48342

1-7 地方教育部门和其他部门各级各类

学校类别	总计	公共财政预算教育经费					各级政府征收用于教育的税费	
			教育事业费拨款	基本建设拨款	科研拨款	其他拨款		教育费附加
总计	**1566622564**	**1191884778**	**1039707066**	**40121684**	**2825082**	**109230946**	**92111709**	**66768370**
一、高等学校	326705231	170306804	146784269	6202338	2728383	14591814	6914047	2424130
1. 普通高等学校	314674855	164527352	141858152	6017382	2716001	13935817	6701531	2262509
高等本科学校	230387281	122558070	106806794	3374925	2618070	9758281	3365127	564790
高职高专学校	84287574	41969282	35051358	2642457	97931	4177536	3336404	1697719
2. 成人高等学校	12030376	5779452	4926117	184956	12382	655997	212516	161621
二、中等职业学校	121651848	79561499	67206997	4255097		8099405	12404713	9973236
1. 中等专业学校	55125455	35503748	29865239	1854623		3783886	4140027	3302193
2. 职业高中	46292468	30507627	26553496	1421958		2532173	7250792	5868812
#农村	5803611	3859331	3265375	268534		325422	726962	600689
3. 技工学校	13735399	8894016	6825780	911710		1156526	578844	445224
4. 成人中专学校	6498526	4656108	3962482	66806		626820	435050	357007
三、中学	503518678	406870026	358636103	15897082		32336841	34381275	26094484
1. 普通中学	503059553	406584875	358374734	15897082		32313059	34348660	26087301
普通高中	182203363	116120113	99629599	5996371		10494143	13962918	11010857
#农村	25052330	16426563	14709649	351022		1365892	1192930	897183
普通初中	320856190	290464762	258745135	9900711		21818916	20385742	15076444
#农村	186179406	173436427	156153394	5211114		12071919	9165139	6321362
2. 成人中学	459125	285151	261369			23782	32615	7183
四、小学	470471594	435390502	383060904	8127140		44202458	24113009	17543061
1. 普通小学	470431235	435350882	383025278	8127140		44198464	24112940	17543024
#农村	306467020	290413817	256148401	4905098		29360318	11436366	7794081
2. 成人小学	40359	39620	35626			3994	69	37
五、特殊教育	7172877	6194147	4784865	1032112		377170	566896	454168
1. 特殊教育学校	6860950	5991780	4614936	1023216		353628	546111	434969
2. 工读学校	311927	202367	169929	8896		23542	20785	19199
六、幼儿园	38128225	21325503	18430364	1216781		1678358	1687696	1222632
七、教育行政单位	28922830	22477097	18544111	1017551		2915435	3446713	2483162
八、教育事业单位	56113117	38236984	33132865	1630770		3473349	8513958	6560097
九、其他	13938164	11522216	9126588	742813	96699	1556116	83402	13400

教育机构教育经费收入情况

单位:千元

地方教育附加	地方基金	事业收入	#学杂费	校办产业和社会服务收入用于教育的经费	捐赠收入	其他收入	附1:本年实际收取学费	#普通本专科学费	附2:上级补助收入
16766036	**8577303**	**231104444**	**162369800**	**1591139**	**8079045**	**41851449**	**167066471**	**83909943**	**6271072**
1091308	3398609	126391211	96838943	611201	1474366	21007602	100901573	83909943	1405530
1048658	3390364	121105488	92581224	548937	1439892	20351655	96491424	82096096	1318754
638207	2162130	86153304	62881578	476398	1180335	16654047	65628305	53623781	757607
410451	1228234	34952184	29699646	72539	259557	3697608	30863119	28472315	561147
42650	8245	5285723	4257719	62264	34474	655947	4410149	1813847	86776
1684522	746955	25625826	21197625	102328	231311	3726171	21326219		1024032
619296	218538	13256494	11236770	63379	78486	2083321	11273183		545650
904662	477318	7506792	6260124	12233	133399	881625	6366141		198744
93353	32920	1033244	843037	575	31515	151984	850265		23753
90005	43615	3689258	3093885	20725	3864	548692	3079519		183719
70559	7484	1173282	606846	5991	15562	212533	607376		95919
6196708	2090083	51358682	31176229	250647	3198399	7459649	31373730		1750170
6177182	2084177	51263836	31153923	250247	3198207	7413728	31351997		1742715
1902993	1049068	46906923	31153923	118149	1393547	3701713	31351997		765809
186629	109118	6779609	4638087	27204	261516	364508	4673179		88520
4274189	1035109	4356913		132098	1804660	3712015			976906
2424778	418999	997565		91396	826729	1662150			491714
19526	5906	94846	22306	400	192	45921	21733		7455
5156581	1413367	3649484		130474	2450903	4737222			1198434
5156549	1413367	3648830		130474	2450903	4737206			1198228
3022173	620112	1070666		85865	1167335	2292971			609902
32		654				16			206
77049	35679	94370		71646	62418	183400			40673
75464	35678	87090		532	62133	173304			39106
1585	1	7280		71114	285	10096			1567
376088	88976	13945690	12706001	30302	356772	782262	13076698		346935
702791	260760	1777671		18483	139593	1063273			145947
1477934	475927	6393995		318002	158952	2491226			341257
3055	66947	1867515	451002	58056	6331	400644	388251		18094

1-8 企业办各级各类

学校类别	总计	公共财政预算教育经费	教育事业费拨款	基本建设拨款	其他拨款	各级政府征收用于教育的税费	教育费附加	地方教育附加
总计	**20222607**	**6973760**	**5412048**	**600120**	**961592**	**70725**	**45012**	**25131**
一、高等学校	7135377	1495189	1279218	42170	173801	8887	381	7988
1. 普通高等学校	6652151	1436988	1230707	40170	166111	8887	381	7988
高等本科学校	2017779	777117	686428	34000	56689	518		
高职高专学校	4634372	659871	544279	6170	109422	8369	381	7988
2. 成人高等学校	483226	58201	48511	2000	7690			
二、中等职业学校	3858733	1234703	1094586	29000	111117	9870	5619	4187
1. 中等专业学校	1326096	504718	431846	23000	49872	6098	3823	2275
2. 职业高中	281032	72780	61377		11403	2646	819	1827
#农村	46107	11498	11498			1790	809	981
3. 技工学校	2109783	606490	567212	6000	33278	1126	977	85
4. 成人中专学校	141822	50715	34151		16564			
三、中学	4027688	1939516	1456345	184644	298527	33565	23018	10547
1. 普通中学	4027688	1939516	1456345	184644	298527	33565	23018	10547
普通高中	1562587	513641	400954	34222	78465	15496	11615	3881
#农村	379411	189943	140030	25953	23960	3		3
普通初中	2465101	1425875	1055391	150422	220062	18069	11403	6666
#农村	1174689	923921	687405	141073	95443	3510		3510
2. 成人中学								
四、小学	2992335	1923574	1409711	201806	312057	17953	15544	2409
1. 普通小学	2992335	1923574	1409711	201806	312057	17953	15544	2409
#农村	1726936	1333871	1029759	183774	120338	40	40	
2. 成人小学								
五、特殊教育								
1. 特殊教育学校								
2. 工读学校								
六、幼儿园	2030309	255985	70712	138000	47273	450	450	
七、教育行政单位	53470	31205	24280		6925			
八、教育事业单位	20303	17300	16106		1194			
九、其他	104392	76288	61090	4500	10698			

教育机构教育经费收入情况

单位:千元

地方基金	企业拨款	事业收入	#学杂费	校办产业和经营收益用于教育的经费	捐赠收入	其他收入	附:本年实际收取学杂费	#普通本专科学费
582	**5191138**	**6873451**	**5737555**	**114948**	**75047**	**923538**	**5752126**	**2596384**
518	1726771	3460490	2994889	42617	13498	387925	2996890	2596384
518	1567468	3225703	2787793	41234	13402	358469	2789794	2443262
518	240387	886558	738026		11409	101790	738026	685173
	1327081	2339145	2049767	41234	1993	256679	2051768	1758089
	159303	234787	207096	1383	96	29456	207096	153122
64	650725	1586822	1297748	60684	1914	314015	1308871	
	247372	503084	421140	10951	1303	52570	423455	
	72745	124179	99578	1905		6777	99627	
	7400	24817	15897			602	15897	
64	312592	898407	738720	45585	611	244972	747479	
	18016	61152	38310	2243		9696	38310	
	1122940	808495	643442	1347	29131	92694	646960	
	1122940	808495	643442	1347	29131	92694	646960	
	373431	608111	534100	642	20628	30638	537004	
	129533	55172	52885	2	3001	1757	52893	
	749509	200384	109342	705	8503	62056	109956	
	228471	12767	10019	181	1048	4791	10019	
	891854	113518	56685	911	8123	36402	56685	
	891854	113518	56685	911	8123	36402	56685	
	357636	22528	14371	304	909	11648	14371	
	791970	877884	731255	9389	22381	72250	730214	
	4870	2246				15149		
	7	2252				744		
	2001	21744	13536			4359	12506	

1-9 中央企业办各级各类

学校类别	总计	公共财政预算教育经费	教育事业费拨款	基本建设拨款	其他拨款	各级政府征收用于教育的税费	教育费附加	地方教育附加
总计	**7991048**	**4592001**	**3500612**	**590120**	**501269**			
一、高等学校	2629718	838690	707686	42170	88834			
1. 普通高等学校	2495807	811901	684061	40170	87670			
高等本科学校	1072858	616770	536675	34000	46095			
高职高专学校	1422949	195131	147386	6170	41575			
2. 成人高等学校	133911	26789	23625	2000	1164			
二、中等职业学校	693075	291702	218886	19000	53816			
1. 中等专业学校	429734	220429	164976	19000	36453			
2. 职业高中	10486	6494	5731		763			
#农村								
3. 技工学校	216962	53585	39546		14039			
4. 成人中专学校	35893	11194	8633		2561			
三、中学	1943707	1522369	1167403	184644	170322			
1. 普通中学	1943707	1522369	1167403	184644	170322			
普通高中	670646	424826	334590	34222	56014			
#农村	233690	177011	128100	25953	22958			
普通初中	1273061	1097543	832813	150422	114308			
#农村	981443	898813	666533	141073	91207			
2. 成人中学								
四、小学	1836081	1594669	1237731	201806	155132			
1. 普通小学	1836081	1594669	1237731	201806	155132			
#农村	1397861	1279787	981022	183774	114991			
2. 成人小学								
五、特殊教育								
1. 特殊教育学校								
2. 工读学校								
六、幼儿园	710302	219778	67430	138000	14348			
七、教育行政单位	53470	31205	24280		6925			
八、教育事业单位	20303	17300	16106		1194			
九、其他	104392	76288	61090	4500	10698			

教育机构教育经费收入情况

单位:千元

地方基金	企业拨款	事业收入	#学杂费	校办产业和经营收益用于教育的经费	捐赠收入	其他收入	附:本年实际收取学杂费	#普通本专科学费
	1524145	**1591385**	**1209578**	**22897**	**13597**	**247023**	**1217713**	**662576**
	620757	1039914	786844	19857	1307	109193	789380	662576
	567549	990514	739555	19857	1271	104715	742091	622087
	80394	352072	243672		1232	22390	243672	192255
	487155	638442	495883	19857	39	82325	498419	429832
	53208	49400	47289		36	4478	47289	40489
	121353	255350	198848	1835	20	22815	202551	
	58195	144447	122866	470		6193	126569	
	3303	689	321				321	
	56185	90205	73076	1365	20	15602	73076	
	3670	20009	2585			1020	2585	
	238796	142752	117367	645	6167	32978	119532	
	238796	142752	117367	645	6167	32978	119532	
	91988	133210	117302	324	3438	16860	118853	
	30627	25199	23707	2	1	850	23715	
	146808	9542	65	321	2729	16118	679	
	75784	2568		181	1033	3064		
	205588	16351	570	475	4502	14496	570	
	205588	16351	570	475	4502	14496	570	
	106244	6853		304	762	3911		
	330773	110776	92413	85	1601	47289	93174	
	4870	2246				15149		
	7	2252				744		
	2001	21744	13536			4359	12506	

1-10 地方企业办各级各类

学校类别	总计	公共财政预算教育经费	教育事业费拨款	基本建设拨款	其他拨款	各级政府征收用于教育的税费	教育费附加	地方教育附加
总计	**12231559**	**2381759**	**1911436**	**10000**	**460323**	**70725**	**45012**	**25131**
一、高等学校	4505659	656499	571532		84967	8887	381	7988
1. 普通高等学校	4156344	625087	546646		78441	8887	381	7988
高等本科学校	944921	160347	149753		10594	518		
高职高专学校	3211423	464740	396893		67847	8369	381	7988
2. 成人高等学校	349315	31412	24886		6526			
二、中等职业学校	3165658	943001	875700	10000	57301	9870	5619	4187
1. 中等专业学校	896362	284289	266870	4000	13419	6098	3823	2275
2. 职业高中	270546	66286	55646		10640	2646	819	1827
#农村	46107	11498	11498			1790	809	981
3. 技工学校	1892821	552905	527666	6000	19239	1126	977	85
4. 成人中专学校	105929	39521	25518		14003			
三、中学	2083981	417147	288942		128205	33565	23018	10547
1. 普通中学	2083981	417147	288942		128205	33565	23018	10547
普通高中	891941	88815	66364		22451	15496	11615	3881
#农村	145721	12932	11930		1002	3		3
普通初中	1192040	328332	222578		105754	18069	11403	6666
#农村	193246	25108	20872		4236	3510		3510
2. 成人中学								
四、小学	1156254	328905	171980		156925	17953	15544	2409
1. 普通小学	1156254	328905	171980		156925	17953	15544	2409
#农村	329075	54084	48737		5347	40	40	
2. 成人小学								
五、特殊教育								
1. 特殊教育学校								
2. 工读学校								
六、幼儿园	1320007	36207	3282		32925	450	450	
七、教育行政单位								
八、教育事业单位								
九、其他								

教育机构教育经费收入情况

单位:千元

地方基金	企业拨款	事业收入	#学杂费	校办产业和经营收益用于教育的经费	捐赠收入	其他收入	附:本年实际收取学杂费	#普通本专科学费
582	**3666993**	**5282066**	**4527977**	**92051**	**61450**	**676515**	**4534413**	**1933808**
518	1106014	2420576	2208045	22760	12191	278732	2207510	1933808
518	999919	2235189	2048238	21377	12131	253754	2047703	1821175
518	159993	534486	494354		10177	79400	494354	492918
	839926	1700703	1553884	21377	1954	174354	1553349	1328257
	106095	185387	159807	1383	60	24978	159807	112633
64	529372	1331472	1098900	58849	1894	291200	1106320	
	189177	358637	298274	10481	1303	46377	296886	
	69442	123490	99257	1905		6777	99306	
	7400	24817	15897			602	15897	
64	256407	808202	665644	44220	591	229370	674403	
	14346	41143	35725	2243		8676	35725	
	884144	665743	526075	702	22964	59716	527428	
	884144	665743	526075	702	22964	59716	527428	
	281443	474901	416798	318	17190	13778	418151	
	98906	29973	29178		3000	907	29178	
	602701	190842	109277	384	5774	45938	109277	
	152687	10199	10019		15	1727	10019	
	686266	97167	56115	436	3621	21906	56115	
	686266	97167	56115	436	3621	21906	56115	
	251392	15675	14371		147	7737	14371	
	461197	767108	638842	9304	20780	24961	637040	

1-11 民办各级各类

学校类别	总　计	公共财政预算教育经费	教育事业费拨款	基本建设拨款	其他拨款	各级政府征收用于教育的税费	教育费附加	地方教育附加
总　计	**148328887**	**9171105**	**8345994**	**15422**	**809689**	**802806**	**598861**	**94562**
一、高等学校	57025950	2674121	2306060	3632	364429	123830	41175	47241
1. 普通高等学校	57013360	2674121	2306060	3632	364429	123830	41175	47241
高等本科学校	41838532	1539583	1293943	3632	242008	62572	2514	26824
高职高专学校	15174828	1134538	1012117		122421	61258	38661	20417
2. 成人高等学校	12590							
二、中等职业学校	10076804	2367548	2259333		108215	120131	111836	4595
1. 中等专业学校	4076124	856884	804047		52837	47801	43368	733
2. 职业高中	4339916	1224010	1184189		39821	55595	53851	1744
#农村	523688	124544	119317		5227	7654	7634	20
3. 技工学校	1119254	141006	128429		12577	14772	12694	2078
4. 成人中专学校	541510	145648	142668		2980	1963	1923	40
三、中学	33763372	2366792	2163369	9150	194273	341302	259370	30248
1. 普通中学	33763372	2366792	2163369	9150	194273	341302	259370	30248
普通高中	15934013	625004	589499	300	35205	122712	73656	15533
#农村	1880753	61676	59004		2672	19520	5349	31
普通初中	17829359	1741788	1573870	8850	159068	218590	185714	14715
#农村	2734860	336864	329819		7045	29687	29521	166
2. 成人中学								
四、小学	15067349	1468430	1390326	1440	76664	182244	155774	7885
1. 普通小学	15067349	1468430	1390326	1440	76664	182244	155774	7885
#农村	3460781	521199	506139		15060	45998	43697	2301
2. 成人小学								
五、特殊教育	17952	4839	4158		681	517	517	
1. 特殊教育学校	17952	4839	4158		681	517	517	
2. 工读学校								
六、幼儿园	32377460	289375	222748	1200	65427	34782	30189	4593
七、教育行政单位								
八、教育事业单位								
九、其他								

教育机构教育经费收入情况

单位:千元

地方基金	举办单位、个人投入	事业收入	#学杂费	校办产业和经营收益用于教育的经费	捐赠收入	其他收入	附:本年实际收取学杂费	#普通本专科学费
109383	**10542536**	**123231063**	**108704227**	**375849**	**1138555**	**3066973**	**109315114**	**46298274**
35414	2696469	50481916	48159976	84620	122778	842216	48707426	46298274
35414	2696469	50476346	48154988	84620	122778	835196	48702438	46296133
33234	1239649	38325465	36729304	38163	91158	541942	37330053	35993371
2180	1456820	12150881	11425684	46457	31620	293254	11372385	10302762
		5570	4988			7020	4988	2141
3700	1290231	5935257	5129947	64699	21923	277015	5128155	
3700	560224	2489840	2131538	23896	10118	87361	2128557	
	561058	2352025	2083135	17089	11377	118762	2083720	
	115091	257691	214399	1958	134	16616	214399	
	105220	790794	645104	22564	139	44759	645104	
	63729	302598	270170	1150	289	26133	270774	
51684	2448497	26852276	21663509	93578	784557	876370	21699257	
51684	2448497	26852276	21663509	93578	784557	876370	21699257	
33523	987095	13405887	11804053	45672	367295	380348	11818545	
14140	91804	1577270	1396464	1307	44082	85094	1396464	
18161	1461402	13446389	9859456	47906	417262	496022	9880712	
	183275	2023512	1435920	11266	48339	101917	1435920	
18585	1295019	11523446	8903738	35332	138000	424878	8952561	
18585	1295019	11523446	8903738	35332	138000	424878	8952561	
	360806	2370927	1654170	6214	18402	137235	1654309	
	1120	8714	5613		1821	941	5613	
	1120	8714	5613		1821	941	5613	
	2811200	28429454	24841444	97620	69476	645553	24822102	

1-12 全国各级各类教育机构

学校类别	合　计	事业性经费支出	个人部分	工资福利支出	对个人和家庭的补助支出	#助学金
总　　计	**1879613241**	**1818337347**	**1049502736**	**734539942**	**314962794**	**75458655**
一、高等学校	533836786	510776010	216849883	129131276	87718607	32845409
1. 普通高等学校	521219693	498446245	210835836	125106835	85729001	32353603
高等本科学校	415028072	398429091	168971725	97364579	71607146	25461048
高职高专学校	106191621	100017154	41864111	27742256	14121855	6892555
2. 成人高等学校	12617093	12329765	6014047	4024441	1989606	491806
二、中等职业学校	133278195	127821415	70131405	42165431	27965974	14912328
1. 中等专业学校	59487828	56787340	30890722	18019620	12871102	7028064
2. 职业高中	50175128	48552282	27056534	16421913	10634621	5930671
#农村	6317154	6015839	3372281	2185606	1186675	798181
3. 技工学校	16473346	15411150	7900594	4902469	2998125	1645078
4. 成人中专学校	7141893	7070643	4283555	2821429	1462126	308515
三、中学	535904576	518509423	333366740	251811124	81555616	17229237
1. 普通中学	535454775	518059622	333125749	251621399	81504350	17226257
普通高中	192466770	185813264	109358032	84462438	24895594	3973146
#农村	26361955	25846937	16507211	13022951	3484260	1031594
普通初中	342988005	332246358	223767717	167158961	56608756	13253111
#农村	189722336	184045071	127280109	94479890	32800219	10223119
2. 成人中学	449801	449801	240991	189725	51266	2980
四、小学	485866425	476837038	349777656	249500005	100277651	10307139
1. 普通小学	485825906	476796519	349743924	249470706	100273218	10307139
#农村	310232868	304769576	230254405	163990494	66263911	8531355
2. 成人小学	40519	40519	33732	29299	4433	
五、特殊教育	6944238	5865768	3455818	2515578	940240	97178
1. 特殊教育学校	6710023	5640449	3314354	2420749	893605	95790
2. 工读学校	234215	225319	141464	94829	46635	1388
六、幼儿园	71879604	70309585	42871545	38886311	3985234	30687
七、教育行政单位	27451483	26349299	9761430	5865768	3895662	
八、教育事业单位	58665843	56854434	16259711	9996293	6263418	
九、其他	25786091	25014375	7028548	4668156	2360392	36677

教育经费支出明细

单位：千元

公用部分	商品和服务支出	其他资本性支出	专项公用支出	专项项目支出	基本建设支出
768834611	**438055034**	**330779577**	**124611969**	**206167608**	**61275894**
293926127	174053886	119872241	58077782	61794459	23060776
287610409	169717300	117893109	57147893	60745216	22773448
229457366	143557793	85899573	44672250	41227323	16598981
58153043	26159507	31993536	12475643	19517893	6174467
6315718	4336586	1979132	929889	1049243	287328
57690010	28587140	29102870	10526561	18576309	5456780
25896618	12942607	12954011	4915826	8038185	2700488
21495748	9814820	11680928	3788205	7892723	1622846
2643558	1199760	1443798	387005	1056793	301315
7510556	4005597	3504959	1450503	2054456	1062196
2787088	1824116	962972	372027	590945	71250
185142683	97496300	87646383	25547699	62098684	17395153
184933873	97314382	87619491	25524625	62094866	17395153
76455232	40582816	35872416	11593841	24278575	6653506
9339726	5394221	3945505	1333918	2611587	515018
108478641	56731566	51747075	13930784	37816291	10741647
56764962	29720364	27044598	6282333	20762265	5677265
208810	181918	26892	23074	3818	
127059382	70377477	56681905	15447258	41234647	9029387
127052595	70371145	56681450	15446913	41234537	9029387
74515171	41467002	33048169	8042366	25005803	5463292
6787	6332	455	345	110	
2409950	926874	1483076	387236	1095840	1078470
2326095	885648	1440447	364423	1076024	1069574
83855	41226	42629	22813	19816	8896
27438040	18430577	9007463	4473808	4533655	1570019
16587869	8934163	7653706	2680060	4973646	1102184
40594723	24156625	16438098	6648426	9789672	1811409
17985827	15091992	2893835	823139	2070696	771716

1-13 中央属各级各类教育机构

学校类别	合 计	事业性经费支出	个人部分	工资福利支出	对个人和家庭的补助支出	#助学金
总 计	**179557431**	**170229902**	**67240997**	**35463817**	**31777180**	**9349671**
一、高等学校	162223050	153585950	62154798	31734892	30419906	9120071
1. 普通高等学校	161568992	152939512	61982669	31604313	30378356	9118228
高等本科学校	158963602	150607977	60818578	30721520	30097058	8998111
高职高专学校	2605390	2331535	1164091	882793	281298	120117
2. 成人高等学校	654058	646438	172129	130579	41550	1843
二、中等职业学校	917571	896491	468262	309624	158638	78458
1. 中等专业学校	631391	610391	307686	192128	115558	61225
2. 职业高中	26447	26447	19072	11866	7206	1977
#农村						
3. 技工学校	225754	225674	117314	83935	33379	15246
4. 成人中专学校	33979	33979	24190	21695	2495	10
三、中学	2795983	2607201	1693395	1230533	462862	55738
1. 普通中学	2795983	2607201	1693395	1230533	462862	55738
普通高中	1348179	1312251	788004	579905	208099	13859
#农村	229593	202774	140207	102468	37739	6360
普通初中	1447804	1294950	905391	650628	254763	41879
#农村	992787	849589	611767	430371	181396	38097
2. 成人中学						
四、小学	2092342	1887739	1335654	997411	338243	59904
1. 普通小学	2092342	1887739	1335654	997411	338243	59904
#农村	1402933	1216702	879750	643523	236227	55408
2. 成人小学						
五、特殊教育						
1. 特殊教育学校						
2. 工读学校						
六、幼儿园	1032901	887671	624987	570246	54741	14133
七、教育行政单位	141646	141646	80742	61812	18930	
八、教育事业单位	6853079	6727590	465268	320935	144333	
九、其他	3500859	3495614	417891	238364	179527	21367

教育经费支出明细

单位：千元

公用部分	商品和服务支出	其他资本性支出			基本建设支出
			专项公用支出	专项项目支出	
102988905	**74891749**	**28097156**	**16560105**	**11537051**	**9327529**
91431152	65382681	26048471	15669538	10378933	8637100
90956843	65031530	25925313	15645841	10279472	8629480
89789399	64243871	25545528	15496503	10049025	8355625
1167444	787659	379785	149338	230447	273855
474309	351151	123158	23697	99461	7620
428229	255296	172933	64954	107979	21080
302705	186503	116202	56040	60162	21000
7375	7131	244	244		
108360	54451	53909	6092	47817	80
9789	7211	2578	2578		
913806	437631	476175	195990	280185	188782
913806	437631	476175	195990	280185	188782
524247	248507	275740	132450	143290	35928
62567	24525	38042	8897	29145	26819
389559	189124	200435	63540	136895	152854
237822	101731	136091	30332	105759	143198
552085	257319	294766	94612	200154	204603
552085	257319	294766	94612	200154	204603
336952	152047	184905	42698	142207	186231
262684	188977	73707	45050	28657	145230
60904	53512	7392	7004	388	
6262322	5658165	604157	413033	191124	125489
3077723	2658168	419555	69924	349631	5245

1-14　地方各级各类教育机构

学校类别	合　计	事业性经费支出	个人部分	工资福利支出	对个人和家庭的补助支出	#助学金
总　　计	**1700055810**	**1648107445**	**982261739**	**699076125**	**283185614**	**66108984**
一、高等学校	371613736	357190060	154695085	97396384	57298701	23725338
1. 普通高等学校	359650701	345506733	148853167	93502522	55350645	23235375
高等本科学校	256064470	247821114	108153147	66643059	41510088	16462937
高职高专学校	103586231	97685619	40700020	26859463	13840557	6772438
2. 成人高等学校	11963035	11683327	5841918	3893862	1948056	489963
二、中等职业学校	132360624	126924924	69663143	41855807	27807336	14833870
1. 中等专业学校	58856437	56176949	30583036	17827492	12755544	6966839
2. 职业高中	50148681	48525835	27037462	16410047	10627415	5928694
#农村	6317154	6015839	3372281	2185606	1186675	798181
3. 技工学校	16247592	15185476	7783280	4818534	2964746	1629832
4. 成人中专学校	7107914	7036664	4259365	2799734	1459631	308505
三、中学	533108593	515902222	331673345	250580591	81092754	17173499
1. 普通中学	532658792	515452421	331432354	250390866	81041488	17170519
普通高中	191118591	184501013	108570028	83882533	24687495	3959287
#农村	26132362	25644163	16367004	12920483	3446521	1025234
普通初中	341540201	330951408	222862326	166508333	56353993	13211232
#农村	188729549	183195482	126668342	94049519	32618823	10185022
2. 成人中学	449801	449801	240991	189725	51266	2980
四、小学	483774083	474949299	348442002	248502594	99939408	10247235
1. 普通小学	483733564	474908780	348408270	248473295	99934975	10247235
#农村	308829935	303552874	229374655	163346971	66027684	8475947
2. 成人小学	40519	40519	33732	29299	4433	
五、特殊教育	6944238	5865768	3455818	2515578	940240	97178
1. 特殊教育学校	6710023	5640449	3314354	2420749	893605	95790
2. 工读学校	234215	225319	141464	94829	46635	1388
六、幼儿园	70846703	69421914	42246558	38316065	3930493	16554
七、教育行政单位	27309837	26207653	9680688	5803956	3876732	
八、教育事业单位	51812764	50126844	15794443	9675358	6119085	
九、其他	22285232	21518761	6610657	4429792	2180865	15310

教育经费支出明细

单位:千元

公用部分	商品和服务支出	其他资本性支出	专项公用支出	专项项目支出	基本建设支出
665845706	**363163285**	**302682421**	**108051864**	**194630557**	**51948365**
202494975	108671205	93823770	42408244	51415526	14423676
196653566	104685770	91967796	41502052	50465744	14143968
139667967	79313922	60354045	29175747	31178298	8243356
56985599	25371848	31613751	12326305	19287446	5900612
5841409	3985435	1855974	906192	949782	279708
57261781	28331844	28929937	10461607	18468330	5435700
25593913	12756104	12837809	4859786	7978023	2679488
21488373	9807689	11680684	3787961	7892723	1622846
2643558	1199760	1443798	387005	1056793	301315
7402196	3951146	3451050	1444411	2006639	1062116
2777299	1816905	960394	369449	590945	71250
184228877	97058669	87170208	25351709	61818499	17206371
184020067	96876751	87143316	25328635	61814681	17206371
75930985	40334309	35596676	11461391	24135285	6617578
9277159	5369696	3907463	1325021	2582442	488199
108089082	56542442	51546640	13867244	37679396	10588793
56527140	29618633	26908507	6252001	20656506	5534067
208810	181918	26892	23074	3818	
126507297	70120158	56387139	15352646	41034493	8824784
126500510	70113826	56386684	15352301	41034383	8824784
74178219	41314955	32863264	7999668	24863596	5277061
6787	6332	455	345	110	
2409950	926874	1483076	387236	1095840	1078470
2326095	885648	1440447	364423	1076024	1069574
83855	41226	42629	22813	19816	8896
27175356	18241600	8933756	4428758	4504998	1424789
16526965	8880651	7646314	2673056	4973258	1102184
34332401	18498460	15833941	6235393	9598548	1685920
14908104	12433824	2474280	753215	1721065	766471

1-15 全国教育部门和其他部门各级各类

学校类别	合 计	事业性经费支出	个人部分	工资福利支出	对个人和家庭的补助支出	#助学金
总 计	**1705868161**	**1649459394**	**974297275**	**669257267**	**305040008**	**68720105**
一、高等学校	471194881	451491629	197953361	114481997	83471364	29529492
1. 普通高等学校	459058593	439632549	192217962	110684021	81533941	29058369
高等本科学校	374616041	359985195	157171292	88313817	68857475	23288061
高职高专学校	84442552	79647354	35046670	22370204	12676466	5770308
2. 成人高等学校	12136288	11859080	5735399	3797976	1937423	471123
二、中等职业学校	119186577	114001347	62773476	37588094	25185382	12500190
1. 中等专业学校	53752675	51268474	28094589	16270776	11823813	6129305
2. 职业高中	45609892	44025917	24481867	15022306	9459561	4807328
#农村	5750360	5471134	3083179	2016216	1066963	686091
3. 技工学校	13407466	12357333	6272889	3710766	2562123	1361725
4. 成人中专学校	6416544	6349623	3924131	2584246	1339885	201832
三、中学	500216703	483318142	314633408	234717136	79916272	16560041
1. 普通中学	499766902	482868341	314392417	234527411	79865006	16557061
普通高中	178852255	172337730	102275941	77971220	24304721	3697458
#农村	24510254	24028728	15545188	12178223	3366965	977909
普通初中	320914647	310530611	212116476	156556191	55560285	12859603
#农村	185599839	180085204	124977412	92492714	32484698	10100566
2. 成人中学	449801	449801	240991	189725	51266	2980
四、小学	467161789	458551837	339594485	240240870	99353615	9997637
1. 普通小学	467121270	458511318	339560753	240211571	99349182	9997637
#农村	305082610	299849886	227308799	161454452	65854347	8374252
2. 成人小学	40519	40519	33732	29299	4433	
五、特殊教育	6926706	5848236	3445504	2506030	939474	96542
1. 特殊教育学校	6692491	5622917	3304040	2411201	892839	95154
2. 工读学校	234215	225319	141464	94829	46635	1388
六、幼儿园	38007077	36754584	22955175	19259348	3695827	2299
七、教育行政单位	27398074	26295890	9734525	5851612	3882913	
八、教育事业单位	58645540	56834131	16246053	9986205	6259848	
九、其他	17130814	16363598	6961288	4625975	2335313	33904

教育机构教育经费支出明细

单位:千元

公用部分	商品和服务支出	其他资本性支出			基本建设支出
			专项公用支出	专项项目支出	
675162119	**378458917**	**296703202**	**110626384**	**186076818**	**56408767**
253538268	152755837	100782431	51327817	49454614	19703252
247414587	148576369	98838218	50416650	48421568	19426044
202813903	128726679	74087224	40162496	33924728	14630846
44600684	19849690	24750994	10254154	14496840	4795198
6123681	4179468	1944213	911167	1033046	277208
51227871	24779693	26448178	9395751	17052427	5185230
23173885	11489545	11684340	4426304	7258036	2484201
19544050	8673036	10871014	3449473	7421541	1583975
2387955	1077036	1310919	348706	962213	279226
6084444	2991747	3092697	1204418	1888279	1050133
2425492	1625365	800127	315556	484571	66921
168684734	86669668	82015066	23245871	58769195	16898561
168475924	86487750	81988174	23222797	58765377	16898561
70061789	36335426	33726363	10690927	23035436	6514525
8483540	4837983	3645557	1223848	2421709	481526
98414135	50152324	48261811	12531870	35729941	10384036
55107792	28691343	26416449	6047425	20369024	5514635
208810	181918	26892	23074	3818	
118957352	64728883	54228469	14179805	40048664	8609952
118950565	64722551	54228014	14179460	40048554	8609952
72541087	40162089	32378998	7741170	24637828	5232724
6787	6332	455	345	110	
2402732	921590	1481142	385801	1095341	1078470
2318877	880364	1438513	362988	1075525	1069574
83855	41226	42629	22813	19816	8896
13799409	9022323	4777086	1952322	2824764	1252493
16561365	8913261	7648104	2674846	4973258	1102184
40588078	24150707	16437371	6647699	9789672	1811409
9402310	6516955	2885355	816472	2068883	767216

1-16 中央属教育部门和其他部门各级各类

学校类别	合计	事业性经费支出				
			个人部分			
				工资福利支出	对个人和家庭的补助支出	
						#助学金
总　　计	**171314486**	**162651729**	**62607405**	**31996082**	**30611323**	**9022131**
一、高等学校	159430046	150897929	60823238	30729103	30094135	8980486
1. 普通高等学校	158891747	150359630	60712074	30651129	30060945	8979840
高等本科学校	157890884	149574689	60311825	30387681	29924144	8935143
高职高专学校	1000863	784941	400249	263448	136801	44697
2. 成人高等学校	538299	538299	111164	77974	33190	646
二、中等职业学校	147580	147580	83628	49644	33984	19095
1. 中等专业学校	131448	131448	72311	44364	27947	17527
2. 职业高中	16132	16132	11317	5280	6037	1568
#农村						
3. 技工学校						
4. 成人中专学校						
三、中学	860113	860113	466440	337347	129093	3944
1. 普通中学	860113	860113	466440	337347	129093	3944
普通高中	700750	700750	374693	269122	105571	3343
#农村	5031	5031	4536	2845	1691	
普通初中	159363	159363	91747	68225	23522	601
#农村	2936	2936	2655	1666	989	
2. 成人中学						
四、小学	243928	243928	148628	112912	35716	12
1. 普通小学	243928	243928	148628	112912	35716	12
#农村	4226	4226	3827	2699	1128	
2. 成人小学						
五、特殊教育						
1. 特殊教育学校						
2. 工读学校						
六、幼儿园	327747	323341	229393	212390	17003	
七、教育行政单位	88237	88237	53837	47656	6181	
八、教育事业单位	6832776	6707287	451610	310847	140763	
九、其他	3384059	3383314	350631	196183	154448	18594

教育机构教育经费支出明细

单位：千元

公用部分	商品和服务支出	其他资本性支出			基本建设支出
			专项公用支出	专项项目支出	
100044324	**73128434**	**26915890**	**16119287**	**10796603**	**8662757**
90074691	64473964	25600727	15460387	10140340	8532117
89647556	64164820	25482736	15441857	10040879	8532117
89262864	63907179	25355685	15397181	9958504	8316195
384692	257641	127051	44676	82375	215922
427135	309144	117991	18530	99461	
63952	45927	18025	9665	8360	
59137	41121	18016	9656	8360	
4815	4806	9	9		
393673	188713	204960	123374	81586	
393673	188713	204960	123374	81586	
326057	147642	178415	102663	75752	
495	414	81	81		
67616	41071	26545	20711	5834	
281	235	46	46		
95300	40902	54398	33842	20556	
95300	40902	54398	33842	20556	
399	347	52	52		
93948	72463	21485	14666	6819	4406
34400	32610	1790	1790		
6255677	5652247	603430	412306	191124	125489
3032683	2621608	411075	63257	347818	745

1-17 地方教育部门和其他部门各级各类

学校类别	合　计	事业性经费支出				
			个人部分			
				工资福利支出	对个人和家庭的补助支出	
						#助学金
总　　计	**1534553675**	**1486807665**	**911689870**	**637261185**	**274428685**	**59697974**
一、高等学校	311764835	300593700	137130123	83752894	53377229	20549006
1. 普通高等学校	300166846	289272919	131505888	80032892	51472996	20078529
高等本科学校	216725157	210410506	96859467	57926136	38933331	14352918
高职高专学校	83441689	78862413	34646421	22106756	12539665	5725611
2. 成人高等学校	11597989	11320781	5624235	3720002	1904233	470477
二、中等职业学校	119038997	113853767	62689848	37538450	25151398	12481095
1. 中等专业学校	53621227	51137026	28022278	16226412	11795866	6111778
2. 职业高中	45593760	44009785	24470550	15017026	9453524	4805760
#农村	5750360	5471134	3083179	2016216	1066963	686091
3. 技工学校	13407466	12357333	6272889	3710766	2562123	1361725
4. 成人中专学校	6416544	6349623	3924131	2584246	1339885	201832
三、中学	499356590	482458029	314166968	234379789	79787179	16556097
1. 普通中学	498906789	482008228	313925977	234190064	79735913	16553117
普通高中	178151505	171636980	101901248	77702098	24199150	3694115
#农村	24505223	24023697	15540652	12175378	3365274	977909
普通初中	320755284	310371248	212024729	156487966	55536763	12859002
#农村	185596903	180082268	124974757	92491048	32483709	10100566
2. 成人中学	449801	449801	240991	189725	51266	2980
四、小学	466917861	458307909	339445857	240127958	99317899	9997625
1. 普通小学	466877342	458267390	339412125	240098659	99313466	9997625
#农村	305078384	299845660	227304972	161451753	65853219	8374252
2. 成人小学	40519	40519	33732	29299	4433	
五、特殊教育	6926706	5848236	3445504	2506030	939474	96542
1. 特殊教育学校	6692491	5622917	3304040	2411201	892839	95154
2. 工读学校	234215	225319	141464	94829	46635	1388
六、幼儿园	37679330	36431243	22725782	19046958	3678824	2299
七、教育行政单位	27309837	26207653	9680688	5803956	3876732	
八、教育事业单位	51812764	50126844	15794443	9675358	6119085	
九、其他	13746755	12980284	6610657	4429792	2180865	15310

教育机构教育经费支出明细

单位:千元

公用部分	商品和服务支出	其他资本性支出	专项公用支出	专项项目支出	基本建设支出
575117795	**305330483**	**269787312**	**94507097**	**175280215**	**47746010**
163463577	88281873	75181704	35867430	39314274	11171135
157767031	84411549	73355482	34974793	38380689	10893927
113551039	64819500	48731539	24765315	23966224	6314651
44215992	19592049	24623943	10209478	14414465	4579276
5696546	3870324	1826222	892637	933585	277208
51163919	24733766	26430153	9386086	17044067	5185230
23114748	11448424	11666324	4416648	7249676	2484201
19539235	8668230	10871005	3449464	7421541	1583975
2387955	1077036	1310919	348706	962213	279226
6084444	2991747	3092697	1204418	1888279	1050133
2425492	1625365	800127	315556	484571	66921
168291061	86480955	81810106	23122497	58687609	16898561
168082251	86299037	81783214	23099423	58683791	16898561
69735732	36187784	33547948	10588264	22959684	6514525
8483045	4837569	3645476	1223767	2421709	481526
98346519	50111253	48235266	12511159	35724107	10384036
55107511	28691108	26416403	6047379	20369024	5514635
208810	181918	26892	23074	3818	
118862052	64687981	54174071	14145963	40028108	8609952
118855265	64681649	54173616	14145618	40027998	8609952
72540688	40161742	32378946	7741118	24637828	5232724
6787	6332	455	345	110	
2402732	921590	1481142	385801	1095341	1078470
2318877	880364	1438513	362988	1075525	1069574
83855	41226	42629	22813	19816	8896
13705461	8949860	4755601	1937656	2817945	1248087
16526965	8880651	7646314	2673056	4973258	1102184
34332401	18498460	15833941	6235393	9598548	1685920
6369627	3895347	2474280	753215	1721065	766471

1-18 企业办各级各类

学校类别	合 计	事业性经费支出	个人部分	工资福利支出	对个人和家庭的补助支出	#助学金
总 计	**20865064**	**19951036**	**11671960**	**9122478**	**2549482**	**832364**
一、高等学校	7870916	7538866	3400083	2648952	751131	352248
1. 普通高等学校	7404018	7079588	3126140	2427098	699042	331639
高等本科学校	2238807	2177595	801752	586829	214923	91213
高职高专学校	5165211	4901993	2324388	1840269	484119	240426
2. 成人高等学校	466898	459278	273943	221854	52089	20609
二、中等职业学校	3815818	3783262	2232512	1610770	621742	326954
1. 中等专业学校	1327135	1300676	770587	527641	242946	123803
2. 职业高中	283091	283091	189505	131912	57593	37137
#农村	44319	44319	34880	21332	13548	10191
3. 技工学校	2056499	2050402	1177901	876931	300970	159073
4. 成人中专学校	149093	149093	94519	74286	20233	6941
三、中学	3900174	3706641	2515442	1941024	574418	69539
1. 普通中学	3900174	3706641	2515442	1941024	574418	69539
普通高中	1346428	1310500	841829	681667	160162	16172
#农村	369478	342659	227469	173749	53720	6848
普通初中	2553746	2396141	1673613	1259357	414256	53367
#农村	1191757	1043820	743922	539529	204393	40908
2. 成人中学						
四、小学	3059574	2850000	2069815	1583441	486374	66559
1. 普通小学	3059574	2850000	2069815	1583441	486374	66559
#农村	1727888	1536724	1110393	821026	289367	59218
2. 成人小学						
五、特殊教育						
1. 特殊教育学校						
2. 工读学校						
六、幼儿园	2040478	1898663	1346285	1271866	74419	14291
七、教育行政单位	53409	53409	26905	14156	12749	
八、教育事业单位	20303	20303	13658	10088	3570	
九、其他	104392	99892	67260	42181	25079	2773

教育机构教育经费支出明细

单位:千元

公用部分	商品和服务支出	其他资本性支出			基本建设支出
			专项公用支出	专项项目支出	
8279076	**4991891**	**3287185**	**1147457**	**2139728**	**914028**
4138783	2222419	1916364	554107	1362257	332050
3953448	2070101	1883347	535486	1347861	324430
1375843	507434	868409	165566	702843	61212
2577605	1562667	1014938	369920	645018	263218
185335	152318	33017	18621	14396	7620
1550750	1118001	432749	253264	179485	32556
530089	349417	180672	95306	85366	26459
93586	78434	15152	11152	4000	
9439	6764	2675	643	2032	
872501	646876	225625	142318	83307	6097
54574	43274	11300	4488	6812	
1191199	738516	452683	152507	300176	193533
1191199	738516	452683	152507	300176	193533
468671	309856	158815	60013	98802	35928
115190	64447	50743	13130	37613	26819
722528	428660	293868	92494	201374	157605
299898	147106	152792	34318	118474	147937
780185	464831	315354	91357	223997	209574
780185	464831	315354	91357	223997	209574
426331	220563	205768	49215	156553	191164
552378	397152	155226	83614	71612	141815
26504	20902	5602	5214	388	
6645	5918	727	727		
32632	24152	8480	6667	1813	4500

1-19 中央企业办各级各类

学校类别	合 计	事业性经费支出	个人部分	工资福利支出	对个人和家庭的补助支出	#助学金
总 计	**8230537**	**7565765**	**4633592**	**3467735**	**1165857**	**327540**
一、高等学校	2793004	2688021	1331560	1005789	325771	139585
1. 普通高等学校	2677245	2579882	1270595	953184	317411	138388
高等本科学校	1072718	1033288	506753	333839	172914	62968
高职高专学校	1604527	1546594	763842	619345	144497	75420
2. 成人高等学校	115759	108139	60965	52605	8360	1197
二、中等职业学校	769991	748911	384634	259980	124654	59363
1. 中等专业学校	499943	478943	235375	147764	87611	43698
2. 职业高中	10315	10315	7755	6586	1169	409
#农村						
3. 技工学校	225754	225674	117314	83935	33379	15246
4. 成人中专学校	33979	33979	24190	21695	2495	10
三、中学	1935870	1747088	1226955	893186	333769	51794
1. 普通中学	1935870	1747088	1226955	893186	333769	51794
普通高中	647429	611501	413311	310783	102528	10516
#农村	224562	197743	135671	99623	36048	6360
普通初中	1288441	1135587	813644	582403	231241	41278
#农村	989851	846653	609112	428705	180407	38097
2. 成人中学						
四、小学	1848414	1643811	1187026	884499	302527	59892
1. 普通小学	1848414	1643811	1187026	884499	302527	59892
#农村	1398707	1212476	875923	640824	235099	55408
2. 成人小学						
五、特殊教育						
1. 特殊教育学校						
2. 工读学校						
六、幼儿园	705154	564330	395594	357856	37738	14133
七、教育行政单位	53409	53409	26905	14156	12749	
八、教育事业单位	20303	20303	13658	10088	3570	
九、其他	104392	99892	67260	42181	25079	2773

教育机构教育经费支出明细

单位:千元

公用部分	商品和服务支出	其他资本性支出	专项公用支出	专项项目支出	基本建设支出
2932173	**1750907**	**1181266**	**440818**	**740448**	**664772**
1356461	908717	447744	209151	238593	104983
1309287	866710	442577	203984	238593	97363
526535	336692	189843	99322	90521	39430
782752	530018	252734	104662	148072	57933
47174	42007	5167	5167		7620
364277	209369	154908	55289	99619	21080
243568	145382	98186	46384	51802	21000
2560	2325	235	235		
108360	54451	53909	6092	47817	80
9789	7211	2578	2578		
520133	248918	271215	72616	198599	188782
520133	248918	271215	72616	198599	188782
198190	100865	97325	29787	67538	35928
62072	24111	37961	8816	29145	26819
321943	148053	173890	42829	131061	152854
237541	101496	136045	30286	105759	143198
456785	216417	240368	60770	179598	204603
456785	216417	240368	60770	179598	204603
336553	151700	184853	42646	142207	186231
168736	116514	52222	30384	21838	140824
26504	20902	5602	5214	388	
6645	5918	727	727		
32632	24152	8480	6667	1813	4500

1-20 地方企业办各级各类

学校类别	合计	事业性经费支出	个人部分	工资福利支出	对个人和家庭的补助支出	#助学金
总计	**12634527**	**12385271**	**7038368**	**5654743**	**1383625**	**504824**
一、高等学校	5077912	4850845	2068523	1643163	425360	212663
1. 普通高等学校	4726773	4499706	1855545	1473914	381631	193251
高等本科学校	1166089	1144307	294999	252990	42009	28245
高职高专学校	3560684	3355399	1560546	1220924	339622	165006
2. 成人高等学校	351139	351139	212978	169249	43729	19412
二、中等职业学校	3045827	3034351	1847878	1350790	497088	267591
1. 中等专业学校	827192	821733	535212	379877	155335	80105
2. 职业高中	272776	272776	181750	125326	56424	36728
#农村	44319	44319	34880	21332	13548	10191
3. 技工学校	1830745	1824728	1060587	792996	267591	143827
4. 成人中专学校	115114	115114	70329	52591	17738	6931
三、中学	1964304	1959553	1288487	1047838	240649	17745
1. 普通中学	1964304	1959553	1288487	1047838	240649	17745
普通高中	698999	698999	428518	370884	57634	5656
#农村	144916	144916	91798	74126	17672	488
普通初中	1265305	1260554	859969	676954	183015	12089
#农村	201906	197167	134810	110824	23986	2811
2. 成人中学						
四、小学	1211160	1206189	882789	698942	183847	6667
1. 普通小学	1211160	1206189	882789	698942	183847	6667
#农村	329181	324248	234470	180202	54268	3810
2. 成人小学						
五、特殊教育						
1. 特殊教育学校						
2. 工读学校						
六、幼儿园	1335324	1334333	950691	914010	36681	158
七、教育行政单位						
八、教育事业单位						
九、其他						

教育机构教育经费支出明细

单位:千元

公用部分	商品和服务支出	其他资本性支出	专项公用支出	专项项目支出	基本建设支出
5346903	**3240984**	**2105919**	**706639**	**1399280**	**249256**
2782322	1313702	1468620	344956	1123664	227067
2644161	1203391	1440770	331502	1109268	227067
849308	170742	678566	66244	612322	21782
1794853	1032649	762204	265258	496946	205285
138161	110311	27850	13454	14396	
1186473	908632	277841	197975	79866	11476
286521	204035	82486	48922	33564	5459
91026	76109	14917	10917	4000	
9439	6764	2675	643	2032	
764141	592425	171716	136226	35490	6017
44785	36063	8722	1910	6812	
671066	489598	181468	79891	101577	4751
671066	489598	181468	79891	101577	4751
270481	208991	61490	30226	31264	
53118	40336	12782	4314	8468	
400585	280607	119978	49665	70313	4751
62357	45610	16747	4032	12715	4739
323400	248414	74986	30587	44399	4971
323400	248414	74986	30587	44399	4971
89778	68863	20915	6569	14346	4933
383642	280638	103004	53230	49774	991

1-21 民办各级各类

学校类别	合计	事业性经费支出	个人部分	工资福利支出	对个人和家庭的补助支出	#助学金
总计	**144329131**	**140376032**	**63533501**	**56160197**	**7373304**	**5906186**
一、高等学校	54770989	51745515	15496439	12000327	3496112	2963669
1. 普通高等学校	54757082	51734108	15491734	11995716	3496018	2963595
高等本科学校	38173224	36266301	10998681	8463933	2534748	2081774
高职高专学校	16583858	15467807	4493053	3531783	961270	881821
2. 成人高等学校	13907	11407	4705	4611	94	74
二、中等职业学校	10275800	10036806	5125417	2966567	2158850	2085184
1. 中等专业学校	4408018	4218190	2025546	1221203	804343	774956
2. 职业高中	4282145	4243274	2385162	1267695	1117467	1086206
#农村	522475	500386	254222	148058	106164	101899
3. 技工学校	1009381	1003415	449804	314772	135032	124280
4. 成人中专学校	576256	571927	264905	162897	102008	99742
三、中学	31787699	31484640	16217890	15152964	1064926	599657
1. 普通中学	31787699	31484640	16217890	15152964	1064926	599657
普通高中	12268087	12165034	6240262	5809551	430711	259516
#农村	1482223	1475550	734554	670979	63575	46837
普通初中	19519612	19319606	9977628	9343413	634215	340141
#农村	2930740	2916047	1558775	1447647	111128	81645
2. 成人中学						
四、小学	15645062	15435201	8113356	7675694	437662	242943
1. 普通小学	15645062	15435201	8113356	7675694	437662	242943
#农村	3422370	3382966	1835213	1715016	120197	97885
2. 成人小学						
五、特殊教育	17532	17532	10314	9548	766	636
1. 特殊教育学校	17532	17532	10314	9548	766	636
2. 工读学校						
六、幼儿园	31832049	31656338	18570085	18355097	214988	14097
七、教育行政单位						
八、教育事业单位						
九、其他						

教育机构教育经费支出明细

单位:千元

公用部分	商品和服务支出	其他资本性支出	专项公用支出	专项项目支出	基本建设支出
76842531	**46053341**	**30789190**	**12838128**	**17951062**	**3953099**
36249076	19075630	17173446	6195858	10977588	3025474
36242374	19070830	17171544	6195757	10975787	3022974
25267620	14323680	10943940	4344188	6599752	1906923
10974754	4747150	6227604	1851569	4376035	1116051
6702	4800	1902	101	1801	2500
4911389	2689446	2221943	877546	1344397	238994
2192644	1103645	1088999	394216	694783	189828
1858112	1063350	794762	327580	467182	38871
246164	115960	130204	37656	92548	22089
553611	366974	186637	103767	82870	5966
307022	155477	151545	51983	99562	4329
15266750	10088116	5178634	2149321	3029313	303059
15266750	10088116	5178634	2149321	3029313	303059
5924772	3937534	1987238	842901	1144337	103053
740996	491791	249205	96940	152265	6673
9341978	6150582	3191396	1306420	1884976	200006
1357272	881915	475357	200590	274767	14693
7321845	5183763	2138082	1176096	961986	209861
7321845	5183763	2138082	1176096	961986	209861
1547753	1084350	463403	251981	211422	39404
7218	5284	1934	1435	499	
7218	5284	1934	1435	499	
13086253	9011102	4075151	2437872	1637279	175711

1-22 全国各级各类教育机构公共财政预算

学校类别	合 计	事业费支出	个人部分	工资福利支出	对个人和家庭的补助支出	#助学金
总 计	**1149577744**	**1103400645**	**764232885**	**574638886**	**189593999**	**60651827**
一、高等学校	218227538	206542086	114146158	67825204	46320954	22062346
1. 普通高等学校	213080058	201581562	110794851	65546925	45247926	21738487
高等本科学校	173539170	164783475	89196660	52182056	37014604	16616025
高职高专学校	39540888	36798087	21598191	13364869	8233322	5122462
2. 成人高等学校	5147480	4960524	3351307	2278279	1073028	323859
二、中等职业学校	73902384	69618287	48979890	29179843	19800047	13096171
1. 中等专业学校	32393920	30516297	21018195	11912512	9105683	6135532
2. 职业高中	29072247	27650289	20063062	12387522	7675540	5269081
#农村	3669151	3400617	2551619	1658005	893614	692465
3. 技工学校	8283114	7365404	4735815	2654547	2081268	1405443
4. 成人中专学校	4153103	4086297	3162818	2225262	937556	286115
三、中学	375587894	359497018	264867162	212618322	52248840	15593247
1. 普通中学	375327608	359236732	264682477	212462383	52220094	15590898
普通高中	106342842	100311949	76409087	62416356	13992731	3081524
#农村	15137483	14760508	11937708	9805830	2131878	872479
普通初中	268984766	258924783	188273390	150046027	38227363	12509374
#农村	161083920	155731733	112724339	89581452	23142887	9816258
2. 成人中学	260286	260286	184685	155939	28746	2349
四、小学	391131145	382800759	293545004	232241345	61303659	9767326
1. 普通小学	391095748	382765362	293515474	232212749	61302725	9767326
#农村	261034815	255945943	197664724	157029358	40635366	8192117
2. 成人小学	35397	35397	29530	28596	934	
五、特殊教育	5730568	4698456	3049894	2403208	646686	84314
1. 特殊教育学校	5552691	4529475	2933470	2313480	619990	83238
2. 工读学校	177877	168981	116424	89728	26696	1076
六、幼儿园	20052230	18694433	14367594	12441643	1925951	17832
七、教育行政单位	18881448	17863897	7532442	5415977	2116465	
八、教育事业单位	35455833	33825063	12288370	8378307	3910063	
九、其他	10608704	9860646	5456371	4135037	1321334	30591

教育事业费和基本建设支出明细

单位：千元

公用部分	商品和服务支出	其他资本性支出			基本建设支出
			专项公用支出	专项项目支出	
339167760	**192377534**	**146790226**	**51870361**	**94919865**	**46177099**
92395928	52401429	39994499	20916888	19077611	11685452
90786711	51459541	39327170	20664460	18662710	11498496
75586815	44753295	30833520	16810600	14022920	8755695
15199896	6706246	8493650	3853860	4639790	2742801
1609217	941888	667329	252428	414901	186956
20638397	9390311	11248086	4246692	7001394	4284097
9498102	4287632	5210470	2136181	3074289	1877623
7587227	3386308	4200919	1347548	2853371	1421958
848998	415651	433347	139192	294155	268534
2629589	1080908	1548681	661421	887260	917710
923479	635463	288016	101542	186474	66806
94629856	52399218	42230638	10892754	31337884	16090876
94554255	52338947	42215308	10880351	31334957	16090876
23902862	11085215	12817647	3317824	9499823	6030893
2822800	1433480	1389320	319590	1069730	376975
70651393	41253732	29397661	7562527	21835134	10059983
43007394	25076167	17931227	4220049	13711178	5352187
75601	60271	15330	12403	2927	
89255755	54803491	34452264	9217324	25234940	8330386
89249888	54798051	34451837	9217007	25234830	8330386
58281219	36007158	22274061	5467245	16806816	5088872
5867	5440	427	317	110	
1648562	645704	1002858	260103	742755	1032112
1596005	616456	979549	242551	736998	1023216
52557	29248	23309	17552	5757	8896
4326839	2237665	2089174	654673	1434501	1357797
10331455	5587158	4744297	1664326	3079971	1017551
21536693	12590399	8946294	3499359	5446935	1630770
4404275	2322159	2082116	518242	1563874	748058

1-23 中央属各级各类教育机构公共财政预算

学校类别	合计	事业费支出	个人部分	工资福利支出	对个人和家庭的补助支出	#助学金
总计	**75201019**	**69171026**	**36335288**	**19647617**	**16687671**	**6022299**
一、高等学校	66680725	61201243	33457310	17533243	15924067	5826660
1. 普通高等学校	66614357	61136875	33424517	17513908	15910609	5825950
高等本科学校	66058740	60681602	33149996	17360581	15789415	5748691
高职高专学校	555617	455273	274521	153327	121194	77259
2. 成人高等学校	66368	64368	32793	19335	13458	710
二、中等职业学校	317768	298768	195224	113333	81891	59044
1. 中等专业学校	263204	244204	152307	93312	58995	44967
2. 职业高中	7299	7299	4925	3738	1187	1092
#农村						
3. 技工学校	38627	38627	32264	12139	20125	12980
4. 成人中专学校	8638	8638	5728	4144	1584	5
三、中学	1698207	1513563	1083310	880145	203165	47547
1. 普通中学	1698207	1513563	1083310	880145	203165	47547
普通高中	653767	619545	448656	351254	97402	7715
#农村	156120	130167	90638	79938	10700	6010
普通初中	1044440	894018	634654	528891	105763	39832
#农村	808926	667853	460707	385045	75662	37438
2. 成人中学						
四、小学	1616134	1414328	990085	821140	168945	58019
1. 普通小学	1616134	1414328	990085	821140	168945	58019
#农村	1165987	982213	685145	574188	110957	54470
2. 成人小学						
五、特殊教育						
1. 特殊教育学校						
2. 工读学校						
六、幼儿园	208011	68195	40610	25194	15416	13427
七、教育行政单位	105113	105113	58120	55222	2898	
八、教育事业单位	3725574	3725574	192523	57090	135433	
九、其他	849487	844242	318106	162250	155856	17602

教育事业费和基本建设支出明细

单位:千元

公用部分	商品和服务支出	其他资本性支出			基本建设支出
			专项公用支出	专项项目支出	
32835738	**21469108**	**11366630**	**5706539**	**5660091**	**6029993**
27743933	17563223	10180710	5316447	4864263	5479482
27712358	17536985	10175373	5311110	4864263	5477482
27531606	17424009	10107597	5294974	4812623	5377138
180752	112976	67776	16136	51640	100344
31575	26238	5337	5337		2000
103544	51177	52367	27133	25234	19000
91897	40021	51876	26642	25234	19000
2374	2139	235	235		
6363	6107	256	256		
2910	2910				
430253	205566	224687	49094	175593	184644
430253	205566	224687	49094	175593	184644
170889	78524	92365	19650	72715	34222
39529	13529	26000	4562	21438	25953
259364	127042	132322	29444	102878	150422
207146	88268	118878	21615	97263	141073
424243	208848	215395	55475	159920	201806
424243	208848	215395	55475	159920	201806
297068	135989	161079	31195	129884	183774
27585	10995	16590	15453	1137	139816
46993	45058	1935	1935		
3533051	3230280	302771	206523	96248	
526136	153961	372175	34479	337696	5245

1-24 地方各级各类教育机构公共财政预算

学校类别	合计	事业费支出	个人部分	工资福利支出	对个人和家庭的补助支出	#助学金
总计	**1074376725**	**1034229619**	**727897597**	**554991269**	**172906328**	**54629528**
一、高等学校	151546813	145340843	80688848	50291961	30396887	16235686
1. 普通高等学校	146465701	140444687	77370334	48033017	29337317	15912537
高等本科学校	107480430	104101873	56046664	34821475	21225189	10867334
高职高专学校	38985271	36342814	21323670	13211542	8112128	5045203
2. 成人高等学校	5081112	4896156	3318514	2258944	1059570	323149
二、中等职业学校	73584616	69319519	48784666	29066510	19718156	13037127
1. 中等专业学校	32130716	30272093	20865888	11819200	9046688	6090565
2. 职业高中	29064948	27642990	20058137	12383784	7674353	5267989
#农村	3669151	3400617	2551619	1658005	893614	692465
3. 技工学校	8244487	7326777	4703551	2642408	2061143	1392463
4. 成人中专学校	4144465	4077659	3157090	2221118	935972	286110
三、中学	373889687	357983455	263783852	211738177	52045675	15545700
1. 普通中学	373629401	357723169	263599167	211582238	52016929	15543351
普通高中	105689075	99692404	75960431	62065102	13895329	3073809
#农村	14981363	14630341	11847070	9725892	2121178	866469
普通初中	267940326	258030765	187638736	149517136	38121600	12469542
#农村	160274994	155063880	112263632	89196407	23067225	9778820
2. 成人中学	260286	260286	184685	155939	28746	2349
四、小学	389515011	381386431	292554919	231420205	61134714	9709307
1. 普通小学	389479614	381351034	292525389	231391609	61133780	9709307
#农村	259868828	254963730	196979579	156455170	40524409	8137647
2. 成人小学	35397	35397	29530	28596	934	
五、特殊教育	5730568	4698456	3049894	2403208	646686	84314
1. 特殊教育学校	5552691	4529475	2933470	2313480	619990	83238
2. 工读学校	177877	168981	116424	89728	26696	1076
六、幼儿园	19844219	18626238	14326984	12416449	1910535	4405
七、教育行政单位	18776335	17758784	7474322	5360755	2113567	
八、教育事业单位	31730259	30099489	12095847	8321217	3774630	
九、其他	9759217	9016404	5138265	3972787	1165478	12989

教育事业费和基本建设支出明细

单位:千元

公用部分	商品和服务支出	其他资本性支出			基本建设支出
			专项公用支出	专项项目支出	
306332022	**170908426**	**135423596**	**46163822**	**89259774**	**40147106**
64651995	34838206	29813789	15600441	14213348	6205970
63074353	33922556	29151797	15353350	13798447	6021014
48055209	27329286	20725923	11515626	9210297	3378557
15019144	6593270	8425874	3837724	4588150	2642457
1577642	915650	661992	247091	414901	184956
20534853	9339134	11195719	4219559	6976160	4265097
9406205	4247611	5158594	2109539	3049055	1858623
7584853	3384169	4200684	1347313	2853371	1421958
848998	415651	433347	139192	294155	268534
2623226	1074801	1548425	661165	887260	917710
920569	632553	288016	101542	186474	66806
94199603	52193652	42005951	10843660	31162291	15906232
94124002	52133381	41990621	10831257	31159364	15906232
23731973	11006691	12725282	3298174	9427108	5996671
2783271	1419951	1363320	315028	1048292	351022
70392029	41126690	29265339	7533083	21732256	9909561
42800248	24987899	17812349	4198434	13613915	5211114
75601	60271	15330	12403	2927	
88831512	54594643	34236869	9161849	25075020	8128580
88825645	54589203	34236442	9161532	25074910	8128580
57984151	35871169	22112982	5436050	16676932	4905098
5867	5440	427	317	110	
1648562	645704	1002858	260103	742755	1032112
1596005	616456	979549	242551	736998	1023216
52557	29248	23309	17552	5757	8896
4299254	2226670	2072584	639220	1433364	1217981
10284462	5542100	4742362	1662391	3079971	1017551
18003642	9360119	8643523	3292836	5350687	1630770
3878139	2168198	1709941	483763	1226178	742813

1-25 全国教育部门和其他部门各级各类教育机构

学校类别	合 计	事业费支出	个人部分	工资福利支出	对个人和家庭的补助支出	#助学金
总 计	**1135257504**	**1089695947**	**754580515**	**570442467**	**184138048**	**55969805**
一、高等学校	214620370	202980720	111273665	67170490	44103175	20080549
1. 普通高等学校	209523322	198068628	107959771	64905175	43054596	19775473
高等本科学校	171514252	162796189	87567077	51854111	35712966	15475517
高职高专学校	38009070	35272439	20392694	13051064	7341630	4299956
2. 成人高等学校	5097048	4912092	3313894	2265315	1048579	305076
二、中等职业学校	70527607	66272510	46181386	28663317	17518069	10964556
1. 中等专业学校	31148223	29293600	19996978	11712176	8284802	5364290
2. 职业高中	27821027	26399069	18950494	12337787	6612707	4231847
#农村	3541561	3273027	2441828	1652070	789758	590187
3. 技工学校	7582078	6670368	4196648	2407845	1788803	1181980
4. 成人中专学校	3976279	3909473	3037266	2205509	831757	186439
三、中学	371784567	355887485	262680875	210985427	51695448	15240082
1. 普通中学	371524281	355627199	262496190	210829488	51666702	15237733
普通高中	105323457	99327086	75720162	61901514	13818648	2953795
#农村	14912578	14561556	11800586	9696571	2104015	850816
普通初中	266200824	256300113	186776028	148927974	37848054	12283938
#农村	159919257	154708143	112102616	89101224	23001392	9725210
2. 成人中学	260286	260286	184685	155939	28746	2349
四、小学	388137885	380010745	291946811	231002024	60944787	9567961
1. 普通小学	388102488	379975348	291917281	230973428	60943853	9567961
#农村	259316617	254411519	196739335	156299661	40439674	8070891
2. 成人小学	35397	35397	29530	28596	934	
五、特殊教育	5726408	4694296	3048127	2401778	646349	83977
1. 特殊教育学校	5548531	4525315	2931703	2312050	619653	82901
2. 工读学校	177877	168981	116424	89728	26696	1076
六、幼儿园	19620658	18402061	14241139	12340573	1900566	2089
七、教育行政单位	18857168	17839617	7520822	5406776	2114046	
八、教育事业单位	35439727	33808957	12276626	8369285	3907341	
九、其他	10543114	9799556	5411064	4102797	1308267	30591

公共财政预算教育事业费和基本建设支出明细

单位:千元

公用部分	商品和服务支出	其他资本性支出	专项公用支出	专项项目支出	基本建设支出
335115432	**189708486**	**145406946**	**51358149**	**94048797**	**45561557**
91707055	52112809	39594246	20834212	18760034	11639650
90108857	51181940	38926917	20581784	18345133	11454694
75229112	44581657	30647455	16768793	13878662	8718063
14879745	6600283	8279462	3812991	4466471	2736631
1598198	930869	667329	252428	414901	184956
20091124	9103368	10987756	4093743	6894013	4255097
9296622	4181714	5114908	2081478	3033430	1854623
7448575	3298296	4150279	1310712	2839567	1421958
831199	408748	422451	136666	285785	268534
2473720	1010660	1463060	600272	862788	911710
872207	612698	259509	101281	158228	66806
93206610	51355662	41850948	10773199	31077749	15897082
93131009	51295391	41835618	10760796	31074822	15897082
23606924	10861838	12745086	3293059	9452027	5996371
2760970	1401120	1359850	312168	1047682	351022
69524085	40433553	29090532	7467737	21622795	9900711
42605527	24827089	17778438	4186883	13591555	5211114
75601	60271	15330	12403	2927	
88063934	53885709	34178225	9108945	25069280	8127140
88058067	53880269	34177798	9108628	25069170	8127140
57672184	35595008	22077176	5409668	16667508	4905098
5867	5440	427	317	110	
1646169	643551	1002618	259876	742742	1032112
1593612	614303	979309	242324	736985	1023216
52557	29248	23309	17552	5757	8896
4160922	2134886	2026036	611837	1414199	1218597
10318795	5574643	4744152	1664181	3079971	1017551
21532331	12586407	8945924	3498989	5446935	1630770
4388492	2311451	2077041	513167	1563874	743558

1-26 中央属教育部门和其他部门各级各类教育机构

学校类别	合计	事业费支出				
			个人部分			
				工资福利支出	对个人和家庭的补助支出	
						#助学金
总计	**71102931**	**65663058**	**33841556**	**17729708**	**16111848**	**5786832**
一、高等学校	65922962	60485650	32942290	17224228	15718062	5751084
1. 普通高等学校	65882219	60444907	32928837	17217857	15710980	5751084
高等本科学校	65488065	60144927	32756024	17109530	15646494	5715373
高职高专学校	394154	299980	172813	108327	64486	35711
2. 成人高等学校	40743	40743	13453	6371	7082	
二、中等职业学校	80796	80796	48378	26388	21990	17846
1. 中等专业学校	79228	79228	47286	26388	20898	16754
2. 职业高中	1568	1568	1092		1092	1092
#农村						
3. 技工学校						
4. 成人中专学校						
三、中学	345527	345527	238226	170055	68171	288
1. 普通中学	345527	345527	238226	170055	68171	288
普通高中	284410	284410	189453	131409	58044	205
#农村	2000	2000	1512	1512		
普通初中	61117	61117	48773	38646	10127	83
#农村	1167	1167	883	883		
2. 成人中学						
四、小学	176867	176867	111999	84353	27646	12
1. 普通小学	176867	176867	111999	84353	27646	12
#农村	1411	1411	1008	1008		
2. 成人小学						
五、特殊教育						
1. 特殊教育学校						
2. 工读学校						
六、幼儿园	2581	765	585	585		
七、教育行政单位	80833	80833	46500	46021	479	
八、教育事业单位	3709468	3709468	180779	48068	132711	
九、其他	783897	783152	272799	130010	142789	17602

公共财政预算教育事业费和基本建设支出明细

单位:千元

公用部分	商品和服务支出	其他资本性支出	专项公用支出	专项项目支出	基本建设支出
31821502	**20920439**	**10901063**	**5556422**	**5344641**	**5439873**
27543360	17425506	10117854	5285647	4832207	5437312
27516070	17403553	10112517	5280310	4832207	5437312
27388903	17312779	10076124	5269651	4806473	5343138
127167	90774	36393	10659	25734	94174
27290	21953	5337	5337		
32418	16715	15703	7689	8014	
31942	16239	15703	7689	8014	
476	476				
107301	47888	59413	9483	49930	
107301	47888	59413	9483	49930	
94957	37614	57343	8882	48461	
488	408	80	80		
12344	10274	2070	601	1469	
284	238	46	46		
64868	28066	36802	16256	20546	
64868	28066	36802	16256	20546	
403	350	53	53		
180	180				1816
34333	32543	1790	1790		
3528689	3226288	302401	206153	96248	
510353	143253	367100	29404	337696	745

1-27 地方教育部门和其他部门各级各类教育机构

学校类别	合　计	事业费支出	个人部分	工资福利支出	对个人和家庭的补助支出	#助学金
总　　计	**1064154573**	**1024032889**	**720738959**	**552712759**	**168026200**	**50182973**
一、高等学校	148697408	142495070	78331375	49946262	28385113	14329465
1. 普通高等学校	143641103	137623721	75030934	47687318	27343616	14024389
高等本科学校	106026187	102651262	54811053	34744581	20066472	9760144
高职高专学校	37614916	34972459	20219881	12942737	7277144	4264245
2. 成人高等学校	5056305	4871349	3300441	2258944	1041497	305076
二、中等职业学校	70446811	66191714	46133008	28636929	17496079	10946710
1. 中等专业学校	31068995	29214372	19949692	11685788	8263904	5347536
2. 职业高中	27819459	26397501	18949402	12337787	6611615	4230755
#农村	3541561	3273027	2441828	1652070	789758	590187
3. 技工学校	7582078	6670368	4196648	2407845	1788803	1181980
4. 成人中专学校	3976279	3909473	3037266	2205509	831757	186439
三、中学	371439040	355541958	262442649	210815372	51627277	15239794
1. 普通中学	371178754	355281672	262257964	210659433	51598531	15237445
普通高中	105039047	99042676	75530709	61770105	13760604	2953590
#农村	14910578	14559556	11799074	9695059	2104015	850816
普通初中	266139707	256238996	186727255	148889328	37837927	12283855
#农村	159918090	154706976	112101733	89100341	23001392	9725210
2. 成人中学	260286	260286	184685	155939	28746	2349
四、小学	387961018	379833878	291834812	230917671	60917141	9567949
1. 普通小学	387925621	379798481	291805282	230889075	60916207	9567949
#农村	259315206	254410108	196738327	156298653	40439674	8070891
2. 成人小学	35397	35397	29530	28596	934	
五、特殊教育	5726408	4694296	3048127	2401778	646349	83977
1. 特殊教育学校	5548531	4525315	2931703	2312050	619653	82901
2. 工读学校	177877	168981	116424	89728	26696	1076
六、幼儿园	19618077	18401296	14240554	12339988	1900566	2089
七、教育行政单位	18776335	17758784	7474322	5360755	2113567	
八、教育事业单位	31730259	30099489	12095847	8321217	3774630	
九、其他	9759217	9016404	5138265	3972787	1165478	12989

公共财政预算教育事业费和基本建设支出明细

单位:千元

公用部分	商品和服务支出	其他资本性支出	专项公用支出	专项项目支出	基本建设支出
303293930	**168788047**	**134505883**	**45801727**	**88704156**	**40121684**
64163695	34687303	29476392	15548565	13927827	6202338
62592787	33778387	28814400	15301474	13512926	6017382
47840209	27268878	20571331	11499142	9072189	3374925
14752578	6509509	8243069	3802332	4440737	2642457
1570908	908916	661992	247091	414901	184956
20058706	9086653	10972053	4086054	6885999	4255097
9264680	4165475	5099205	2073789	3025416	1854623
7448099	3297820	4150279	1310712	2839567	1421958
831199	408748	422451	136666	285785	268534
2473720	1010660	1463060	600272	862788	911710
872207	612698	259509	101281	158228	66806
93099309	51307774	41791535	10763716	31027819	15897082
93023708	51247503	41776205	10751313	31024892	15897082
23511967	10824224	12687743	3284177	9403566	5996371
2760482	1400712	1359770	312088	1047682	351022
69511741	40423279	29088462	7467136	21621326	9900711
42605243	24826851	17778392	4186837	13591555	5211114
75601	60271	15330	12403	2927	
87999066	53857643	34141423	9092689	25048734	8127140
87993199	53852203	34140996	9092372	25048624	8127140
57671781	35594658	22077123	5409615	16667508	4905098
5867	5440	427	317	110	
1646169	643551	1002618	259876	742742	1032112
1593612	614303	979309	242324	736985	1023216
52557	29248	23309	17552	5757	8896
4160742	2134706	2026036	611837	1414199	1216781
10284462	5542100	4742362	1662391	3079971	1017551
18003642	9360119	8643523	3292836	5350687	1630770
3878139	2168198	1709941	483763	1226178	742813

1-28　企业办各级各类教育机构

学校类别	合　计	事业费支　出	个人部分	工资福利支出	对个人和家庭的补助支出	#助学金
总　　计	**5988318**	**5388198**	**3859644**	**2679388**	**1180256**	**604480**
一、高等学校	1316933	1274763	880279	495261	385018	206408
1. 普通高等学校	1266501	1226331	842866	482297	360569	187625
高等本科学校	720428	686428	407057	251051	156006	39221
高职高专学校	546073	539903	435809	231246	204563	148404
2. 成人高等学校	50432	48432	37413	12964	24449	18783
二、中等职业学校	1104536	1075536	826387	437289	389098	268259
1. 中等专业学校	435195	412195	299958	163647	136311	93896
2. 职业高中	61399	61399	55114	16731	38383	33157
#农村	11498	11498	9698	60	9638	9638
3. 技工学校	573786	567786	444294	241641	202653	134431
4. 成人中专学校	34156	34156	27021	15270	11751	6775
三、中学	1641900	1457256	1038610	842363	196247	57128
1. 普通中学	1641900	1457256	1038610	842363	196247	57128
普通高中	435692	401470	295700	249599	46101	10563
#农村	166051	140098	97874	85633	12241	6146
普通初中	1206208	1055786	742910	592764	150146	46565
#农村	828679	687606	474096	393852	80244	37764
2. 成人中学						
四、小学	1610261	1408455	1003984	827982	176002	59258
1. 普通小学	1610261	1408455	1003984	827982	176002	59258
#农村	1213399	1029625	717467	596425	121042	55173
2. 成人小学						
五、特殊教育						
1. 特殊教育学校						
2. 工读学校						
六、幼儿园	208712	70712	41713	26030	15683	13427
七、教育行政单位	24280	24280	11620	9201	2419	
八、教育事业单位	16106	16106	11744	9022	2722	
九、其他	65590	61090	45307	32240	13067	

公共财政预算教育事业费和基本建设支出明细

单位:千元

公用部分	商品和服务支出	其他资本性支出			基本建设支出
			专项公用支出	专项项目支出	
1528554	**751369**	**777185**	**260529**	**516656**	**600120**
394484	171821	222663	48990	173673	42170
383465	160802	222663	48990	173673	40170
279371	111640	167731	25323	142408	34000
104094	49162	54932	23667	31265	6170
11019	11019				2000
249149	126208	122941	92478	30463	29000
112237	58908	53329	33404	19925	23000
6285	4034	2251	601	1650	
1800		1800	150	1650	
123492	56136	67356	58468	8888	6000
7135	7130	5	5		
418646	204568	214078	53379	160699	184644
418646	204568	214078	53379	160699	184644
105770	62220	43550	14060	29490	34222
42224	15252	26972	5384	21588	25953
312876	142348	170528	39319	131209	150422
213510	92859	120651	22144	98507	141073
404471	209926	194545	43861	150684	201806
404471	209926	194545	43861	150684	201806
312158	144569	167589	32858	134731	183774
28999	11631	17368	16231	1137	138000
12660	12515	145	145		
4362	3992	370	370		
15783	10708	5075	5075		4500

1-29 中央企业办各级各类教育机构

学校类别	合　计	事业费支　出	个人部分	工资福利支出	对个人和家庭的补助支出	#助学金
总　　计	**4098088**	**3507968**	**2493732**	**1917909**	**575823**	**235467**
一、高等学校	757763	715593	515020	309015	206005	75576
1. 普通高等学校	732138	691968	495680	296051	199629	74866
高等本科学校	570675	536675	393972	251051	142921	33318
高职高专学校	161463	155293	101708	45000	56708	41548
2. 成人高等学校	25625	23625	19340	12964	6376	710
二、中等职业学校	236972	217972	146846	86945	59901	41198
1. 中等专业学校	183976	164976	105021	66924	38097	28213
2. 职业高中	5731	5731	3833	3738	95	
#农村						
3. 技工学校	38627	38627	32264	12139	20125	12980
4. 成人中专学校	8638	8638	5728	4144	1584	5
三、中学	1352680	1168036	845084	710090	134994	47259
1. 普通中学	1352680	1168036	845084	710090	134994	47259
普通高中	369357	335135	259203	219845	39358	7510
#农村	154120	128167	89126	78426	10700	6010
普通初中	983323	832901	585881	490245	95636	39749
#农村	807759	666686	459824	384162	75662	37438
2. 成人中学						
四、小学	1439267	1237461	878086	736787	141299	58007
1. 普通小学	1439267	1237461	878086	736787	141299	58007
#农村	1164576	980802	684137	573180	110957	54470
2. 成人小学						
五、特殊教育						
1. 特殊教育学校						
2. 工读学校						
六、幼儿园	205430	67430	40025	24609	15416	13427
七、教育行政单位	24280	24280	11620	9201	2419	
八、教育事业单位	16106	16106	11744	9022	2722	
九、其他	65590	61090	45307	32240	13067	

公共财政预算教育事业费和基本建设支出明细

单位:千元

公用部分	商品和服务支出	其他资本性支出	专项公用支出	专项项目支出	基本建设支出
1014236	**548669**	**465567**	**150117**	**315450**	**590120**
200573	137717	62856	30800	32056	42170
196288	133432	62856	30800	32056	40170
142703	111230	31473	25323	6150	34000
53585	22202	31383	5477	25906	6170
4285	4285				2000
71126	34462	36664	19444	17220	19000
59955	23782	36173	18953	17220	19000
1898	1663	235	235		
6363	6107	256	256		
2910	2910				
322952	157678	165274	39611	125663	184644
322952	157678	165274	39611	125663	184644
75932	40910	35022	10768	24254	34222
39041	13121	25920	4482	21438	25953
247020	116768	130252	28843	101409	150422
206862	88030	118832	21569	97263	141073
359375	180782	178593	39219	139374	201806
359375	180782	178593	39219	139374	201806
296665	135639	161026	31142	129884	183774
27405	10815	16590	15453	1137	138000
12660	12515	145	145		
4362	3992	370	370		
15783	10708	5075	5075		4500

1-30 地方企业办各级各类教育机构

学校类别	合计	事业费支出	个人部分	工资福利支出	对个人和家庭的补助支出	#助学金
总　计	**1890230**	**1880230**	**1365912**	**761479**	**604433**	**369013**
一、高等学校	559170	559170	365259	186246	179013	130832
1. 普通高等学校	534363	534363	347186	186246	160940	112759
高等本科学校	149753	149753	13085		13085	5903
高职高专学校	384610	384610	334101	186246	147855	106856
2. 成人高等学校	24807	24807	18073		18073	18073
二、中等职业学校	867564	857564	679541	350344	329197	227061
1. 中等专业学校	251219	247219	194937	96723	98214	65683
2. 职业高中	55668	55668	51281	12993	38288	33157
#农村	11498	11498	9698	60	9638	9638
3. 技工学校	535159	529159	412030	229502	182528	121451
4. 成人中专学校	25518	25518	21293	11126	10167	6770
三、中学	289220	289220	193526	132273	61253	9869
1. 普通中学	289220	289220	193526	132273	61253	9869
普通高中	66335	66335	36497	29754	6743	3053
#农村	11931	11931	8748	7207	1541	136
普通初中	222885	222885	157029	102519	54510	6816
#农村	20920	20920	14272	9690	4582	326
2. 成人中学						
四、小学	170994	170994	125898	91195	34703	1251
1. 普通小学	170994	170994	125898	91195	34703	1251
#农村	48823	48823	33330	23245	10085	703
2. 成人小学						
五、特殊教育						
1. 特殊教育学校						
2. 工读学校						
六、幼儿园	3282	3282	1688	1421	267	
七、教育行政单位						
八、教育事业单位						
九、其他						

公共财政预算教育事业费和基本建设支出明细

单位:千元

公用部分	商品和服务支出	其他资本性支出	专项公用支出	专项项目支出	基本建设支出
514318	**202700**	**311618**	**110412**	**201206**	**10000**
193911	34104	159807	18190	141617	
187177	27370	159807	18190	141617	
136668	410	136258		136258	
50509	26960	23549	18190	5359	
6734	6734				
178023	91746	86277	73034	13243	10000
52282	35126	17156	14451	2705	4000
4387	2371	2016	366	1650	
1800		1800	150	1650	
117129	50029	67100	58212	8888	6000
4225	4220	5	5		
95694	46890	48804	13768	35036	
95694	46890	48804	13768	35036	
29838	21310	8528	3292	5236	
3183	2131	1052	902	150	
65856	25580	40276	10476	29800	
6648	4829	1819	575	1244	
45096	29144	15952	4642	11310	
45096	29144	15952	4642	11310	
15493	8930	6563	1716	4847	
1594	816	778	778		

1-31 民办各级各类教育机构公共财政预算

学校类别	合计	事业费支出	个人部分	工资福利支出	对个人和家庭的补助支出	#助学金
总计	**8331922**	**8316500**	**5792726**	**1517031**	**4275695**	**4077542**
一、高等学校	2290235	2286603	1992214	159453	1832761	1775389
1. 普通高等学校	2290235	2286603	1992214	159453	1832761	1775389
高等本科学校	1304490	1300858	1222526	76894	1145632	1101287
高职高专学校	985745	985745	769688	82559	687129	674102
2. 成人高等学校						
二、中等职业学校	2270241	2270241	1972117	79237	1892880	1863356
1. 中等专业学校	810502	810502	721259	36689	684570	677346
2. 职业高中	1189821	1189821	1057454	33004	1024450	1004077
#农村	116092	116092	100093	5875	94218	92640
3. 技工学校	127250	127250	94873	5061	89812	89032
4. 成人中专学校	142668	142668	98531	4483	94048	92901
三、中学	2161427	2152277	1147677	790532	357145	296037
1. 普通中学	2161427	2152277	1147677	790532	357145	296037
普通高中	583693	583393	393225	265243	127982	117166
#农村	58854	58854	39248	23626	15622	15517
普通初中	1577734	1568884	754452	525289	229163	178871
#农村	335984	335984	147627	86376	61251	53284
2. 成人中学						
四、小学	1382999	1381559	594209	411339	182870	140107
1. 普通小学	1382999	1381559	594209	411339	182870	140107
#农村	504799	504799	207922	133272	74650	66053
2. 成人小学						
五、特殊教育	4160	4160	1767	1430	337	337
1. 特殊教育学校	4160	4160	1767	1430	337	337
2. 工读学校						
六、幼儿园	222860	221660	84742	75040	9702	2316
七、教育行政单位						
八、教育事业单位						
九、其他						

教育事业费和基本建设支出明细

单位:千元

公用部分	商品和服务支出	其他资本性支出	专项公用支出	专项项目支出	基本建设支出
2523774	**1917679**	**606095**	**251683**	**354412**	**15422**
294389	116799	177590	33686	143904	3632
294389	116799	177590	33686	143904	3632
78332	59998	18334	16484	1850	3632
216057	56801	159256	17202	142054	
298124	160735	137389	60471	76918	
89243	47010	42233	21299	20934	
132367	83978	48389	36235	12154	
15999	6903	9096	2376	6720	
32377	14112	18265	2681	15584	
44137	15635	28502	256	28246	
1004600	838988	165612	66176	99436	9150
1004600	838988	165612	66176	99436	9150
190168	161157	29011	10705	18306	300
19606	17108	2498	2038	460	
814432	677831	136601	55471	81130	8850
188357	156219	32138	11022	21116	
787350	707856	79494	64518	14976	1440
787350	707856	79494	64518	14976	1440
296877	267581	29296	24719	4577	
2393	2153	240	227	13	
2393	2153	240	227	13	
136918	91148	45770	26605	19165	1200

1-32 全国教育部门和其他部门各级学校生均教育经费支出

单位:元

学校类别	教育经费支出	事业性经费支出	个人部分	公用部分	基本建设支出
总　计	**7960.23**	**7697.01**	**4546.44**	**3150.56**	**263.22**
一、高等学校	19952.96	19118.61	8382.42	10736.19	834.34
1.普通高等学校	20497.92	19630.51	8582.93	11047.58	867.41
高等本科学校	23221.84	22314.90	9742.79	12572.11	906.94
高职高专学校	13482.07	12716.47	5595.54	7120.93	765.60
2.成人高等学校	9948.46	9721.23	4701.47	5019.76	227.24
二、中等职业学校	8708.81	8329.93	4586.78	3743.15	378.88
1.中等专业学校	8968.49	8554.01	4687.51	3866.50	414.48
2.职业高中	7960.62	7684.16	4273.00	3411.16	276.46
#农村	6307.47	6001.20	3381.89	2619.31	306.28
3.技工学校	9242.28	8518.38	4324.14	4194.24	723.90
4.成人中专学校	12528.79	12398.12	7662.16	4735.96	130.67
三、中学	7024.56	6787.25	4418.41	2368.85	237.31
1.普通中学	7020.87	6783.48	4416.68	2366.80	237.40
普通高中	8120.05	7824.29	4643.42	3180.87	295.77
#农村	6280.88	6157.49	3983.54	2173.95	123.39
普通初中	6528.36	6317.12	4315.08	2002.04	211.24
#农村	5874.07	5699.54	3955.42	1744.11	174.53
2.成人中学	16873.02	16873.02	9040.10	7832.92	
四、小学	4932.02	4841.13	3585.24	1255.88	90.90
1.普通小学	4932.76	4841.84	3585.73	1256.11	90.92
#农村	4560.33	4482.11	3397.78	1084.33	78.22
2.成人小学	1815.45	1815.45	1511.36	304.09	
五、特殊教育	38957.63	32892.03	19378.43	13513.60	6065.60
1.特殊教育学校	38906.66	32688.72	19207.97	13480.75	6217.95
2.工读学校	40472.61	38935.37	24445.14	14490.24	1537.24
六、幼儿园	3622.12	3502.76	2187.66	1315.10	119.36

1-33　全国教育部门和其他部门各级学校生均公共财政预算教育经费支出

单位:元

地　　区	公共财政预算教育经费支出	事业费支出	个人部分	公用部分	基本建设支出
总　　计	**5355.28**	**5140.36**	**3559.54**	**1580.82**	**214.92**
一、高等学校	10073.73	9527.39	5222.90	4304.49	546.34
1.普通高等学校	10144.33	9589.73	5227.00	4362.73	554.59
高等本科学校	11745.48	11148.45	5996.69	5151.77	597.02
高职高专学校	6280.77	5828.56	3369.77	2458.79	452.21
2.成人高等学校	7832.94	7548.71	5092.66	2456.05	284.23
二、中等职业学校	5153.36	4842.45	3374.41	1468.03	310.91
1.中等专业学校	5197.00	4887.56	3336.44	1551.12	309.44
2.职业高中	4855.80	4607.62	3307.57	1300.05	248.18
#农村	3884.68	3590.13	2678.40	911.73	294.55
3.技工学校	5226.62	4598.14	2892.91	1705.23	628.48
4.成人中专学校	7763.99	7633.54	5930.49	1703.05	130.44
三、中学	5220.98	4997.74	3688.84	1308.90	223.24
1.普通中学	5219.28	4995.96	3687.62	1308.33	223.33
普通高中	4781.78	4509.54	3437.76	1071.78	272.24
#农村	3821.43	3731.47	3023.96	707.51	89.95
普通初中	5415.32	5213.91	3799.58	1414.33	201.41
#农村	5061.30	4896.38	3547.95	1348.43	164.93
2.成人中学	9763.90	9763.90	6927.94	2835.96	
四、小学	4097.74	4011.93	3082.21	929.73	85.80
1.普通小学	4098.33	4012.51	3082.62	929.89	85.82
#农村	3876.23	3802.91	2940.83	862.08	73.32
2.成人小学	1585.96	1585.96	1323.09	262.87	
五、特殊教育	32206.84	26401.97	17143.48	9258.49	5804.87
1.特殊教育学校	32256.28	26307.83	17043.40	9264.43	5948.45
2.工读学校	30737.34	29200.10	20118.20	9081.91	1537.24
六、幼儿园	1869.87	1753.74	1357.20	396.54	116.13

1-34 中央属教育部门和其他部门各级学校生均教育经费支出

单位:元

学校类别	教育经费支出	事业性经费支出			基本建设支出
			个人部分	公用部分	
总　　计	**41118.86**	**39039.63**	**15027.01**	**24012.61**	**2079.23**
一、高等学校	39475.26	37362.69	15059.98	22302.71	2112.57
1. 普通高等学校	39372.30	37258.10	15044.04	22214.06	2114.20
高等本科学校	39750.65	37656.96	15184.12	22472.84	2093.69
高职高专学校	15739.31	12343.78	6294.21	6049.57	3395.53
2. 成人高等学校	-	-	-	-	-
二、中等职业学校	13494.88	13494.88	7647.04	5847.84	
1. 中等专业学校	13110.71	13110.71	7212.35	5898.36	
2. 职业高中	17727.47	17727.47	12436.26	5291.21	
#农村					
3. 技工学校					
4. 成人中专学校					
三、中学	18779.76	18779.76	10184.28	8595.48	
1. 普通中学	18779.76	18779.76	10184.28	8595.48	
普通高中	20837.67	20837.67	11141.96	9695.71	
#农村	9032.32	9032.32	8143.63	888.69	
普通初中	13093.67	13093.67	7538.16	5555.50	
#农村	7489.80	7489.80	6772.96	716.84	
2. 成人中学					
四、小学	9104.85	9104.85	5547.68	3557.16	
1. 普通小学	9104.85	9104.85	5547.68	3557.16	
#农村	6307.46	6307.46	5711.94	595.52	
2. 成人小学					
五、特殊教育					
1. 特殊教育学校					
2. 工读学校					
六、幼儿园	10261.66	10123.70	7182.22	2941.48	137.95

1-35 中央属教育部门和其他部门各级学校生均公共财政预算教育经费支出

单位:元

地 区	公共财政预算教育经费支出	事业费支出	个人部分	公用部分	基本建设支出
总 计	**18724.82**	**17292.24**	**8912.11**	**8380.13**	**1432.58**
一、高等学校	17964.30	16482.61	8976.92	7505.69	1481.69
1. 普通高等学校	17961.93	16479.52	8977.62	7501.90	1482.41
高等本科学校	18161.81	16680.00	9084.23	7595.77	1481.81
高职高专学校	6350.15	4832.93	2784.16	2048.77	1517.22
2. 成人高等学校	-	-	-	-	-
二、中等职业学校	7388.08	7388.08	4423.74	2964.34	
1. 中等专业学校	7902.25	7902.25	4716.34	3185.92	
2. 职业高中	1723.08	1723.08	1200.00	523.08	
#农村					
3. 技工学校					
4. 成人中专学校					
三、中学	7544.26	7544.26	5201.44	2342.82	
1. 普通中学	7544.26	7544.26	5201.44	2342.82	
普通高中	8457.28	8457.28	5633.62	2823.66	
#农村	3590.66	3590.66	2714.54	876.12	
普通初中	5021.53	5021.53	4007.31	1014.21	
#农村	2977.04	2977.04	2252.55	724.49	
2. 成人中学					
四、小学	6601.73	6601.73	4180.47	2421.26	
1. 普通小学	6601.73	6601.73	4180.47	2421.26	
#农村	2105.97	2105.97	1504.48	601.49	
2. 成人小学					
五、特殊教育					
1. 特殊教育学校					
2. 工读学校					
六、幼儿园	80.81	23.95	18.32	5.64	56.86

1-36 地方教育部门和其他部门各级学校生均教育经费支出

单位:元

学校类别	教育经费支出	事业性经费支出			基本建设支出
			个人部分	公用部分	
总　计	**7302.79**	**7075.57**	**4338.64**	**2736.93**	**227.22**
一、高等学校	15925.42	15354.78	7004.81	8349.97	570.64
1. 普通高等学校	16349.18	15755.82	7162.73	8593.09	593.36
高等本科学校	17822.76	17303.47	7965.40	9338.06	519.30
高职高专学校	13458.92	12720.30	5588.37	7131.92	738.62
2. 成人高等学校	9531.50	9303.69	4622.13	4681.56	227.82
二、中等职业学校	8704.98	8325.80	4584.33	3741.47	379.18
1. 中等专业学校	8961.55	8546.37	4683.28	3863.10	415.18
2. 职业高中	7959.07	7682.57	4271.70	3410.87	276.51
#农村	6307.47	6001.20	3381.89	2619.31	306.28
3. 技工学校	9242.28	8518.38	4324.14	4194.24	723.90
4. 成人中专学校	12528.79	12398.12	7662.16	4735.96	130.67
三、中学	7017.00	6779.54	4414.70	2364.84	237.46
1. 普通中学	7013.30	6775.75	4412.96	2362.79	237.55
普通高中	8100.61	7804.39	4633.48	3170.91	296.22
#农村	6280.49	6157.08	3982.94	2174.13	123.41
普通初中	6526.73	6315.44	4314.28	2001.16	211.29
#农村	5874.05	5699.52	3955.39	1744.13	174.54
2. 成人中学	16873.02	16873.02	9040.10	7832.92	
四、小学	4930.84	4839.92	3584.69	1255.23	90.92
1. 普通小学	4931.58	4840.63	3585.18	1255.46	90.95
#农村	4560.31	4482.09	3397.75	1084.34	78.22
2. 成人小学	1815.45	1815.45	1511.36	304.09	
五、特殊教育	38957.63	32892.03	19378.43	13513.60	6065.60
1. 特殊教育学校	38906.66	32688.72	19207.97	13480.75	6217.95
2. 工读学校	40472.61	38935.37	24445.14	14490.24	1537.24
六、幼儿园	3601.85	3482.55	2172.41	1310.14	119.31

1-37 地方教育部门和其他部门各级学校生均公共财政预算教育经费支出

单位:元

地 区	公共财政预算教育经费支出	事业费支出			基本建设支出
			个人部分	公用部分	
总 计	**5111.43**	**4918.71**	**3461.91**	**1456.80**	**192.72**
一、高等学校	8431.81	8080.11	4441.74	3638.37	351.70
1. 普通高等学校	8456.26	8102.02	4417.13	3684.89	354.25
高等本科学校	9641.58	9334.68	4984.29	4350.39	306.90
高职高专学校	6280.05	5838.87	3375.84	2463.04	441.18
2. 成人高等学校	7791.68	7506.66	5085.92	2420.74	285.01
二、中等职业学校	5151.57	4840.41	3373.57	1466.84	311.16
1. 中等专业学校	5192.46	4882.51	3334.13	1548.38	309.96
2. 职业高中	4856.30	4608.08	3307.90	1300.18	248.22
#农村	3884.68	3590.13	2678.40	911.73	294.55
3. 技工学校	5226.62	4598.14	2892.91	1705.23	628.48
4. 成人中专学校	7763.99	7633.54	5930.49	1703.05	130.44
三、中学	5219.49	4996.10	3687.86	1308.24	223.39
1. 普通中学	5217.79	4994.32	3686.65	1307.67	223.47
普通高中	4776.16	4503.50	3434.41	1069.10	272.66
#农村	3821.46	3731.49	3024.01	707.49	89.96
普通初中	5415.41	5213.95	3799.53	1414.43	201.46
#农村	5061.33	4896.40	3547.96	1348.43	164.93
2. 成人中学	9763.90	9763.90	6927.94	2835.96	
四、小学	4097.03	4011.20	3081.89	929.31	85.83
1. 普通小学	4097.62	4011.77	3082.31	929.46	85.85
#农村	3876.24	3802.92	2940.84	862.08	73.32
2. 成人小学	1585.96	1585.96	1323.09	262.87	
五、特殊教育	32206.84	26401.97	17143.48	9258.49	5804.87
1. 特殊教育学校	32256.28	26307.83	17043.40	9264.43	5948.45
2. 工读学校	30737.34	29200.10	20118.20	9081.91	1537.24
六、幼儿园	1875.34	1759.02	1361.29	397.73	116.31

第二部分

省、自治区、直辖市按来源分类教育经费收入

2-1 分地区

地　区	总　计			教育部门和其他部门		
	合　计	中　央	地　方	合　计	中　央	地　方
合 计	**1927119707**	**186769667**	**1740350040**	**1758568213**	**178778619**	**1579789594**
北 京	117564803	56220319	61344484	113381308	56155109	57226199
天 津	33743942	4534241	29209701	31549934	4496410	27053524
河 北	73684282	1756938	71927344	68109320	1177699	66931621
山 西	45112539	30588	45081951	41344131	16213	41327918
内蒙古	41498594	61280	41437314	40524049	57280	40466769
辽 宁	68078686	5652540	62426146	63426131	5652540	57773591
吉 林	38933302	4477188	34456114	36208994	4413646	31795348
黑龙江	47479773	6994121	40485652	42626669	6018747	36607922
上 海	74409268	18581904	55827364	69614967	18541685	51073282
江 苏	145576396	14114066	131462330	133510179	14098188	119411991
浙 江	111639045	5382170	106256875	97904044	5382170	92521874
安 徽	63159139	3250464	59908675	58182113	3219840	54962273
福 建	56470202	3059021	53411181	50029573	3059021	46970552
江 西	45125865	179898	44945967	40101233	159392	39941841
山 东	109736368	5777368	103959000	101483490	5636874	95846616
河 南	91242260	130622	91111638	82398359	130622	82267737
湖 北	73131598	14439960	58691638	65734355	14167508	51566847
湖 南	68594372	3618297	64976075	61350757	3580724	57770033
广 东	159844926	6571449	153273477	134217100	6398071	127819029
广 西	49479028	64870	49414158	46632528	64870	46567658
海 南	14442980	216249	14226731	12719022	216249	12502773
重 庆	45012426	4328054	40684372	41244816	4321511	36923305
四 川	99574881	10057074	89517807	90978619	9986697	80991922
贵 州	36885035	189537	36695498	35182516	159486	35023030
云 南	53372534	9369	53363165	50374749	9369	50365380
西 藏	6622926		6622926	6600493		6600493
陕 西	60416329	8979978	51436351	54733693	8955576	45778117
甘 肃	32945149	1877788	31067361	31827680	1864591	29963089
青 海	10622060		10622060	10434462		10434462
宁 夏	10334189	387481	9946708	9677771	387481	9290290
新 疆	42386810	5826833	36559977	36465158	451050	36014108

教育经费总收入

单位:千元

企业办学			民办学校
合　计	中　央	地　方	地　方
20222607	**7991048**	**12231559**	**148328887**
485307	65210	420097	3698188
1069634	37831	1031803	1124374
1048498	579239	469259	4526464
410023	14375	395648	3358385
157651	4000	153651	816894
453604		453604	4198951
317319	63542	253777	2406989
2802584	975374	1827210	2050520
479514	40219	439295	4314787
339753	15878	323875	11726464
712374		712374	13022627
511657	30624	481033	4465369
38078		38078	6402551
71496	20506	50990	4953136
1102858	140494	962364	7150020
478241		478241	8365660
479496	272452	207044	6917747
109800	37573	72227	7133815
775133	173378	601755	24852693
63790		63790	2782710
786811		786811	937147
204374	6543	197831	3563236
424775	70377	354398	8171487
358157	30051	328106	1344362
286236		286236	2711549
543		543	21890
434394	24402	409992	5248242
251240	13197	238043	866229
47349		47349	140249
91713		91713	564705
5430205	5375783	54422	491447

2-2 分地区

地区	总计			教育部门和其他部门		
	合计	中央	地方	合计	中央	地方
合计	**1437941696**	**120144470**	**1317797226**	**1415573511**	**114003282**	**1301570229**
北京	88908028	37542227	51365801	88632178	37524536	51107642
天津	25722530	3014786	22707744	25178586	3006596	22171990
河北	57625083	1150116	56474967	56987516	846971	56140545
山西	35319579	24140	35295439	34825766	15304	34810462
内蒙古	35904933	57280	35847653	35740655	57280	35683375
辽宁	52053857	3706661	48347196	51698155	3706661	47991494
吉林	30373598	2902833	27470765	29974242	2843560	27130682
黑龙江	36087712	4256213	31831499	33635684	3513436	30122248
上海	55853692	11779932	44073760	55138498	11750116	43388382
江苏	101233914	8887833	92346081	100402518	8875338	91527180
浙江	76731010	3365403	73365607	75650761	3365403	72285358
安徽	47384132	2500808	44883324	47027918	2499644	44528274
福建	40960135	1826633	39133502	40692907	1826633	38866274
江西	31917971	164659	31753312	31488881	159392	31329489
山东	83912372	3615120	80297252	82608323	3590400	79017923
河南	68115356	112710	68002646	67182233	112710	67069523
湖北	47416296	9034550	38381746	46980506	8928251	38052255
湖南	48057238	2206760	45850478	47529301	2200446	45328855
广东	108037269	3634967	104402302	106607906	3544401	103063505
广西	39972729	64870	39907859	39787331	64870	39722461
海南	11544775	212384	11332391	11122736	212384	10910352
重庆	31290615	2358533	28932082	30846474	2357491	28488983
四川	73441505	5276533	68164972	72201576	5229838	66971738
贵州	31565507	173940	31391567	31303118	159486	31143632
云南	44813995	9369	44804626	44340353	9369	44330984
西藏	6416384		6416384	6415987		6415987
陕西	43292351	5625720	37666631	42741856	5603707	37138149
甘肃	27745933	1259773	26486160	27481267	1251997	26229270
青海	9859192		9859192	9821219		9821219
宁夏	8743142	305118	8438024	8595612	305118	8290494
新疆	37640863	5074599	32566264	32933448	441944	32491504

国家财政性教育经费

单位:千元

企业办学			民办学校
合　计	中　央	地　方	地　方
12356899	**6141188**	**6215711**	**10011286**
228569	17691	210878	47281
530713	8190	522523	13231
474802	303145	171657	162765
252010	8836	243174	241803
78040		78040	86238
277337		277337	78365
288692	59273	229419	110664
2400101	742777	1657324	51927
138311	29816	108495	576883
70336	12495	57841	761060
85550		85550	994699
126005	1164	124841	230209
10907		10907	256321
36872	5267	31605	392218
439316	24720	414596	864733
158146		158146	774977
155369	106299	49070	280421
42499	6314	36185	485438
383365	90566	292799	1045998
29310		29310	156088
377538		377538	44501
66927	1042	65885	377214
243398	46695	196703	996531
172907	14454	158453	89482
156210		156210	317432
397		397	
157727	22013	135714	392768
201065	7776	193289	63601
32596		32596	5377
66359		66359	81171
4675525	4632655	42870	31890

2-3 分地区

地 区	总计			教育部门和其他部门		
	合 计	中 央	地 方	合 计	中 央	地 方
合 计	**1319891285**	**111285553**	**1208605732**	**1303746420**	**106693552**	**1197052868**
北 京	80786908	33855089	46931819	80581154	33853030	46728124
天 津	23994775	2956304	21038471	23495331	2948555	20546776
河 北	52466667	686259	51780408	52223736	644014	51579722
山 西	31948297	17694	31930603	31699935	15304	31684631
内蒙古	33503093	55510	33447583	33408816	55510	33353306
辽 宁	47085775	3410666	43675109	47001278	3410666	43590612
吉 林	28898997	2845268	26053729	28781777	2843154	25938623
黑龙江	32169426	3152003	29017423	31195320	2892667	28302653
上 海	50998014	11647569	39350445	50479715	11643419	38836296
江 苏	90176722	8748063	81428659	89464770	8748019	80716751
浙 江	62115906	3274136	58841770	61339109	3274136	58064973
安 徽	43605549	1885093	41720456	43346905	1884466	41462439
福 建	37537818	1501235	36036583	37298190	1501235	35796955
江 西	29994344	150841	29843503	29594566	148504	29446062
山 东	75338930	3532970	71805960	74363855	3527045	70836810
河 南	64914048	98042	64816006	64064693	98042	63966651
湖 北	44760952	8914627	35846325	44449320	8897203	35552117
湖 南	44456484	2185968	42270516	43971389	2183431	41787958
广 东	101208189	3124356	98083833	100021459	3052645	96968814
广 西	37398294		37398294	37251393		37251393
海 南	10671943	212384	10459559	10611473	212384	10399089
重 庆	29177076	2305806	26871270	28795671	2305806	26489865
四 川	68733661	5175109	63558552	67687263	5169044	62518219
贵 州	29708742	166541	29542201	29494643	159486	29335157
云 南	42271836	9369	42262467	41966270	9369	41956901
西 藏	6259585		6259585	6259422		6259422
陕 西	40535472	5367634	35167838	40070703	5367098	34703605
甘 肃	26449376	1124717	25324659	26364871	1124110	25240761
青 海	9491715		9491715	9470952		9470952
宁 夏	8198314	304468	7893846	8145978	304468	7841510
新 疆	35034377	4577832	30456545	30846463	420742	30425721

公共财政预算教育经费

单位:千元

企业办学			民办学校
合　计	中　央	地　方	地　方
6973760	**4592001**	**2381759**	**9171105**
160052	2059	157993	45702
486213	7749	478464	13231
85261	42245	43016	157670
14084	2390	11694	234278
8179		8179	86098
6509		6509	77988
6556	2114	4442	110664
922461	259336	663125	51645
54441	4150	50291	463858
25578	44	25534	686374
41174		41174	735623
44168	627	43541	214476
2735		2735	236893
18166	2337	15829	381612
185087	5925	179162	789988
85812		85812	763543
40923	17424	23499	270709
19424	2537	16887	465671
178873	71711	107162	1007857
8947		8947	137954
15969		15969	44501
19998		19998	361407
76843	6065	70778	969555
132831	7055	125776	81268
55641		55641	249925
163		163	
79623	536	79087	385146
20914	607	20307	63591
15386		15386	5377
3361		3361	48975
4158388	4157090	1298	29526

2-4 分地区

地　区	总　计			教育部门和其他部门		
	合　计	中　央	地　方	合　计	中　央	地　方
合　计	**1119463593**	**68337834**	**1051125759**	**1105705551**	**64837222**	**1040868329**
北　京	57541761	20762890	36778871	57371282	20762505	36608777
天　津	21794964	1796243	19998721	21321931	1788626	19533305
河　北	46241965	654339	45587626	46039514	623931	45415583
山　西	28914670	17126	28897544	28670058	14736	28655322
内蒙古	27033500	50452	26983048	26940989	50452	26890537
辽　宁	38265581	2224292	36041289	38181734	2224292	35957442
吉　林	26486714	1882041	24604673	26369494	1879927	24489567
黑龙江	29905006	2159975	27745031	29265652	1969997	27295655
上　海	41863895	5183222	36680673	41496801	5183222	36313579
江　苏	80294922	5254987	75039935	79679139	5254943	74424196
浙　江	55206924	1108736	54098188	54511002	1108736	53402266
安　徽	35953099	1228052	34725047	35719986	1227425	34492561
福　建	31425237	993250	30431987	31194336	993250	30201086
江　西	26476853	91865	26384988	26105257	89974	26015283
山　东	72465968	2274306	70191662	71506146	2268381	69237765
河　南	56898993	98042	56800951	56098804	98042	56000762
湖　北	37993648	5465931	32527717	37717620	5453264	32264356
湖　南	36653097	1413567	35239530	36198026	1413567	34784459
广　东	80586983	2312602	78274381	79642368	2267074	77375294
广　西	33690876		33690876	33569494		33569494
海　南	9006327	191757	8814570	8963872	191757	8772115
重　庆	22364508	1809317	20555191	21989256	1809317	20179939
四　川	52147124	3392439	48754685	51196009	3387089	47808920
贵　州	27741629	123827	27617802	27529518	116877	27412641
云　南	34471325		34471325	34201537		34201537
西　藏	5361674		5361674	5361674		5361674
陕　西	35440108	3224284	32215824	34994707	3223748	31770959
甘　肃	21856558	952804	20903754	21777108	952197	20824911
青　海	7086084		7086084	7066431		7066431
宁　夏	7191429	215668	6975761	7141942	215668	6926274
新　疆	31102171	3455820	27646351	27883864	268225	27615639

公共财政预算教育事业费拨款

单位:千元

企业办学			民办学校
合　　计	中　　央	地　　方	地　　方
5412048	**3500612**	**1911436**	**8345994**
131304	385	130919	39175
459802	7617	452185	13231
65936	30408	35528	136515
14040	2390	11650	230572
8179		8179	84332
6509		6509	77338
6556	2114	4442	110664
600905	189978	410927	38449
46586		46586	320508
25248	44	25204	590535
33287		33287	662635
40409	627	39782	192704
2244		2244	228657
17720	1891	15829	353876
185087	5925	179162	774735
72572		72572	727617
35648	12667	22981	240380
16812		16812	438259
90895	45528	45367	853720
8692		8692	112690
4307		4307	38148
19998		19998	355254
55142	5350	49792	895973
132726	6950	125776	79385
41895		41895	227893
62247	536	61711	383154
20890	607	20283	58560
14276		14276	5377
3243		3243	46244
3188893	3187595	1298	29414

2-5 分地区

地区	总计			教育部门和其他部门		
	合计	中央	地方	合计	中央	地方
合计	**46177099**	**6136620**	**40040479**	**45561557**	**5546500**	**40015057**
北京	5589794	1791628	3798166	5589794	1791628	3798166
天津	389145	138158	250987	389145	138158	250987
河北	892418	7000	885418	892418	7000	885418
山西	1185251		1185251	1184951		1184951
内蒙古	1722609	1213	1721396	1722609	1213	1721396
辽宁	946773	121166	825607	946773	121166	825607
吉林	378675	146340	232335	378675	146340	232335
黑龙江	944297	345675	598622	934627	336005	598622
上海	1483883	549988	933895	1483883	549988	933895
江苏	3773308	519943	3253365	3773308	519943	3253365
浙江	639360	10000	629360	639360	10000	629360
安徽	1221745	206264	1015481	1219705	206264	1013441
福建	734122	69340	664782	734122	69340	664782
江西	628707	10000	618707	628707	10000	618707
山东	519133	135440	383693	515501	135440	380061
河南	996052		996052	996052		996052
湖北	1255987	289670	966317	1255987	289670	966317
湖南	983378	52330	931048	983078	52330	930748
广东	4929838	162334	4767504	4929838	162334	4767504
广西	887471		887471	887471		887471
海南	864166		864166	864166		864166
重庆	909413	66360	843053	909413	66360	843053
四川	3146432	166750	2979682	3128782	166750	2962032
贵州	879012	15000	864012	879012	15000	864012
云南	1690689		1690689	1690689		1690689
西藏	533420		533420	533420		533420
陕西	1767230	525571	1241659	1765730	525571	1240159
甘肃	1873996	16000	1857996	1873996	16000	1857996
青海	976446		976446	976446		976446
宁夏	412989	80000	332989	412989	80000	332989
新疆	3021360	710450	2310910	2440910	130000	2310910

公共财政预算基本建设拨款

单位:千元

企业办学			民办学校
合　　计	中　　央	地　　方	地　　方
600120	**590120**	**10000**	**15422**
			300
9670	9670		
			2040
			3632
			300
10000		10000	7650
			1500
580450	580450		

2-6 分地区

地 区	总计			教育部门和其他部门		
	合 计	中 央	地 方	合 计	中 央	地 方
合 计	**26539626**	**21271027**	**5268599**	**26539626**	**21271027**	**5268599**
北 京	6561363	6327977	233386	6561363	6327977	233386
天 津	698161	597370	100791	698161	597370	100791
河 北	31716		31716	31716		31716
山 西	68443		68443	68443		68443
内蒙古	58725	3600	55125	58725	3600	55125
辽 宁	486658	371925	114733	486658	371925	114733
吉 林	839306	551898	287408	839306	551898	287408
黑龙江	276269	238468	37801	276269	238468	37801
上 海	3645534	2881425	764109	3645534	2881425	764109
江 苏	2390387	1942054	448333	2390387	1942054	448333
浙 江	2260794	1774036	486758	2260794	1774036	486758
安 徽	365410	343264	22146	365410	343264	22146
福 建	160233	43161	117072	160233	43161	117072
江 西	58036	15423	42613	58036	15423	42613
山 东	862498	654338	208160	862498	654338	208160
河 南	124335		124335	124335		124335
湖 北	2218118	2022243	195875	2218118	2022243	195875
湖 南	910090	596891	313199	910090	596891	313199
广 东	872448	244399	628049	872448	244399	628049
广 西	69088		69088	69088		69088
海 南	15591	7027	8564	15591	7027	8564
重 庆	465992	340298	125694	465992	340298	125694
四 川	1270101	1151467	118634	1270101	1151467	118634
贵 州	215997	24644	191353	215997	24644	191353
云 南	94172		94172	94172		94172
西 藏	7050		7050	7050		7050
陕 西	1370565	1094316	276249	1370565	1094316	276249
甘 肃	66403	37823	28580	66403	37823	28580
青 海	33353		33353	33353		33353
宁 夏	16341	1000	15341	16341	1000	15341
新 疆	26449	5980	20469	26449	5980	20469

公共财政预算科研拨款

单位:千元

企业办学			民办学校
合　计	中　央	地　方	地　方

2-7 分地区

地　区	总　计			教育部门和其他部门		
	合　计	中　央	地　方	合　计	中　央	地　方
合　计	**127710967**	**15540072**	**112170895**	**125939686**	**15038803**	**110900883**
北　京	11093990	4972594	6121396	11058715	4970920	6087795
天　津	1112505	424533	687972	1086094	424401	661693
河　北	5300568	24920	5275648	5260088	13083	5247005
山　西	1779933	568	1779365	1776483	568	1775915
内蒙古	4688259	245	4688014	4686493	245	4686248
辽　宁	7386763	693283	6693480	7386113	693283	6692830
吉　林	1194302	264989	929313	1194302	264989	929313
黑龙江	1043854	407885	635969	718772	348197	370575
上　海	4004702	3032934	971768	3853497	3028784	824713
江　苏	3718105	1031079	2687026	3621936	1031079	2590857
浙　江	4008828	381364	3627464	3927953	381364	3546589
安　徽	6065295	107513	5957782	6041804	107513	5934291
福　建	5218226	395484	4822742	5209499	395484	4814015
江　西	2830748	33553	2797195	2802566	33107	2769459
山　东	1491331	468886	1022445	1479710	468886	1010824
河　南	6894668		6894668	6845502		6845502
湖　北	3293199	1136783	2156416	3257595	1132026	2125569
湖　南	5909919	123180	5786739	5880195	120643	5759552
广　东	14818920	405021	14413899	14576805	378838	14197967
广　西	2750859		2750859	2725340		2725340
海　南	785859	13600	772259	767844	13600	754244
重　庆	5437163	89831	5347332	5431010	89831	5341179
四　川	12170004	464453	11705551	12092371	463738	11628633
贵　州	872104	3070	869034	870116	2965	867151
云　南	6015650	9369	6006281	5979872	9369	5970503
西　藏	357441		357441	357278		357278
陕　西	1957569	523463	1434106	1939701	523463	1416238
甘　肃	2652419	118090	2534329	2647364	118090	2529274
青　海	1395832		1395832	1394722		1394722
宁　夏	577555	7800	569755	574706	7800	566906
新　疆	884397	405582	478815	495240	16537	478703

公共财政预算其他拨款

单位:千元

企业办学			民办学校
合计	中央	地方	地方
961592	**501269**	**460323**	**809689**
28748	1674	27074	6527
26411	132	26279	
19325	11837	7488	21155
44		44	3406
			1766
			650
311886	59688	252198	13196
7855	4150	3705	143350
330		330	95839
7887		7887	72988
3759		3759	19732
491		491	8236
446	446		27736
			11621
13240		13240	35926
5275	4757	518	30329
2612	2537	75	27112
87978	26183	61795	154137
255		255	25264
11662		11662	6353
			6153
11701	715	10986	65932
105	105		1883
13746		13746	22032
163		163	
17376		17376	492
24		24	5031
1110		1110	
118		118	2731
389045	389045		112

2-8 分地区

地区	总计			教育部门和其他部门		
	合计	中央	地方	合计	中央	地方
合计	**93007002**		**93007002**	**92133471**		**92133471**
北京	3805826		3805826	3803847		3803847
天津	1493008		1493008	1493008		1493008
河北	4270838		4270838	4266079		4266079
山西	2811725		2811725	2804160		2804160
内蒙古	2101176		2101176	2101036		2101036
辽宁	3861259		3861259	3861259		3861259
吉林	964426		964426	964331		964331
黑龙江	1438401		1438401	1430389		1430389
上海	4490710		4490710	4377685		4377685
江苏	9672847		9672847	9598302		9598302
浙江	13882084		13882084	13602406		13602406
安徽	2611466		2611466	2594985		2594985
福建	2793652		2793652	2775115		2775115
江西	1489662		1489662	1485526		1485526
山东	7771809		7771809	7696311		7696311
河南	2709997		2709997	2698796		2698796
湖北	2144065		2144065	2135689		2135689
湖南	2768992		2768992	2750896		2750896
广东	5327971		5327971	5275761		5275761
广西	2063354		2063354	2050354		2050354
海南	417112		417112	416238		416238
重庆	1414762		1414762	1402664		1402664
四川	3880427		3880427	3856755		3856755
贵州	1553503		1553503	1544930		1544930
云南	2096934		2096934	2025134		2025134
西藏	75377		75377	75377		75377
陕西	1910892		1910892	1902591		1902591
甘肃	783275		783275	776780		776780
青海	321729		321729	321729		321729
宁夏	406425		406425	374229		374229
新疆	1673298		1673298	1671109		1671109

各级政府征收用于教育的税费

单位:千元

企业办学			民办学校
合　计	中　央	地　方	地　方
70725		**70725**	**802806**
400		400	1579
64		64	4695
40		40	7525
			140
95		95	
8012		8012	
			113025
596		596	73949
25748		25748	253930
1230		1230	15251
200		200	18337
			4136
1623		1623	73875
1220		1220	9981
			8376
			18096
17690		17690	34520
			13000
874		874	
			12098
54		54	23618
1059		1059	7514
4541		4541	67259
769		769	7532
6485		6485	10
			32196
25		25	2164

2-9 分地区

地区	总计			教育部门和其他部门		
	合计	中央	地方	合计	中央	地方
合计	**67434005**		**67434005**	**66790132**		**66790132**
北京	3646423		3646423	3644444		3644444
天津	1489050		1489050	1489050		1489050
河北	2589304		2589304	2584609		2584609
山西	2203875		2203875	2196310		2196310
内蒙古	1689039		1689039	1688899		1688899
辽宁	2823612		2823612	2823612		2823612
吉林	964426		964426	964331		964331
黑龙江	1251431		1251431	1245969		1245969
上海	4224308		4224308	4131283		4131283
江苏	6353297		6353297	6300090		6300090
浙江	5085095		5085095	4937567		4937567
安徽	2063351		2063351	2049484		2049484
福建	1862421		1862421	1843931		1843931
江西	1260463		1260463	1256327		1256327
山东	5559671		5559671	5488428		5488428
河南	2640430		2640430	2629229		2629229
湖北	1504416		1504416	1496440		1496440
湖南	2084502		2084502	2068820		2068820
广东	5286127		5286127	5233917		5233917
广西	1289861		1289861	1276861		1276861
海南	314826		314826	314826		314826
重庆	1194300		1194300	1186202		1186202
四川	2627761		2627761	2610460		2610460
贵州	1160411		1160411	1151838		1151838
云南	1995671		1995671	1923871		1923871
西藏	75377		75377	75377		75377
陕西	1876078		1876078	1867777		1867777
甘肃	571891		571891	565396		565396
青海	238052		238052	238052		238052
宁夏	303015		303015	302819		302819
新疆	1205521		1205521	1203913		1203913

教育费附加

单位:千元

企业办学			民办学校
合　计	中　央	地　方	地　方
45012		**45012**	**598861**
400		400	1579
			4695
40		40	7525
			140
95		95	
5462		5462	
			93025
			53207
6970		6970	140558
10		10	13857
200		200	18290
			4136
2		2	71241
1220		1220	9981
			7976
			15682
17690		17690	34520
			13000
			8098
44		44	17257
1059		1059	7514
4541		4541	67259
769		769	7532
6485		6485	10
			196
25		25	1583

2-10 分地区

地区	总计			教育部门和其他部门		
	合计	中央	地方	合计	中央	地方
合计	**16885729**		**16885729**	**16766036**		**16766036**
北京	16726		16726	16726		16726
天津						
河北	1514884		1514884	1514884		1514884
山西						
内蒙古	337530		337530	337530		337530
辽宁	448986		448986	448986		448986
吉林						
黑龙江	174446		174446	171896		171896
上海	266402		266402	246402		246402
江苏	2707265		2707265	2686155		2686155
浙江	4628679		4628679	4565487		4565487
安徽	507732		507732	505118		505118
福建	677192		677192	677145		677145
江西	207984		207984	207984		207984
山东	1750849		1750849	1746644		1746644
河南	34092		34092	34092		34092
湖北	581409		581409	581009		581009
湖南	653231		653231	650817		650817
广东	100		100	100		100
广西	745983		745983	745983		745983
海南	1249		1249	893		893
重庆	18212		18212	18212		18212
四川	832487		832487	829816		829816
贵州	348192		348192	348192		348192
云南						
西藏						
陕西	14251		14251	14251		14251
甘肃	162747		162747	162747		162747
青海	53276		53276	53276		53276
宁夏	25340		25340	25340		25340
新疆	176485		176485	176351		176351

地方教育附加

单位:千元

企业办学			民办学校
合　计	中　央	地　方	地　方
25131		**25131**	**94562**
2550		2550	
			20000
596		596	20514
18778		18778	44414
1220		1220	1394
			47
1621		1621	2584
			400
			2414
356		356	
10		10	2661
			134

2-11 分地区

地区	总计			教育部门和其他部门		
	合计	中央	地方	合计	中央	地方
合计	**8687268**		**8687268**	**8577303**		**8577303**
北京	142677		142677	142677		142677
天津	3958		3958	3958		3958
河北	166650		166650	166586		166586
山西	607850		607850	607850		607850
内蒙古	74607		74607	74607		74607
辽宁	588661		588661	588661		588661
吉林						
黑龙江	12524		12524	12524		12524
上海						
江苏	612285		612285	612057		612057
浙江	4168310		4168310	4099352		4099352
安徽	40383		40383	40383		40383
福建	254039		254039	254039		254039
江西	21215		21215	21215		21215
山东	461289		461289	461239		461239
河南	35475		35475	35475		35475
湖北	58240		58240	58240		58240
湖南	31259		31259	31259		31259
广东	41744		41744	41744		41744
广西	27510		27510	27510		27510
海南	101037		101037	100519		100519
重庆	202250		202250	198250		198250
四川	420179		420179	416479		416479
贵州	44900		44900	44900		44900
云南	101263		101263	101263		101263
西藏						
陕西	20563		20563	20563		20563
甘肃	48637		48637	48637		48637
青海	30401		30401	30401		30401
宁夏	78070		78070	46070		46070
新疆	291292		291292	290845		290845

地方基金

单位:千元

企业办学			民办学校
合　　计	中　　央	地　　方	地　　方
582		**582**	**109383**
64		64	
			228
			68958
			50
518		518	
			4000
			3700
			32000
			447

2-12 分地区

地区	总计			教育部门和其他部门		
	合计	中央	地方	合计	中央	地方
合计	**5191138**	**1524145**	**3666993**			
北京	66102	15632	50470			
天津	43949		43949			
河北	380419	260900	119519			
山西	237886	6446	231440			
内蒙古	68987		68987			
辽宁	269263		269263			
吉林	282041	57159	224882			
黑龙江	1469628	483441	986187			
上海	64387	25666	38721			
江苏	33089	12451	20638			
浙江	18017		18017			
安徽	80454	537	79917			
福建	7972		7972			
江西	17506	2930	14576			
山东	248895	18795	230100			
河南	65618		65618			
湖北	96220	73646	22574			
湖南	20990	2738	18252			
广东	185902	17967	167935			
广西	19913		19913			
海南	359994		359994			
重庆	29369	631	28738			
四川	160382	39458	120924			
贵州	39017	7399	31618			
云南	95784		95784			
西藏	234		234			
陕西	65898	21477	44421			
甘肃	173666	7169	166497			
青海	15308		15308			
宁夏	62998		62998			
新疆	511250	469703	41547			

企业办学中的企业拨款

单位：千元

企业办学			民办学校
合　计	中　央	地　方	地　方
5191138	**1524145**	**3666993**	
66102	15632	50470	
43949		43949	
380419	260900	119519	
237886	6446	231440	
68987		68987	
269263		269263	
282041	57159	224882	
1469628	483441	986187	
64387	25666	38721	
33089	12451	20638	
18017		18017	
80454	537	79917	
7972		7972	
17506	2930	14576	
248895	18795	230100	
65618		65618	
96220	73646	22574	
20990	2738	18252	
185902	17967	167935	
19913		19913	
359994		359994	
29369	631	28738	
160382	39458	120924	
39017	7399	31618	
95784		95784	
234		234	
65898	21477	44421	
173666	7169	166497	
15308		15308	
62998		62998	
511250	469703	41547	

2-13 分地区

地区	总计			教育部门和其他部门		
	合计	中央	地方	合计	中央	地方
合计	**2336136**	**652946**	**1683190**	**2221188**	**630049**	**1591139**
北京	386884	231326	155558	385156	231326	153830
天津	32958	12442	20516	32407	12001	20406
河北	25666	4200	21466	16608	4200	12408
山西	962		962	962		962
内蒙古	29896		29896	29022		29022
辽宁	21685	11321	10364	21685	11321	10364
吉林	32627		32627	32627		32627
黑龙江	15617	3718	11899	15617	3718	11899
上海	208076	106697	101379	188593	106697	81896
江苏	363547	19849	343698	352515	19849	332666
浙江	62163	22057	40106	61552	22057	39495
安徽	22156	228	21928	22156	228	21928
福建	29004	11500	17504	29004	11500	17504
江西	47603		47603	46403		46403
山东	59073	19864	39209	55362	19864	35498
河南	34680		34680	30434		30434
湖北	97483	38693	58790	79257	23464	55793
湖南	212345	14068	198277	211064	13633	197431
广东	169620	23753	145867	168828	22973	145855
广西	35363		35363	34913		34913
海南	10699		10699	10183		10183
重庆	101017	37121	63896	84220	36971	47249
四川	101676	13747	87929	96729	13747	82982
贵州	25685		25685	25685		25685
云南	39902		39902	39658		39658
西藏						
陕西	95618	61552	34066	84181	61552	22629
甘肃	25093	8382	16711	25093	8382	16711
青海	4570		4570	2668		2668
宁夏	1789		1789	1789		1789
新疆	42679	12428	30251	36817	6566	30251

校办产业和社会服务收入用于教育的经费

单位:千元

企业办学			民办学校
合计	中央	地方	地方
114948	**22897**	**92051**	
1728		1728	
551	441	110	
9058		9058	
874		874	
19483		19483	
11032		11032	
611		611	
1200		1200	
3711		3711	
4246		4246	
18226	15229	2997	
1281	435	846	
792	780	12	
450		450	
516		516	
16797	150	16647	
4947		4947	
244		244	
11437		11437	
1902		1902	
5862	5862		

2-14 分地区

地　区	总　计			教育部门和其他部门		
	合　计	中　央	地　方	合　计	中　央	地　方
合　计	**17516135**	**6681826**	**10834309**	**17472432**	**6679681**	**10792751**
北　京	3862308	3440180	422128	3862021	3440180	421841
天　津	157840	46040	111800	157840	46040	111800
河　北	481493	198757	282736	481093	198757	282336
山　西	320709		320709	320709		320709
内蒙古	201781	1770	200011	201781	1770	200011
辽　宁	815875	284674	531201	813933	284674	529259
吉　林	195507	406	195101	195507	406	195101
黑龙江	994640	617051	377589	994358	617051	377307
上　海	92505		92505	92505		92505
江　苏	987709	107470	880239	986931	107470	879461
浙　江	652840	69210	583630	647694	69210	578484
安　徽	1064507	614950	449557	1063872	614950	448922
福　建	591689	313898	277791	590598	313898	276700
江　西	368856	10888	357968	362386	10888	351498
山　东	493665	43491	450174	492795	43491	449304
河　南	391013	14668	376345	388310	14668	373642
湖　北	317576	7584	309992	316240	7584	308656
湖　南	598427	3986	594441	595952	3382	592570
广　东	1145587	468891	676696	1141858	468783	673075
广　西	455805	64870	390935	450671	64870	385801
海　南	85027		85027	84842		84842
重　庆	568391	14975	553416	563919	14714	549205
四　川	565359	48219	517140	560829	47047	513782
贵　州	238560		238560	237860		237860
云　南	309539		309539	309291		309291
西　藏	81188		81188	81188		81188
陕　西	684471	175057	509414	684381	175057	509324
甘　肃	314523	119505	195018	314523	119505	195018
青　海	25870		25870	25870		25870
宁　夏	73616	650	72966	73616	650	72966
新　疆	379259	14636	364623	379059	14636	364423

其他属于国家财政性教育经费

单位:千元

企业办学			民办学校
合　　计	中　　央	地　　方	地　　方
6328	**2145**	**4183**	**37375**
287		287	
			400
1565		1565	377
			282
41		41	737
			5146
153		153	482
			1091
			6470
			870
1250		1250	1453
			1336
804	604	200	1671
108	108		3621
			5134
185		185	
763	261	502	3709
1172	1172		3358
			700
			248
			90
			200

2-15 分地区

地区	总计			教育部门和其他部门		
	合计	中央	地方	合计	中央	地方
合计	**10542536**		**10542536**			
北京	65292		65292			
天津	11634		11634			
河北	145980		145980			
山西	260461		260461			
内蒙古	47549		47549			
辽宁	406052		406052			
吉林	76895		76895			
黑龙江	170507		170507			
上海	75831		75831			
江苏	145909		145909			
浙江	337718		337718			
安徽	630614		630614			
福建	1005199		1005199			
江西	655997		655997			
山东	295605		295605			
河南	996213		996213			
湖北	310950		310950			
湖南	331995		331995			
广东	2167275		2167275			
广西	237550		237550			
海南	154262		154262			
重庆	614061		614061			
四川	704433		704433			
贵州	158605		158605			
云南	176306		176306			
西藏	6777		6777			
陕西	144638		144638			
甘肃	79533		79533			
青海	14847		14847			
宁夏	91192		91192			
新疆	22656		22656			

民办学校中举办者投入

单位:千元

企业办学			民办学校
合　计	中　央	地　方	地　方
			10542536
			65292
			11634
			145980
			260461
			47549
			406052
			76895
			170507
			75831
			145909
			337718
			630614
			1005199
			655997
			295605
			996213
			310950
			331995
			2167275
			237550
			154262
			614061
			704433
			158605
			176306
			6777
			144638
			79533
			14847
			91192
			22656

2-16 分地区

地区	总计			教育部门和其他部门		
	合计	中央	地方	合计	中央	地方
合计	**10788394**	**1509344**	**9279050**	**9574792**	**1495747**	**8079045**
北京	962770	478880	483890	899913	477641	422272
天津	76849	14665	62184	71694	14665	57029
河北	83910	1063	82847	71074	1031	70043
山西	92947		92947	90048		90048
内蒙古	20167		20167	19893		19893
辽宁	56103	39332	16771	52395	39332	13063
吉林	51962	10934	41028	51459	10934	40525
黑龙江	36416	9028	27388	35255	8261	26994
上海	295728	200317	95411	249146	200317	48829
江苏	1944456	248976	1695480	1731897	248976	1482921
浙江	1482605	12078	1470527	1026427	12078	1014349
安徽	230346	10964	219382	221132	10964	210168
福建	461713	91986	369727	452170	91986	360184
江西	205952		205952	204380		204380
山东	445859	111661	334198	427559	111661	315898
河南	82501		82501	78849		78849
湖北	198164	35624	162540	178961	35624	143337
湖南	178332	17464	160868	166107	17464	148643
广东	1126496	58736	1067760	1038744	58233	980511
广西	106198		106198	76221		76221
海南	136284		136284	134024		134024
重庆	472493	50994	421499	332511	50994	281517
四川	1144130	31823	1112307	1114291	31803	1082488
贵州	68269		68269	42640		42640
云南	234986		234986	228109		228109
西藏	11545		11545	11525		11525
陕西	150497	62931	87566	149663	62931	86732
甘肃	198335	10888	187447	197849	10852	186997
青海	25956		25956	25956		25956
宁夏	49468		49468	49021		49021
新疆	156957	11000	145957	145879		145879

社会捐赠经费

单位:千元

企业办学			民办学校
合　　计	中　　央	地　　方	地　　方
75047	**13597**	**61450**	**1138555**
13155	1239	11916	49702
			5155
1152	32	1120	11684
259		259	2640
			274
			3708
			503
944	767	177	217
9801		9801	36781
141		141	212418
22901		22901	433277
500		500	8714
72		72	9471
			1572
504		504	17796
53		53	3599
540		540	18663
61		61	12164
5145	503	4642	82607
2		2	29975
1097		1097	1163
375		375	139607
7148	20	7128	22691
			25629
			6877
20		20	
135		135	699
36	36		450
			447
11006	11000	6	72

2-17 分地区

地　区	总计			教育部门和其他部门		
	合　计	中　央	地　方	合　计	中　央	地　方
合　计	**698342**		**698342**	**698342**		**698342**
北　京	10519		10519	10519		10519
天　津	1117		1117	1117		1117
河　北	9284		9284	9284		9284
山　西	9911		9911	9911		9911
内蒙古	914		914	914		914
辽　宁	366		366	366		366
吉　林	240		240	240		240
黑龙江						
上　海						
江　苏	46293		46293	46293		46293
浙　江	230880		230880	230880		230880
安　徽	15007		15007	15007		15007
福　建	67398		67398	67398		67398
江　西	23498		23498	23498		23498
山　东	61040		61040	61040		61040
河　南	1919		1919	1919		1919
湖　北	10018		10018	10018		10018
湖　南	11556		11556	11556		11556
广　东	91171		91171	91171		91171
广　西	1064		1064	1064		1064
海　南	2288		2288	2288		2288
重　庆	20550		20550	20550		20550
四　川	28365		28365	28365		28365
贵　州	2916		2916	2916		2916
云　南	18298		18298	18298		18298
西　藏						
陕　西	12115		12115	12115		12115
甘　肃	18507		18507	18507		18507
青　海	1803		1803	1803		1803
宁　夏	779		779	779		779
新　疆	526		526	526		526

农村捐赠经费

单位:千元

企业办学			民办学校
合　计	中　央	地　方	地　方

2-18 分地区

地区	总计			教育部门和其他部门		
	合计	中央	地方	合计	中央	地方
合计	**410606635**	**53478661**	**357127974**	**280520004**	**51887276**	**228632728**
北京	22628489	14548492	8079997	18944327	14525895	4418432
天津	6843158	1311868	5531290	5280766	1283236	3997530
河北	14803974	576716	14227258	10141294	313025	9828269
山西	8549219	6448	8542771	5565873	909	5564964
内蒙古	4876512	4000	4872512	4128457		4128457
辽宁	14350954	1734573	12616381	10623909	1734573	8889336
吉林	7472388	949682	6522706	5248963	945413	4303550
黑龙江	9811188	1581070	8230118	7630203	1373768	6256435
上海	14698226	5684295	9013931	11075734	5674357	5401377
江苏	35243854	4065757	31178097	24629314	4062374	20566940
浙江	26431557	1561786	24869771	15055428	1561786	13493642
安徽	13574295	515214	13059081	9750169	485854	9264315
福建	12887242	994871	11892371	7874154	994871	6879283
江西	10720240	14773	10705467	6843269		6843269
山东	23417615	1800875	21616740	17044876	1717331	15327545
河南	19820303	14976	19805327	13067028	14976	13052052
湖北	21345463	4363972	16981491	14991076	4223904	10767172
湖南	17822743	1263203	16559540	11624763	1233095	10391668
广东	44789067	2448413	42340654	23523485	2370792	21152693
广西	8472184		8472184	6144400		6144400
海南	2347958	2185	2345773	1232251	2185	1230066
重庆	10137329	1718350	8418979	7695132	1713024	5982108
四川	22616345	4116206	18500139	16185825	4104193	12081632
贵州	4532998	12458	4520540	3341383		3341383
云南	6718206		6718206	4484772		4484772
西藏	186416		186416	171378		171378
陕西	15404109	2987748	12416361	10496538	2985372	7511166
甘肃	4505720	493332	4012388	3738211	487993	3250218
青海	593632		593632	459578		459578
宁夏	1228772	69244	1159528	823219	69244	753975
新疆	3776479	638154	3138325	2704229	9106	2695123

事业收入

单位:千元

企业办学			民办学校
合　　计	中　　央	地　　方	地　　方
6871863	**1591385**	**5280478**	**123214768**
211470	22597	188873	3472692
494109	28632	465477	1068283
535404	263691	271713	4127276
150956	5539	145417	2832390
76679	4000	72679	671376
124543		124543	3602502
26771	4269	22502	2196654
362832	207302	155530	1818153
252097	9938	242159	3370395
265874	3383	262491	10348666
559409		559409	10816720
303187	29360	273827	3520939
12008		12008	5001080
34158	14773	19385	3842813
550541	83544	466997	5822198
318280		318280	6434995
258507	140068	118439	6095880
64002	30108	33894	6133978
355936	77621	278315	20909646
32635		32635	2295149
407435		407435	708272
122408	5326	117082	2319789
122872	12013	110859	6307648
131694	12458	119236	1059921
106866		106866	2126568
			15038
262469	2376	260093	4645102
49332	5339	43993	718177
14753		14753	119301
24947		24947	380606
639689	629048	10641	432561

2-19 分地区

地区	总计			教育部门和其他部门		
	合计	中央	地方	合计	中央	地方
合计	**301555934**	**25953930**	**275602004**	**187114152**	**24744352**	**162369800**
北京	12373385	6583476	5789909	8928599	6561348	2367251
天津	4401150	759806	3641344	2962835	754883	2207952
河北	12518457	407005	12111452	8198864	252131	7946733
山西	6998675	5886	6992789	4342028	909	4341119
内蒙古	3962182	4000	3958182	3254886		3254886
辽宁	10930656	738484	10192172	7582335	738484	6843851
吉林	6101759	721815	5379944	4155736	719510	3436226
黑龙江	8136727	781929	7354798	6039885	599658	5440227
上海	11059784	3694167	7365617	7960173	3684844	4275329
江苏	24392370	1266124	23126246	14665777	1262749	13403028
浙江	19932602	742087	19190515	9980233	742087	9238146
安徽	10226983	271509	9955474	6849019	242829	6606190
福建	9665947	632498	9033449	5134654	632498	4502156
江西	8795446	14773	8780673	5303395		5303395
山东	17800457	1030196	16770261	12273174	967940	11305234
河南	15826970	9590	15817380	9954201	9590	9944611
湖北	14761247	1933863	12827384	9036189	1801485	7234704
湖南	13331841	450358	12881483	7860361	423415	7436946
广东	34167961	1065777	33102184	15515243	993064	14522179
广西	6731045		6731045	4629789		4629789
海南	1850625	195	1850430	912458	195	912263
重庆	6960213	1089626	5870587	5113048	1085760	4027288
四川	12980590	1707242	11273348	8339292	1695531	6643761
贵州	3285949	12458	3273491	2221773		2221773
云南	5337362		5337362	3306541		3306541
西藏	155833		155833	140795		140795
陕西	11128936	1235208	9893728	6759754	1232832	5526922
甘肃	3597999	279839	3318160	2881834	274504	2607330
青海	453257		453257	339228		339228
宁夏	965754	59000	906754	595198	59000	536198
新疆	2723772	457019	2266753	1876855	9106	1867749

学杂费收入

单位:千元

企业办学			民办学校
合计	中央	地方	地方
5737555	**1209578**	**4527977**	**108704227**
183946	22128	161818	3260840
455277	4923	450354	983038
382243	154874	227369	3937350
113740	4977	108763	2542907
71064	4000	67064	636232
108609		108609	3239712
18948	2305	16643	1927075
314305	182271	132034	1782537
218655	9323	209332	2880956
217224	3375	213849	9509369
464222		464222	9488147
292273	28680	263593	3085691
11054		11054	4520239
27167	14773	12394	3464884
421326	62256	359070	5105957
229275		229275	5643494
250254	132378	117876	5474804
53330	26943	26387	5418150
326696	72713	253983	18326022
27288		27288	2073968
397994		397994	540173
98034	3866	94168	1749131
80592	11711	68881	4560706
126168	12458	113710	938008
94178		94178	1936643
			15038
234755	2376	232379	4134427
35709	5335	30374	680456
13506		13506	100523
11314		11314	359242
458409	447913	10496	388508

2-20 分地区

地区	总计			教育部门和其他部门		
	合计	中央	地方	合计	中央	地方
合计	**57240446**	**11637192**	**45603254**	**52899906**	**11392314**	**41507592**
北京	5000224	3650720	1349504	4904890	3627037	1277853
天津	1089771	192922	896849	1018888	191913	826975
河北	1025335	29043	996292	909436	16672	892764
山西	890333		890333	862444		862444
内蒙古	649433		649433	635044		635044
辽宁	1211720	171974	1039746	1051672	171974	879698
吉林	958459	613739	344720	934330	613739	320591
黑龙江	1373950	1147810	226140	1325527	1123282	202245
上海	3485791	917360	2568431	3151589	916895	2234694
江苏	7008263	911500	6096763	6746450	911500	5834950
浙江	6656155	442903	6213252	6171428	442903	5728525
安徽	1339752	223478	1116274	1182894	223378	959516
福建	1155913	145531	1010382	1010342	145531	864811
江西	1625705	466	1625239	1564703		1564703
山东	1664917	249712	1415205	1402732	217482	1185250
河南	2227887	2936	2224951	2070249	2936	2067313
湖北	3860725	1005814	2854911	3583812	979729	2604083
湖南	2204064	130870	2073194	2030586	129719	1900867
广东	3724819	429333	3295486	3046965	424645	2622320
广西	690367		690367	624576		624576
海南	259701	1680	258021	230011	1680	228331
重庆	2497928	200177	2297751	2370699	200002	2170697
四川	1668468	632512	1035956	1476927	620863	856064
贵州	559656	3139	556517	495375		495375
云南	1429041		1429041	1321515		1321515
西藏	1804		1804	1603		1603
陕西	1424734	303579	1121155	1345636	303566	1042070
甘肃	415628	113795	301833	410353	113749	296604
青海	128433		128433	127709		127709
宁夏	221615	13119	208496	209919	13119	196800
新疆	789855	103080	686775	681602		681602

其他收入

单位:千元

企业办学			民办学校
合计	中央	地方	地方
918798	**244878**	**673920**	**3421742**
32113	23683	8430	63221
44812	1009	43803	26071
37140	12371	24769	78759
6798		6798	21091
2932		2932	11457
51724		51724	108324
1856		1856	22273
38707	24528	14179	9716
79305	465	78840	254897
3402		3402	258411
44514		44514	440213
81965	100	81865	74893
15091		15091	130480
466	466		60536
112497	32230	80267	149688
1762		1762	155876
65080	26085	38995	211833
3238	1151	2087	170240
30687	4688	25999	647167
1843		1843	63948
741		741	28949
14664	175	14489	112565
51357	11649	39708	140184
53556	3139	50417	10725
23160		23160	84366
126		126	75
14063	13	14050	65035
807	46	761	4468
			724
407		407	11289
103985	103080	905	4268

第三部分

省、自治区、直辖市各级各类教育机构教育经费收入情况

3-1　分地区各级各类教育机构

地　区	总　计	国家财政性教育经费	公共财政预算教育经费	教育事业费拨款	基本建设拨款	科研拨款	其他拨款	各级政府征收用于教育的税费	教育费附加
合　计	**1927119707**	**1437941696**	**1319891285**	**1119463593**	**46177099**	**26539626**	**127710967**	**93007002**	**67434005**
北　京	117564803	88908028	80786908	57541761	5589794	6561363	11093990	3805826	3646423
天　津	33743942	25722530	23994775	21794964	389145	698161	1112505	1493008	1489050
河　北	73684282	57625083	52466667	46241965	892418	31716	5300568	4270838	2589304
山　西	45112539	35319579	31948297	28914670	1185251	68443	1779933	2811725	2203875
内蒙古	41498594	35904933	33503093	27033500	1722609	58725	4688259	2101176	1689039
辽　宁	68078686	52053857	47085775	38265581	946773	486658	7386763	3861259	2823612
吉　林	38933302	30373598	28898997	26486714	378675	839306	1194302	964426	964426
黑龙江	47479773	36087712	32169426	29905006	944297	276269	1043854	1438401	1251431
上　海	74409268	55853692	50998014	41863895	1483883	3645534	4004702	4490710	4224308
江　苏	145576396	101233914	90176722	80294922	3773308	2390387	3718105	9672847	6353297
浙　江	111639045	76731010	62115906	55206924	639360	2260794	4008828	13882084	5085095
安　徽	63159139	47384132	43605549	35953099	1221745	365410	6065295	2611466	2063351
福　建	56470202	40960135	37537818	31425237	734122	160233	5218226	2793652	1862421
江　西	45125865	31917971	29994344	26476853	628707	58036	2830748	1489662	1260463
山　东	109736368	83912372	75338930	72465968	519133	862498	1491331	7771809	5559671
河　南	91242260	68115356	64914048	56898993	996052	124335	6894668	2709997	2640430
湖　北	73131598	47416296	44760952	37993648	1255987	2218118	3293199	2144065	1504416
湖　南	68594372	48057238	44456484	36653097	983378	910090	5909919	2768992	2084502
广　东	159844926	108037269	101208189	80586983	4929838	872448	14818920	5327971	5286127
广　西	49479028	39972729	37398294	33690876	887471	69088	2750859	2063354	1289861
海　南	14442980	11544775	10671943	9006327	864166	15591	785859	417112	314826
重　庆	45012426	31290615	29177076	22364508	909413	465992	5437163	1414762	1194300
四　川	99574881	73441505	68733661	52147124	3146432	1270101	12170004	3880427	2627761
贵　州	36885035	31565507	29708742	27741629	879012	215997	872104	1553503	1160411
云　南	53372534	44813995	42271836	34471325	1690689	94172	6015650	2096934	1995671
西　藏	6622926	6416384	6259585	5361674	533420	7050	357441	75377	75377
陕　西	60416329	43292351	40535472	35440108	1767230	1370565	1957569	1910892	1876078
甘　肃	32945149	27745933	26449376	21856558	1873996	66403	2652419	783275	571891
青　海	10622060	9859192	9491715	7086084	976446	33353	1395832	321729	238052
宁　夏	10334189	8743142	8198314	7191429	412989	16341	577555	406425	303015
新　疆	42386810	37640863	35034377	31102171	3021360	26449	884397	1673298	1205521

教育经费收入情况

单位:千元

地方教育附加	地方基金	企业办学中的企业拨款	校办产业和社会服务收入用于教育的经费	其他属于国家财政性教育经费	民办学校中举办者投入	社会捐赠经费	#农村	事业收入	#学杂费	其他收入
16885729	**8687268**	**5191138**	**2336136**	**17516135**	**10542536**	**10788394**	**698342**	**410606635**	**301555934**	**57240446**
16726	142677	66102	386884	3862308	65292	962770	10519	22628489	12373385	5000224
	3958	43949	32958	157840	11634	76849	1117	6843158	4401150	1089771
1514884	166650	380419	25666	481493	145980	83910	9284	14803974	12518457	1025335
	607850	237886	962	320709	260461	92947	9911	8549219	6998675	890333
337530	74607	68987	29896	201781	47549	20167	914	4876512	3962182	649433
448986	588661	269263	21685	815875	406052	56103	366	14350954	10930656	1211720
		282041	32627	195507	76895	51962	240	7472388	6101759	958459
174446	12524	1469628	15617	994640	170507	36416		9811188	8136727	1373950
266402		64387	208076	92505	75831	295728		14698226	11059784	3485791
2707265	612285	33089	363547	987709	145909	1944456	46293	35243854	24392370	7008263
4628679	4168310	18017	62163	652840	337718	1482605	230880	26431557	19932602	6656155
507732	40383	80454	22156	1064507	630614	230346	15007	13574295	10226983	1339752
677192	254039	7972	29004	591689	1005199	461713	67398	12887242	9665947	1155913
207984	21215	17506	47603	368856	655997	205952	23498	10720240	8795446	1625705
1750849	461289	248895	59073	493665	295605	445859	61040	23417615	17800457	1664917
34092	35475	65618	34680	391013	996213	82501	1919	19820303	15826970	2227887
581409	58240	96220	97483	317576	310950	198164	10018	21345463	14761247	3860725
653231	31259	20990	212345	598427	331995	178332	11556	17822743	13331841	2204064
100	41744	185902	169620	1145587	2167275	1126496	91171	44789067	34167961	3724819
745983	27510	19913	35363	455805	237550	106198	1064	8472184	6731045	690367
1249	101037	359994	10699	85027	154262	136284	2288	2347958	1850625	259701
18212	202250	29369	101017	568391	614061	472493	20550	10137329	6960213	2497928
832487	420179	160382	101676	565359	704433	1144130	28365	22616345	12980590	1668468
348192	44900	39017	25685	238560	158605	68269	2916	4532998	3285949	559656
	101263	95784	39902	309539	176306	234986	18298	6718206	5337362	1429041
		234		81188	6777	11545		186416	155833	1804
14251	20563	65898	95618	684471	144638	150497	12115	15404109	11128936	1424734
162747	48637	173666	25093	314523	79533	198335	18507	4505720	3597999	415628
53276	30401	15308	4570	25870	14847	25956	1803	593632	453257	128433
25340	78070	62998	1789	73616	91192	49468	779	1228772	965754	221615
176485	291292	511250	42679	379259	22656	156957	526	3776479	2723772	789855

3-2 分地区中央属各级各类教育机构

地区	总计	国家财政性教育经费	公共财政预算教育经费					各级政府征收用于教育的税费	
				教育事业费拨款	基本建设拨款	科研拨款	其他拨款		教育费附加
合计	**191398220**	**124773023**	**116453643**	**69499097**	**6029993**	**23714544**	**17210009**	**21762**	**21762**
北京	57748564	39070472	35315667	21003169	1791628	6437217	6083653		
天津	4586168	3066713	3054201	1824547	138158	647563	443933	70	70
河北	1609076	1002254	706378	654339	7000	11808	33231		
山西	15852	9404	2958	2390			568		
内蒙古	4245	245	245				245		
辽宁	5618686	3672807	3444882	2226342	126166	393404	698970		
吉林	4646203	3071848	3014689	1895845	146340	668472	304032		
黑龙江	6822233	4084325	2979277	1968502	344105	270878	395792		
上海	20203358	13401386	13269023	6214748	603685	3307293	3143297		
江苏	14265508	9039275	9005565	5128902	495443	2305864	1075356		
浙江	5920335	3903568	3860463	1491729	10000	1921464	437270	21048	21048
安徽	3151733	2402077	1802015	1145394	206264	343244	107113		
福建	3207614	1975226	1682013	1055756	72810	62861	490586	300	300
江西	20506	5267	2337	1891			446		
山东	5453472	3291224	3205619	1749223	174374	753140	528882		
河南	115978	98066	98042	98042					
湖北	14776458	9371048	9238843	5584595	289670	2168710	1195868		
湖南	3760734	2349197	2331787	1457875	52330	698400	123182		
广东	8073709	5137227	4633310	3277623	166889	719009	469789		
广西									
海南	11316	7451	7451	4500			2951		
重庆	4557050	2587529	2535361	1896578	66360	465237	107186		
四川	10054324	5273783	5219062	3381549	166750	1193223	477540	344	344
贵州	33016	17419	10020	6950			3070		
云南	9369	9369	9369				9369		
西藏									
陕西	9188161	5833903	5561674	3201345	495571	1308099	556659		
甘肃	1797058	1179043	1033382	857114	16000	37823	122445		
青海									
宁夏	354308	271945	271189	182554	80000	835	7800		
新疆	5393186	4640952	4158821	3187595	580450		390776		

教育经费收入情况

单位:千元

地方教育附加	地方基金	企业办学中的企业拨款	校办产业和社会服务收入用于教育的经费	其他属于国家财政性教育经费	民办学校中举办者投入	社会捐赠经费	#农村	事业收入	#学杂费	其他收入
		1524145	**652946**	**6120527**		**1509344**		**53478661**	**25953930**	**11637192**
		15632	231326	3507847		478880		14548492	6583476	3650720
			12442			14665		1311868	759806	192922
		260900	4200	30776		1063		576716	407005	29043
		6446						6448	5886	
								4000	4000	
			11321	216604		39332		1734573	738484	171974
		57159				10934		949682	721815	613739
		483441	3718	617889		9028		1581070	781929	1147810
		25666	106697			200317		5684295	3694167	917360
		12451	19849	1410		248976		4065757	1266124	911500
			22057			12078		1561786	742087	442903
		537	228	599297		10964		515214	271509	223478
			11500	281413		91986		994871	632498	145531
		2930						14773	14773	466
		18795	19864	46946		111661		1800875	1030196	249712
				24				14976	9590	2936
		73646	38693	19866		35624		4363972	1933863	1005814
		2738	14068	604		17464		1263203	450358	130870
		17967	23753	462197		58736		2448413	1065777	429333
								2185	195	1680
		631	37121	14416		50994		1718350	1089626	200177
		39458	13747	1172		31823		4116206	1707242	632512
		7399						12458	12458	3139
		21477	61552	189200		62931		2987748	1235208	303579
		7169	8382	130110		10888		493332	279839	113795
				756				69244	59000	13119
		469703	12428			11000		638154	457019	103080

3-3 分地区地方各级各类教育机构

地区	总计	国家财政性教育经费	公共财政预算教育经费	教育事业费拨款	基本建设拨款	科研拨款	其他拨款	各级政府征收用于教育的税费	教育费附加
合计	**1735721487**	**1313168673**	**1203437642**	**1049964496**	**40147106**	**2825082**	**110500958**	**92985240**	**67412243**
北京	59816239	49837556	45471241	36538592	3798166	124146	5010337	3805826	3646423
天津	29157774	22655817	20940574	19970417	250987	50598	668572	1492938	1488980
河北	72075206	56622829	51760289	45587626	885418	19908	5267337	4270838	2589304
山西	45096687	35310175	31945339	28912280	1185251	68443	1779365	2811725	2203875
内蒙古	41494349	35904688	33502848	27033500	1722609	58725	4688014	2101176	1689039
辽宁	62460000	48381050	43640893	36039239	820607	93254	6687793	3861259	2823612
吉林	34287099	27301750	25884308	24590869	232335	170834	890270	964426	964426
黑龙江	40657540	32003387	29190149	27936504	600192	5391	648062	1438401	1251431
上海	54205910	42452306	37728991	35649147	880198	338241	861405	4490710	4224308
江苏	131310888	92194639	81171157	75166020	3277865	84523	2642749	9672847	6353297
浙江	105718710	72827442	58255443	53715195	629360	339330	3571558	13861036	5064047
安徽	60007406	44982055	41803534	34807705	1015481	22166	5958182	2611466	2063351
福建	53262588	38984909	35855805	30369481	661312	97372	4727640	2793352	1862121
江西	45105359	31912704	29992007	26474962	628707	58036	2830302	1489662	1260463
山东	104282896	80621148	72133311	70716745	344759	109358	962449	7771809	5559671
河南	91126282	68017290	64816006	56800951	996052	124335	6894668	2709997	2640430
湖北	58355140	38045248	35522109	32409053	966317	49408	2097331	2144065	1504416
湖南	64833638	45708041	42124697	35195222	931048	211690	5786737	2768992	2084502
广东	151771217	102900042	96574879	77309360	4762949	153439	14349131	5327971	5286127
广西	49479028	39972729	37398294	33690876	887471	69088	2750859	2063354	1289861
海南	14431664	11537324	10664492	9001827	864166	15591	782908	417112	314826
重庆	40455376	28703086	26641715	20467930	843053	755	5329977	1414762	1194300
四川	89520557	68167722	63514599	48765575	2979682	76878	11692464	3880083	2627417
贵州	36852019	31548088	29698722	27734679	879012	215997	869034	1553503	1160411
云南	53363165	44804626	42262467	34471325	1690689	94172	6006281	2096934	1995671
西藏	6622926	6416384	6259585	5361674	533420	7050	357441	75377	75377
陕西	51228168	37458448	34973798	32238763	1271659	62466	1400910	1910892	1876078
甘肃	31148091	26566890	25415994	20999444	1857996	28580	2529974	783275	571891
青海	10622060	9859192	9491715	7086084	976446	33353	1395832	321729	238052
宁夏	9979881	8471197	7927125	7008875	332989	15506	569755	406425	303015
新疆	36993624	32999911	30875556	27914576	2440910	26449	493621	1673298	1205521

教育经费收入情况

单位:千元

地方教育附加	地方基金	企业办学中的企业拨款	校办产业和社会服务收入用于教育的经费	其他属于国家财政性教育经费	民办学校中举办者投入	社会捐赠经费	#农村	事业收入	#学杂费	其他收入
16885729	**8687268**	**3666993**	**1683190**	**11395608**	**10542536**	**9279050**	**698342**	**357127974**	**275602004**	**45603254**
16726	142677	50470	155558	354461	65292	483890	10519	8079997	5789909	1349504
	3958	43949	20516	157840	11634	62184	1117	5531290	3641344	896849
1514884	166650	119519	21466	450717	145980	82847	9284	14227258	12111452	996292
	607850	231440	962	320709	260461	92947	9911	8542771	6992789	890333
337530	74607	68987	29896	201781	47549	20167	914	4872512	3958182	649433
448986	588661	269263	10364	599271	406052	16771	366	12616381	10192172	1039746
		224882	32627	195507	76895	41028	240	6522706	5379944	344720
174446	12524	986187	11899	376751	170507	27388		8230118	7354798	226140
266402		38721	101379	92505	75831	95411		9013931	7365617	2568431
2707265	612285	20638	343698	986299	145909	1695480	46293	31178097	23126246	6096763
4628679	4168310	18017	40106	652840	337718	1470527	230880	24869771	19190515	6213252
507732	40383	79917	21928	465210	630614	219382	15007	13059081	9955474	1116274
677192	254039	7972	17504	310276	1005199	369727	67398	11892371	9033449	1010382
207984	21215	14576	47603	368856	655997	205952	23498	10705467	8780673	1625239
1750849	461289	230100	39209	446719	295605	334198	61040	21616740	16770261	1415205
34092	35475	65618	34680	390989	996213	82501	1919	19805327	15817380	2224951
581409	58240	22574	58790	297710	310950	162540	10018	16981491	12827384	2854911
653231	31259	18252	198277	597823	331995	160868	11556	16559540	12881483	2073194
100	41744	167935	145867	683390	2167275	1067760	91171	42340654	33102184	3295486
745983	27510	19913	35363	455805	237550	106198	1064	8472184	6731045	690367
1249	101037	359994	10699	85027	154262	136284	2288	2345773	1850430	258021
18212	202250	28738	63896	553975	614061	421499	20550	8418979	5870587	2297751
832487	420179	120924	87929	564187	704433	1112307	28365	18500139	11273348	1035956
348192	44900	31618	25685	238560	158605	68269	2916	4520540	3273491	556517
	101263	95784	39902	309539	176306	234986	18298	6718206	5337362	1429041
		234		81188	6777	11545		186416	155833	1804
14251	20563	44421	34066	495271	144638	87566	12115	12416361	9893728	1121155
162747	48637	166497	16711	184413	79533	187447	18507	4012388	3318160	301833
53276	30401	15308	4570	25870	14847	25956	1803	593632	453257	128433
25340	78070	62998	1789	72860	91192	49468	779	1159528	906754	208496
176485	291292	41547	30251	379259	22656	145957	526	3138325	2266753	686775

3-4　分地区高等学校

地　区	总　计	国家财政性教育经费	公共财政预算教育经费					各级政府征收用于教育的税费	
				教育事业费拨款	基本建设拨款	科研拨款	其他拨款		教育费附加
合　计	**562907706**	**296532064**	**277779562**	**211429484**	**11685452**	**26442501**	**28222125**	**7068526**	**2487448**
北　京	63321716	42824287	38658641	26315704	2396448	6561210	3385279	75784	59682
天　津	13211957	7642493	7528561	6071440	168158	697051	591912	16342	12384
河　北	16044908	7114410	6461900	5289115	70250	31208	1071327	110715	98515
山　西	8765055	4294975	4043685	3446938	101233	61511	434003	181617	2259
内蒙古	8326239	5283756	5197044	4180376	413039	57579	546050	39811	2150
辽　宁	22212185	11429661	10115969	7232185	438170	484373	1961241	650215	169336
吉　林	14017474	8126386	8027794	6439231	165490	834727	588346	80270	80270
黑龙江	16870713	8057009	7173707	6098729	351744	276269	446965	15557	11497
上　海	34269380	22336517	22119829	14332538	826539	3644392	3316360	28302	8302
江　苏	46617739	23231617	22183638	17389088	1009486	2379743	1405321	657749	184695
浙　江	30416634	15874597	12581862	8746035	208526	2250283	1377018	3089203	572418
安　徽	14240750	6726553	6019468	4970403	341407	357602	350056	34922	28080
福　建	14846446	6909192	6113612	4528711	153507	154733	1276661	310183	45550
江　西	13634140	5394568	5297281	4930675	42200	56619	267787	33070	3070
山　东	27484291	14216204	13617175	11764544	297276	859273	696082	254275	170274
河　南	20513145	8615135	8361330	7248482	38146	120748	953954	163576	163576
湖　北	30743779	14315627	13980700	9902882	532230	2215028	1330560	172309	130747
湖　南	18385283	7875162	7639060	6102979	190705	905832	439544	155303	94305
广　东	39570328	20385140	19244562	14657597	1464526	863924	2258515	341623	327836
广　西	9202933	4317448	4067870	3766549	105237	64255	131829	48785	9626
海　南	2887295	1546876	1123697	971072	47282	14624	90719	100518	
重　庆	13930989	5706509	5583898	4643619	66360	465274	408645	30781	7781
四　川	27537650	13503584	13114405	8798635	618290	1263286	2434194	137977	43200
贵　州	5987898	3585760	3486794	2943267	266714	215707	61106	31355	9169
云　南	8338922	4117415	3995306	3294033	8055	89056	604162	22966	1476
西　藏	828068	695747	693747	572801	74060	7050	39836	2000	2000
陕　西	23711129	11461042	10882783	7943727	660921	1370565	907570	209423	209408
甘　肃	6946691	4096867	3916793	3188521	177000	66127	485145	14827	13700
青　海	1087343	749441	743525	491427	54881	32726	164491	5111	5111
宁　夏	1995868	1232180	1128976	901933	134250	16021	76772	33846	1320
新　疆	6960758	4865906	4675950	4266248	263322	25705	120675	20111	19711

教育经费收入情况

单位：千元

地方教育附加	地方基金	企业办学中的企业拨款	校办产业和社会服务收入用于教育的经费	其他属于国家财政性教育经费	民办学校中举办者投入	社会捐赠经费	#农村	事业收入	#学杂费	其他收入
1146537	**3434541**	**1726771**	**1229233**	**8727972**	**2696469**	**2998175**		**227677329**	**172454231**	**33003669**
15926	176	12127	285211	3792524	25200	415572		16512941	9664322	3543716
	3958		14805	82785		35386		4723858	3171540	810220
850	11350	214968	5275	321552	16437	27210		8187067	7141617	699784
	179358	23756	4	45913	10000	1634		3679315	3139436	779131
33165	4496	40764	4367	1770	10000	4460		2607077	2242334	420946
277	480602	222894	15912	424671	250210	46808		9750720	7293855	734786
		2048	11783	4491		18818		5097234	4383907	775036
4060		217375	3718	646652	148591	21028		7472554	6380069	1171531
20000		22660	165546	180	36950	221420		9947812	7377945	1726681
289060	183994		104486	285744	30000	955109		18348516	12496078	4052497
540610	1976175		46492	157040	52511	46159		12083244	9437388	2360123
6802	40	26610	6848	638705	156041	27578		6464496	5097048	866082
59195	205438		13954	471443	433931	172391		6790140	4978346	540792
30000		2424	32690	29103	219393	53578		6753087	5912114	1213514
18835	65166	128986	24541	191227	2330	150502		12351756	9874036	763499
		37466	21187	31576	254715	13683		10275675	8985319	1353937
35729	5833	73034	44133	45451	33132	37557		13813218	10095975	2544245
60948	50	749	18940	61110	54332	71564		9103051	7311251	1281174
	13787		107434	691521	130060	267352		17257679	13359630	1530097
19116	20043	2060	23524	175209	43124	21748		4528540	3931132	292073
	100518	321414	94	1153		1718		1228374	1144355	110327
	23000	793	55898	35139	381709	59796		6102310	4548198	1680665
7177	87600	77328	77709	96165	275779	55112		12745673	7801087	957502
3119	19067	14857	10043	42711	4800	6362		2205289	1673488	185687
	21490	77339	20066	1738	46743	46072		3403124	2928572	725568
						449		130575	106823	1297
15		4556	74824	289456	2790	85751		10989420	7760186	1172126
1127		24405	9885	130957		27510		2582488	2150339	239826
			805			1321		264356	231928	72225
526	32000	58153		11205	77691	3625		555828	487833	126544
	400	120005	29059	20781		100902		1721912	1348080	272038

3-5 分地区中央属高等学校

地区	总计	国家财政性教育经费	公共财政预算教育经费					各级政府征收用于教育的税费	
				教育事业费拨款	基本建设拨款	科研拨款	其他拨款		教育费附加
合计	**174670866**	**111486507**	**104142138**	**61767623**	**5479482**	**23714118**	**13180915**	**21762**	**21762**
北京	47786631	31418549	27739272	16495726	1791628	6437217	3014701		
天津	4446167	2973159	2961088	1731566	138158	647563	443801	70	70
河北	1501974	922430	699408	650099	7000	11808	30501		
山西									
内蒙古									
辽宁	5524753	3622791	3394866	2225627	124350	393404	651485		
吉林	4458579	2910928	2910928	1831344	146340	668472	264772		
黑龙江	6275724	3571035	2746453	1801621	339860	270878	334094		
上海	19559822	13046802	12940355	6085464	603685	3307293	2943913		
江苏	14212935	8998583	8977521	5128808	495443	2305864	1047406		
浙江	5917986	3901219	3858114	1491729	10000	1921464	434921	21048	21048
安徽	3095099	2352585	1753148	1136663	206264	342844	67377		
福建	3200794	1968406	1675193	1055756	72810	62861	483766	300	300
江西	19951	4722	2298	1852			446		
山东	5441470	3279222	3193617	1747143	174374	753140	518960		
河南	115978	98066	98042	98042					
湖北	14618933	9259182	9127589	5544704	289670	2168710	1124505		
湖南	3725452	2342616	2327630	1457875	52330	698400	119025		
广东	7892238	5039921	4554903	3225399	166889	719009	443606		
广西									
海南									
重庆	4472499	2552610	2501485	1863073	66360	465237	106815		
四川	9874867	5141606	5126415	3325987	166750	1193223	440455	344	344
贵州	29918	14325	7055	6950			105		
云南									
西藏									
陕西	9136659	5784790	5534038	3200729	495571	1308099	529639		
甘肃	1774388	1156525	1011674	855954	16000	37797	101923		
青海									
宁夏	354308	271945	271189	182554	80000	835	7800		
新疆	1233741	854490	729857	622958	36000		70899		

教育经费收入情况

单位:千元

地方教育附加	地方基金	企业办学中的企业拨款	校办产业和社会服务收入用于教育的经费	其他属于国家财政性教育经费	民办学校中举办者投入	社会捐赠经费	#农村	事业收入	#学杂费	其他收入
		620757	**595272**	**6106578**		**1388840**		**50873225**	**25247267**	**10922294**
			183838	3495439		413254		12795530	6430142	3159298
			12001			14585		1270605	747840	187818
		188046	4200	30776		1031		551796	388948	26717
			11321	216604		39332		1692896	698917	169734
						10934		924752	698849	611965
		202975	3718	617889		9028		1551381	759500	1144280
			106447			200309		5485445	3644435	827266
			19652	1410		248976		4053876	1254251	911500
			22057			12078		1561786	742087	442903
			140	599297		9673		509950	269403	222891
			11500	281413		91986		994871	632498	145531
		2424						14773	14773	456
		18795	19864	46946		111661		1800875	1030196	249712
				24				14976	9590	2936
		73034	38693	19866		27390		4347717	1920290	984644
		749	13633	604		17464		1235102	425422	130270
			22929	462089		57670		2370002	992274	424645
			36970	14155		17343		1707354	1080565	195192
		1100	13747			31803		4080773	1680411	620685
		7270						12454	12454	3139
			61552	189200		62931		2985372	1232832	303566
		6359	8382	130110		10888		493180	279748	113795
				756				69244	59000	13119
		120005	4628			504		348515	242842	30232

3-6 分地区地方高等学校

地区	总计	国家财政性教育经费	公共财政预算教育经费					各级政府征收用于教育的税费	
				教育事业费拨款	基本建设拨款	科研拨款	其他拨款		教育费附加
合计	**388236840**	**185045557**	**173637424**	**149661861**	**6205970**	**2728383**	**15041210**	**7046764**	**2465686**
北京	15535085	11405738	10919369	9819978	604820	123993	370578	75784	59682
天津	8765790	4669334	4567473	4339874	30000	49488	148111	16272	12314
河北	14542934	6191980	5762492	4639016	63250	19400	1040826	110715	98515
山西	8765055	4294975	4043685	3446938	101233	61511	434003	181617	2259
内蒙古	8326239	5283756	5197044	4180376	413039	57579	546050	39811	2150
辽宁	16687432	7806870	6721103	5006558	313820	90969	1309756	650215	169336
吉林	9558895	5215458	5116866	4607887	19150	166255	323574	80270	80270
黑龙江	10594989	4485974	4427254	4297108	11884	5391	112871	15557	11497
上海	14709558	9289715	9179474	8247074	222854	337099	372447	28302	8302
江苏	32404804	14233034	13206117	12260280	514043	73879	357915	657749	184695
浙江	24498648	11973378	8723748	7254306	198526	328819	942097	3068155	551370
安徽	11145651	4373968	4266320	3833740	135143	14758	282679	34922	28080
福建	11645652	4940786	4438419	3472955	80697	91872	792895	309883	45250
江西	13614189	5389846	5294983	4928823	42200	56619	267341	33070	3070
山东	22042821	10936982	10423558	10017401	122902	106133	177122	254275	170274
河南	20397167	8517069	8263288	7150440	38146	120748	953954	163576	163576
湖北	16124846	5056445	4853111	4358178	242560	46318	206055	172309	130747
湖南	14659831	5532546	5311430	4645104	138375	207432	320519	155303	94305
广东	31678090	15345219	14689659	11432198	1297637	144915	1814909	341623	327836
广西	9202933	4317448	4067870	3766549	105237	64255	131829	48785	9626
海南	2887295	1546876	1123697	971072	47282	14624	90719	100518	
重庆	9458490	3153899	3082413	2780546		37	301830	30781	7781
四川	17662783	8361978	7987990	5472648	451540	70063	1993739	137633	42856
贵州	5957980	3571435	3479739	2936317	266714	215707	61001	31355	9169
云南	8338922	4117415	3995306	3294033	8055	89056	604162	22966	1476
西藏	828068	695747	693747	572801	74060	7050	39836	2000	2000
陕西	14574470	5676252	5348745	4742998	165350	62466	377931	209423	209408
甘肃	5172303	2940342	2905119	2332567	161000	28330	383222	14827	13700
青海	1087343	749441	743525	491427	54881	32726	164491	5111	5111
宁夏	1641560	960235	857787	719379	54250	15186	68972	33846	1320
新疆	5727017	4011416	3946093	3643290	227322	25705	49776	20111	19711

教育经费收入情况

单位：千元

地方教育附加	地方基金	企业办学中的企业拨款	校办产业和社会服务收入用于教育的经费	其他属于国家财政性教育经费	民办学校中举办者投入	社会捐赠经费	#农村	事业收入	#学杂费	其他收入
1146537	**3434541**	**1106014**	**633961**	**2621394**	**2696469**	**1609335**		**176804104**	**147206964**	**22081375**
15926	176	12127	101373	297085	25200	2318		3717411	3234180	384418
	3958		2804	82785		20801		3453253	2423700	622402
850	11350	26922	1075	290776	16437	26179		7635271	6752669	673067
	179358	23756	4	45913	10000	1634		3679315	3139436	779131
33165	4496	40764	4367	1770	10000	4460		2607077	2242334	420946
277	480602	222894	4591	208067	250210	7476		8057824	6594938	565052
		2048	11783	4491		7884		4172482	3685058	163071
4060		14400		28763	148591	12000		5921173	5620569	27251
20000		22660	59099	180	36950	21111		4462367	3733510	899415
289060	183994		84834	284334	30000	706133		14294640	11241827	3140997
540610	1976175		24435	157040	52511	34081		10521458	8695301	1917220
6802	40	26610	6708	39408	156041	17905		5954546	4827645	643191
59195	205438		2454	190030	433931	80405		5795269	4345848	395261
30000			32690	29103	219393	53578		6738314	5897341	1213058
18835	65166	110191	4677	144281	2330	38841		10550881	8843840	513787
		37466	21187	31552	254715	13683		10260699	8975729	1351001
35729	5833		5440	25585	33132	10167		9465501	8175685	1559601
60948	50		5307	60506	54332	54100		7867949	6885829	1150904
	13787		84505	229432	130060	209682		14887677	12367356	1105452
19116	20043	2060	23524	175209	43124	21748		4528540	3931132	292073
	100518	321414	94	1153		1718		1228374	1144355	110327
	23000	793	18928	20984	381709	42453		4394956	3467633	1485473
7177	87600	76228	63962	96165	275779	23309		8664900	6120676	336817
3119	19067	7587	10043	42711	4800	6362		2192835	1661034	182548
	21490	77339	20066	1738	46743	46072		3403124	2928572	725568
						449		130575	106823	1297
15		4556	13272	100256	2790	22820		8004048	6527354	868560
1127		18046	1503	847		16622		2089308	1870591	126031
			805			1321		264356	231928	72225
526	32000	58153		10449	77691	3625		486584	428833	113425
	400		24431	20781		100398		1373397	1105238	241806

3-7 分地区普通高等学校

地区	总计	国家财政性教育经费	公共财政预算教育经费	教育事业费拨款	基本建设拨款	科研拨款	其他拨款	各级政府征收用于教育的税费	教育费附加
合计	**549786489**	**290180256**	**271880064**	**206414946**	**11498496**	**26430119**	**27536503**	**6856010**	**2325827**
北京	62164766	42402232	38288026	26006286	2395288	6561210	3325242	31979	15877
天津	12956927	7497138	7385298	5935466	168158	697051	584623	15528	11570
河北	15521694	6869872	6230906	5101217	65250	31008	1033431	99180	86980
山西	8548435	4181360	3931919	3339845	100633	61491	429950	179788	2229
内蒙古	8221931	5215078	5129863	4128913	413039	57579	530332	38915	1850
辽宁	21707824	11153203	9912100	7073477	438170	484199	1916254	643904	163527
吉林	13607595	7831464	7741210	6166952	164990	834717	574551	73980	73980
黑龙江	16414892	7763978	6921049	5853396	345674	276269	445710	12914	9239
上海	32909232	21556566	21391004	13661450	776988	3644392	3308174	20000	
江苏	45863260	22859410	21826491	17038438	1009486	2379743	1398824	644493	179052
浙江	29532696	15513733	12264839	8456892	205992	2250223	1351732	3046366	556435
安徽	13821994	6531270	5826752	4825520	302264	357602	341366	33636	27494
福建	14523017	6779637	5985060	4427647	153507	154703	1249203	309351	44744
江西	13325310	5271173	5174091	4814316	38687	56619	264469	33070	3070
山东	26862484	13939935	13353611	11524428	281376	859273	688534	243230	162929
河南	19895120	8330428	8079057	7021615	38146	120048	899248	161167	161167
湖北	30557295	14237337	13903828	9827647	532230	2215028	1328923	171030	129968
湖南	18095527	7770287	7555197	6033432	187705	905832	428228	135834	79578
广东	38660719	19988454	18866061	14337205	1464526	858997	2205333	323438	309651
广西	8928279	4189167	3940067	3641732	105237	64255	128843	48307	9226
海南	2860201	1530869	1107690	955065	47282	14624	90719	100518	
重庆	13694092	5641200	5519424	4588406	66360	465274	399384	30739	7739
四川	26687186	13010928	12671290	8616408	604105	1261214	2189563	128134	34892
贵州	5841492	3535328	3444382	2902395	265174	215707	61106	30605	8869
云南	8163189	4001666	3880200	3191125	8055	85056	595964	22966	1476
西藏	828068	695747	693747	572801	74060	7050	39836	2000	2000
陕西	23228912	11289206	10722713	7804852	654921	1370376	892564	205268	205268
甘肃	6725055	3987560	3824223	3126101	153000	66127	478995	13409	13282
青海	1071461	740031	734115	484756	54881	32726	161752	5111	5111
宁夏	1995868	1232180	1128976	901933	134250	16021	76772	33846	1320
新疆	6571968	4633819	4446875	4055230	249062	25705	116878	17304	17304

教育经费收入情况

单位:千元

地方教育附加	地方基金	企业办学中的企业拨款	校办产业和社会服务收入用于教育的经费	其他属于国家财政性教育经费	民办学校中举办者投入	社会捐赠经费	#农村	事业收入	#学杂费	其他收入
1103887	**3426296**	**1567468**	**1164052**	**8712662**	**2696469**	**2963565**		**221655520**	**167607559**	**32290679**
15926	176	12127	277576	3792524	25200	414467		15822234	9112001	3500633
	3958		13527	82785		35385		4632623	3094075	791781
850	11350	214968	5275	319543	16437	27182		7920875	6923389	687328
	177559	23756	4	45893	10000	1634		3578454	3084826	776987
33065	4000	40764	3766	1770	10000	4460		2571570	2228172	420823
80	480297	156696	15912	424591	250210	46768		9525356	7137371	732287
			11783	4491		18818		4998933	4301324	758380
3675		179645	3718	646652	148591	21028		7313155	6224807	1168140
20000		22660	122822	80	36950	218525		9604792	7192793	1492399
285530	179911		104242	284184	30000	925672		18026715	12243470	4021463
514868	1975063		45666	156862	52511	46060		11628690	9105257	2291702
6102	40	26610	5699	638573	156041	27578		6262109	4927221	844996
59169	205438		13783	471443	433931	172391		6599587	4870706	537471
30000		2424	32485	29103	219393	53578		6573722	5743870	1207444
15135	65166	128986	22881	191227	2330	150442		12025092	9586811	744685
		37466	21162	31576	254715	13664		9985152	8751063	1311161
35229	5833	73034	43994	45451	33132	37216		13707426	10011568	2542184
56256			18940	60316	54332	71564		8921399	7137215	1277945
	13787		107434	691521	130060	267346		16751476	12893980	1523383
19038	20043	2060	23524	175209	43124	21704		4391840	3808107	282444
	100518	321414	94	1153		1718		1220248	1136229	107366
	23000		55898	35139	381709	59796		6019569	4466788	1591818
5642	87600	52688	72480	86336	275779	55112		12412809	7537535	932558
2669	19067	7587	10043	42711	4800	6362		2112945	1604179	182057
	21490	77339	19423	1738	46743	46072		3346524	2871975	722184
						449		130575	106823	1297
			72377	288848	2790	85751		10700469	7491942	1150696
127		9086	9885	130957		27075		2481650	2058077	228770
			805			1321		258497	227510	71612
526	32000	58153		11205	77691	3625		555828	487833	126544
		120005	28854	20781		100802		1575206	1240642	262141

3-8 分地区中央属普通高等学校

地区	总计	国家财政性教育经费	公共财政预算教育经费					各级政府征收用于教育的税费	
				教育事业费拨款	基本建设拨款	科研拨款	其他拨款		教育费附加
合计	**173941930**	**111342527**	**104053504**	**61704088**	**5477482**	**23714118**	**13157816**	**21762**	**21762**
北京	47205365	31355170	27677427	16455816	1791628	6437217	2992766		
天津	4446167	2973159	2961088	1731566	138158	647563	443801	70	70
河北	1501974	922430	699408	650099	7000	11808	30501		
山西									
内蒙古									
辽宁	5519674	3622791	3394866	2225627	124350	393404	651485		
吉林	4458579	2910928	2910928	1831344	146340	668472	264772		
黑龙江	6211747	3533305	2746453	1801621	339860	270878	334094		
上海	19550143	13046802	12940355	6085464	603685	3307293	2943913		
江苏	14212935	8998583	8977521	5128808	495443	2305864	1047406		
浙江	5917986	3901219	3858114	1491729	10000	1921464	434921	21048	21048
安徽	3095099	2352585	1753148	1136663	206264	342844	67377		
福建	3200794	1968406	1675193	1055756	72810	62861	483766	300	300
江西	19951	4722	2298	1852			446		
山东	5441470	3279222	3193617	1747143	174374	753140	518960		
河南	115978	98066	98042	98042					
湖北	14618933	9259182	9127589	5544704	289670	2168710	1124505		
湖南	3721541	2341263	2327630	1457875	52330	698400	119025		
广东	7892238	5039921	4554903	3225399	166889	719009	443606		
广西									
海南									
重庆	4472499	2552610	2501485	1863073	66360	465237	106815		
四川	9873285	5140506	5126415	3325987	166750	1193223	440455	344	344
贵州	15554	7055	7055	6950			105		
云南									
西藏									
陕西	9136659	5784790	5534038	3200729	495571	1308099	529639		
甘肃	1762308	1149866	1011374	855654	16000	37797	101923		
青海									
宁夏	354308	271945	271189	182554	80000	835	7800		
新疆	1196743	828001	703368	599633	34000		69735		

教育经费收入情况

单位：千元

地方教育附加	地方基金	企业办学中的企业拨款	校办产业和社会服务收入用于教育的经费	其他属于国家财政性教育经费	民办学校中举办者投入	社会捐赠经费	#农村	事业收入	#学杂费	其他收入
		567549	**593738**	**6105974**		**1388764**		**50323828**	**24823109**	**10886811**
			182304	3495439		413254		12309217	6056219	3127724
			12001			14585		1270605	747840	187818
		188046	4200	30776		1031		551796	388948	26717
			11321	216604		39292		1687892	694972	169699
						10934		924752	698849	611965
		165245	3718	617889		9028		1525137	733256	1144277
			106447			200309		5475766	3644435	827266
			19652	1410		248976		4053876	1254251	911500
			22057			12078		1561786	742087	442903
			140	599297		9673		509950	269403	222891
			11500	281413		91986		994871	632498	145531
		2424						14773	14773	456
		18795	19864	46946		111661		1800875	1030196	249712
				24				14976	9590	2936
		73034	38693	19866		27390		4347717	1920290	984644
			13633			17464		1233095	423415	129719
			22929	462089		57670		2370002	992274	424645
			36970	14155		17343		1707354	1080565	195192
			13747			31803		4080471	1680411	620505
								8323	8323	176
			61552	189200		62931		2985372	1232832	303566
			8382	130110		10852		487841	274413	113749
				756				69244	59000	13119
		120005	4628			504		338137	234269	30101

3-9 分地区地方普通高等学校

地 区	总 计	国家财政性教育经费	公共财政预算教育经费					各级政府征收用于教育的税费	
				教育事业费拨款	基本建设拨款	科研拨款	其他拨款		教育费附加
合 计	**375844559**	**178837729**	**167826560**	**144710858**	**6021014**	**2716001**	**14378687**	**6834248**	**2304065**
北 京	14959401	11047062	10610599	9550470	603660	123993	332476	31979	15877
天 津	8510760	4523979	4424210	4203900	30000	49488	140822	15458	11500
河 北	14019720	5947442	5531498	4451118	58250	19200	1002930	99180	86980
山 西	8548435	4181360	3931919	3339845	100633	61491	429950	179788	2229
内蒙古	8221931	5215078	5129863	4128913	413039	57579	530332	38915	1850
辽 宁	16188150	7530412	6517234	4847850	313820	90795	1264769	643904	163527
吉 林	9149016	4920536	4830282	4335608	18650	166245	309779	73980	73980
黑龙江	10203145	4230673	4174596	4051775	5814	5391	111616	12914	9239
上 海	13359089	8509764	8450649	7575986	173303	337099	364261	20000	
江 苏	31650325	13860827	12848970	11909630	514043	73879	351418	644493	179052
浙 江	23614710	11612514	8406725	6965163	195992	328759	916811	3025318	535387
安 徽	10726895	4178685	4073604	3688857	96000	14758	273989	33636	27494
福 建	11322223	4811231	4309867	3371891	80697	91842	765437	309051	44444
江 西	13305359	5266451	5171793	4812464	38687	56619	264023	33070	3070
山 东	21421014	10660713	10159994	9777285	107002	106133	169574	243230	162929
河 南	19779142	8232362	7981015	6923573	38146	120048	899248	161167	161167
湖 北	15938362	4978155	4776239	4282943	242560	46318	204418	171030	129968
湖 南	14373986	5429024	5227567	4575557	135375	207432	309203	135834	79578
广 东	30768481	14948533	14311158	11111806	1297637	139988	1761727	323438	309651
广 西	8928279	4189167	3940067	3641732	105237	64255	128843	48307	9226
海 南	2860201	1530869	1107690	955065	47282	14624	90719	100518	
重 庆	9221593	3088590	3017939	2725333		37	292569	30739	7739
四 川	16813901	7870422	7544875	5290421	437355	67991	1749108	127790	34548
贵 州	5825938	3528273	3437327	2895445	265174	215707	61001	30605	8869
云 南	8163189	4001666	3880200	3191125	8055	85056	595964	22966	1476
西 藏	828068	695747	693747	572801	74060	7050	39836	2000	2000
陕 西	14092253	5504416	5188675	4604123	159350	62277	362925	205268	205268
甘 肃	4962747	2837694	2812849	2270447	137000	28330	377072	13409	13282
青 海	1071461	740031	734115	484756	54881	32726	161752	5111	5111
宁 夏	1641560	960235	857787	719379	54250	15186	68972	33846	1320
新 疆	5375225	3805818	3743507	3455597	215062	25705	47143	17304	17304

教育经费收入情况

单位:千元

地方教育附加	地方基金	企业办学中的企业拨款	校办产业和社会服务收入用于教育的经费	其他属于国家财政性教育经费	民办学校中举办者投入	社会捐赠经费	#农村	事业收入	#学杂费	其他收入
1103887	**3426296**	**999919**	**570314**	**2606688**	**2696469**	**1574801**		**171331692**	**142784450**	**21403868**
15926	176	12127	95272	297085	25200	1213		3513017	3055782	372909
	3958		1526	82785		20800		3362018	2346235	603963
850	11350	26922	1075	288767	16437	26151		7369079	6534441	660611
	177559	23756	4	45893	10000	1634		3578454	3084826	776987
33065	4000	40764	3766	1770	10000	4460		2571570	2228172	420823
80	480297	156696	4591	207987	250210	7476		7837464	6442399	562588
			11783	4491		7884		4074181	3602475	146415
3675		14400		28763	148591	12000		5788018	5491551	23863
20000		22660	16375	80	36950	18216		4129026	3548358	665133
285530	179911		84590	282774	30000	676696		13972839	10989219	3109963
514868	1975063		23609	156862	52511	33982		10066904	8363170	1848799
6102	40	26610	5559	39276	156041	17905		5752159	4657818	622105
59169	205438		2283	190030	433931	80405		5604716	4238208	391940
30000			32485	29103	219393	53578		6558949	5729097	1206988
15135	65166	110191	3017	144281	2330	38781		10224217	8556615	494973
		37466	21162	31552	254715	13664		9970176	8741473	1308225
35229	5833		5301	25585	33132	9826		9359709	8091278	1557540
56256			5307	60316	54332	54100		7688304	6713800	1148226
	13787		84505	229432	130060	209676		14381474	11901706	1098738
19038	20043	2060	23524	175209	43124	21704		4391840	3808107	282444
	100518	321414	94	1153		1718		1220248	1136229	107366
	23000		18928	20984	381709	42453		4312215	3386223	1396626
5642	87600	52688	58733	86336	275779	23309		8332338	5857124	312053
2669	19067	7587	10043	42711	4800	6362		2104622	1595856	181881
	21490	77339	19423	1738	46743	46072		3346524	2871975	722184
						449		130575	106823	1297
			10825	99648	2790	22820		7715097	6259110	847130
127		9086	1503	847		16223		1993809	1783664	115021
			805			1321		258497	227510	71612
526	32000	58153		10449	77691	3625		486584	428833	113425
			24226	20781		100298		1237069	1006373	232040

3-10 分地区普通高等本科学校

地区	总计	国家财政性教育经费	公共财政预算教育经费	教育事业费拨款	基本建设拨款	科研拨款	其他拨款	各级政府征收用于教育的税费	教育费附加
合计	**444637576**	**241017683**	**227624762**	**169479531**	**8755695**	**26331370**	**23058166**	**3449635**	**588722**
北京	58687306	40356861	36270711	24133327	2311077	6560810	3265497	16050	
天津	10744163	6423230	6323947	4985524	138158	697051	503214	4028	70
河北	11270725	5273196	4927662	3969626	65250	28908	863878	27310	15110
山西	6158576	2892324	2679830	2167280	76300	61091	375159	166601	
内蒙古	5787590	3607399	3580313	2745180	345539	57070	432524	21550	1550
辽宁	18614308	9324621	8439889	6059237	227170	481609	1671873	446415	92000
吉林	12260617	7063809	7056899	5524704	164990	834087	533118		
黑龙江	14382866	6816043	6077081	5069261	335304	276239	396277	8238	8238
上海	31053368	20964181	20842244	13310491	776988	3643968	3110797		
江苏	35534416	17602131	16853058	12851528	503103	2364784	1133643	378229	109316
浙江	22162929	11433771	9395205	6253794	93420	2227294	820697	1842504	307509
安徽	10487544	5536663	4881941	3999992	284264	352388	245297	1439	700
福建	11130036	5661531	5029856	3662319	139056	153338	1075143	148904	2904
江西	9534008	3935065	3877811	3688147	3750	51344	134570		
山东	19981045	10669236	10362966	8607097	263516	857160	635193	50805	9620
河南	14091266	6050026	6002045	5162880	5000	117153	717012		
湖北	26133259	12591138	12482072	8736011	296650	2214098	1235313	35211	10675
湖南	13195915	5854873	5786324	4499848	147210	894175	245091		
广东	28422252	14916386	14145852	10651240	827149	852842	1814621	11743	11743
广西	6202799	3081983	2851670	2620276	100638	63407	67349	34943	
海南	1972912	1020448	829230	750708		14306	64216	100518	
重庆	11306967	5036590	4924907	4091276	66360	465237	302034	23064	64
四川	21589072	10313092	10073028	7071059	294788	1258943	1448238	85756	7064
贵州	4579598	2770495	2722570	2220054	237174	215147	50195	4168	2000
云南	6335031	3153687	3134522	2566712	5000	84961	477849	1476	1476
西藏	670776	573549	571549	456316	74060	7050	34123	2000	2000
陕西	20109037	9851268	9490675	6795261	542571	1370376	782467	1376	1376
甘肃	5343398	3275671	3135079	2602324	108000	61027	363728		
青海	861821	600757	595646	379061	54450	32726	129409	5111	5111
宁夏	1366954	908053	865381	667561	134250	15761	47809	32196	196
新疆	4667022	3459606	3414799	3181437	134510	17020	81832		

教育经费收入情况

单位：千元

地方教育附加	地方基金	企业办学中的企业拨款	校办产业和社会服务收入用于教育的经费	其他属于国家财政性教育经费	民办学校中举办者投入	社会捐赠经费	#农村	事业收入	#学杂费	其他收入
665031	2195882	240387	1047127	8655772	1239649	2670395		171722879	124016906	27986970
15926	124		277576	3792524	25200	414360		14452509	7828493	3438376
	3958		12470	82785		34735		3773310	2324267	512888
850	11350		5199	313025		15945		5478900	4738514	502684
	166601			45893	10000	282		2492947	2117924	763023
20000			3766	1770		3828		1765305	1467400	411058
	354415		15912	422405	231300	45853		8329948	6109483	682586
			2419	4491		18543		4424835	3766736	753430
		80394	3718	646612	148591	15028		6266115	5203915	1137089
		15000	106937		36950	216537		8457276	6172347	1378424
265761	3152		102684	268160		849302		13637750	8566673	3445233
298168	1236827		40189	155873	52511	36210		8934750	6699927	1705687
739		12693	4875	635715	16250	25954		4270878	3290298	637799
25000	121000		12609	470162		167823		4831681	3340566	469001
			30714	26540		52913		4515769	3877610	1030261
413	40772	42000	22530	190935		147743		8518473	6378766	645593
			21162	26819	216338	7548		6966381	6204222	850973
20982	3554		28764	45091	21918	36683		11270942	8017161	2212578
			17935	50614		56353		6194299	4668991	1090390
			70115	688676	99000	253389		11740719	8581376	1412758
15100	19843		20386	174984	35000	13576		2840847	2497662	231393
	100518	90300	94	306		652		857145	792960	94667
	23000		54298	34321	65516	44081		4710900	3432647	1449880
92	78600		68774	85534	237502	49864		10162641	5743963	825973
2000	168		3344	40413	4800	6362		1668319	1253831	129622
			16177	1512	37243	40951		2482260	2077590	620890
						449		95481	73491	1297
			70369	288848	1530	84700		9144466	6017260	1027073
			9885	130707		27075		1829100	1501179	211552
						301		201796	172985	58967
	32000			10476		2827		366594	337737	89480
			24226	20581		528		1040543	760932	166345

3-11 分地区中央属普通高等本科学校

地区	总计	国家财政性教育经费	公共财政预算教育经费					各级政府征收用于教育的税费	
				教育事业费拨款	基本建设拨款	科研拨款	其他拨款		教育费附加
合计	**171466842**	**110143726**	**103366762**	**61229041**	**5377138**	**23713300**	**13047283**	**21418**	**21418**
北京	47188765	31355170	27677427	16455816	1791628	6437217	2992766		
天津	4446167	2973159	2961088	1731566	138158	647563	443801	70	70
河北	1029837	699109	664133	623931	7000	11808	21394		
山西									
内蒙古									
辽宁	5519674	3622791	3394866	2225627	124350	393404	651485		
吉林	4458579	2910928	2910928	1831344	146340	668472	264772		
黑龙江	6028283	3408098	2706097	1770955	333690	270878	330574		
上海	19550143	13046802	12940355	6085464	603685	3307293	2943913		
江苏	14066972	8898335	8878683	5067419	477003	2305334	1028927		
浙江	5917986	3901219	3858114	1491729	10000	1921464	434921	21048	21048
安徽	3066405	2352385	1752948	1136463	206264	342844	67377		
福建	3200794	1968406	1675193	1055756	72810	62861	483766	300	300
江西									
山东	5300976	3254502	3187692	1741218	174374	753140	518960		
河南									
湖北	14376868	9153495	9110165	5532037	289670	2168710	1119748		
湖南	3636938	2311073	2297440	1438095	52330	698112	108903		
广东	7443632	4875473	4393724	3158716	91155	719009	424844		
广西									
海南									
重庆	4368319	2527460	2476335	1847518	66360	465237	97220		
四川	9737076	5061950	5048203	3259775	166750	1193223	428455		
贵州									
云南									
西藏									
陕西	9136659	5784790	5534038	3200729	495571	1308099	529639		
甘肃	1762308	1149866	1011374	855654	16000	37797	101923		
青海									
宁夏	354308	271945	271189	182554	80000	835	7800		
新疆	876153	616770	616770	536675	34000		46095		

教育经费收入情况

单位:千元

		企业办学中的企业拨款	校办产业和社会服务收入用于教育的经费	其他属于国家财政性教育经费	民办学校中举办者投入	社会捐赠经费		事业收入		其他收入
地方教育附加	地方基金						#农村		#学杂费	
		80394	**570729**	**6104423**		**1388725**		**49167797**	**23911670**	**10766594**
			182304	3495439		413254		12293197	6042380	3127144
			12001			14585		1270605	747840	187818
			4200	30776		1031		313025	252131	16672
			11321	216604		39292		1687892	694972	169699
						10934		924752	698849	611965
		80394	3718	617889		9028		1481627	689746	1129530
			106447			200309		5475766	3644435	827266
			19652			248976		4017089	1231035	902572
			22057			12078		1561786	742087	442903
			140	599297		9673		481556	241689	222791
			11500	281413		91986		994871	632498	145531
			19864	46946		111661		1717331	967940	217482
			23464	19866		27390		4220514	1798485	975469
			13633			17464		1184157	381312	124244
			19777	461972		57670		2092029	765566	418460
			36970	14155		17343		1640582	1025050	182934
			13747			31803		4024348	1635826	618975
			61552	189200		62931		2985372	1232832	303566
			8382	130110		10852		487841	274413	113749
				756				69244	59000	13119
						465		244213	153584	14705

3-12 分地区地方普通高等本科学校

地区	总计	国家财政性教育经费	公共财政预算教育经费					各级政府征收用于教育的税费	
				教育事业费拨款	基本建设拨款	科研拨款	其他拨款		教育费附加
合计	**273170734**	**130873957**	**124258000**	**108250490**	**3378557**	**2618070**	**10010883**	**3428217**	**567304**
北京	11498541	9001691	8593284	7677511	519449	123593	272731	16050	
天津	6297996	3450071	3362859	3253958		49488	59413	3958	
河北	10240888	4574087	4263529	3345695	58250	17100	842484	27310	15110
山西	6158576	2892324	2679830	2167280	76300	61091	375159	166601	
内蒙古	5787590	3607399	3580313	2745180	345539	57070	432524	21550	1550
辽宁	13094634	5701830	5045023	3833610	102820	88205	1020388	446415	92000
吉林	7802038	4152881	4145971	3693360	18650	165615	268346		
黑龙江	8354583	3407945	3370984	3298306	1614	5361	65703	8238	8238
上海	11503225	7917379	7901889	7225027	173303	336675	166884		
江苏	21467444	8703796	7974375	7784109	26100	59450	104716	378229	109316
浙江	16244943	7532552	5537091	4762065	83420	305830	385776	1821456	286461
安徽	7421139	3184278	3128993	2863529	78000	9544	177920	1439	700
福建	7929242	3693125	3354663	2606563	66246	90477	591377	148604	2604
江西	9534008	3935065	3877811	3688147	3750	51344	134570		
山东	14680069	7414734	7175274	6865879	89142	104020	116233	50805	9620
河南	14091266	6050026	6002045	5162880	5000	117153	717012		
湖北	11756391	3437643	3371907	3203974	6980	45388	115565	35211	10675
湖南	9558977	3543800	3488884	3061753	94880	196063	136188		
广东	20978620	10040913	9752128	7492524	735994	133833	1389777	11743	11743
广西	6202799	3081983	2851670	2620276	100638	63407	67349	34943	
海南	1972912	1020448	829230	750708		14306	64216	100518	
重庆	6938648	2509130	2448572	2243758			204814	23064	64
四川	11851996	5251142	5024825	3811284	128038	65720	1019783	85756	7064
贵州	4579598	2770495	2722570	2220054	237174	215147	50195	4168	2000
云南	6335031	3153687	3134522	2566712	5000	84961	477849	1476	1476
西藏	670776	573549	571549	456316	74060	7050	34123	2000	2000
陕西	10972378	4066478	3956637	3594532	47000	62277	252828	1376	1376
甘肃	3581090	2125805	2123705	1746670	92000	23230	261805		
青海	861821	600757	595646	379061	54450	32726	129409	5111	5111
宁夏	1012646	636108	594192	485007	54250	14926	40009	32196	196
新疆	3790869	2842836	2798029	2644762	100510	17020	35737		

教育经费收入情况

单位:千元

地方教育附加	地方基金	企业办学中的企业拨款	校办产业和社会服务收入用于教育的经费	其他属于国家财政性教育经费	民办学校中举办者投入	社会捐赠经费	#农村	事业收入	#学杂费	其他收入
665031	**2195882**	**159993**	**476398**	**2551349**	**1239649**	**1281670**		**122555082**	**100105236**	**17220376**
15926	124		95272	297085	25200	1106		2159312	1786113	311232
	3958		469	82785		20150		2502705	1576427	325070
850	11350		999	282249		14914		5165875	4486383	486012
	166601			45893	10000	282		2492947	2117924	763023
20000			3766	1770		3828		1765305	1467400	411058
	354415		4591	205801	231300	6561		6642056	5414511	512887
			2419	4491		7609		3500083	3067887	141465
				28723	148591	6000		4784488	4514169	7559
		15000	490		36950	16228		2981510	2527912	551158
265761	3152		83032	268160		600326		9620661	7335638	2542661
298168	1236827		18132	155873	52511	24132		7372964	5957840	1262784
739		12693	4735	36418	16250	16281		3789322	3048609	415008
25000	121000		1109	188749		75837		3836810	2708068	323470
			30714	26540		52913		4515769	3877610	1030261
413	40772	42000	2666	143989		36082		6801142	5410826	428111
			21162	26819	216338	7548		6966381	6204222	850973
20982	3554		5300	25225	21918	9293		7050428	6218676	1237109
			4302	50614		38889		5010142	4287679	966146
			50338	226704	99000	195719		9648690	7815810	994298
15100	19843		20386	174984	35000	13576		2840847	2497662	231393
	100518	90300	94	306		652		857145	792960	94667
	23000		17328	20166	65516	26738		3070318	2407597	1266946
92	78600		55027	85534	237502	18061		6138293	4108137	206998
2000	168		3344	40413	4800	6362		1668319	1253831	129622
			16177	1512	37243	40951		2482260	2077590	620890
						449		95481	73491	1297
			8817	99648	1530	21769		6159094	4784428	723507
			1503	597		16223		1341259	1226766	97803
						301		201796	172985	58967
	32000			9720		2827		297350	278737	76361
			24226	20581		63		796330	607348	151640

3-13 分地区普通高职高专学校

地区	总计	国家财政性教育经费	公共财政预算教育经费					各级政府征收用于教育的税费	
				教育事业费拨款	基本建设拨款	科研拨款	其他拨款		教育费附加
合计	**105148913**	**49162573**	**44255302**	**36935415**	**2742801**	**98749**	**4478337**	**3406375**	**1737105**
北京	3477460	2045371	2017315	1872959	84211	400	59745	15929	15877
天津	2212764	1073908	1061351	949942	30000		81409	11500	11500
河北	4250969	1596676	1303244	1131591		2100	169553	71870	71870
山西	2389859	1289036	1252089	1172565	24333	400	54791	13187	2229
内蒙古	2434341	1607679	1549550	1383733	67500	509	97808	17365	300
辽宁	3093516	1828582	1472211	1014240	211000	2590	244381	197489	71527
吉林	1346978	767655	684311	642248		630	41433	73980	73980
黑龙江	2032026	947935	843968	784135	10370	30	49433	4676	1001
上海	1855864	592385	548760	350959		424	197377	20000	
江苏	10328844	5257279	4973433	4186910	506383	14959	265181	266264	69736
浙江	7369767	4079962	2869634	2203098	112572	22929	531035	1203862	248926
安徽	3334450	994607	944811	825528	18000	5214	96069	32197	26794
福建	3392981	1118106	955204	765328	14451	1365	174060	160447	41840
江西	3791302	1336108	1296280	1126169	34937	5275	129899	33070	3070
山东	6881439	3270699	2990645	2917331	17860	2113	53341	192425	153309
河南	5803854	2280402	2077012	1858735	33146	2895	182236	161167	161167
湖北	4424036	1646199	1421756	1091636	235580	930	93610	135819	119293
湖南	4899612	1915414	1768873	1533584	40495	11657	183137	135834	79578
广东	10238467	5072068	4720209	3685965	637377	6155	390712	311695	297908
广西	2725480	1107184	1088397	1021456	4599	848	61494	13364	9226
海南	887289	510421	278460	204357	47282	318	26503		
重庆	2387125	604610	594517	497130		37	97350	7675	7675
四川	5098114	2697836	2598262	1545349	309317	2271	741325	42378	27828
贵州	1261894	764833	721812	682341	28000	560	10911	26437	6869
云南	1828158	847979	745678	624413	3055	95	118115	21490	
西藏	157292	122198	122198	116485			5713		
陕西	3119875	1437938	1232038	1009591	112350		110097	203892	203892
甘肃	1381657	711889	689144	523777	45000	5100	115267	13409	13282
青海	209640	139274	138469	105695	431		32343		
宁夏	628914	324127	263595	234372		260	28963	1650	1124
新疆	1904946	1174213	1032076	873793	114552	8685	35046	17304	17304

教育经费收入情况

单位:千元

地方教育附加	地方基金	企业办学中的企业拨款	校办产业和社会服务收入用于教育的经费	其他属于国家财政性教育经费	民办学校中举办者投入	社会捐赠经费	#农村	事业收入	#学杂费	其他收入
438856	**1230414**	**1327081**	**116925**	**56890**	**1456820**	**293170**		**49932641**	**43590653**	**4303709**
	52	12127				107		1369725	1283508	62257
			1057			650		859313	769808	278893
		214968	76	6518	16437	11237		2441975	2184875	184644
	10958	23756	4			1352		1085507	966902	13964
13065	4000	40764			10000	632		806265	760772	9765
80	125882	156696		2186	18910	915		1195408	1027888	49701
			9364			275		574098	534588	4950
3675		99251		40		6000		1047040	1020892	31051
20000		7660	15885	80		1988		1147516	1020446	113975
19769	176759		1558	16024	30000	76370		4388965	3676797	576230
216700	738236		5477	989		9850		2693940	2405330	586015
5363	40	13917	824	2858	139791	1624		1991231	1636923	207197
34169	84438		1174	1281	433931	4568		1767906	1530140	68470
30000		2424	1771	2563	219393	665		2057953	1866260	177183
14722	24394	86986	351	292	2330	2699		3506619	3208045	99092
		37466		4757	38377	6116		3018771	2546841	460188
14247	2279	73034	15230	360	11214	533		2436484	1994407	329606
56256			1005	9702	54332	15211		2727100	2468224	187555
	13787		37319	2845	31060	13957		5010757	4312604	110625
3938	200	2060	3138	225	8124	8128		1550993	1310445	51051
		231114		847		1066		363103	343269	12699
			1600	818	316193	15715		1308669	1034141	141938
5550	9000	52688	3706	802	38277	5248		2250168	1793572	106585
669	18899	7587	6699	2298				444626	350348	52435
	21490	77339	3246	226	9500	5121		864264	794385	101294
								35094	33332	
			2008		1260	1051		1556003	1474682	123623
127		9086		250				652550	556898	17218
			805			1020		56701	54525	12645
526		58153		729	77691	798		189234	150096	37064
		120005	4628	200		100274		534663	479710	95796

3-14 分地区中央属普通高职高专学校

地区	总计	国家财政性教育经费	公共财政预算教育经费					各级政府征收用于教育的税费	
				教育事业费拨款	基本建设拨款	科研拨款	其他拨款		教育费附加
合计	**2475088**	**1198801**	**686742**	**475047**	**100344**	**818**	**110533**	**344**	**344**
北京	16600								
天津									
河北	472137	223321	35275	26168			9107		
山西									
内蒙古									
辽宁									
吉林									
黑龙江	183464	125207	40356	30666	6170		3520		
上海									
江苏	145963	100248	98838	61389	18440	530	18479		
浙江									
安徽	28694	200	200	200					
福建									
江西	19951	4722	2298	1852			446		
山东	140494	24720	5925	5925					
河南	115978	98066	98042	98042					
湖北	242065	105687	17424	12667			4757		
湖南	84603	30190	30190	19780		288	10122		
广东	448606	164448	161179	66683	75734		18762		
广西									
海南									
重庆	104180	25150	25150	15555			9595		
四川	136209	78556	78212	66212			12000	344	344
贵州	15554	7055	7055	6950			105		
云南									
西藏									
陕西									
甘肃									
青海									
宁夏									
新疆	320590	211231	86598	62958			23640		

教育经费收入情况

单位：千元

地方教育附加	地方基金	企业办学中的企业拨款	校办产业和社会服务收入用于教育的经费	其他属于国家财政性教育经费	民办学校中举办者投入	社会捐赠经费	#农村	事业收入	#学杂费	其他收入
		487155	**23009**	**1551**		**39**		**1156031**	**911439**	**120217**
								16020	13839	580
		188046						238771	136817	10045
		84851						43510	43510	14747
				1410				36787	23216	8928
								28394	27714	100
		2424						14773	14773	456
		18795						83544	62256	32230
				24				14976	9590	2936
		73034	15229					127203	121805	9175
								48938	42103	5475
			3152	117				277973	226708	6185
								66772	55515	12258
								56123	44585	1530
								8323	8323	176
		120005	4628			39		93924	80685	15396

3-15 分地区地方普通高职高专学校

地区	总计	国家财政性教育经费	公共财政预算教育经费					各级政府征收用于教育的税费	
				教育事业费拨款	基本建设拨款	科研拨款	其他拨款		教育费附加
合计	**102673825**	**47963772**	**43568560**	**36460368**	**2642457**	**97931**	**4367804**	**3406031**	**1736761**
北京	3460860	2045371	2017315	1872959	84211	400	59745	15929	15877
天津	2212764	1073908	1061351	949942	30000		81409	11500	11500
河北	3778832	1373355	1267969	1105423		2100	160446	71870	71870
山西	2389859	1289036	1252089	1172565	24333	400	54791	13187	2229
内蒙古	2434341	1607679	1549550	1383733	67500	509	97808	17365	300
辽宁	3093516	1828582	1472211	1014240	211000	2590	244381	197489	71527
吉林	1346978	767655	684311	642248		630	41433	73980	73980
黑龙江	1848562	822728	803612	753469	4200	30	45913	4676	1001
上海	1855864	592385	548760	350959		424	197377	20000	
江苏	10182881	5157031	4874595	4125521	487943	14429	246702	266264	69736
浙江	7369767	4079962	2869634	2203098	112572	22929	531035	1203862	248926
安徽	3305756	994407	944611	825328	18000	5214	96069	32197	26794
福建	3392981	1118106	955204	765328	14451	1365	174060	160447	41840
江西	3771351	1331386	1293982	1124317	34937	5275	129453	33070	3070
山东	6740945	3245979	2984720	2911406	17860	2113	53341	192425	153309
河南	5687876	2182336	1978970	1760693	33146	2895	182236	161167	161167
湖北	4181971	1540512	1404332	1078969	235580	930	88853	135819	119293
湖南	4815009	1885224	1738683	1513804	40495	11369	173015	135834	79578
广东	9789861	4907620	4559030	3619282	561643	6155	371950	311695	297908
广西	2725480	1107184	1088397	1021456	4599	848	61494	13364	9226
海南	887289	510421	278460	204357	47282	318	26503		
重庆	2282945	579460	569367	481575		37	87755	7675	7675
四川	4961905	2619280	2520050	1479137	309317	2271	729325	42034	27484
贵州	1246340	757778	714757	675391	28000	560	10806	26437	6869
云南	1828158	847979	745678	624413	3055	95	118115	21490	
西藏	157292	122198	122198	116485			5713		
陕西	3119875	1437938	1232038	1009591	112350		110097	203892	203892
甘肃	1381657	711889	689144	523777	45000	5100	115267	13409	13282
青海	209640	139274	138469	105695	431		32343		
宁夏	628914	324127	263595	234372		260	28963	1650	1124
新疆	1584356	962982	945478	810835	114552	8685	11406	17304	17304

教育经费收入情况

单位:千元

地方教育附加	地方基金	企业办学中的企业拨款	校办产业和社会服务收入用于教育的经费	其他属于国家财政性教育经费	民办学校中举办者投入	社会捐赠经费	#农村	事业收入	#学杂费	其他收入
438856	1230414	839926	93916	55339	1456820	293131		48776610	42679214	4183492
	52	12127				107		1353705	1269669	61677
			1057			650		859313	769808	278893
		26922	76	6518	16437	11237		2203204	2048058	174599
	10958	23756	4			1352		1085507	966902	13964
13065	4000	40764			10000	632		806265	760772	9765
80	125882	156696		2186	18910	915		1195408	1027888	49701
			9364			275		574098	534588	4950
3675		14400		40		6000		1003530	977382	16304
20000		7660	15885	80		1988		1147516	1020446	113975
19769	176759		1558	14614	30000	76370		4352178	3653581	567302
216700	738236		5477	989		9850		2693940	2405330	586015
5363	40	13917	824	2858	139791	1624		1962837	1609209	207097
34169	84438		1174	1281	433931	4568		1767906	1530140	68470
30000			1771	2563	219393	665		2043180	1851487	176727
14722	24394	68191	351	292	2330	2699		3423075	3145789	66862
		37466		4733	38377	6116		3003795	2537251	457252
14247	2279		1	360	11214	533		2309281	1872602	320431
56256			1005	9702	54332	15211		2678162	2426121	182080
	13787		34167	2728	31060	13957		4732784	4085896	104440
3938	200	2060	3138	225	8124	8128		1550993	1310445	51051
		231114		847		1066		363103	343269	12699
			1600	818	316193	15715		1241897	978626	129680
5550	9000	52688	3706	802	38277	5248		2194045	1748987	105055
669	18899	7587	6699	2298				436303	342025	52259
	21490	77339	3246	226	9500	5121		864264	794385	101294
								35094	33332	
			2008		1260	1051		1556003	1474682	123623
127		9086		250				652550	556898	17218
			805			1020		56701	54525	12645
526		58153		729	77691	798		189234	150096	37064
				200		100235		440739	399025	80400

3-16 分地区成人高等学校

地区	总计	国家财政性教育经费	公共财政预算教育经费					各级政府征收用于教育的税费	
				教育事业费拨款	基本建设拨款	科研拨款	其他拨款		教育费附加
合计	**13121217**	**6351808**	**5899498**	**5014538**	**186956**	**12382**	**685622**	**212516**	**161621**
北京	1156950	422055	370615	309418	1160		60037	43805	43805
天津	255030	145355	143263	135974			7289	814	814
河北	523214	244538	230994	187898	5000	200	37896	11535	11535
山西	216620	113615	111766	107093	600	20	4053	1829	30
内蒙古	104308	68678	67181	51463			15718	896	300
辽宁	504361	276458	203869	158708		174	44987	6311	5809
吉林	409879	294922	286584	272279	500	10	13795	6290	6290
黑龙江	455821	293031	252658	245333	6070		1255	2643	2258
上海	1360148	779951	728825	671088	49551		8186	8302	8302
江苏	754479	372207	357147	350650			6497	13256	5643
浙江	883938	360864	317023	289143	2534	60	25286	42837	15983
安徽	418756	195283	192716	144883	39143		8690	1286	586
福建	323429	129555	128552	101064		30	27458	832	806
江西	308830	123395	123190	116359	3513		3318		
山东	621807	276269	263564	240116	15900		7548	11045	7345
河南	618025	284707	282273	226867		700	54706	2409	2409
湖北	186484	78290	76872	75235			1637	1279	779
湖南	289756	104875	83863	69547	3000		11316	19469	14727
广东	909609	396686	378501	320392		4927	53182	18185	18185
广西	274654	128281	127803	124817			2986	478	400
海南	27094	16007	16007	16007					
重庆	236897	65309	64474	55213			9261	42	42
四川	850464	492656	443115	182227	14185	2072	244631	9843	8308
贵州	146406	50432	42412	40872	1540			750	300
云南	175733	115749	115106	102908		4000	8198		
西藏									
陕西	482217	171836	160070	138875	6000	189	15006	4155	4140
甘肃	221636	109307	92570	62420	24000		6150	1418	418
青海	15882	9410	9410	6671			2739		
宁夏									
新疆	388790	232087	229075	211018	14260		3797	2807	2407

教育经费收入情况

单位:千元

地方教育附加	地方基金	企业办学中的企业拨款	校办产业和社会服务收入用于教育的经费	其他属于国家财政性教育经费	民办学校中举办者投入	社会捐赠经费	#农村	事业收入	#学杂费	其他收入
42650	**8245**	**159303**	**65181**	**15310**		**34610**		**6021809**	**4846672**	**712990**
			7635			1105		690707	552321	43083
			1278			1		91235	77465	18439
				2009		28		266192	218228	12456
	1799			20				100861	54610	2144
100	496		601					35507	14162	123
197	305	66198		80		40		225364	156484	2499
		2048						98301	82583	16656
385		37730						159399	155262	3391
			42724	100		2895		343020	185152	234282
3530	4083		244	1560		29437		321801	252608	31034
25742	1112		826	178		99		454554	332131	68421
700			1149	132				202387	169827	21086
26			171					190553	107640	3321
			205					179365	168244	6070
3700			1660			60		326664	287225	18814
			25			19		290523	234256	42776
500			139			341		105792	84407	2061
4692	50	749		794				181652	174036	3229
						6		506203	465650	6714
78						44		136700	123025	9629
								8126	8126	2961
		793						82741	81410	88847
1535		24640	5229	9829				332864	263552	24944
450		7270						92344	69309	3630
			643					56600	56597	3384
15		4556	2447	608				288951	268244	21430
1000		15319				435		100838	92262	11056
								5859	4418	613
	400		205			100		146706	107438	9897

3-17 分地区中央属成人高等学校

地区	总计	国家财政性教育经费	公共财政预算教育经费					各级政府征收用于教育的税费	
				教育事业费拨款	基本建设拨款	科研拨款	其他拨款		教育费附加
合计	**728936**	**143980**	**88634**	**63535**	**2000**		**23099**		
北京	581266	63379	61845	39910			21935		
天津									
河北									
山西									
内蒙古									
辽宁	5079								
吉林									
黑龙江	63977	37730							
上海	9679								
江苏									
浙江									
安徽									
福建									
江西									
山东									
河南									
湖北									
湖南	3911	1353							
广东									
广西									
海南									
重庆									
四川	1582	1100							
贵州	14364	7270							
云南									
西藏									
陕西									
甘肃	12080	6659	300	300					
青海									
宁夏									
新疆	36998	26489	26489	23325	2000		1164		

教育经费收入情况

单位:千元

地方教育附加	地方基金	企业办学中的企业拨款	校办产业和社会服务收入用于教育的经费	其他属于国家财政性教育经费	民办学校中举办者投入	社会捐赠经费	#农村	事业收入	#学杂费	其他收入
		53208	**1534**	**604**		**76**		**549397**	**424158**	**35483**
			1534					486313	373923	31574
						40		5004	3945	35
		37730						26244	26244	3
								9679		
		749		604				2007	2007	551
		1100						302		180
		7270						4131	4131	2963
		6359				36		5339	5335	46
								10378	8573	131

3-18 分地区地方成人高等学校

地区	总计	国家财政性教育经费	公共财政预算教育经费					各级政府征收用于教育的税费	
				教育事业费拨款	基本建设拨款	科研拨款	其他拨款		教育费附加
合计	**12392281**	**6207828**	**5810864**	**4951003**	**184956**	**12382**	**662523**	**212516**	**161621**
北京	575684	358676	308770	269508	1160		38102	43805	43805
天津	255030	145355	143263	135974			7289	814	814
河北	523214	244538	230994	187898	5000	200	37896	11535	11535
山西	216620	113615	111766	107093	600	20	4053	1829	30
内蒙古	104308	68678	67181	51463			15718	896	300
辽宁	499282	276458	203869	158708		174	44987	6311	5809
吉林	409879	294922	286584	272279	500	10	13795	6290	6290
黑龙江	391844	255301	252658	245333	6070		1255	2643	2258
上海	1350469	779951	728825	671088	49551		8186	8302	8302
江苏	754479	372207	357147	350650			6497	13256	5643
浙江	883938	360864	317023	289143	2534	60	25286	42837	15983
安徽	418756	195283	192716	144883	39143		8690	1286	586
福建	323429	129555	128552	101064		30	27458	832	806
江西	308830	123395	123190	116359	3513		3318		
山东	621807	276269	263564	240116	15900		7548	11045	7345
河南	618025	284707	282273	226867		700	54706	2409	2409
湖北	186484	78290	76872	75235			1637	1279	779
湖南	285845	103522	83863	69547	3000		11316	19469	14727
广东	909609	396686	378501	320392		4927	53182	18185	18185
广西	274654	128281	127803	124817			2986	478	400
海南	27094	16007	16007	16007					
重庆	236897	65309	64474	55213			9261	42	42
四川	848882	491556	443115	182227	14185	2072	244631	9843	8308
贵州	132042	43162	42412	40872	1540			750	300
云南	175733	115749	115106	102908		4000	8198		
西藏									
陕西	482217	171836	160070	138875	6000	189	15006	4155	4140
甘肃	209556	102648	92270	62120	24000		6150	1418	418
青海	15882	9410	9410	6671			2739		
宁夏									
新疆	351792	205598	202586	187693	12260		2633	2807	2407

教育经费收入情况

单位：千元

地方教育附加	地方基金	企业办学中的企业拨款	校办产业和社会服务收入用于教育的经费	其他属于国家财政性教育经费	民办学校中举办者投入	社会捐赠经费	#农村	事业收入	#学杂费	其他收入
42650	**8245**	**106095**	**63647**	**14706**		**34534**		**5472412**	**4422514**	**677507**
			6101			1105		204394	178398	11509
			1278			1		91235	77465	18439
				2009		28		266192	218228	12456
	1799			20				100861	54610	2144
100	496		601					35507	14162	123
197	305	66198		80				220360	152539	2464
		2048						98301	82583	16656
385								133155	129018	3388
			42724	100		2895		333341	185152	234282
3530	4083		244	1560		29437		321801	252608	31034
25742	1112		826	178		99		454554	332131	68421
700			1149	132				202387	169827	21086
26			171					190553	107640	3321
			205					179365	168244	6070
3700			1660			60		326664	287225	18814
			25			19		290523	234256	42776
500			139			341		105792	84407	2061
4692	50			190				179645	172029	2678
						6		506203	465650	6714
78						44		136700	123025	9629
								8126	8126	2961
		793						82741	81410	88847
1535		23540	5229	9829				332562	263552	24764
450								88213	65178	667
			643					56600	56597	3384
15		4556	2447	608				288951	268244	21430
1000		8960				399		95499	86927	11010
								5859	4418	613
	400		205			100		136328	98865	9766

3-19 分地区中等职业学校

地区	总计	国家财政性教育经费	公共财政预算教育经费					各级政府征收用于教育的税费	
				教育事业费拨款	基本建设拨款	科研拨款	其他拨款		教育费附加
合计	**135730990**	**96828258**	**83251935**	**70639514**	**4284097**		**8328324**	**12534714**	**10090691**
北京	4184666	3588077	3183332	2587280	130789		465263	377891	376578
天津	2157772	1753481	1509226	1329581	133500		46145	222858	222858
河北	6477533	4643936	4055660	3604314	93146		358200	520553	478282
山西	4103376	3072341	2651368	2129797	327204		194367	349663	323094
内蒙古	3398469	3004988	2762889	2086837	209938		466114	216353	167175
辽宁	4655423	3621266	3150272	2666213	50141		433918	434653	414713
吉林	2323879	1904066	1706195	1615862	13900		76433	180604	180604
黑龙江	2299042	1831794	1692766	1513865	75303		103598	96994	63322
上海	4137643	3281725	2128117	2058678			69439	1095584	1076942
江苏	10138224	6210771	5017319	4464087	281428		271804	1144072	782679
浙江	7622615	5251046	4173105	3681525	21840		469740	1063604	549277
安徽	4639586	3077901	2207476	1799595	122816		285065	844251	752682
福建	3749750	2758271	2430733	1986953	97685		346095	320162	274675
江西	2161024	1447576	1334368	1174375	14460		145533	105032	96771
山东	10237255	7601947	5957495	5686032	32690		238773	1548436	1110122
河南	7945001	5568487	5062115	4199447	343794		518874	480910	448569
湖北	4080971	2402990	2175831	1983572	67488		124771	213270	171355
湖南	4248598	2670625	2254082	1965833	64103		224146	383032	282574
广东	14436122	9192552	8404044	6505636	674604		1223804	723412	714260
广西	4978546	3795766	3000411	2743080	86284		171047	777610	498725
海南	1465592	1124388	1086851	649213	341973		95665	5154	5154
重庆	3460974	2277469	1994500	1563309	33955		397236	220575	117075
四川	7581171	5154720	4503742	3432649	394420		676673	581254	440259
贵州	1806500	1379250	1272168	1149535	68397		54236	80705	70285
云南	3899630	2927510	2809100	2356721	79969		372410	113197	112788
西藏	178727	174227	174227	142544	26750		4933		
陕西	3050265	2224999	2090547	1850082	149882		90583	103472	103346
甘肃	2508284	1907776	1753305	1394708	160314		198283	93157	61476
青海	644884	558165	509736	397641	55060		57035	46527	31325
宁夏	670925	550915	481282	397323	34700		49259	69075	51495
新疆	2488543	1869233	1719673	1523227	97564		98882	122654	112231

教育经费收入情况

单位:千元

地方教育附加	地方基金	企业办学中的企业拨款	校办产业和社会服务收入用于教育的经费	其他属于国家财政性教育经费	民办学校中举办者投入	社会捐赠经费	#农村	事业收入	#学杂费	其他收入
1693304	750719	650725	163012	227872	1290231	255148	7641	33200220	27655768	4157133
	1313	15363	7364	4127	2000	27355		495970	344032	71264
		20444	953		1108	113		350529	293517	52541
27616	14655	53524	12578	1621	44199	5742	1845	1667433	1435263	116223
	26569	70496	177	637	82015	3		930985	822459	18032
47916	1262	19122	2814	3810	5212	301		363219	295568	24749
18242	1698	5603	639	30099	10321	29		895956	790676	127851
		16694	573		2292	1232		393879	336179	22410
33672		40460	1181	393	5857	117		368479	328697	92795
18642		39727	18230	67		324		615554	542168	240040
310958	50435	14732	8213	26435	1260	36653	77	3243589	2458554	645951
264882	249445	6376	2766	5195	44970	34525	4291	2003532	1671526	288542
86497	5072	6918	6083	13173	108834	2479		1358531	1167741	91841
39812	5675		3777	3599	21284	7356	292	889922	760634	72917
7961	300	4940	349	2887	64959	1515		617018	552855	29956
300299	138015	58451	29979	7586	99451	4183	87	2330462	2007226	201212
879	31462	16289	5369	3804	103274	1221		1769791	1524579	502228
28145	13770	5331	1361	7197	82607	3864	15	1401562	1184596	189948
89308	11150	11743	9947	11821	41285	2043	20	1430563	1224559	104082
	9152	4904	3204	56988	161308	21372	906	4665816	3999119	395074
278277	608	8762	2705	6278	36650	3334		1073497	926821	69299
		30759	1346	278	63501	6724	2	246065	191194	24914
12800	90700	25230	25680	11484	112572	6036		842278	622825	222619
70745	70250	58443	3284	7997	133199	68352	53	2076368	1545001	148532
8751	1669	23542	1823	1012	3242	1711		340029	298049	82268
	409	40	1357	3816	12207	10092	53	874985	736227	74836
						4300		200		
126		15965	8982	6033	15560	1399		757676	659418	50631
31481	200	53846	303	7165	23614	1022		530834	476453	45038
15202			1902		6413	720		69829	54078	9757
160	17420		30	528	950	511		98733	72987	19816
933	9490	23021	43	3842	87	520		496936	332767	121767

3-20 分地区中央属中等职业学校

地区	总计	国家财政性教育经费	公共财政预算教育经费	教育事业费拨款	基本建设拨款	科研拨款	其他拨款	各级政府征收用于教育的税费	教育费附加
合计	**836680**	**504616**	**379887**	**297484**	**19000**		**63403**		
北京	68999	46055	36536	36082			454		
天津	37831	8190	7749	7617			132		
河北	26355	9970	6970	4240			2730		
山西	9197	3658	2064	2064					
内蒙古	4000								
辽宁									
吉林	5089	4632	132	132					
黑龙江	56650	48634	41108	35334			5774		
上海	68359	41039	15373	11223			4150		
江苏	2181	2066	44	44					
浙江									
安徽	1515	841	427	427					
福建									
江西									
山东									
河南									
湖北									
湖南	33077	4522	2537				2537		
广东	107470	43285	37593	25612			11981		
广西									
海南									
重庆	6543	1042							
四川	119752	77804	39526	29504			10022		
贵州									
云南									
西藏									
陕西									
甘肃	927	775	775	775					
青海									
宁夏									
新疆	288735	212103	189053	144430	19000		25623		

教育经费收入情况

单位:千元

地方教育附加	地方基金	企业办学中的企业拨款	校办产业和社会服务收入用于教育的经费	其他属于国家财政性教育经费	民办学校中举办者投入	社会捐赠经费	#农村	事业收入	#学杂费	其他收入
		121353	**1835**	**1541**		**20**		**307665**	**229296**	**24379**
		9519						22830	8769	114
			441					28632	4923	1009
		3000						14059	7196	2326
		1594						5539	4977	
								4000	4000	
		4500						457	457	
		7526						8011	2364	5
		25666						24201	19523	3119
		2022						115	115	
		414						674	674	
		1550	435					27955	24881	600
		4804	780	108				61757	61251	2428
		631	150	261				5326	3866	175
		37106		1172		20		30101	25950	11827
								152	91	
		23021	29					73856	60259	2776

3-21 分地区地方中等职业学校

地区	总计	国家财政性教育经费	公共财政预算教育经费					各级政府征收用于教育的税费	
				教育事业费拨款	基本建设拨款	科研拨款	其他拨款		教育费附加
合计	**134894310**	**96323642**	**82872048**	**70342030**	**4265097**		**8264921**	**12534714**	**10090691**
北京	4115667	3542022	3146796	2551198	130789		464809	377891	376578
天津	2119941	1745291	1501477	1321964	133500		46013	222858	222858
河北	6451178	4633966	4048690	3600074	93146		355470	520553	478282
山西	4094179	3068683	2649304	2127733	327204		194367	349663	323094
内蒙古	3394469	3004988	2762889	2086837	209938		466114	216353	167175
辽宁	4655423	3621266	3150272	2666213	50141		433918	434653	414713
吉林	2318790	1899434	1706063	1615730	13900		76433	180604	180604
黑龙江	2242392	1783160	1651658	1478531	75303		97824	96994	63322
上海	4069284	3240686	2112744	2047455			65289	1095584	1076942
江苏	10136043	6208705	5017275	4464043	281428		271804	1144072	782679
浙江	7622615	5251046	4173105	3681525	21840		469740	1063604	549277
安徽	4638071	3077060	2207049	1799168	122816		285065	844251	752682
福建	3749750	2758271	2430733	1986953	97685		346095	320162	274675
江西	2161024	1447576	1334368	1174375	14460		145533	105032	96771
山东	10237255	7601947	5957495	5686032	32690		238773	1548436	1110122
河南	7945001	5568487	5062115	4199447	343794		518874	480910	448569
湖北	4080971	2402990	2175831	1983572	67488		124771	213270	171355
湖南	4215521	2666103	2251545	1965833	64103		221609	383032	282574
广东	14328652	9149267	8366451	6480024	674604		1211823	723412	714260
广西	4978546	3795766	3000411	2743080	86284		171047	777610	498725
海南	1465592	1124388	1086851	649213	341973		95665	5154	5154
重庆	3454431	2276427	1994500	1563309	33955		397236	220575	117075
四川	7461419	5076916	4464216	3403145	394420		666651	581254	440259
贵州	1806500	1379250	1272168	1149535	68397		54236	80705	70285
云南	3899630	2927510	2809100	2356721	79969		372410	113197	112788
西藏	178727	174227	174227	142544	26750		4933		
陕西	3050265	2224999	2090547	1850082	149882		90583	103472	103346
甘肃	2507357	1907001	1752530	1393933	160314		198283	93157	61476
青海	644884	558165	509736	397641	55060		57035	46527	31325
宁夏	670925	550915	481282	397323	34700		49259	69075	51495
新疆	2199808	1657130	1530620	1378797	78564		73259	122654	112231

教育经费收入情况

单位:千元

地方教育附加	地方基金	企业办学中的企业拨款	校办产业和社会服务收入用于教育的经费	其他属于国家财政性教育经费	民办学校中举办者投入	社会捐赠经费	#农村	事业收入	#学杂费	其他收入
1693304	**750719**	**529372**	**161177**	**226331**	**1290231**	**255128**	**7641**	**32892555**	**27426472**	**4132754**
	1313	5844	7364	4127	2000	27355		473140	335263	71150
		20444	512		1108	113		321897	288594	51532
27616	14655	50524	12578	1621	44199	5742	1845	1653374	1428067	113897
	26569	68902	177	637	82015	3		925446	817482	18032
47916	1262	19122	2814	3810	5212	301		359219	291568	24749
18242	1698	5603	639	30099	10321	29		895956	790676	127851
		12194	573		2292	1232		393422	335722	22410
33672		32934	1181	393	5857	117		360468	326333	92790
18642		14061	18230	67		324		591353	522645	236921
310958	50435	12710	8213	26435	1260	36653	77	3243474	2458439	645951
264882	249445	6376	2766	5195	44970	34525	4291	2003532	1671526	288542
86497	5072	6504	6083	13173	108834	2479		1357857	1167067	91841
39812	5675		3777	3599	21284	7356	292	889922	760634	72917
7961	300	4940	349	2887	64959	1515		617018	552855	29956
300299	138015	58451	29979	7586	99451	4183	87	2330462	2007226	201212
879	31462	16289	5369	3804	103274	1221		1769791	1524579	502228
28145	13770	5331	1361	7197	82607	3864	15	1401562	1184596	189948
89308	11150	10193	9512	11821	41285	2043	20	1402608	1199678	103482
	9152	100	2424	56880	161308	21372	906	4604059	3937868	392646
278277	608	8762	2705	6278	36650	3334		1073497	926821	69299
		30759	1346	278	63501	6724	2	246065	191194	24914
12800	90700	24599	25530	11223	112572	6036		836952	618959	222444
70745	70250	21337	3284	6825	133199	68332	53	2046267	1519051	136705
8751	1669	23542	1823	1012	3242	1711		340029	298049	82268
	409	40	1357	3816	12207	10092	53	874985	736227	74836
						4300		200		
126		15965	8982	6033	15560	1399		757676	659418	50631
31481	200	53846	303	7165	23614	1022		530682	476362	45038
15202			1902		6413	720		69829	54078	9757
160	17420		30	528	950	511		98733	72987	19816
933	9490		14	3842	87	520		423080	272508	118991

3-22 分地区中等专业学校

地区	总计	国家财政性教育经费	公共财政预算教育经费					各级政府征收用于教育的税费	
				教育事业费拨款	基本建设拨款	科研拨款	其他拨款		教育费附加
合计	**60655115**	**41513358**	**36942660**	**31178162**	**1877623**		**3886875**	**4193926**	**3349384**
北京	1302607	1112244	1111889	895329	35000		181560		
天津	1599470	1361058	1145152	985203	130000		29949	200959	200959
河北	2277904	1364693	1279720	1153790	13800		112130	73728	63209
山西	2117562	1513950	1388375	1027529	193544		167302	112628	96241
内蒙古	1458284	1252123	1200349	843638	118035		238676	47762	10830
辽宁	2313609	1709407	1646243	1346457	15940		283846	59278	57750
吉林	823748	665080	615151	557043	13900		44208	45429	45429
黑龙江	674095	475204	459024	405597	3752		49675	13508	4721
上海	1841397	1307571	1089019	1043360			45659	178319	178319
江苏	4336143	2574918	2099546	1919467	44141		135938	472670	368215
浙江	970882	580807	451933	345650			106283	126137	42326
安徽	1854338	1095876	762957	607985	50095		104877	325593	314814
福建	2538227	1820567	1591343	1305944	50470		234929	226654	184779
江西	917781	589099	572955	497445	3060		72450	10832	6632
山东	4016220	2878969	2350759	2215879	25690		109190	472471	329174
河南	4449963	3087354	2873786	2266819	297709		309258	209453	177991
湖北	2649128	1520072	1356299	1215094	62288		78917	150674	126141
湖南	1071296	672412	589002	514784	25727		48491	79126	62334
广东	7341358	4593088	4139457	3503517	136407		499533	439047	432395
广西	3803981	2901013	2214460	2017281	52625		144554	676339	440074
海南	879706	582737	547475	435000	39643		72832	2999	2999
重庆	856016	429634	405820	311537	10759		83524	14233	10333
四川	2675552	1637879	1525943	1134028	202751		189164	106988	77141
贵州	768952	596773	575878	528720	16223		30935	18900	17712
云南	1981881	1426545	1404908	1191704	25197		188007	21364	20964
西藏	160296	155796	155796	131575	20000		4221		
陕西	1001143	630166	597783	516090	30050		51643	8366	8366
甘肃	1723355	1279101	1178738	928581	122180		127977	43453	34972
青海	273484	219440	198178	140588	25160		32430	19360	4600
宁夏	396216	308367	296319	223393	34700		38226	11550	11550
新疆	1580521	1171415	1118403	969135	78777		70491	26106	18414

教育经费收入情况

单位:千元

地方教育附加	地方基金	企业办学中的企业拨款	校办产业和社会服务收入用于教育的经费	其他属于国家财政性教育经费	民办学校中举办者投入	社会捐赠经费	#农村	事业收入	#学杂费	其他收入
622304	**222238**	**247372**	**74330**	**55070**	**560224**	**89907**	**798**	**16296801**	**13818491**	**2194825**
			355		2000			168270	126379	20093
		13999	948		508	113		224879	198579	12912
9279	1240	7820	3102	323	41206	2747		811141	719455	58117
	16387	12823		124	37841			554617	483386	11154
36648	284	2306	1706		4422	248		189732	161464	11759
	1528	3230	639	17	1010			549592	463837	53600
		4500			162	32		147232	136462	11242
8787		1430	1000	242	4431	47		148980	142120	45433
		28987	11179	67		269		398512	366400	135045
84115	20340			2702	960	24782		1383000	1063664	352483
43639	40172	1000	908	829		290		332268	284161	57517
8796	1983	414	2713	4199	9335	81		714873	632500	34173
36308	5567		1916	654	19774	7201	186	635406	536681	55279
4000	200	4690	317	305	1716	101		311166	297790	15699
86467	56830	35371	20069	299	2009	1210		1025060	873953	108972
	31462	1500	1128	1487	42017	447		867731	786174	452414
10937	13596	5331	1261	6507	80258	1490		906212	749721	141096
16492	300		461	3823	5145	698		365538	326287	27503
	6652	100	1437	13047	64025	16345	612	2522089	2185997	145811
235915	350	4503	1929	3782	36429	2619		811626	714763	52294
		30759	1344	160	63501	411		219263	176836	13794
	3900		7603	1978	94629	175		209662	144641	121916
15887	13960	1116	1689	2143	36240	13981		932233	689680	55219
1188			1823	172	20	1383		145404	119268	25372
	400	40	233		3356	8635		511323	432659	32022
						4300		200		
		14765	8547	705		1349		333111	296847	36517
8481		49667	78	7165	4370	453		399929	361999	39502
14760			1902		3823			44654	32992	5567
				498	950	180		73229	52853	13490
605	7087	23021	43	3842	87	320		359869	260943	48830

3-23 分地区中央属中等专业学校

地区	总计	国家财政性教育经费	公共财政预算教育经费	教育事业费拨款	基本建设拨款	科研拨款	其他拨款	各级政府征收用于教育的税费	教育费附加
合计	**557174**	**356404**	**297739**	**242006**	**19000**		**36733**		
北京	55580	35977	35977	35697			280		
天津	8391	8089	7648	7617			31		
河北	26355	9970	6970	4240			2730		
山西	8635	3658	2064	2064					
内蒙古									
辽宁									
吉林	5089	4632	132	132					
黑龙江									
上海	68359	41039	15373	11223			4150		
江苏									
浙江									
安徽	1515	841	427	427					
福建									
江西									
山东									
河南									
湖北									
湖南	13971								
广东	45630	18233	18233	14314			3919		
广西									
海南									
重庆									
四川	36097	22639	22639	22639					
贵州									
云南									
西藏									
陕西									
甘肃	927	775	775	775					
青海									
宁夏									
新疆	286625	210551	187501	142878	19000		25623		

教育经费收入情况

单位:千元

地方教育附加	地方基金	企业办学中的企业拨款	校办产业和社会服务收入用于教育的经费	其他属于国家财政性教育经费	民办学校中举办者投入	社会捐赠经费	#农村	事业收入	#学杂费	其他收入
		58195	**470**					**191830**	**151909**	**8940**
								19510	5918	93
			441					300	300	2
		3000						14059	7196	2326
		1594						4977	4977	
		4500						457	457	
		25666						24201	19523	3119
		414						674	674	
								13971	13971	
								26765	26259	632
								13458	12834	
								152	91	
		23021	29					73306	59709	2768

3-24　分地区地方中等专业学校

地　区	总　计	国　家财政性教育经费	公共财政预算教育经费					各级政府征收用于教育的税费	
				教育事业费拨款	基本建设拨　款	科　研拨　款	其　他拨　款		教育费附　加
合　计	**60097941**	**41156954**	**36644921**	**30936156**	**1858623**		**3850142**	**4193926**	**3349384**
北　京	1247027	1076267	1075912	859632	35000		181280		
天　津	1591079	1352969	1137504	977586	130000		29918	200959	200959
河　北	2251549	1354723	1272750	1149550	13800		109400	73728	63209
山　西	2108927	1510292	1386311	1025465	193544		167302	112628	96241
内蒙古	1458284	1252123	1200349	843638	118035		238676	47762	10830
辽　宁	2313609	1709407	1646243	1346457	15940		283846	59278	57750
吉　林	818659	660448	615019	556911	13900		44208	45429	45429
黑龙江	674095	475204	459024	405597	3752		49675	13508	4721
上　海	1773038	1266532	1073646	1032137			41509	178319	178319
江　苏	4336143	2574918	2099546	1919467	44141		135938	472670	368215
浙　江	970882	580807	451933	345650			106283	126137	42326
安　徽	1852823	1095035	762530	607558	50095		104877	325593	314814
福　建	2538227	1820567	1591343	1305944	50470		234929	226654	184779
江　西	917781	589099	572955	497445	3060		72450	10832	6632
山　东	4016220	2878969	2350759	2215879	25690		109190	472471	329174
河　南	4449963	3087354	2873786	2266819	297709		309258	209453	177991
湖　北	2649128	1520072	1356299	1215094	62288		78917	150674	126141
湖　南	1057325	672412	589002	514784	25727		48491	79126	62334
广　东	7295728	4574855	4121224	3489203	136407		495614	439047	432395
广　西	3803981	2901013	2214460	2017281	52625		144554	676339	440074
海　南	879706	582737	547475	435000	39643		72832	2999	2999
重　庆	856016	429634	405820	311537	10759		83524	14233	10333
四　川	2639455	1615240	1503304	1111389	202751		189164	106988	77141
贵　州	768952	596773	575878	528720	16223		30935	18900	17712
云　南	1981881	1426545	1404908	1191704	25197		188007	21364	20964
西　藏	160296	155796	155796	131575	20000		4221		
陕　西	1001143	630166	597783	516090	30050		51643	8366	8366
甘　肃	1722428	1278326	1177963	927806	122180		127977	43453	34972
青　海	273484	219440	198178	140588	25160		32430	19360	4600
宁　夏	396216	308367	296319	223393	34700		38226	11550	11550
新　疆	1293896	960864	930902	826257	59777		44868	26106	18414

教育经费收入情况

单位：千元

地方教育附加	地方基金	企业办学中的企业拨款	校办产业和社会服务收入用于教育的经费	其他属于国家财政性教育经费	民办学校中举办者投入	社会捐赠经费	#农村	事业收入	#学杂费	其他收入
622304	**222238**	**189177**	**73860**	**55070**	**560224**	**89907**	**798**	**16104971**	**13666582**	**2185885**
			355		2000			148760	120461	20000
		13999	507		508	113		224579	198279	12910
9279	1240	4820	3102	323	41206	2747		797082	712259	55791
	16387	11229		124	37841			549640	478409	11154
36648	284	2306	1706		4422	248		189732	161464	11759
	1528	3230	639	17	1010			549592	463837	53600
					162	32		146775	136005	11242
8787		1430	1000	242	4431	47		148980	142120	45433
		3321	11179	67		269		374311	346877	131926
84115	20340			2702	960	24782		1383000	1063664	352483
43639	40172	1000	908	829		290		332268	284161	57517
8796	1983		2713	4199	9335	81		714199	631826	34173
36308	5567		1916	654	19774	7201	186	635406	536681	55279
4000	200	4690	317	305	1716	101		311166	297790	15699
86467	56830	35371	20069	299	2009	1210		1025060	873953	108972
	31462	1500	1128	1487	42017	447		867731	786174	452414
10937	13596	5331	1261	6507	80258	1490		906212	749721	141096
16492	300		461	3823	5145	698		351567	312316	27503
	6652	100	1437	13047	64025	16345	612	2495324	2159738	145179
235915	350	4503	1929	3782	36429	2619		811626	714763	52294
		30759	1344	160	63501	411		219263	176836	13794
	3900		7603	1978	94629	175		209662	144641	121916
15887	13960	1116	1689	2143	36240	13981		918775	676846	55219
1188			1823	172	20	1383		145404	119268	25372
	400	40	233		3356	8635		511323	432659	32022
						4300		200		
		14765	8547	705		1349		333111	296847	36517
8481		49667	78	7165	4370	453		399777	361908	39502
14760			1902		3823			44654	32992	5567
				498	950	180		73229	52853	13490
605	7087		14	3842	87	320		286563	201234	46062

3-25 分地区职业高中

地区	总计	国家财政性教育经费	公共财政预算教育经费					各级政府征收用于教育的税费	
				教育事业费拨款	基本建设拨款	科研拨款	其他拨款		教育费附加
合计	**50929581**	**39276109**	**31815292**	**27800630**	**1421958**		**2592704**	**7309033**	**5923482**
北京	1769665	1512966	1145227	862550	67560		215117	367739	366426
天津	56592	45718	43218	38814			4404	2500	2500
河北	2958417	2471040	2066055	1821327	79346		165382	404567	373809
山西	1442615	1129974	899806	802047	79690		18069	203647	193525
内蒙古	1604326	1461073	1306776	1063749	72959		170068	150253	139920
辽宁	1790855	1482537	1136180	988510	25341		122329	344754	327022
吉林	1019035	823577	699741	682157			17584	111074	111074
黑龙江	1005144	868982	783690	749702	20000		13988	66820	41935
上海	1765043	1586623	689860	683234			6626	896763	896763
江苏	4075448	2759277	2162712	1873114	220428		69170	582914	348791
浙江	5452723	3813575	2997423	2735550	13300		248573	807279	432965
安徽	2332396	1780253	1281382	1083843	67721		129818	491439	418489
福建	699879	569187	486726	423819	12230		50677	81781	78637
江西	1077432	735287	650773	591097	11400		48276	81650	77689
山东	3968192	3158449	2259458	2239085	1000		19373	887823	655083
河南	2131523	1600415	1357668	1238134	15215		104319	241688	241236
湖北	1083194	672291	617879	576546	3600		37733	53722	41210
湖南	2526631	1610719	1317355	1162680	38376		116299	276420	198337
广东	2471010	1879296	1729167	1313913	185473		229781	146683	144183
广西	589867	540664	444255	403595	30228		10432	95068	54346
海南	158862	146992	144972	115622	16245		13105	1900	1900
重庆	1786397	1402123	1217679	976478	16016		225185	178724	79124
四川	3564996	2643780	2220853	1762282	149309		309262	419534	337344
贵州	763737	640565	577920	503445	52174		22301	61805	52573
云南	1289483	1045739	970650	814936	53990		101724	71273	71273
西藏									
陕西	1813808	1402005	1303396	1158974	119832		24590	93081	93009
甘肃	685556	556325	506315	406886	35134		64295	49641	26481
青海	368523	336182	309015	257053	29900		22062	27167	26725
宁夏	262987	231663	174108	165756			8352	57525	39945
新疆	415245	368832	315033	305732	5491		3810	53799	51168

教育经费收入情况

单位：千元

地方教育附加	地方基金	企业办学中的企业拨款	校办产业和社会服务收入用于教育的经费	其他属于国家财政性教育经费	民办学校中举办者投入	社会捐赠经费	#农村	事业收入	#学杂费	其他收入
908233	477318	72745	14138	64901	561058	144776	6821	9987928	8444242	959710
	1313					26157		196923	113855	33619
					600			9763	9763	511
17617	13141			418		1849	1845	472264	413473	13264
	10122	26198	177	146	44174	3		262445	245023	6019
9355	978		234	3810	790	53		131236	114738	11174
17692	40	950		653	9311	29		282598	264911	16380
		12194	568		2130	452		186568	162391	6308
24885		18140	181	151	1200	41		121740	107513	13181
						15		140386	123267	38019
212343	21780	110		13541		9987	76	1077102	814183	229082
188711	185603	5376	221	3276	44970	31817	4291	1388936	1203082	173425
69861	3089		596	6836	48680	1918		469995	403116	31550
3036	108		600	80	1510	106	106	125677	115087	3399
3961		250	32	2582	62583	1414		265470	238808	12678
158247	74493	8333	505	2330	94539	2835	87	654102	571083	58267
452			1059		51503	501		448349	378440	30755
12338	174			690	2349	2291	15	370577	330960	35686
67683	10400	850	8416	7678	34949	938		819712	711528	60313
	2500		341	3105	6476	4486	294	543335	459681	37417
40464	258		270	1071	221	425		43101	35017	5456
			2	118		452	2	9045	7442	2373
12800	86800		221	5499	14443	5841		319629	249968	44361
37263	44927		90	3303	94223	49791	53	748686	590341	28516
7563	1669			840	3162	328		113212	99751	6470
			400	3416	8851	1377	52	210488	182381	23028
72		200		5328	15560	50		384748	342580	11445
22960	200	144	225		16244	569		108363	92573	4055
442					2590	720		24841	20752	4190
160	17420			30		331		24667	19297	6326
328	2303							33970	23238	12443

3-26 分地区中央属职业高中

地区	总计	国家财政性教育经费	公共财政预算教育经费	教育事业费拨款	基本建设拨款	科研拨款	其他拨款	各级政府征收用于教育的税费	教育费附加
合计	**26651**	**20672**	**17369**	**7299**			**10070**		
北京									
天津									
河北									
山西									
内蒙古									
辽宁									
吉林									
黑龙江	10486	9797	6494	5731			763		
上海									
江苏									
浙江									
安徽									
福建									
江西									
山东									
河南									
湖北									
湖南									
广东									
广西									
海南									
重庆									
四川	16165	10875	10875	1568			9307		
贵州									
云南									
西藏									
陕西									
甘肃									
青海									
宁夏									
新疆									

教育经费收入情况

单位:千元

地方教育附加	地方基金	企业办学中的企业拨款	校办产业和社会服务收入用于教育的经费	其他属于国家财政性教育经费	民办学校中举办者投入	社会捐赠经费	#农村	事业收入	#学杂费	其他收入
		3303						**5621**	**1726**	**358**
		3303						689	321	
								4932	1405	358

3-27 分地区地方职业高中

地区	总计	国家财政性教育经费	公共财政预算教育经费	教育事业费拨款	基本建设拨款	科研拨款	其他拨款	各级政府征收用于教育的税费	教育费附加
合计	**50902930**	**39255437**	**31797923**	**27793331**	**1421958**		**2582634**	**7309033**	**5923482**
北京	1769665	1512966	1145227	862550	67560		215117	367739	366426
天津	56592	45718	43218	38814			4404	2500	2500
河北	2958417	2471040	2066055	1821327	79346		165382	404567	373809
山西	1442615	1129974	899806	802047	79690		18069	203647	193525
内蒙古	1604326	1461073	1306776	1063749	72959		170068	150253	139920
辽宁	1790855	1482537	1136180	988510	25341		122329	344754	327022
吉林	1019035	823577	699741	682157			17584	111074	111074
黑龙江	994658	859185	777196	743971	20000		13225	66820	41935
上海	1765043	1586623	689860	683234			6626	896763	896763
江苏	4075448	2759277	2162712	1873114	220428		69170	582914	348791
浙江	5452723	3813575	2997423	2735550	13300		248573	807279	432965
安徽	2332396	1780253	1281382	1083843	67721		129818	491439	418489
福建	699879	569187	486726	423819	12230		50677	81781	78637
江西	1077432	735287	650773	591097	11400		48276	81650	77689
山东	3968192	3158449	2259458	2239085	1000		19373	887823	655083
河南	2131523	1600415	1357668	1238134	15215		104319	241688	241236
湖北	1083194	672291	617879	576546	3600		37733	53722	41210
湖南	2526631	1610719	1317355	1162680	38376		116299	276420	198337
广东	2471010	1879296	1729167	1313913	185473		229781	146683	144183
广西	589867	540664	444255	403595	30228		10432	95068	54346
海南	158862	146992	144972	115622	16245		13105	1900	1900
重庆	1786397	1402123	1217679	976478	16016		225185	178724	79124
四川	3548831	2632905	2209978	1760714	149309		299955	419534	337344
贵州	763737	640565	577920	503445	52174		22301	61805	52573
云南	1289483	1045739	970650	814936	53990		101724	71273	71273
西藏									
陕西	1813808	1402005	1303396	1158974	119832		24590	93081	93009
甘肃	685556	556325	506315	406886	35134		64295	49641	26481
青海	368523	336182	309015	257053	29900		22062	27167	26725
宁夏	262987	231663	174108	165756			8352	57525	39945
新疆	415245	368832	315033	305732	5491		3810	53799	51168

教育经费收入情况

单位:千元

地方教育附加	地方基金	企业办学中的企业拨款	校办产业和社会服务收入用于教育的经费	其他属于国家财政性教育经费	民办学校中举办者投入	社会捐赠经费	#农村	事业收入	#学杂费	其他收入
908233	**477318**	**69442**	**14138**	**64901**	**561058**	**144776**	**6821**	**9982307**	**8442516**	**959352**
	1313					26157		196923	113855	33619
					600			9763	9763	511
17617	13141			418		1849	1845	472264	413473	13264
	10122	26198	177	146	44174	3		262445	245023	6019
9355	978		234	3810	790	53		131236	114738	11174
17692	40	950		653	9311	29		282598	264911	16380
		12194	568		2130	452		186568	162391	6308
24885		14837	181	151	1200	41		121051	107192	13181
						15		140386	123267	38019
212343	21780	110		13541		9987	76	1077102	814183	229082
188711	185603	5376	221	3276	44970	31817	4291	1388936	1203082	173425
69861	3089		596	6836	48680	1918		469995	403116	31550
3036	108		600	80	1510	106	106	125677	115087	3399
3961		250	32	2582	62583	1414		265470	238808	12678
158247	74493	8333	505	2330	94539	2835	87	654102	571083	58267
452			1059		51503	501		448349	378440	30755
12338	174			690	2349	2291	15	370577	330960	35686
67683	10400	850	8416	7678	34949	938		819712	711528	60313
	2500		341	3105	6476	4486	294	543335	459681	37417
40464	258		270	1071	221	425		43101	35017	5456
			2	118		452	2	9045	7442	2373
12800	86800		221	5499	14443	5841		319629	249968	44361
37263	44927		90	3303	94223	49791	53	743754	588936	28158
7563	1669			840	3162	328		113212	99751	6470
			400	3416	8851	1377	52	210488	182381	23028
72		200		5328	15560	50		384748	342580	11445
22960	200	144	225		16244	569		108363	92573	4055
442					2590	720		24841	20752	4190
160	17420			30		331		24667	19297	6326
328	2303							33970	23238	12443

3-28 分地区农村职业高中

地区	总计	国家财政性教育经费	公共财政预算教育经费	教育事业费拨款	基本建设拨款	科研拨款	其他拨款	各级政府征收用于教育的税费	教育费附加
合计	**6373406**	**4748291**	**3995373**	**3396190**	**268534**		**330649**	**736406**	**609132**
北京	156083	141304	128577	71739	53580		3258	12727	12727
天津									
河北	302103	258943	213675	191734	10400		11541	45268	37632
山西	141638	112365	86991	85115			1876	25374	19795
内蒙古	72506	60971	59891	55580			4311	1080	1080
辽宁	101872	95216	50988	47171			3817	44228	39689
吉林	14728	13899	12115	12086			29	1784	1784
黑龙江	12892	11617	11407	11407				210	210
上海	14502	11320	11320	11320					
江苏	657376	414397	352882	233805	110998		8079	60248	54649
浙江	916447	597487	492353	436362			55991	99208	63739
安徽	618018	509375	399779	339895	22321		37563	108415	94452
福建	79237	67426	63279	59161			4118	4147	3957
江西	125357	56324	47409	42941			4468	8915	8915
山东	334009	265623	197133	194335			2798	64720	53890
河南	390497	304655	269658	243386	10575		15697	34997	34545
湖北	88573	50750	49750	47759			1991	1000	
湖南	361264	235109	162170	142556	800		18814	72264	54570
广东	298055	213934	200553	188848			11705	13234	13234
广西	43635	39357	33176	29035	3390		751	6181	616
海南	16338	15741	15741	13829			1912		
重庆	261491	206218	169020	150940	2000		16080	37171	24371
四川	759980	559596	504081	392460	11410		100211	53545	49580
贵州	61408	51461	45665	40740	3470		1455	5796	3952
云南	86660	69700	55725	39034	13500		3191	12426	12426
西藏									
陕西	318442	258895	240487	208147	23770		8570	18408	18408
甘肃	127208	113550	112833	98090	2320		12423	717	580
青海									
宁夏									
新疆	13087	13058	8715	8715				4343	4331

教育经费收入情况

单位:千元

地方教育附加	地方基金	企业办学中的企业拨款	校办产业和社会服务收入用于教育的经费	其他属于国家财政性教育经费	民办学校中举办者投入	社会捐赠经费	#农村	事业收入	#学杂费	其他收入
94354	**32920**	**7400**	**575**	**8537**	**115091**	**31649**	**4522**	**1315752**	**1073333**	**162623**
								14565	5429	214
2866	4770							39975	34441	3185
	5579				500			28735	26152	38
					640			8406	7575	2489
4539					677			5879	5440	100
								829	820	
								1275	1226	
								1157	170	2025
5599				1267		70	70	156095	111772	86814
26736	8733	4200	221	1505		6923	4291	287675	247998	24362
13963			170	1011	7165	456		92771	81072	8251
90	100				1510	6	6	9326	8898	969
					50000			15786	12264	3247
10830		3200		570	1795	948		62732	49634	2911
452					17865			67078	52505	899
1000					1000	484		33177	30539	3162
7694	10000		10	665	4269	84		108650	82741	13152
			147		822	124	100	82316	72412	859
5565								3876	3801	402
						2	2	556	543	39
12800			27		856	515		50722	46735	3180
1908	2057			1970	22678	22000	53	153035	111847	2671
175	1669				1700			6598	4916	1649
				1549	850	37		14868	11688	1205
					2764			56012	51060	771
137								13658	11655	
	12									29

3-29 分地区技工学校

地区	总计	国家财政性教育经费	公共财政预算教育经费	教育事业费拨款	基本建设拨款	科研拨款	其他拨款	各级政府征收用于教育的税费	教育费附加
合计	**16964436**	**10709221**	**9641512**	**7521421**	**917710**		**1202381**	**594742**	**458895**
北京	1056735	924817	897189	802571	28229		66389	1129	1129
天津	359551	245807	239515	228890	3500		7125		
河北	803274	418421	333168	309241			23927	29193	29129
山西	342347	253537	200842	147656	53170		16	24053	23993
内蒙古	115750	86784	69094	52052	8750		8292		
辽宁	500113	393598	344075	310925	8860		24290	18671	17991
吉林	104262	67153	53395	52458			937	13758	13758
黑龙江	397678	294074	268487	185964	51551		30972	8367	8367
上海	185300	94747	77473	67737			9736		
江苏	1288595	586535	500179	435732	16859		47588	60089	44355
浙江	645040	484993	416405	326097	1314		88994	65861	29063
安徽	198263	84583	65376	31603	5000		28773	12703	11703
福建	419585	300470	286271	198747	34985		52539	10873	10405
江西	17153	9240	9240	7210			2030		
山东	1714169	1144026	1007996	906314	6000		95682	107953	56114
河南	862696	516940	481732	392013	30870		58849	16523	16523
湖北	140438	88262	85204	84252			952	2958	1250
湖南	382701	182729	162796	146638			16158	7881	5254
广东	4217610	2462456	2300015	1495218	352724		452073	118894	118894
广西	465771	272867	263754	258411	3431		1912	3541	2100
海南	392956	369904	369904	74855	286085		8964		
重庆	492648	229258	181804	136908	1880		43016	2500	2500
四川	647579	427018	333105	254888	15200		63017	38739	15311
贵州	259962	133653	110111	110111					
云南	447052	293497	280413	235175	782		44456	12000	12000
西藏									
陕西	78583	74237	74237	74237					
甘肃	41095	25326	24499	18818	3000		2681		
青海									
宁夏									
新疆	387530	244289	205233	176700	5520		23013	39056	39056

教育经费收入情况

单位:千元

地方教育附加	地方基金	企业办学中的企业拨款	校办产业和社会服务收入用于教育的经费	其他属于国家财政性教育经费	民办学校中举办者投入	社会捐赠经费	#农村	事业收入	#学杂费	其他收入
92168	43679	312592	66310	94065	105220	4614		5378459	4477709	766922
		15363	7009	4127		248		115109	96004	16561
		6287	5					77714	70795	36030
	64	45704	9476	880	2574	1146		338097	281907	43036
	60	28275		367				88124	84892	686
		16816	874					27888	16514	1078
550	130	1423		29429				58382	56951	48133
								37091	35470	18
		17220				19		69426	51493	34159
		10740	6534					51734	36401	38819
10761	4973	14622	6834	4811		974		656933	531587	44153
15498	21300		1637	1090				151300	128672	8747
1000		6504						92818	81012	20862
468			461	2865		49		105204	91858	13862
					660			7253	6688	
45547	6292	14061	9356	4660	200	2		546104	485070	23837
		14789	1579	2317	5821			329054	261320	10881
1708			100			83		46637	39865	5456
2627		10893	869	290	971	305		187117	152865	11579
		4804	1306	37437	89973	45		1465956	1253384	199180
1441		4259	225	1088		290		183265	158245	9349
								15035	6837	8017
		24858	17856	2240	3500	20		215305	159341	44565
12568	10860	51605	1505	2064	1461	1160		194927	139929	23013
		23542			60			75898	75898	50351
			684	400		73		137488	119596	15994
								2536	2536	1810
		827						15766	15766	3
						200		86298	36813	56743

3-30 分地区中央属技工学校

地区	总计	国家财政性教育经费	公共财政预算教育经费	教育事业费拨款	基本建设拨款	科研拨款	其他拨款	各级政府征收用于教育的税费	教育费附加
合计	**216962**	**112676**	**53585**	**39546**			**14039**		
北京	13419	10078	559	385			174		
天津	9684	101	101				101		
河北									
山西									
内蒙古	4000								
辽宁									
吉林									
黑龙江	32699	25525	24972	22522			2450		
上海									
江苏	2181	2066	44	44					
浙江									
安徽									
福建									
江西									
山东									
河南									
湖北									
湖南	19106	4522	2537				2537		
广东	61840	25052	19360	11298			8062		
广西									
海南									
重庆	6543	1042							
四川	67490	44290	6012	5297			715		
贵州									
云南									
西藏									
陕西									
甘肃									
青海									
宁夏									
新疆									

教育经费收入情况

单位:千元

地方教育附加	地方基金	企业办学中的企业拨款	校办产业和社会服务收入用于教育的经费	其他属于国家财政性教育经费	民办学校中举办者投入	社会捐赠经费	#农村	事业收入	#学杂费	其他收入
		56185	**1365**	**1541**		**20**		**90205**	**73076**	**14061**
		9519						3320	2851	21
								9583	2736	
								4000	4000	
		553						7174	1895	
		2022						115	115	
		1550	435					13984	10910	600
		4804	780	108				34992	34992	1796
		631	150	261				5326	3866	175
		37106		1172		20		11711	11711	11469

3-31 分地区地方技工学校

地区	总计	国家财政性教育经费	公共财政预算教育经费					各级政府征收用于教育的税费	
				教育事业费拨款	基本建设拨款	科研拨款	其他拨款		教育费附加
合计	**16747474**	**10596545**	**9587927**	**7481875**	**917710**		**1188342**	**594742**	**458895**
北京	1043316	914739	896630	802186	28229		66215	1129	1129
天津	349867	245706	239414	228890	3500		7024		
河北	803274	418421	333168	309241			23927	29193	29129
山西	342347	253537	200842	147656	53170		16	24053	23993
内蒙古	111750	86784	69094	52052	8750		8292		
辽宁	500113	393598	344075	310925	8860		24290	18671	17991
吉林	104262	67153	53395	52458			937	13758	13758
黑龙江	364979	268549	243515	163442	51551		28522	8367	8367
上海	185300	94747	77473	67737			9736		
江苏	1286414	584469	500135	435688	16859		47588	60089	44355
浙江	645040	484993	416405	326097	1314		88994	65861	29063
安徽	198263	84583	65376	31603	5000		28773	12703	11703
福建	419585	300470	286271	198747	34985		52539	10873	10405
江西	17153	9240	9240	7210			2030		
山东	1714169	1144026	1007996	906314	6000		95682	107953	56114
河南	862696	516940	481732	392013	30870		58849	16523	16523
湖北	140438	88262	85204	84252			952	2958	1250
湖南	363595	178207	160259	146638			13621	7881	5254
广东	4155770	2437404	2280655	1483920	352724		444011	118894	118894
广西	465771	272867	263754	258411	3431		1912	3541	2100
海南	392956	369904	369904	74855	286085		8964		
重庆	486105	228216	181804	136908	1880		43016	2500	2500
四川	580089	382728	327093	249591	15200		62302	38739	15311
贵州	259962	133653	110111	110111					
云南	447052	293497	280413	235175	782		44456	12000	12000
西藏									
陕西	78583	74237	74237	74237					
甘肃	41095	25326	24499	18818	3000		2681		
青海									
宁夏									
新疆	387530	244289	205233	176700	5520		23013	39056	39056

教育经费收入情况

单位:千元

地方教育附加	地方基金	企业办学中的企业拨款	校办产业和社会服务收入用于教育的经费	其他属于国家财政性教育经费	民办学校中举办者投入	社会捐赠经费	#农村	事业收入	#学杂费	其他收入
92168	**43679**	**256407**	**64945**	**92524**	**105220**	**4594**		**5288254**	**4404633**	**752861**
		5844	7009	4127		248		111789	93153	16540
		6287	5					68131	68059	36030
	64	45704	9476	880	2574	1146		338097	281907	43036
	60	28275		367				88124	84892	686
		16816	874					23888	12514	1078
550	130	1423		29429				58382	56951	48133
								37091	35470	18
		16667				19		62252	49598	34159
		10740	6534					51734	36401	38819
10761	4973	12600	6834	4811		974		656818	531472	44153
15498	21300		1637	1090				151300	128672	8747
1000		6504						92818	81012	20862
468			461	2865		49		105204	91858	13862
					660			7253	6688	
45547	6292	14061	9356	4660	200	2		546104	485070	23837
		14789	1579	2317	5821			329054	261320	10881
1708			100			83		46637	39865	5456
2627		9343	434	290	971	305		173133	141955	10979
			526	37329	89973	45		1430964	1218392	197384
1441		4259	225	1088		290		183265	158245	9349
								15035	6837	8017
		24227	17706	1979	3500	20		209979	155475	44390
12568	10860	14499	1505	892	1461	1140		183216	128218	11544
		23542			60			75898	75898	50351
			684	400		73		137488	119596	15994
								2536	2536	1810
		827						15766	15766	3
						200		86298	36813	56743

3-32 分地区成人中等专业学校

地区	总计	国家财政性教育经费	公共财政预算教育经费					各级政府征收用于教育的税费	
				教育事业费拨款	基本建设拨款	科研拨款	其他拨款		教育费附加
合计	**7181858**	**5329570**	**4852471**	**4139301**	**66806**		**646364**	**437013**	**358930**
北京	55659	38050	29027	26830			2197	9023	9023
天津	142159	100898	81341	76674			4667	19399	19399
河北	437938	389782	376717	319956			56761	13065	12135
山西	200852	174880	162345	152565	800		8980	9335	9335
内蒙古	220109	205008	186670	127398	10194		49078	18338	16425
辽宁	50846	35724	23774	20321			3453	11950	11950
吉林	376834	348256	337908	324204			13704	10343	10343
黑龙江	222125	193534	181565	172602			8963	8299	8299
上海	345903	292784	271765	264347			7418	20502	1860
江苏	438038	290041	254882	235774			19108	28399	21318
浙江	553970	371671	307344	274228	7226		25890	64327	44923
安徽	254589	117189	97761	76164			21597	14516	7676
福建	92059	68047	66393	58443			7950	854	854
江西	148658	113950	101400	78623			22777	12550	12450
山东	538674	420503	339282	324754			14528	80189	69751
河南	500819	363778	348929	302481			46448	13246	12819
湖北	208211	122365	116449	107680	1600		7169	5916	2754
湖南	267970	204765	184929	141731			43198	19605	16649
广东	406144	257712	235405	192988			42417	18788	18788
广西	118927	81222	77942	63793			14149	2662	2205
海南	34068	24755	24500	23736			764	255	255
重庆	325913	216454	189197	138386	5300		45511	25118	25118
四川	693044	446043	423841	281451	27160		115230	15993	10463
贵州	13849	8259	8259	7259			1000		
云南	181214	161729	153129	114906			38223	8560	8551
西藏	18431	18431	18431	10969	6750		712		
陕西	156731	118591	115131	100781			14350	2025	1971
甘肃	58278	47024	43753	40423			3330	63	23
青海	2877	2543	2543				2543		
宁夏	11722	10885	10855	8174			2681		
新疆	105247	84697	81004	71660	7776		1568	3693	3593

教育经费收入情况

单位:千元

地方教育附加	地方基金	企业办学中的企业拨款	校办产业和社会服务收入用于教育的经费	其他属于国家财政性教育经费	民办学校中举办者投入	社会捐赠经费	#农村	事业收入	#学杂费	其他收入
70599	**7484**	**18016**	**8234**	**13836**	**63729**	**15851**	**22**	**1537032**	**915326**	**235676**
						950		15668	7794	991
		158						38173	14380	3088
720	210				419			45931	20428	1806
		3200						25799	9158	173
1913								14363	2852	738
								5384	4977	9738
			5			748		22988	1856	4842
		3670			226	10		28333	27571	22
18642			517			40		24922	16100	28157
3739	3342		1379	5381	300	910	1	126554	49120	20233
17034	2370					2418		131028	55611	48853
6840			2774	2138	50819	480		80845	51113	5256
			800					23635	17008	377
	100							33129	9569	1579
10038	400	686	49	297	2703	136		105196	77120	10136
427			1603		3933	273		124657	98645	8178
3162								78136	64050	7710
2506	450		201	30	220	102	20	58196	33879	4687
			120	3399	834	496		134436	100057	12666
457			281	337				35505	18796	2200
						5861		2722	79	730
		372		1767				97682	68875	11777
5027	503	5722		487	1275	3420		200522	125051	41784
								5515	3132	75
	9		40			7	1	15686	1591	3792
54		1000	435					37281	17455	859
40		3208			3000			6776	6115	1478
								334	334	
			30					837	837	
	100							16799	11773	3751

3-33 分地区中央属成人中等专业学校

地区	总计	国家财政性教育经费	公共财政预算教育经费	教育事业费拨款	基本建设拨款	科研拨款	其他拨款	各级政府征收用于教育的税费	教育费附加
合计	**35893**	**14864**	**11194**	**8633**			**2561**		
北京									
天津	19756								
河北									
山西	562								
内蒙古									
辽宁									
吉林									
黑龙江	13465	13312	9642	7081			2561		
上海									
江苏									
浙江									
安徽									
福建									
江西									
山东									
河南									
湖北									
湖南									
广东									
广西									
海南									
重庆									
四川									
贵州									
云南									
西藏									
陕西									
甘肃									
青海									
宁夏									
新疆	2110	1552	1552	1552					

教育经费收入情况

单位:千元

地方教育附加	地方基金	企业办学中的企业拨款	校办产业和社会服务收入用于教育的经费	其他属于国家财政性教育经费	民办学校中举办者投入	社会捐赠经费	#农村	事业收入	#学杂费	其他收入
		3670						**20009**	**2585**	**1020**
								18749	1887	1007
								562		
		3670						148	148	5
								550	550	8

3-34 分地区地方成人中等专业学校

地区	总计	国家财政性教育经费	公共财政预算教育经费					各级政府征收用于教育的税费	
				教育事业费拨款	基本建设拨款	科研拨款	其他拨款		教育费附加
合计	**7145965**	**5314706**	**4841277**	**4130668**	**66806**		**643803**	**437013**	**358930**
北京	55659	38050	29027	26830			2197	9023	9023
天津	122403	100898	81341	76674			4667	19399	19399
河北	437938	389782	376717	319956			56761	13065	12135
山西	200290	174880	162345	152565	800		8980	9335	9335
内蒙古	220109	205008	186670	127398	10194		49078	18338	16425
辽宁	50846	35724	23774	20321			3453	11950	11950
吉林	376834	348256	337908	324204			13704	10343	10343
黑龙江	208660	180222	171923	165521			6402	8299	8299
上海	345903	292784	271765	264347			7418	20502	1860
江苏	438038	290041	254882	235774			19108	28399	21318
浙江	553970	371671	307344	274228	7226		25890	64327	44923
安徽	254589	117189	97761	76164			21597	14516	7676
福建	92059	68047	66393	58443			7950	854	854
江西	148658	113950	101400	78623			22777	12550	12450
山东	538674	420503	339282	324754			14528	80189	69751
河南	500819	363778	348929	302481			46448	13246	12819
湖北	208211	122365	116449	107680	1600		7169	5916	2754
湖南	267970	204765	184929	141731			43198	19605	16649
广东	406144	257712	235405	192988			42417	18788	18788
广西	118927	81222	77942	63793			14149	2662	2205
海南	34068	24755	24500	23736			764	255	255
重庆	325913	216454	189197	138386	5300		45511	25118	25118
四川	693044	446043	423841	281451	27160		115230	15993	10463
贵州	13849	8259	8259	7259			1000		
云南	181214	161729	153129	114906			38223	8560	8551
西藏	18431	18431	18431	10969	6750		712		
陕西	156731	118591	115131	100781			14350	2025	1971
甘肃	58278	47024	43753	40423			3330	63	23
青海	2877	2543	2543				2543		
宁夏	11722	10885	10855	8174			2681		
新疆	103137	83145	79452	70108	7776		1568	3693	3593

教育经费收入情况

单位:千元

地方教育附加	地方基金	企业办学中的企业拨款	校办产业和社会服务收入用于教育的经费	其他属于国家财政性教育经费	民办学校中举办者投入	社会捐赠经费	#农村	事业收入	#学杂费	其他收入
70599	**7484**	**14346**	**8234**	**13836**	**63729**	**15851**	**22**	**1517023**	**912741**	**234656**
						950		15668	7794	991
		158						19424	12493	2081
720	210				419			45931	20428	1806
		3200						25237	9158	173
1913								14363	2852	738
								5384	4977	9738
			5			748		22988	1856	4842
					226	10		28185	27423	17
18642			517			40		24922	16100	28157
3739	3342		1379	5381	300	910	1	126554	49120	20233
17034	2370					2418		131028	55611	48853
6840			2774	2138	50819	480		80845	51113	5256
			800					23635	17008	377
	100							33129	9569	1579
10038	400	686	49	297	2703	136		105196	77120	10136
427			1603		3933	273		124657	98645	8178
3162								78136	64050	7710
2506	450		201	30	220	102	20	58196	33879	4687
			120	3399	834	496		134436	100057	12666
457			281	337				35505	18796	2200
						5861		2722	79	730
		372		1767				97682	68875	11777
5027	503	5722		487	1275	3420		200522	125051	41784
								5515	3132	75
	9		40			7	1	15686	1591	3792
54		1000	435					37281	17455	859
40		3208			3000			6776	6115	1478
								334	334	
			30					837	837	
	100							16249	11223	3743

3-35 分地区中学

地区	总计	国家财政性教育经费	公共财政预算教育经费					各级政府征收用于教育的税费	
				教育事业费拨款	基本建设拨款	科研拨款	其他拨款		教育费附加
合计	**542108677**	**447744116**	**411598880**	**362602697**	**16090876**		**32905307**	**34756142**	**26376872**
北京	16297471	14401075	13606212	9675900	2212012		1718300	768798	715057
天津	8322354	7237112	6525254	6263318	52417		209519	693528	693528
河北	22356155	19498742	17616500	15865018	308129		1443353	1878763	1153078
山西	15298216	12301094	10816126	10003814	458957		353355	1477066	1274473
内蒙古	12967628	11731475	10743502	8967745	673523		1102234	982411	777243
辽宁	17706683	15968813	14995189	12613300	357344		2024545	969994	787638
吉林	9872023	8641692	8126952	7825881	83620		217451	362419	362419
黑龙江	12225686	10913189	9684138	9204067	273208		206863	655033	523295
上海	15214347	12882281	11168912	10777339	242933		148640	1711310	1646612
江苏	38716801	29661072	26727840	24750556	1019367		957917	2919931	2090423
浙江	32809205	23682661	19262159	18025218	228229		1008712	4402781	1888782
安徽	21643286	16716405	15740478	13236289	467182		2037007	950342	710110
福建	17002117	13774011	12585504	11067106	325054		1193344	1183368	880567
江西	12021378	9823427	9169774	8119719	280235		769820	641658	533291
山东	35723333	30691446	27293614	26948694	70016		274904	3384408	2492589
河南	27303484	22685397	21728291	19224375	393347		2110569	956065	937546
湖北	19611875	14943655	13907082	12705883	368246		832953	1009846	706400
湖南	21558814	16847055	15529369	12896931	377208		2255230	1211683	929654
广东	48331454	36588856	34574979	28196500	1815799		4562680	1949110	1934987
广西	14284775	12521523	11874916	10799432	268200		807284	637741	395173
海南	4574488	3841189	3639463	3116480	296434		226549	194469	193565
重庆	12968553	10521061	9834137	7587454	561242		1685441	671724	609406
四川	28700777	23466166	21686556	17488989	1081553		3116014	1772622	1201604
贵州	10602214	9003248	8691618	8322522	162133		206963	311079	240506
云南	15686887	14264956	13443340	11386807	697371		1359162	809807	759466
西藏	1655586	1623735	1591721	1391102	131030		69589	32014	32014
陕西	16366030	13928591	13035754	12154462	494230		387062	877223	854229
甘肃	11287606	10201395	9687867	8068550	866841		752476	444997	335385
青海	3640337	3504634	3408720	2605780	422458		380482	89500	73310
宁夏	3726832	3357664	3195882	2832179	108819		254884	161490	145532
新疆	13632282	12520496	11707031	10481287	993739		232005	644962	498990

教育经费收入情况

单位:千元

地方教育附加	地方基金	企业办学中的企业拨款	校办产业和社会服务收入用于教育的经费	其他属于国家财政性教育经费	民办学校中举办者投入	社会捐赠经费	#农村	事业收入	#学杂费	其他收入
6237503	**2141767**	**1122940**	**258469**	**7685**	**2448497**	**4061188**	**296964**	**79184067**	**53566013**	**8670809**
	53741	17356	8709		4500	161637	4056	1365672	813763	364587
		11789	6541		3941	28118	616	918861	423870	134322
630886	94799	2321	1158		27439	22288	1230	2712419	2235206	95267
	202593	7626	276		121039	72930	249	2764227	2272251	38926
169561	35607	1657	3905		3718	5084	25	1104962	890529	122389
162475	19881	2586	1044		18470	6531	366	1572555	1272922	140314
		147021	5300		28188	17392	34	1120845	862159	63906
131738		572655	1363		11299	8049		1228583	874801	64566
64698		2000	59		11061	58315		1685490	1279411	577200
767763	61745		13301		36316	504086	22030	7324651	5080790	1190676
1571736	942263	10000	1726	5995	115721	841347	96458	6486462	4308848	1683014
211658	28574	19818	5387	380	220210	117496	12731	4387055	2995836	202120
273782	29019		5139		241561	126984	25313	2632602	1919716	226959
96622	11745	2540	9104	351	149258	68398	10940	1829670	1259010	150625
687439	204380	10748	2676		12258	106551	15330	4566343	2967453	346735
16232	2287	356	685		356119	29459	110	4040215	2646218	192294
298699	4747	973	25654	100	67208	73950	5433	4002988	2280917	524074
272332	9697		105293	710	84046	54088	5960	4159300	2757930	414325
	14123	40427	24340		599476	411241	50741	10094340	7161900	637541
240329	2239	3579	5287		21902	54844	438	1535757	1009374	150749
697	207	6329	928		30583	96565	980	540015	367918	66136
349	61969		15200		12890	314976	16734	1780583	850901	339043
412343	158675	843	5996	149	66235	564234	11822	4363978	1876947	240164
66477	4096	273	278		120388	40289	19	1293182	952817	145107
	50341	6970	4839		11176	72989	4611	1180282	875954	157484
					34	2260		29227	28160	330
4949	18045	15346	268		33367	23248	5147	2272585	1636154	108239
82412	27200	66564	1967		38870	125330	4316	860251	660845	61760
13721	2469	5816	598			1981	653	114190	83390	19532
9480	6478		292		130	26513	420	303342	213012	39183
51125	94847	167347	1156		1094	24015	202	913435	707011	173242

3-36 分地区中央属中学

地区	总计	国家财政性教育经费	公共财政预算教育经费					各级政府征收用于教育的税费	
				教育事业费拨款	基本建设拨款	科研拨款	其他拨款		教育费附加
合计	**2742646**	**2190831**	**1944915**	**1514283**	**184644**		**245988**		
北京	497355	287129	280716	213008			67708		
天津									
河北	114	49							
山西	1833	1833	130	130					
内蒙古									
辽宁									
吉林	91564	67811	40152	36022			4130		
黑龙江	153207	139752	93319	63330	1283		28706		
上海	97522	21454	21454	21454					
江苏									
浙江									
安徽	13329	7554	7493	7493					
福建									
江西									
山东									
河南									
湖北	36502	25247	25247	25247					
湖南									
广东	52323	38774	28241	17422			10819		
广西									
海南	8019	5242	5242	3166			2076		
重庆	61037	24210	24209	24209					
四川	25064	20015	20015	18263			1752		
贵州									
云南									
西藏									
陕西	10909	10876	536	536					
甘肃									
青海									
宁夏									
新疆	1693868	1540885	1398161	1084003	183361		130797		

教育经费收入情况

单位:千元

地方教育附加	地方基金	企业办学中的企业拨款	校办产业和社会服务收入用于教育的经费	其他属于国家财政性教育经费	民办学校中举办者投入	社会捐赠经费	#农村	事业收入	#学杂费	其他收入
		238796	**7120**			**55268**		**307366**	**200200**	**189181**
			6413			11755		89905	22868	108566
		49						65	65	
		1703								
		27659						22473	21709	1280
		46433						13176	12133	279
								35837	30209	40231
			61			891		4298	1140	586
						6572		3390	3000	1293
		10533						11882	11462	1667
								1595	195	1182
			1			29883		3879	3879	3065
								5049	881	
		10340						20	20	13
		142079	645			6167		115797	92639	31019

3-37 分地区地方中学

地区	总计	国家财政性教育经费	公共财政预算教育经费					各级政府征收用于教育的税费	
				教育事业费拨款	基本建设拨款	科研拨款	其他拨款		教育费附加
合计	**539366031**	**445553285**	**409653965**	**361088414**	**15906232**		**32659319**	**34756142**	**26376872**
北京	15800116	14113946	13325496	9462892	2212012		1650592	768798	715057
天津	8322354	7237112	6525254	6263318	52417		209519	693528	693528
河北	22356041	19498693	17616500	15865018	308129		1443353	1878763	1153078
山西	15296383	12299261	10815996	10003684	458957		353355	1477066	1274473
内蒙古	12967628	11731475	10743502	8967745	673523		1102234	982411	777243
辽宁	17706683	15968813	14995189	12613300	357344		2024545	969994	787638
吉林	9780459	8573881	8086800	7789859	83620		213321	362419	362419
黑龙江	12072479	10773437	9590819	9140737	271925		178157	655033	523295
上海	15116825	12860827	11147458	10755885	242933		148640	1711310	1646612
江苏	38716801	29661072	26727840	24750556	1019367		957917	2919931	2090423
浙江	32809205	23682661	19262159	18025218	228229		1008712	4402781	1888782
安徽	21629957	16708851	15732985	13228796	467182		2037007	950342	710110
福建	17002117	13774011	12585504	11067106	325054		1193344	1183368	880567
江西	12021378	9823427	9169774	8119719	280235		769820	641658	533291
山东	35723333	30691446	27293614	26948694	70016		274904	3384408	2492589
河南	27303484	22685397	21728291	19224375	393347		2110569	956065	937546
湖北	19575373	14918408	13881835	12680636	368246		832953	1009846	706400
湖南	21558814	16847055	15529369	12896931	377208		2255230	1211683	929654
广东	48279131	36550082	34546738	28179078	1815799		4551861	1949110	1934987
广西	14284775	12521523	11874916	10799432	268200		807284	637741	395173
海南	4566469	3835947	3634221	3113314	296434		224473	194469	193565
重庆	12907516	10496851	9809928	7563245	561242		1685441	671724	609406
四川	28675713	23446151	21666541	17470726	1081553		3114262	1772622	1201604
贵州	10602214	9003248	8691618	8322522	162133		206963	311079	240506
云南	15686887	14264956	13443340	11386807	697371		1359162	809807	759466
西藏	1655586	1623735	1591721	1391102	131030		69589	32014	32014
陕西	16355121	13917715	13035218	12153926	494230		387062	877223	854229
甘肃	11287606	10201395	9687867	8068550	866841		752476	444997	335385
青海	3640337	3504634	3408720	2605780	422458		380482	89500	73310
宁夏	3726832	3357664	3195882	2832179	108819		254884	161490	145532
新疆	11938414	10979611	10308870	9397284	810378		101208	644962	498990

教育经费收入情况

单位:千元

地方教育附加	地方基金	企业办学中的企业拨款	校办产业和社会服务收入用于教育的经费	其他属于国家财政性教育经费	民办学校中举办者投入	社会捐赠经费	#农村	事业收入	#学杂费	其他收入
6237503	**2141767**	**884144**	**251349**	**7685**	**2448497**	**4005920**	**296964**	**78876701**	**53365813**	**8481628**
	53741	17356	2296		4500	149882	4056	1275767	790895	256021
		11789	6541		3941	28118	616	918861	423870	134322
630886	94799	2272	1158		27439	22288	1230	2712354	2235141	95267
	202593	5923	276		121039	72930	249	2764227	2272251	38926
169561	35607	1657	3905		3718	5084	25	1104962	890529	122389
162475	19881	2586	1044		18470	6531	366	1572555	1272922	140314
		119362	5300		28188	17392	34	1098372	840450	62626
131738		526222	1363		11299	8049		1215407	862668	64287
64698		2000	59		11061	58315		1649653	1249202	536969
767763	61745		13301		36316	504086	22030	7324651	5080790	1190676
1571736	942263	10000	1726	5995	115721	841347	96458	6486462	4308848	1683014
211658	28574	19818	5326	380	220210	116605	12731	4382757	2994696	201534
273782	29019		5139		241561	126984	25313	2632602	1919716	226959
96622	11745	2540	9104	351	149258	68398	10940	1829670	1259010	150625
687439	204380	10748	2676		12258	106551	15330	4566343	2967453	346735
16232	2287	356	685		356119	29459	110	4040215	2646218	192294
298699	4747	973	25654	100	67208	67378	5433	3999598	2277917	522781
272332	9697		105293	710	84046	54088	5960	4159300	2757930	414325
	14123	29894	24340		599476	411241	50741	10082458	7150438	635874
240329	2239	3579	5287		21902	54844	438	1535757	1009374	150749
697	207	6329	928		30583	96565	980	538420	367723	64954
349	61969		15199		12890	285093	16734	1776704	847022	335978
412343	158675	843	5996	149	66235	564234	11822	4358929	1876066	240164
66477	4096	273	278		120388	40289	19	1293182	952817	145107
	50341	6970	4839		11176	72989	4611	1180282	875954	157484
					34	2260		29227	28160	330
4949	18045	5006	268		33367	23248	5147	2272565	1636134	108226
82412	27200	66564	1967		38870	125330	4316	860251	660845	61760
13721	2469	5816	598			1981	653	114190	83390	19532
9480	6478		292		130	26513	420	303342	213012	39183
51125	94847	25268	511		1094	17848	202	797638	614372	142223

3-38 分地区普通中学

地区	总计	国家财政性教育经费	公共财政预算教育经费					各级政府征收用于教育的税费	
				教育事业费拨款	基本建设拨款	科研拨款	其他拨款		教育费附加
合计	**541649552**	**447420437**	**411313729**	**362341328**	**16090876**		**32881525**	**34723527**	**26369689**
北京	16297471	14401075	13606212	9675900	2212012		1718300	768798	715057
天津	8306716	7221474	6509616	6248004	52417		209195	693528	693528
河北	22353126	19496549	17614317	15862979	308129		1443209	1878753	1153068
山西	15298216	12301094	10816126	10003814	458957		353355	1477066	1274473
内蒙古	12967628	11731475	10743502	8967745	673523		1102234	982411	777243
辽宁	17706683	15968813	14995189	12613300	357344		2024545	969994	787638
吉林	9869258	8639151	8124605	7823625	83620		217360	362225	362225
黑龙江	12225686	10913189	9684138	9204067	273208		206863	655033	523295
上海	15112087	12812550	11109302	10717921	242933		148448	1701189	1646612
江苏	38690480	29644632	26712480	24735297	1019367		957816	2918947	2090023
浙江	32570951	23522541	19127633	17897825	228229		1001579	4382559	1883227
安徽	21643286	16716405	15740478	13236289	467182		2037007	950342	710110
福建	16997481	13769435	12580928	11063208	325054		1192666	1183368	880567
江西	12021378	9823427	9169774	8119719	280235		769820	641658	533291
山东	35723333	30691446	27293614	26948694	70016		274904	3384408	2492589
河南	27267087	22649061	21692199	19202134	393347		2096718	955821	937302
湖北	19606547	14941292	13905795	12704596	368246		832953	1009066	705620
湖南	21558814	16847055	15529369	12896931	377208		2255230	1211683	929654
广东	48318376	36583271	34569394	28191916	1815799		4561679	1949110	1934987
广西	14284775	12521523	11874916	10799432	268200		807284	637741	395173
海南	4574488	3841189	3639463	3116480	296434		226549	194469	193565
重庆	12968142	10520650	9833726	7587043	561242		1685441	671724	609406
四川	28692835	23461226	21681825	17484525	1081553		3115747	1772562	1201604
贵州	10602214	9003248	8691618	8322522	162133		206963	311079	240506
云南	15686887	14264956	13443340	11386807	697371		1359162	809807	759466
西藏	1655586	1623735	1591721	1391102	131030		69589	32014	32014
陕西	16365516	13928077	13035240	12153948	494230		387062	877223	854229
甘肃	11287606	10201395	9687867	8068550	866841		752476	444997	335385
青海	3640337	3504634	3408720	2605780	422458		380482	89500	73310
宁夏	3726832	3357664	3195882	2832179	108819		254884	161490	145532
新疆	13629730	12518205	11704740	10478996	993739		232005	644962	498990

教育经费收入情况

单位：千元

地方教育附加	地方基金	企业办学中的企业拨款	校办产业和社会服务收入用于教育的经费	其他属于国家财政性教育经费	民办学校中举办者投入	社会捐赠经费	#农村	事业收入	#学杂费	其他收入
6217977	**2135861**	**1122940**	**258069**	**2172**	**2448497**	**4060996**	**296914**	**79089221**	**53543707**	**8630401**
	53741	17356	8709		4500	161637	4056	1365672	813763	364587
		11789	6541		3941	28118	616	918861	423870	134322
630886	94799	2321	1158		27439	22288	1230	2711583	2234370	95267
	202593	7626	276		121039	72930	249	2764227	2272251	38926
169561	35607	1657	3905		3718	5084	25	1104962	890529	122389
162475	19881	2586	1044		18470	6531	366	1572555	1272922	140314
		147021	5300		28188	17392	34	1120621	862159	63906
131738		572655	1363		11299	8049		1228583	874801	64566
54577		2000	59		11061	58315		1657697	1273412	572464
767179	61745		13205		36316	504011	22030	7316778	5077011	1188743
1562975	936357	10000	1718	631	115721	841235	96413	6439510	4303634	1651944
211658	28574	19818	5387	380	220210	117496	12731	4387055	2995836	202120
273782	29019		5139		241561	126984	25313	2632602	1919716	226899
96622	11745	2540	9104	351	149258	68398	10940	1829670	1259010	150625
687439	204380	10748	2676		12258	106551	15330	4566343	2967453	346735
16232	2287	356	685		356119	29459	110	4040215	2646218	192233
298699	4747	973	25358	100	67208	73945	5428	4001090	2279077	523012
272332	9697		105293	710	84046	54088	5960	4159300	2757930	414325
	14123	40427	24340		599476	411241	50741	10088333	7157262	636055
240329	2239	3579	5287		21902	54844	438	1535757	1009374	150749
697	207	6329	928		30583	96565	980	540015	367918	66136
349	61969		15200		12890	314976	16734	1780583	850901	339043
412283	158675	843	5996		66235	564234	11822	4360976	1876947	240164
66477	4096	273	278		120388	40289	19	1293182	952817	145107
	50341	6970	4839		11176	72989	4611	1180282	875954	157484
					34	2260		29227	28160	330
4949	18045	15346	268		33367	23248	5147	2272585	1636154	108239
82412	27200	66564	1967		38870	125330	4316	860251	660845	61760
13721	2469	5816	598			1981	653	114190	83390	19532
9480	6478		292		130	26513	420	303342	213012	39183
51125	94847	167347	1156		1094	24015	202	913174	707011	173242

3-39 分地区中央属普通中学

地区	总计	国家财政性教育经费	公共财政预算教育经费					各级政府征收用于教育的税费	
				教育事业费拨款	基本建设拨款	科研拨款	其他拨款		教育费附加
合计	**2742646**	**2190831**	**1944915**	**1514283**	**184644**		**245988**		
北京	497355	287129	280716	213008			67708		
天津									
河北	114	49							
山西	1833	1833	130	130					
内蒙古									
辽宁									
吉林	91564	67811	40152	36022			4130		
黑龙江	153207	139752	93319	63330	1283		28706		
上海	97522	21454	21454	21454					
江苏									
浙江									
安徽	13329	7554	7493	7493					
福建									
江西									
山东									
河南									
湖北	36502	25247	25247	25247					
湖南									
广东	52323	38774	28241	17422			10819		
广西									
海南	8019	5242	5242	3166			2076		
重庆	61037	24210	24209	24209					
四川	25064	20015	20015	18263			1752		
贵州									
云南									
西藏									
陕西	10909	10876	536	536					
甘肃									
青海									
宁夏									
新疆	1693868	1540885	1398161	1084003	183361		130797		

教育经费收入情况

单位:千元

地方教育附加	地方基金	企业办学中的企业拨款	校办产业和社会服务收入用于教育的经费	其他属于国家财政性教育经费	民办学校中举办者投入	社会捐赠经费	#农村	事业收入	#学杂费	其他收入
		238796	**7120**			**55268**		**307366**	**200200**	**189181**
			6413			11755		89905	22868	108566
		49						65	65	
		1703								
		27659						22473	21709	1280
		46433						13176	12133	279
								35837	30209	40231
			61			891		4298	1140	586
						6572		3390	3000	1293
		10533						11882	11462	1667
								1595	195	1182
			1			29883		3879	3879	3065
								5049	881	
		10340						20	20	13
		142079	645			6167		115797	92639	31019

3-40 分地区地方普通中学

地区	总计	国家财政性教育经费	公共财政预算教育经费	教育事业费拨款	基本建设拨款	科研拨款	其他拨款	各级政府征收用于教育的税费	教育费附加
合计	**538906906**	**445229606**	**409368814**	**360827045**	**15906232**		**32635537**	**34723527**	**26369689**
北京	15800116	14113946	13325496	9462892	2212012		1650592	768798	715057
天津	8306716	7221474	6509616	6248004	52417		209195	693528	693528
河北	22353012	19496500	17614317	15862979	308129		1443209	1878753	1153068
山西	15296383	12299261	10815996	10003684	458957		353355	1477066	1274473
内蒙古	12967628	11731475	10743502	8967745	673523		1102234	982411	777243
辽宁	17706683	15968813	14995189	12613300	357344		2024545	969994	787638
吉林	9777694	8571340	8084453	7787603	83620		213230	362225	362225
黑龙江	12072479	10773437	9590819	9140737	271925		178157	655033	523295
上海	15014565	12791096	11087848	10696467	242933		148448	1701189	1646612
江苏	38690480	29644632	26712480	24735297	1019367		957816	2918947	2090023
浙江	32570951	23522541	19127633	17897825	228229		1001579	4382559	1883227
安徽	21629957	16708851	15732985	13228796	467182		2037007	950342	710110
福建	16997481	13769435	12580928	11063208	325054		1192666	1183368	880567
江西	12021378	9823427	9169774	8119719	280235		769820	641658	533291
山东	35723333	30691446	27293614	26948694	70016		274904	3384408	2492589
河南	27267087	22649061	21692199	19202134	393347		2096718	955821	937302
湖北	19570045	14916045	13880548	12679349	368246		832953	1009066	705620
湖南	21558814	16847055	15529369	12896931	377208		2255230	1211683	929654
广东	48266053	36544497	34541153	28174494	1815799		4550860	1949110	1934987
广西	14284775	12521523	11874916	10799432	268200		807284	637741	395173
海南	4566469	3835947	3634221	3113314	296434		224473	194469	193565
重庆	12907105	10496440	9809517	7562834	561242		1685441	671724	609406
四川	28667771	23441211	21661810	17466262	1081553		3113995	1772562	1201604
贵州	10602214	9003248	8691618	8322522	162133		206963	311079	240506
云南	15686887	14264956	13443340	11386807	697371		1359162	809807	759466
西藏	1655586	1623735	1591721	1391102	131030		69589	32014	32014
陕西	16354607	13917201	13034704	12153412	494230		387062	877223	854229
甘肃	11287606	10201395	9687867	8068550	866841		752476	444997	335385
青海	3640337	3504634	3408720	2605780	422458		380482	89500	73310
宁夏	3726832	3357664	3195882	2832179	108819		254884	161490	145532
新疆	11935862	10977320	10306579	9394993	810378		101208	644962	498990

教育经费收入情况

单位：千元

地方教育附加	地方基金	企业办学中的企业拨款	校办产业和社会服务收入用于教育的经费	其他属于国家财政性教育经费	民办学校中举办者投入	社会捐赠经费	#农村	事业收入	#学杂费	其他收入
6217977	**2135861**	**884144**	**250949**	**2172**	**2448497**	**4005728**	**296914**	**78781855**	**53343507**	**8441220**
	53741	17356	2296		4500	149882	4056	1275767	790895	256021
		11789	6541		3941	28118	616	918861	423870	134322
630886	94799	2272	1158		27439	22288	1230	2711518	2234305	95267
	202593	5923	276		121039	72930	249	2764227	2272251	38926
169561	35607	1657	3905		3718	5084	25	1104962	890529	122389
162475	19881	2586	1044		18470	6531	366	1572555	1272922	140314
		119362	5300		28188	17392	34	1098148	840450	62626
131738		526222	1363		11299	8049		1215407	862668	64287
54577		2000	59		11061	58315		1621860	1243203	532233
767179	61745		13205		36316	504011	22030	7316778	5077011	1188743
1562975	936357	10000	1718	631	115721	841235	96413	6439510	4303634	1651944
211658	28574	19818	5326	380	220210	116605	12731	4382757	2994696	201534
273782	29019		5139		241561	126984	25313	2632602	1919716	226899
96622	11745	2540	9104	351	149258	68398	10940	1829670	1259010	150625
687439	204380	10748	2676		12258	106551	15330	4566343	2967453	346735
16232	2287	356	685		356119	29459	110	4040215	2646218	192233
298699	4747	973	25358	100	67208	67373	5428	3997700	2276077	521719
272332	9697		105293	710	84046	54088	5960	4159300	2757930	414325
	14123	29894	24340		599476	411241	50741	10076451	7145800	634388
240329	2239	3579	5287		21902	54844	438	1535757	1009374	150749
697	207	6329	928		30583	96565	980	538420	367723	64954
349	61969		15199		12890	285093	16734	1776704	847022	335978
412283	158675	843	5996		66235	564234	11822	4355927	1876066	240164
66477	4096	273	278		120388	40289	19	1293182	952817	145107
	50341	6970	4839		11176	72989	4611	1180282	875954	157484
					34	2260		29227	28160	330
4949	18045	5006	268		33367	23248	5147	2272565	1636134	108226
82412	27200	66564	1967		38870	125330	4316	860251	660845	61760
13721	2469	5816	598			1981	653	114190	83390	19532
9480	6478		292		130	26513	420	303342	213012	39183
51125	94847	25268	511		1094	17848	202	797377	614372	142223

3-41 分地区普通高中

地区	总计	国家财政性教育经费	公共财政预算教育经费					各级政府征收用于教育的税费	
				教育事业费拨款	基本建设拨款	科研拨款	其他拨款		教育费附加
合计	**200334600**	**132183501**	**117585796**	**100895417**	**6030893**		**10659486**	**14101126**	**11096128**
北京	6850223	5759758	5478704	3753642	980300		744762	270850	249079
天津	3317932	2593041	2404568	2277735	27080		99753	179482	179482
河北	8181799	5866634	5185969	4658024	59475		468470	680665	560863
山西	6496015	4020658	3295396	2921118	235059		139219	724308	635574
内蒙古	5039045	3990115	3527054	2832041	297089		397924	460534	352385
辽宁	5864817	4432392	4108023	3365765	177394		564864	324106	264842
吉林	3656646	2672892	2496996	2402519			94477	130618	130618
黑龙江	3878790	2880925	2387817	2281928	39537		66352	322444	226414
上海	5969912	4585038	3451893	3323112	78569		50212	1133128	1124430
江苏	15461069	8953941	7752363	6827815	602101		322447	1191439	841823
浙江	12887283	6672556	5185168	4717700	115750		351718	1486690	686563
安徽	7979118	4356105	3953036	3203857	100838		648341	392999	297552
福建	6714110	4507927	4161041	3560339	100236		500466	343326	280010
江西	4235823	2529813	2275575	1961434	96132		218009	253408	178001
山东	12574874	8702248	7455102	7384160	11400		59542	1245978	982829
河南	8966596	5386280	5020416	4364488	134110		521818	365837	353922
湖北	7378445	3598730	3196990	2908297	91780		196913	387001	294264
湖南	8135595	4464006	3826169	3180052	113840		532277	598033	450377
广东	21138218	13833591	12955669	10258351	965447		1731871	840817	827995
广西	4275816	2907546	2609523	2352737	36822		219964	294412	169235
海南	1744174	1301032	1191020	920600	210933		59487	103228	102908
重庆	4857804	3164311	2887385	2119666	251411		516308	269668	244639
四川	9020331	5630453	4755837	3645011	295093		815733	869451	596628
贵州	3425646	2160917	1970949	1891822	12452		66675	189752	150075
云南	4583593	3575359	3269714	2658727	96627		514360	299473	294496
西藏	468693	437721	437221	303552	119771		13898	500	500
陕西	6132878	4298374	4034874	3824780	74110		135984	251924	236058
甘肃	4076429	3152453	2941587	2382607	255971		303009	171805	125889
青海	1390569	1297386	1254900	920517	184998		149385	39767	35573
宁夏	1322830	1041889	960811	861717	5514		93580	80786	68822
新疆	4309527	3409410	3154026	2831304	261054		61668	198697	154282

教育经费收入情况

单位:千元

地方教育附加	地方基金	企业办学中的企业拨款	校办产业和社会服务收入用于教育的经费	其他属于国家财政性教育经费	民办学校中举办者投入	社会捐赠经费	#农村	事业收入	#学杂费	其他收入
1922407	**1082591**	**373431**	**122017**	**1131**	**987095**	**1818458**	**94151**	**61052575**	**43574909**	**4292971**
	21771	6429	3775		576	67784	2382	811767	557677	210338
		4342	4649			17601	516	620234	357697	87056
37257	82545				20360	4263	30	2226914	1849559	63628
	88734	753	201		77372	68672	14	2307484	1958039	21829
89537	18612	1657	870		3323	2211		1011705	838737	31691
47868	11396		263		6559	1292	366	1357088	1138560	67486
		44197	1081		9640	7097		943834	788851	23183
96030		170664			8384	6926		943372	729240	39183
8698			17		1435	25780		999801	835212	357858
330742	18874		10139		14752	215096	9346	5617681	4140037	659599
313649	486478		322	376	63942	399663	28858	5136628	3672531	614494
68364	27083	8121	1897	52	80038	54749	11464	3370303	2254009	117923
43912	19404		3560		113220	58687	6540	1935684	1416610	98592
65466	9941		830		86808	27933	1392	1529231	1070593	62038
179982	83167		1168		2924	33023	514	3683052	2397482	153627
9628	2287		27		148913	18278	65	3281098	2248961	132027
89309	3428		14639	100	28916	32605	2108	3422716	1973883	295478
143326	4330		39201	603	35556	27171	2378	3390045	2334590	218817
	12822	17561	19544		152014	167662	11636	6680418	5071955	304533
124784	393	465	3146		6687	28390	110	1271544	884285	61649
296	24	6313	471		9548	10846	345	401633	309861	21115
59	24970		7258		351	152050	12434	1347397	818813	193695
168461	104362		5165		10905	224878	977	3035542	1433833	118553
36040	3637	53	163		78914	24623		1090609	839813	70583
	4977	4788	1384		5583	33532	237	910020	718983	59099
						2000		28717	27666	255
3049	12817	11355	221		5466	7135	1918	1761524	1379059	60379
34151	11765	38604	457		14562	66107		826968	636963	16339
3022	1172	2121	598			775	419	87336	67131	5072
6600	5364		292			20226	93	234034	160156	26681
22177	22238	56008	679		347	11403	9	788196	664123	100171

3-42 分地区中央属普通高中

地区	总计	国家财政性教育经费	公共财政预算教育经费	教育事业费拨款	基本建设拨款	科研拨款	其他拨款	各级政府征收用于教育的税费	教育费附加
合计	**1305283**	**847402**	**751864**	**609955**	**34222**		**107687**		
北京	380187	219024	215843	170644			45199		
天津									
河北									
山西									
内蒙古									
辽宁									
吉林	70473	47396	38974	34844			4130		
黑龙江	79485	66670	47256	28757			18499		
上海	97522	21454	21454	21454					
江苏									
浙江									
安徽	9616	4380	4336	4336					
福建									
江西									
山东									
河南									
湖北	25237	16757	16757	16757					
湖南									
广东	45925	32376	21923	14375			7548		
广西									
海南	5129	3305	3305	1996			1309		
重庆	43102	16660	16659	16659					
四川	13733	10514	10514	9479			1035		
贵州									
云南									
西藏									
陕西	10909	10876	536	536					
甘肃									
青海									
宁夏									
新疆	523965	397990	354307	290118	34222		29967		

教育经费收入情况

单位:千元

地方教育附加	地方基金	企业办学中的企业拨款	校办产业和社会服务收入用于教育的经费	其他属于国家财政性教育经费	民办学校中举办者投入	社会捐赠经费	#农村	事业收入	#学杂费	其他收入
		91988	**3550**			**40426**		**264864**	**200135**	**152591**
			3181			11546		59425	22868	90192
		8422						21797	21709	1280
		19414						12555	12133	260
								35837	30209	40231
			44			626		4296	1140	314
						4362		3259	3000	859
		10453						11882	11462	1667
								1078	195	746
			1			20454		3879	3879	2109
								3219	881	
		10340						20	20	13
		43359	324			3438		107617	92639	14920

3-43 分地区地方普通高中

地区	总计	国家财政性教育经费	公共财政预算教育经费					各级政府征收用于教育的税费	
				教育事业费拨款	基本建设拨款	科研拨款	其他拨款		教育费附加
合计	**199029317**	**131336099**	**116833932**	**100285462**	**5996671**		**10551799**	**14101126**	**11096128**
北京	6470036	5540734	5262861	3582998	980300		699563	270850	249079
天津	3317932	2593041	2404568	2277735	27080		99753	179482	179482
河北	8181799	5866634	5185969	4658024	59475		468470	680665	560863
山西	6496015	4020658	3295396	2921118	235059		139219	724308	635574
内蒙古	5039045	3990115	3527054	2832041	297089		397924	460534	352385
辽宁	5864817	4432392	4108023	3365765	177394		564864	324106	264842
吉林	3586173	2625496	2458022	2367675			90347	130618	130618
黑龙江	3799305	2814255	2340561	2253171	39537		47853	322444	226414
上海	5872390	4563584	3430439	3301658	78569		50212	1133128	1124430
江苏	15461069	8953941	7752363	6827815	602101		322447	1191439	841823
浙江	12887283	6672556	5185168	4717700	115750		351718	1486690	686563
安徽	7969502	4351725	3948700	3199521	100838		648341	392999	297552
福建	6714110	4507927	4161041	3560339	100236		500466	343326	280010
江西	4235823	2529813	2275575	1961434	96132		218009	253408	178001
山东	12574874	8702248	7455102	7384160	11400		59542	1245978	982829
河南	8966596	5386280	5020416	4364488	134110		521818	365837	353922
湖北	7353208	3581973	3180233	2891540	91780		196913	387001	294264
湖南	8135595	4464006	3826169	3180052	113840		532277	598033	450377
广东	21092293	13801215	12933746	10243976	965447		1724323	840817	827995
广西	4275816	2907546	2609523	2352737	36822		219964	294412	169235
海南	1739045	1297727	1187715	918604	210933		58178	103228	102908
重庆	4814702	3147651	2870726	2103007	251411		516308	269668	244639
四川	9006598	5619939	4745323	3635532	295093		814698	869451	596628
贵州	3425646	2160917	1970949	1891822	12452		66675	189752	150075
云南	4583593	3575359	3269714	2658727	96627		514360	299473	294496
西藏	468693	437721	437221	303552	119771		13898	500	500
陕西	6121969	4287498	4034338	3824244	74110		135984	251924	236058
甘肃	4076429	3152453	2941587	2382607	255971		303009	171805	125889
青海	1390569	1297386	1254900	920517	184998		149385	39767	35573
宁夏	1322830	1041889	960811	861717	5514		93580	80786	68822
新疆	3785562	3011420	2799719	2541186	226832		31701	198697	154282

教育经费收入情况

单位:千元

地方教育附加	地方基金	企业办学中的企业拨款	校办产业和社会服务收入用于教育的经费	其他属于国家财政性教育经费	民办学校中举办者投入	社会捐赠经费	#农村	事业收入	#学杂费	其他收入
1922407	**1082591**	**281443**	**118467**	**1131**	**987095**	**1778032**	**94151**	**60787711**	**43374774**	**4140380**
	21771	6429	594		576	56238	2382	752342	534809	120146
		4342	4649			17601	516	620234	357697	87056
37257	82545				20360	4263	30	2226914	1849559	63628
	88734	753	201		77372	68672	14	2307484	1958039	21829
89537	18612	1657	870		3323	2211		1011705	838737	31691
47868	11396		263		6559	1292	366	1357088	1138560	67486
		35775	1081		9640	7097		922037	767142	21903
96030		151250			8384	6926		930817	717107	38923
8698			17		1435	25780		963964	805003	317627
330742	18874		10139		14752	215096	9346	5617681	4140037	659599
313649	486478		322	376	63942	399663	28858	5136628	3672531	614494
68364	27083	8121	1853	52	80038	54123	11464	3366007	2252869	117609
43912	19404		3560		113220	58687	6540	1935684	1416610	98592
65466	9941		830		86808	27933	1392	1529231	1070593	62038
179982	83167		1168		2924	33023	514	3683052	2397482	153627
9628	2287		27		148913	18278	65	3281098	2248961	132027
89309	3428		14639	100	28916	28243	2108	3419457	1970883	294619
143326	4330		39201	603	35556	27171	2378	3390045	2334590	218817
	12822	7108	19544		152014	167662	11636	6668536	5060493	302866
124784	393	465	3146		6687	28390	110	1271544	884285	61649
296	24	6313	471		9548	10846	345	400555	309666	20369
59	24970		7257		351	131596	12434	1343518	814934	191586
168461	104362		5165		10905	224878	977	3032323	1432952	118553
36040	3637	53	163		78914	24623		1090609	839813	70583
	4977	4788	1384		5583	33532	237	910020	718983	59099
						2000		28717	27666	255
3049	12817	1015	221		5466	7135	1918	1761504	1379039	60366
34151	11765	38604	457		14562	66107		826968	636963	16339
3022	1172	2121	598			775	419	87336	67131	5072
6600	5364		292			20226	93	234034	160156	26681
22177	22238	12649	355		347	7965	9	680579	571484	85251

3-44 分地区农村高中

地 区	总 计	国家财政性教育经费	公共财政预算教育经费					各级政府征收用于教育的税费	
				教育事业费拨款	基本建设拨款	科研拨款	其他拨款		教育费附加
合 计	**27317623**	**18051087**	**16681487**	**14910679**	**376975**		**1393833**	**1212453**	**902532**
北 京	493784	430715	394418	309510	15609		69299	36248	36248
天 津	519185	424841	382499	349800	27080		5619	42342	42342
河 北	752800	616666	562327	510815			51512	54339	45095
山 西	376841	220563	165888	156137	500		9251	54675	54595
内蒙古	241108	198593	169228	150164	518		18546	29365	28031
辽 宁	450836	396027	358295	279960	64140		14195	37732	20432
吉 林	148142	121662	120939	118726			2213	723	723
黑龙江	181173	141853	46986	45984			1002	819	819
上 海	128234	110531	107092	104702			2390	3439	3439
江 苏	2734492	1643509	1504497	1461815	11033		31649	138978	84931
浙 江	2780998	1296345	1057024	1017207			39817	238965	100472
安 徽	1617165	900948	876120	748579	11500		116041	24099	18717
福 建	2091586	1470533	1403069	1274400	14261		114408	66268	52878
江 西	358540	168531	153577	137910			15667	14232	13948
山 东	1063717	767813	701533	697956			3577	66280	54392
河 南	979483	626417	596288	556084	280		39924	30102	27595
湖 北	1047786	550726	511484	493518	2270		15696	31906	19739
湖 南	1599355	871568	802394	684133	2028		116233	52129	40629
广 东	2765458	1839751	1732815	1524365	320		208130	96470	95652
广 西	325127	246466	237197	224217	42		12938	9093	8278
海 南	121942	102185	100304	78192	6381		15731	1868	1765
重 庆	1091824	781338	738458	600391	12724		125343	42791	42745
四 川	1803050	1178382	1090614	897091	15819		177704	87752	62166
贵 州	399858	286549	278706	269979	4174		4553	7843	5259
云 南	490355	395058	379209	324834	4432		49943	15481	15441
西 藏									
陕 西	1508465	1213013	1193577	1110695	36271		46611	18421	18395
甘 肃	820480	655183	650061	503199	90967		55895	5122	3748
青 海	54890	51046	48000	27377	15249		5374	2041	1616
宁 夏	16990	15293	15118	14233			885	175	175
新 疆	353959	328982	303770	238706	41377		23687	2755	2267

教育经费收入情况

单位:千元

地方教育附加	地方基金	企业办学中的企业拨款	校办产业和社会服务收入用于教育的经费	其他属于国家财政性教育经费	民办学校中举办者投入	社会捐赠经费	#农村	事业收入	#学杂费	其他收入
186663	**123258**	**129533**	**27206**	**408**	**91804**	**308599**	**55857**	**8413129**	**6087631**	**453004**
			49		576	1624		51843	43743	9026
						928	516	88662	54202	4754
7725	1519				5284	385		127564	108662	2901
	80				6013	195		150005	128639	65
1334								41612	37068	903
9634	7666					206		54212	48603	391
						65		24926	19465	1489
		94048						38267	34345	1053
								17456	16965	247
53468	579		34		177	33856	4549	1007617	736858	49333
43110	95383			356	626	80544	19396	1303537	797011	99946
4042	1340	557	120	52	46877	13805	9707	638186	452394	17349
12542	848		1196		511	32743	6378	557623	415345	30176
1	283		722		2273	392	26	181051	162822	6293
11888						603	129	285603	217636	9698
2183	324		27		9853	145		329918	252043	13150
12167			7336		1270	5680	215	471097	318604	19013
10264	1236		17045		3244	5008	303	656910	420618	62625
	818	10453	13		12068	24192	9030	823279	673408	66168
815			176			162		73012	63750	5487
100	3		13			36		16888	15580	2833
	46		89			16902	3408	284349	216062	9235
12625	12961		16		1312	26054	886	567960	305052	29342
2584					227	1742		108084	84331	3256
	40		368		501	2136	122	89204	82995	3456
	26	1015			992	1687	1000	289974	256298	2799
1374						57740		107334	100725	223
425		1005				183	183	3405	2539	256
						48		1339	1195	310
382	106	22455	2			1538	9	22212	20673	1227

3-45 分地区中央属农村高中

地区	总计	国家财政性教育经费	公共财政预算教育经费	教育事业费拨款	基本建设拨款	科研拨款	其他拨款	各级政府征收用于教育的税费	教育费附加
合计	**238819**	**210945**	**180316**	**130096**	**25953**		**24267**		
北京									
天津									
河北									
山西									
内蒙古									
辽宁									
吉林									
黑龙江									
上海									
江苏									
浙江									
安徽									
福建									
江西									
山东									
河南									
湖北									
湖南									
广东	25737	19442	8989	8989					
广西									
海南	5129	3305	3305	1996			1309		
重庆									
四川									
贵州									
云南									
西藏									
陕西									
甘肃									
青海									
宁夏									
新疆	207953	188198	168022	119111	25953		22958		

教育经费收入情况

单位:千元

地方教育附加	地方基金	企业办学中的企业拨款	校办产业和社会服务收入用于教育的经费	其他属于国家财政性教育经费	民办学校中举办者投入	社会捐赠经费	#农村	事业收入	#学杂费	其他收入
		30627	**2**			**1**		**26277**	**23902**	**1596**
		10453						5800	5380	495
								1078	195	746
		20174	2			1		19399	18327	355

3-46 分地区地方农村高中

地区	总计	国家财政性教育经费	公共财政预算教育经费					各级政府征收用于教育的税费	
				教育事业费拨款	基本建设拨款	科研拨款	其他拨款		教育费附加
合计	**27078804**	**17840142**	**16501171**	**14780583**	**351022**		**1369566**	**1212453**	**902532**
北京	493784	430715	394418	309510	15609		69299	36248	36248
天津	519185	424841	382499	349800	27080		5619	42342	42342
河北	752800	616666	562327	510815			51512	54339	45095
山西	376841	220563	165888	156137	500		9251	54675	54595
内蒙古	241108	198593	169228	150164	518		18546	29365	28031
辽宁	450836	396027	358295	279960	64140		14195	37732	20432
吉林	148142	121662	120939	118726			2213	723	723
黑龙江	181173	141853	46986	45984			1002	819	819
上海	128234	110531	107092	104702			2390	3439	3439
江苏	2734492	1643509	1504497	1461815	11033		31649	138978	84931
浙江	2780998	1296345	1057024	1017207			39817	238965	100472
安徽	1617165	900948	876120	748579	11500		116041	24099	18717
福建	2091586	1470533	1403069	1274400	14261		114408	66268	52878
江西	358540	168531	153577	137910			15667	14232	13948
山东	1063717	767813	701533	697956			3577	66280	54392
河南	979483	626417	596288	556084	280		39924	30102	27595
湖北	1047786	550726	511484	493518	2270		15696	31906	19739
湖南	1599355	871568	802394	684133	2028		116233	52129	40629
广东	2739721	1820309	1723826	1515376	320		208130	96470	95652
广西	325127	246466	237197	224217	42		12938	9093	8278
海南	116813	98880	96999	76196	6381		14422	1868	1765
重庆	1091824	781338	738458	600391	12724		125343	42791	42745
四川	1803050	1178382	1090614	897091	15819		177704	87752	62166
贵州	399858	286549	278706	269979	4174		4553	7843	5259
云南	490355	395058	379209	324834	4432		49943	15481	15441
西藏									
陕西	1508465	1213013	1193577	1110695	36271		46611	18421	18395
甘肃	820480	655183	650061	503199	90967		55895	5122	3748
青海	54890	51046	48000	27377	15249		5374	2041	1616
宁夏	16990	15293	15118	14233			885	175	175
新疆	146006	140784	135748	119595	15424		729	2755	2267

教育经费收入情况

单位：千元

地方教育附加	地方基金	企业办学中的企业拨款	校办产业和社会服务收入用于教育的经费	其他属于国家财政性教育经费	民办学校中举办者投入	社会捐赠经费	#农村	事业收入	#学杂费	其他收入
186663	**123258**	**98906**	**27204**	**408**	**91804**	**308598**	**55857**	**8386852**	**6063729**	**451408**
			49		576	1624		51843	43743	9026
						928	516	88662	54202	4754
7725	1519				5284	385		127564	108662	2901
	80				6013	195		150005	128639	65
1334								41612	37068	903
9634	7666					206		54212	48603	391
						65		24926	19465	1489
		94048						38267	34345	1053
								17456	16965	247
53468	579		34		177	33856	4549	1007617	736858	49333
43110	95383			356	626	80544	19396	1303537	797011	99946
4042	1340	557	120	52	46877	13805	9707	638186	452394	17349
12542	848		1196		511	32743	6378	557623	415345	30176
1	283		722		2273	392	26	181051	162822	6293
11888						603	129	285603	217636	9698
2183	324		27		9853	145		329918	252043	13150
12167			7336		1270	5680	215	471097	318604	19013
10264	1236		17045		3244	5008	303	656910	420618	62625
	818		13		12068	24192	9030	817479	668028	65673
815			176			162		73012	63750	5487
100	3		13			36		15810	15385	2087
	46		89			16902	3408	284349	216062	9235
12625	12961		16		1312	26054	886	567960	305052	29342
2584					227	1742		108084	84331	3256
	40		368		501	2136	122	89204	82995	3456
	26	1015			992	1687	1000	289974	256298	2799
1374						57740		107334	100725	223
425		1005				183	183	3405	2539	256
						48		1339	1195	310
382	106	2281				1537	9	2813	2346	872

3-47　分地区普通初中

地　区	总　计	国家财政性教育经费	公共财政预算教育经费	教育事业费拨款	基本建设拨款	科研拨款	其他拨款	各级政府征收用于教育的税费	教育费附加
合　计	**341314952**	**315236936**	**293727933**	**261445911**	**10059983**		**22222039**	**20622401**	**15273561**
北　京	9447248	8641317	8127508	5922258	1231712		973538	497948	465978
天　津	4988784	4628433	4105048	3970269	25337		109442	514046	514046
河　北	14171327	13629915	12428348	11204955	248654		974739	1198088	592205
山　西	8802201	8280436	7520730	7082696	223898		214136	752758	638899
内蒙古	7928583	7741360	7216448	6135704	376434		704310	521877	424858
辽　宁	11841866	11536421	10887166	9247535	179950		1459681	645888	522796
吉　林	6212612	5966259	5627609	5421106	83620		122883	231607	231607
黑龙江	8346896	8032264	7296321	6922139	233671		140511	332589	296881
上　海	9142175	8227512	7657409	7394809	164364		98236	568061	522182
江　苏	23229411	20690691	18960117	17907482	417266		635369	1727508	1248200
浙　江	19683668	16849985	13942465	13180125	112479		649861	2895869	1196664
安　徽	13664168	12360300	11787442	10032432	366344		1388666	557343	412558
福　建	10283371	9261508	8419887	7502869	224818		692200	840042	600557
江　西	7785555	7293614	6894199	6158285	184103		551811	388250	355290
山　东	23148459	21989198	19838512	19564534	58616		215362	2138430	1509760
河　南	18300491	17262781	16671783	14837646	259237		1574900	589984	583380
湖　北	12228102	11342562	10708805	9796299	276466		636040	622065	411356
湖　南	13423219	12383049	11703200	9716879	263368		1722953	613650	479277
广　东	27180158	22749680	21613725	17933565	850352		2829808	1108293	1106992
广　西	10008959	9613977	9265393	8446695	231378		587320	343329	225938
海　南	2830314	2540157	2448443	2195880	85501		167062	91241	90657
重　庆	8110338	7356339	6946341	5467377	309831		1169133	402056	364767
四　川	19672504	17830773	16925988	13839514	786460		2300014	903111	604976
贵　州	7176568	6842331	6720669	6430700	149681		140288	121327	90431
云　南	11103294	10689597	10173626	8728080	600744		844802	510334	464970
西　藏	1186893	1186014	1154500	1087550	11259		55691	31514	31514
陕　西	10232638	9629703	9000366	8329168	420120		251078	625299	618171
甘　肃	7211177	7048942	6746280	5685943	610870		449467	273192	209496
青　海	2249768	2207248	2153820	1685263	237460		231097	49733	37737
宁　夏	2404002	2315775	2235071	1970462	103305		161304	80704	76710
新　疆	9320203	9108795	8550714	7647692	732685		170337	446265	344708

教育经费收入情况

单位:千元

地方教育附加	地方基金	企业办学中的企业拨款	校办产业和社会服务收入用于教育的经费	其他属于国家财政性教育经费	民办学校中举办者投入	社会捐赠经费	#农村	事业收入	#学杂费	其他收入
4295570	**1053270**	**749509**	**136052**	**1041**	**1461402**	**2242538**	**202763**	**18036646**	**9968798**	**4337430**
	31970	10927	4934		3924	93853	1674	553905	256086	154249
		7447	1892		3941	10517	100	298627	66173	47266
593629	12254	2321	1158		7079	18025	1200	484669	384811	31639
	113859	6873	75		43667	4258	235	456743	314212	17097
80024	16995		3035		395	2873	25	93257	51792	90698
114607	8485	2586	781		11911	5239		215467	134362	72828
		102824	4219		18548	10295	34	176787	73308	40723
35708		401991	1363		2915	1123		285211	145561	25383
45879		2000	42		9626	32535		657896	438200	214606
436437	42871		3066		21564	288915	12684	1699097	936974	529144
1249326	449879	10000	1396	255	51779	441572	67555	1302882	631103	1037450
143294	1491	11697	3490	328	140172	62747	1267	1016752	741827	84197
229870	9615		1579		128341	68297	18773	696918	503106	128307
31156	1804	2540	8274	351	62450	40465	9548	300439	188417	88587
507457	121213	10748	1508		9334	73528	14816	883291	569971	193108
6604		356	658		207206	11181	45	759117	397257	60206
209390	1319	973	10719		38292	41340	3320	578374	305194	227534
129006	5367		66092	107	48490	26917	3582	769255	423340	195508
	1301	22866	4796		447462	243579	39105	3407915	2085307	331522
115545	1846	3114	2141		15215	26454	328	264213	125089	89100
401	183	16	457		21035	85719	635	138382	58057	45021
290	36999		7942		12539	162926	4300	433186	32088	145348
243822	54313	843	831		55330	339356	10845	1325434	443114	121611
30437	459	220	115		41474	15666	19	202573	113004	74524
	45364	2182	3455		5593	39457	4374	270262	156971	98385
					34	260		510	494	75
1900	5228	3991	47		27901	16113	3229	511061	257095	47860
48261	15435	27960	1510		24308	59223	4316	33283	23882	45421
10699	1297	3695				1206	234	26854	16259	14460
2880	1114				130	6287	327	69308	52856	12502
28948	72609	111339	477		747	12612	193	124978	42888	73071

3-48 分地区中央属普通初中

地 区	总 计	国家财政性教育经费	公共财政预算教育经费					各级政府征收用于教育的税费	
				教育事业费拨款	基本建设拨款	科研拨款	其他拨款		教育费附加
合 计	**1437363**	**1343429**	**1193051**	**904328**	**150422**		**138301**		
北 京	117168	68105	64873	42364			22509		
天 津									
河 北	114	49							
山 西	1833	1833	130	130					
内蒙古									
辽 宁									
吉 林	21091	20415	1178	1178					
黑龙江	73722	73082	46063	34573	1283		10207		
上 海									
江 苏									
浙 江									
安 徽	3713	3174	3157	3157					
福 建									
江 西									
山 东									
河 南									
湖 北	11265	8490	8490	8490					
湖 南									
广 东	6398	6398	6318	3047			3271		
广 西									
海 南	2890	1937	1937	1170			767		
重 庆	17935	7550	7550	7550					
四 川	11331	9501	9501	8784			717		
贵 州									
云 南									
西 藏									
陕 西									
甘 肃									
青 海									
宁 夏									
新 疆	1169903	1142895	1043854	793885	149139		100830		

教育经费收入情况

单位：千元

地方教育附加	地方基金	企业办学中的企业拨款	校办产业和社会服务收入用于教育的经费	其他属于国家财政性教育经费	民办学校中举办者投入	社会捐赠经费	#农村	事业收入	#学杂费	其他收入
		146808	**3570**			**14842**		**42502**	**65**	**36590**
			3232			209		30480		18374
		49						65	65	
		1703								
		19237						676		
		27019						621		19
			17			265		2		272
						2210		131		434
		80								
								517		436
						9429				956
								1830		
		98720	321			2729		8180		16099

3-49 分地区地方普通初中

地区	总计	国家财政性教育经费	公共财政预算教育经费	教育事业费拨款	基本建设拨款	科研拨款	其他拨款	各级政府征收用于教育的税费	教育费附加
合计	**339877589**	**313893507**	**292534882**	**260541583**	**9909561**		**22083738**	**20622401**	**15273561**
北京	9330080	8573212	8062635	5879894	1231712		951029	497948	465978
天津	4988784	4628433	4105048	3970269	25337		109442	514046	514046
河北	14171213	13629866	12428348	11204955	248654		974739	1198088	592205
山西	8800368	8278603	7520600	7082566	223898		214136	752758	638899
内蒙古	7928583	7741360	7216448	6135704	376434		704310	521877	424858
辽宁	11841866	11536421	10887166	9247535	179950		1459681	645888	522796
吉林	6191521	5945844	5626431	5419928	83620		122883	231607	231607
黑龙江	8273174	7959182	7250258	6887566	232388		130304	332589	296881
上海	9142175	8227512	7657409	7394809	164364		98236	568061	522182
江苏	23229411	20690691	18960117	17907482	417266		635369	1727508	1248200
浙江	19683668	16849985	13942465	13180125	112479		649861	2895869	1196664
安徽	13660455	12357126	11784285	10029275	366344		1388666	557343	412558
福建	10283371	9261508	8419887	7502869	224818		692200	840042	600557
江西	7785555	7293614	6894199	6158285	184103		551811	388250	355290
山东	23148459	21989198	19838512	19564534	58616		215362	2138430	1509760
河南	18300491	17262781	16671783	14837646	259237		1574900	589984	583380
湖北	12216837	11334072	10700315	9787809	276466		636040	622065	411356
湖南	13423219	12383049	11703200	9716879	263368		1722953	613650	479277
广东	27173760	22743282	21607407	17930518	850352		2826537	1108293	1106992
广西	10008959	9613977	9265393	8446695	231378		587320	343329	225938
海南	2827424	2538220	2446506	2194710	85501		166295	91241	90657
重庆	8092403	7348789	6938791	5459827	309831		1169133	402056	364767
四川	19661173	17821272	16916487	13830730	786460		2299297	903111	604976
贵州	7176568	6842331	6720669	6430700	149681		140288	121327	90431
云南	11103294	10689597	10173626	8728080	600744		844802	510334	464970
西藏	1186893	1186014	1154500	1087550	11259		55691	31514	31514
陕西	10232638	9629703	9000366	8329168	420120		251078	625299	618171
甘肃	7211177	7048942	6746280	5685943	610870		449467	273192	209496
青海	2249768	2207248	2153820	1685263	237460		231097	49733	37737
宁夏	2404002	2315775	2235071	1970462	103305		161304	80704	76710
新疆	8150300	7965900	7506860	6853807	583546		69507	446265	344708

教育经费收入情况

单位：千元

地方教育附加	地方基金	企业办学中的企业拨款	校办产业和社会服务收入用于教育的经费	其他属于国家财政性教育经费	民办学校中举办者投入	社会捐赠经费	#农村	事业收入	#学杂费	其他收入
4295570	**1053270**	**602701**	**132482**	**1041**	**1461402**	**2227696**	**202763**	**17994144**	**9968733**	**4300840**
	31970	10927	1702		3924	93644	1674	523425	256086	135875
		7447	1892		3941	10517	100	298627	66173	47266
593629	12254	2272	1158		7079	18025	1200	484604	384746	31639
	113859	5170	75		43667	4258	235	456743	314212	17097
80024	16995		3035		395	2873	25	93257	51792	90698
114607	8485	2586	781		11911	5239		215467	134362	72828
		83587	4219		18548	10295	34	176111	73308	40723
35708		374972	1363		2915	1123		284590	145561	25364
45879		2000	42		9626	32535		657896	438200	214606
436437	42871		3066		21564	288915	12684	1699097	936974	529144
1249326	449879	10000	1396	255	51779	441572	67555	1302882	631103	1037450
143294	1491	11697	3473	328	140172	62482	1267	1016750	741827	83925
229870	9615		1579		128341	68297	18773	696918	503106	128307
31156	1804	2540	8274	351	62450	40465	9548	300439	188417	88587
507457	121213	10748	1508		9334	73528	14816	883291	569971	193108
6604		356	658		207206	11181	45	759117	397257	60206
209390	1319	973	10719		38292	39130	3320	578243	305194	227100
129006	5367		66092	107	48490	26917	3582	769255	423340	195508
	1301	22786	4796		447462	243579	39105	3407915	2085307	331522
115545	1846	3114	2141		15215	26454	328	264213	125089	89100
401	183	16	457		21035	85719	635	137865	58057	44585
290	36999		7942		12539	153497	4300	433186	32088	144392
243822	54313	843	831		55330	339356	10845	1323604	443114	121611
30437	459	220	115		41474	15666	19	202573	113004	74524
	45364	2182	3455		5593	39457	4374	270262	156971	98385
					34	260		510	494	75
1900	5228	3991	47		27901	16113	3229	511061	257095	47860
48261	15435	27960	1510		24308	59223	4316	33283	23882	45421
10699	1297	3695				1206	234	26854	16259	14460
2880	1114				130	6287	327	69308	52856	12502
28948	72609	12619	156		747	9883	193	116798	42888	56972

3-50　分地区农村初中

地区	总计	国家财政性教育经费	公共财政预算教育经费	教育事业费拨款	基本建设拨款	科研拨款	其他拨款	各级政府征收用于教育的税费	教育费附加
合计	**190091845**	**184218223**	**174699149**	**157171788**	**5352187**		**12175174**	**9198336**	**6350883**
北京	2970244	2832018	2621196	2157401	234032		229763	210791	187066
天津	1896125	1817603	1714524	1660537	25337		28650	102989	102989
河北	8039909	7925863	7250996	6506258	164268		580470	674209	274528
山西	4445916	4312438	4058798	3843257	127610		87931	251973	230197
内蒙古	2187474	2176749	2122145	1841588	68588		211969	53678	48843
辽宁	5481669	5428539	5173832	4496194	159722		517916	254340	219904
吉林	3223366	3198624	3153811	3033767	63115		56929	42379	42379
黑龙江	3158340	3122083	2912202	2753436	134962		23804	78890	73867
上海	2416550	2380378	2263523	2226360			37163	116855	92540
江苏	11827620	11410588	10647955	10211069	135100		301786	760069	509729
浙江	11058710	10109474	8515216	8121327	67032		326857	1592613	603885
安徽	9227745	8987557	8720986	7461976	301048		957962	263482	191463
福建	6607770	6346115	5904200	5401517	104711		397972	440517	274504
江西	4845890	4703392	4560365	4095743	111603		353019	134876	127128
山东	16431636	15950770	14612846	14484270	38758		89818	1325811	943752
河南	11983600	11775685	11521190	10395291	125079		1000820	254401	248424
湖北	7491173	7312081	7121683	6473940	240036		407707	182327	116958
湖南	8953461	8767702	8411984	6894374	172878		1344732	302132	243875
广东	11096511	10154235	9748613	8299799	287288		1161526	402160	401478
广西	6406632	6318184	6190138	5693035	159698		337405	126901	89815
海南	1439593	1350681	1319170	1189426	24941		104803	31373	30983
重庆	4863522	4680544	4444717	3573714	178937		692066	234932	213279
四川	12571180	12140354	11642636	9560812	530243		1551581	496908	305795
贵州	5194608	5086382	5023297	4781411	141121		100765	63085	48445
云南	7673259	7532742	7267543	6352909	375055		539579	263090	255833
西藏									
陕西	6631831	6552402	6298886	5858365	262927		177594	249663	248794
甘肃	4867619	4796737	4714759	3981246	428059		305454	80786	51796
青海	820801	819849	794446	585661	132361		76424	23771	16045
宁夏	1044529	1039096	1005518	888437	66409		50672	33578	32284
新疆	5234562	5189358	4961974	4348668	491269		122037	149757	124305

教育经费收入情况

单位：千元

地方教育附加	地方基金	企业办学中的企业拨款	校办产业和社会服务收入用于教育的经费	其他属于国家财政性教育经费	民办学校中举办者投入	社会捐赠经费	#农村	事业收入	#学杂费	其他收入
2428454	**418999**	**228471**	**91577**	**690**	**183275**	**876116**	**175202**	**3034361**	**1445939**	**1779870**
	23725		31		924	34628	685	83782	66167	18892
			90		3601	794	100	69910	7742	4217
397643	2038		658		907	14629	1198	89678	83049	8832
	21776	1667			19598	1944	230	108020	87833	3916
4731	104		926			53	25	5225	1298	5447
29071	5365		367			869		11620	1350	40641
			2434			7296	34	7872	330	9574
5023		129892	1099		30	341		24529	11236	11357
24315						1272		12228	4872	22672
244318	6022		2564		3675	27294	10379	243893	136733	142170
761870	226858		1390	255	6295	154280	61824	238121	87870	550540
70721	1298	493	2268	328	39208	9061	1262	155755	107915	36164
159525	6488		1398		1305	35995	18747	146146	86971	78209
6074	1674	344	7807		6308	10923	2917	80668	68956	44599
366916	15143	10748	1365		6435	31516	14039	331401	228585	111514
5977			94		34756	1700	45	157896	99280	13563
64643	726	613	7458		1755	9859	2336	90195	54052	77283
55061	3196		53479	107	3874	16992	2926	57660	13350	107233
	682	1826	1636		24840	105828	34308	650429	194238	161179
36121	965		1145		1538	3458	153	38447	9250	45005
241	149	3	135		1738	63339	480	11791	3486	12044
249	21404		895		9917	28257	2069	102608	970	42196
146723	44390		810		11890	202859	10836	162168	24699	53909
14181	459				1593	3651	19	47092	23094	55890
	7257		2109		1386	29677	4174	39571	19249	69883
869		3807	46		1585	13375	1631	41831	23013	22638
17083	11907		1192			58345	4316	1762	235	10775
7417	309	1632				276	120	467		209
870	424					1774	156	881		2778
8812	16640	77446	181		117	5831	193	22715	116	16541

3-51 分地区中央属农村初中

地区	总计	国家财政性教育经费	公共财政预算教育经费	教育事业费拨款	基本建设拨款	科研拨款	其他拨款	各级政府征收用于教育的税费	教育费附加
合计	**984333**	**976715**	**900750**	**667703**	**141073**		**91974**		
北京									
天津									
河北									
山西									
内蒙古									
辽宁									
吉林									
黑龙江									
上海									
江苏									
浙江									
安徽									
福建									
江西									
山东									
河南									
湖北									
湖南									
广东	6314	6314	6314	3043			3271		
广西									
海南	2890	1937	1937	1170			767		
重庆									
四川									
贵州									
云南									
西藏									
陕西									
甘肃									
青海									
宁夏									
新疆	975129	968464	892499	663490	141073		87936		

教育经费收入情况

单位：千元

地方教育附加	地方基金	企业办学中的企业拨款	校办产业和社会服务收入用于教育的经费	其他属于国家财政性教育经费	民办学校中举办者投入	社会捐赠经费	#农村	事业收入	#学杂费	其他收入
		75784	**181**			**1033**		**3085**		**3500**
								517		436
		75784	181			1033		2568		3064

3-52 分地区地方农村初中

地区	总计	国家财政性教育经费	公共财政预算教育经费	教育事业费拨款	基本建设拨款	科研拨款	其他拨款	各级政府征收用于教育的税费	教育费附加
合计	**189107512**	**183241508**	**173798399**	**156504085**	**5211114**		**12083200**	**9198336**	**6350883**
北京	2970244	2832018	2621196	2157401	234032		229763	210791	187066
天津	1896125	1817603	1714524	1660537	25337		28650	102989	102989
河北	8039909	7925863	7250996	6506258	164268		580470	674209	274528
山西	4445916	4312438	4058798	3843257	127610		87931	251973	230197
内蒙古	2187474	2176749	2122145	1841588	68588		211969	53678	48843
辽宁	5481669	5428539	5173832	4496194	159722		517916	254340	219904
吉林	3223366	3198624	3153811	3033767	63115		56929	42379	42379
黑龙江	3158340	3122083	2912202	2753436	134962		23804	78890	73867
上海	2416550	2380378	2263523	2226360			37163	116855	92540
江苏	11827620	11410588	10647955	10211069	135100		301786	760069	509729
浙江	11058710	10109474	8515216	8121327	67032		326857	1592613	603885
安徽	9227745	8987557	8720986	7461976	301048		957962	263482	191463
福建	6607770	6346115	5904200	5401517	104711		397972	440517	274504
江西	4845890	4703392	4560365	4095743	111603		353019	134876	127128
山东	16431636	15950770	14612846	14484270	38758		89818	1325811	943752
河南	11983600	11775685	11521190	10395291	125079		1000820	254401	248424
湖北	7491173	7312081	7121683	6473940	240036		407707	182327	116958
湖南	8953461	8767702	8411984	6894374	172878		1344732	302132	243875
广东	11090197	10147921	9742299	8296756	287288		1158255	402160	401478
广西	6406632	6318184	6190138	5693035	159698		337405	126901	89815
海南	1436703	1348744	1317233	1188256	24941		104036	31373	30983
重庆	4863522	4680544	4444717	3573714	178937		692066	234932	213279
四川	12571180	12140354	11642636	9560812	530243		1551581	496908	305795
贵州	5194608	5086382	5023297	4781411	141121		100765	63085	48445
云南	7673259	7532742	7267543	6352909	375055		539579	263090	255833
西藏									
陕西	6631831	6552402	6298886	5858365	262927		177594	249663	248794
甘肃	4867619	4796737	4714759	3981246	428059		305454	80786	51796
青海	820801	819849	794446	585661	132361		76424	23771	16045
宁夏	1044529	1039096	1005518	888437	66409		50672	33578	32284
新疆	4259433	4220894	4069475	3685178	350196		34101	149757	124305

教育经费收入情况

单位:千元

地方教育附加	地方基金	企业办学中的企业拨款	校办产业和社会服务收入用于教育的经费	其他属于国家财政性教育经费	民办学校中举办者投入	社会捐赠经费	#农村	事业收入	#学杂费	其他收入
2428454	**418999**	**152687**	**91396**	**690**	**183275**	**875083**	**175202**	**3031276**	**1445939**	**1776370**
	23725		31		924	34628	685	83782	66167	18892
			90		3601	794	100	69910	7742	4217
397643	2038		658		907	14629	1198	89678	83049	8832
	21776	1667			19598	1944	230	108020	87833	3916
4731	104		926			53	25	5225	1298	5447
29071	5365		367			869		11620	1350	40641
			2434			7296	34	7872	330	9574
5023		129892	1099		30	341		24529	11236	11357
24315						1272		12228	4872	22672
244318	6022		2564		3675	27294	10379	243893	136733	142170
761870	226858		1390	255	6295	154280	61824	238121	87870	550540
70721	1298	493	2268	328	39208	9061	1262	155755	107915	36164
159525	6488		1398		1305	35995	18747	146146	86971	78209
6074	1674	344	7807		6308	10923	2917	80668	68956	44599
366916	15143	10748	1365		6435	31516	14039	331401	228585	111514
5977			94		34756	1700	45	157896	99280	13563
64643	726	613	7458		1755	9859	2336	90195	54052	77283
55061	3196		53479	107	3874	16992	2926	57660	13350	107233
	682	1826	1636		24840	105828	34308	650429	194238	161179
36121	965		1145		1538	3458	153	38447	9250	45005
241	149	3	135		1738	63339	480	11274	3486	11608
249	21404		895		9917	28257	2069	102608	970	42196
146723	44390		810		11890	202859	10836	162168	24699	53909
14181	459				1593	3651	19	47092	23094	55890
	7257		2109		1386	29677	4174	39571	19249	69883
869		3807	46		1585	13375	1631	41831	23013	22638
17083	11907		1192			58345	4316	1762	235	10775
7417	309	1632				276	120	467		209
870	424					1774	156	881		2778
8812	16640	1662			117	4798	193	20147	116	13477

3-53 分地区成人中学

地区	总计	国家财政性教育经费	公共财政预算教育经费					各级政府征收用于教育的税费	
				教育事业费拨款	基本建设拨款	科研拨款	其他拨款		教育费附加
合计	**459125**	**323679**	**285151**	**261369**			**23782**	**32615**	**7183**
北京									
天津	15638	15638	15638	15314			324		
河北	3029	2193	2183	2039			144	10	10
山西									
内蒙古									
辽宁									
吉林	2765	2541	2347	2256			91	194	194
黑龙江									
上海	102260	69731	59610	59418			192	10121	
江苏	26321	16440	15360	15259			101	984	400
浙江	238254	160120	134526	127393			7133	20222	5555
安徽									
福建	4636	4576	4576	3898			678		
江西									
山东									
河南	36397	36336	36092	22241			13851	244	244
湖北	5328	2363	1287	1287				780	780
湖南									
广东	13078	5585	5585	4584			1001		
广西									
海南									
重庆	411	411	411	411					
四川	7942	4940	4731	4464			267	60	
贵州									
云南									
西藏									
陕西	514	514	514	514					
甘肃									
青海									
宁夏									
新疆	2552	2291	2291	2291					

教育经费收入情况

单位:千元

地方教育附加	地方基金	企业办学中的企业拨款	校办产业和社会服务收入用于教育的经费	其他属于国家财政性教育经费	民办学校中举办者投入	社会捐赠经费	#农村	事业收入	#学杂费	其他收入
19526	**5906**		**400**	**5513**		**192**	**50**	**94846**	**22306**	**40408**
								836	836	
								224		
10121								27793	5999	4736
584			96			75		7873	3779	1933
8761	5906		8	5364		112	45	46952	5214	31070
										60
										61
			296			5	5	1898	1840	1062
								6007	4638	1486
60				149				3002		
								261		

3-54 分地区小学

地区	总计	国家财政性教育经费	公共财政预算教育经费					各级政府征收用于教育的税费	
				教育事业费拨款	基本建设拨款	科研拨款	其他拨款		教育费附加
合计	**488747549**	**464299531**	**438962486**	**386031523**	**8330386**		**44600577**	**24313206**	**17714379**
北京	12517135	11457681	10671397	8757861	530902		1382634	768220	685073
天津	6485724	6279013	5960954	5793334	35070		132550	301594	301594
河北	22521097	22027947	20416289	18109890	251835		2054564	1604889	728748
山西	13380678	13021051	12233056	11308799	223299		700958	769167	577020
内蒙古	12843312	12713729	12073106	9692208	312489		2068409	632705	565291
辽宁	14695423	14466359	13889275	11626339	62399		2200537	574279	407727
吉林	9678921	9446231	9114180	8825227	70075		218878	230250	230250
黑龙江	11225507	11105074	10280224	9917628	140021		222575	373164	368288
上海	11119978	10441351	9225965	8932439	206671		86855	1215386	1193142
江苏	33471669	31587098	28994163	27681566	524939		787658	2590107	1986977
浙江	28141967	24927613	21249250	20282562	137993		828695	3678331	1441947
安徽	19054646	18539006	17932749	14723613	240600		2968536	583446	418744
福建	15353619	14534918	13685368	11596390	130178		1958800	848726	553404
江西	12831949	12371869	11874526	10220399	161260		1492867	488529	421313
山东	26910984	25939867	23906589	23646752	85295		174542	2024049	1384697
河南	26574195	25270494	24770600	21963212	150616		2656772	497431	489946
湖北	13595834	12859256	12236641	11357969	161045		717627	613208	424365
湖南	18446046	17552299	16664843	13770914	217900		2676029	819366	633912
广东	40129737	34150365	32496973	26350458	597740		5548775	1610994	1606886
广西	16885797	16480389	16089193	14444587	242322		1402284	384202	256341
海南	4791814	4487390	4375032	3897073	139707		338252	110625	109761
重庆	11003064	10574685	10201737	7348520	182499		2670718	372270	351422
四川	28390345	26823499	25840803	19929501	757304		5153998	971127	666913
贵州	13246110	12993380	12776077	12212122	175399		388556	216911	174344
云南	18825378	18410026	17802878	14207235	491077		3104566	600337	586697
西藏	2721154	2714730	2700527	2415591	124130		160806	13969	13969
陕西	13642904	13245671	12729695	11904106	352127		473462	500698	497815
甘肃	9986087	9887104	9663980	8036581	609751		1017648	197619	139173
青海	3790048	3756668	3657220	2803836	319011		534373	89956	70813
宁夏	3134408	3083124	2952841	2668546	122460		161835	129833	95872
新疆	13352019	13151644	12496355	11606265	574272		315818	501818	331935

教育经费收入情况

单位:千元

地方教育附加	地方基金	企业办学中的企业拨款	校办产业和社会服务收入用于教育的经费	其他属于国家财政性教育经费	民办学校中举办者投入	社会捐赠经费	#农村	事业收入	#学杂费	其他收入
5166875	**1431952**	**891854**	**131412**	**573**	**1295019**	**2602621**	**370829**	**15290196**	**8960423**	**5260182**
	83147	12338	5726		564	92461	5183	802063	322046	164366
		11716	4749		5885	12957	501	158163	60113	29706
844793	31348	6056	713		10638	21080	6121	420316	322707	41116
	192147	18799	29		25298	13679	6831	295527	210728	25123
53863	13551	5616	2302		2120	6504	873	67500	52664	53459
157192	9360	2486	319		15901	998		131990	60805	80175
		91660	10141		9943	10998	204	176204	39622	35545
4876		450226	1460		2314	1040		95125	40060	21954
22244					2550	7777		425031	331878	243269
551535	51595	300	2528		4843	344767	22147	978459	463429	556502
1507764	728620		19	13	12995	507951	126095	1153359	545007	1540049
163528	1174	22038	773		62046	58959	1454	301661	184292	92974
283824	11498		824		178704	118619	39429	349432	223195	171946
61188	6028	5156	3098	560	88162	78032	12558	160368	116864	133518
607244	32108	9090	139		12737	150865	41751	650810	412443	156705
7465	20	2452	11		140162	33814	1809	1060630	614239	69095
183817	5026	597	8810		14322	53011	4092	416205	161102	253040
177679	7775	439	67651		56744	42921	5566	564435	289021	229647
100	4008	31872	10526		435111	348457	39464	4692448	3519321	503356
124121	3740	3794	3200		27047	17626	517	277018	105069	83717
552	312	1049	684		32364	31133	1306	202448	78910	38479
3983	16865		678		7252	67310	3773	207842	20087	145975
223919	80295	11329	240		79207	386235	16470	938225	356792	163179
42566	1	216	176		4198	8054	2892	173612	80426	66866
	13640	3066	3745		13946	67980	8869	188810	116871	144616
		234			470	4512		1316	1206	126
2883		14572	706		34160	35922	6952	270015	181392	57136
38579	19867	23820	1685		2329	42935	14144	5842	5556	47877
15622	3521	9492			7904	8819	1150	10646	1817	6011
12579	21382	450			4143	15390	354	17140	7717	14611
74959	94924	152991	480		960	11815	324	97556	35044	90044

3-55 分地区中央属小学

地区	总计	国家财政性教育经费	公共财政预算教育经费	教育事业费拨款	基本建设拨款	科研拨款	其他拨款	各级政府征收用于教育的税费	教育费附加
合计	**2052352**	**1980739**	**1774649**	**1408313**	**201806**		**164530**		
北京	116116	94163	94163	91727			2436		
天津	18266	16523	16523	16523					
河北	906	391							
山西	3345	3345	196	196					
内蒙古									
辽宁									
吉林	38841	38347	28347	28347					
黑龙江	116703	116683	70183	49707	2217		18259		
上海									
江苏									
浙江									
安徽	1239	838	811	811					
福建									
江西	555	545	39	39					
山东									
河南									
湖北	19273	14644	14644	14644					
湖南	585	439							
广东	20281	15203	12573	9190			3383		
广西									
海南	3297	2209	2209	1334			875		
重庆	14969	9296	9296	9296					
四川	13177	12894	11642	7795			3847		
贵州									
云南									
西藏									
陕西	2320	2320	2320	80			2240		
甘肃	1195	1195	385	385					
青海									
宁夏									
新疆	1681284	1651704	1511318	1178239	199589		133490		

教育经费收入情况

单位:千元

地方教育附加	地方基金	企业办学中的企业拨款	校办产业和社会服务收入用于教育的经费	其他属于国家财政性教育经费	民办学校中举办者投入	社会捐赠经费	#农村	事业收入	#学杂费	其他收入
		205588	**502**			**10097**		**20099**	**570**	**41417**
								2400		19553
						80				1663
		391						515	515	
		3149								
		10000								494
		46500						11		9
			27			400				1
		506								10
						1662				2967
		439						146	55	
		2630				503		3982		593
								590		498
						3453		475		1745
		1252						283		
		810								
		139911	475			3999		11697		13884

3-56 分地区地方小学

地区	总计	国家财政性教育经费	公共财政预算教育经费					各级政府征收用于教育的税费	
				教育事业费拨款	基本建设拨款	科研拨款	其他拨款		教育费附加
合计	**486695197**	**462318792**	**437187837**	**384623210**	**8128580**		**44436047**	**24313206**	**17714379**
北京	12401019	11363518	10577234	8666134	530902		1380198	768220	685073
天津	6467458	6262490	5944431	5776811	35070		132550	301594	301594
河北	22520191	22027556	20416289	18109890	251835		2054564	1604889	728748
山西	13377333	13017706	12232860	11308603	223299		700958	769167	577020
内蒙古	12843312	12713729	12073106	9692208	312489		2068409	632705	565291
辽宁	14695423	14466359	13889275	11626339	62399		2200537	574279	407727
吉林	9640080	9407884	9085833	8796880	70075		218878	230250	230250
黑龙江	11108804	10988391	10210041	9867921	137804		204316	373164	368288
上海	11119978	10441351	9225965	8932439	206671		86855	1215386	1193142
江苏	33471669	31587098	28994163	27681566	524939		787658	2590107	1986977
浙江	28141967	24927613	21249250	20282562	137993		828695	3678331	1441947
安徽	19053407	18538168	17931938	14722802	240600		2968536	583446	418744
福建	15353619	14534918	13685368	11596390	130178		1958800	848726	553404
江西	12831394	12371324	11874487	10220360	161260		1492867	488529	421313
山东	26910984	25939867	23906589	23646752	85295		174542	2024049	1384697
河南	26574195	25270494	24770600	21963212	150616		2656772	497431	489946
湖北	13576561	12844612	12221997	11343325	161045		717627	613208	424365
湖南	18445461	17551860	16664843	13770914	217900		2676029	819366	633912
广东	40109456	34135162	32484400	26341268	597740		5545392	1610994	1606886
广西	16885797	16480389	16089193	14444587	242322		1402284	384202	256341
海南	4788517	4485181	4372823	3895739	139707		337377	110625	109761
重庆	10988095	10565389	10192441	7339224	182499		2670718	372270	351422
四川	28377168	26810605	25829161	19921706	757304		5150151	971127	666913
贵州	13246110	12993380	12776077	12212122	175399		388556	216911	174344
云南	18825378	18410026	17802878	14207235	491077		3104566	600337	586697
西藏	2721154	2714730	2700527	2415591	124130		160806	13969	13969
陕西	13640584	13243351	12727375	11904026	352127		471222	500698	497815
甘肃	9984892	9885909	9663595	8036196	609751		1017648	197619	139173
青海	3790048	3756668	3657220	2803836	319011		534373	89956	70813
宁夏	3134408	3083124	2952841	2668546	122460		161835	129833	95872
新疆	11670735	11499940	10985037	10428026	374683		182328	501818	331935

教育经费收入情况

单位:千元

地方教育附加	地方基金	企业办学中的企业拨款	校办产业和社会服务收入用于教育的经费	其他属于国家财政性教育经费	民办学校中举办者投入	社会捐赠经费	#农村	事业收入	#学杂费	其他收入
5166875	**1431952**	**686266**	**130910**	**573**	**1295019**	**2592524**	**370829**	**15270097**	**8959853**	**5218765**
	83147	12338	5726		564	92461	5183	799663	322046	144813
		11716	4749		5885	12877	501	158163	60113	28043
844793	31348	5665	713		10638	21080	6121	419801	322192	41116
	192147	15650	29		25298	13679	6831	295527	210728	25123
53863	13551	5616	2302		2120	6504	873	67500	52664	53459
157192	9360	2486	319		15901	998		131990	60805	80175
		81660	10141		9943	10998	204	176204	39622	35051
4876		403726	1460		2314	1040		95114	40060	21945
22244					2550	7777		425031	331878	243269
551535	51595	300	2528		4843	344767	22147	978459	463429	556502
1507764	728620		19	13	12995	507951	126095	1153359	545007	1540049
163528	1174	22038	746		62046	58559	1454	301661	184292	92973
283824	11498		824		178704	118619	39429	349432	223195	171946
61188	6028	4650	3098	560	88162	78032	12558	160368	116864	133508
607244	32108	9090	139		12737	150865	41751	650810	412443	156705
7465	20	2452	11		140162	33814	1809	1060630	614239	69095
183817	5026	597	8810		14322	51349	4092	416205	161102	250073
177679	7775		67651		56744	42921	5566	564289	288966	229647
100	4008	29242	10526		435111	347954	39464	4688466	3519321	502763
124121	3740	3794	3200		27047	17626	517	277018	105069	83717
552	312	1049	684		32364	31133	1306	201858	78910	37981
3983	16865		678		7252	63857	3773	207367	20087	144230
223919	80295	10077	240		79207	386235	16470	937942	356792	163179
42566	1	216	176		4198	8054	2892	173612	80426	66866
	13640	3066	3745		13946	67980	8869	188810	116871	144616
		234			470	4512		1316	1206	126
2883		14572	706		34160	35922	6952	270015	181392	57136
38579	19867	23010	1685		2329	42935	14144	5842	5556	47877
15622	3521	9492			7904	8819	1150	10646	1817	6011
12579	21382	450			4143	15390	354	17140	7717	14611
74959	94924	13080	5		960	7816	324	85859	35044	76160

3-57 分地区普通小学

地区	总计	国家财政性教育经费	公共财政预算教育经费					各级政府征收用于教育的税费	
				教育事业费拨款	基本建设拨款	科研拨款	其他拨款		教育费附加
合计	**488707190**	**464259842**	**438922866**	**385995897**	**8330386**		**44596583**	**24313137**	**17714342**
北京	12517135	11457681	10671397	8757861	530902		1382634	768220	685073
天津	6485724	6279013	5960954	5793334	35070		132550	301594	301594
河北	22518344	22025194	20413536	18107137	251835		2054564	1604889	728748
山西	13380678	13021051	12233056	11308799	223299		700958	769167	577020
内蒙古	12842341	12712758	12072135	9691660	312489		2067986	632705	565291
辽宁	14695423	14466359	13889275	11626339	62399		2200537	574279	407727
吉林	9678921	9446231	9114180	8825227	70075		218878	230250	230250
黑龙江	11225507	11105074	10280224	9917628	140021		222575	373164	368288
上海	11119978	10441351	9225965	8932439	206671		86855	1215386	1193142
江苏	33471669	31587098	28994163	27681566	524939		787658	2590107	1986977
浙江	28141967	24927613	21249250	20282562	137993		828695	3678331	1441947
安徽	19054646	18539006	17932749	14723613	240600		2968536	583446	418744
福建	15336785	14518122	13668631	11580855	130178		1957598	848667	553377
江西	12831949	12371869	11874526	10220399	161260		1492867	488529	421313
山东	26910984	25939867	23906589	23646752	85295		174542	2024049	1384697
河南	26565950	25262249	24762355	21957086	150616		2654653	497431	489946
湖北	13594782	12858216	12235601	11357006	161045		717550	613208	424365
湖南	18446046	17552299	16664843	13770914	217900		2676029	819366	633912
广东	40129737	34150365	32496973	26350458	597740		5548775	1610994	1606886
广西	16885747	16480339	16089143	14444537	242322		1402284	384202	256341
海南	4791814	4487390	4375032	3897073	139707		338252	110625	109761
重庆	10995835	10567473	10194525	7341308	182499		2670718	372270	351422
四川	28388500	26821775	25839079	19927910	757304		5153865	971127	666913
贵州	13246110	12993380	12776077	12212122	175399		388556	216911	174344
云南	18824008	18409138	17802000	14206397	491077		3104526	600327	586687
西藏	2721154	2714730	2700527	2415591	124130		160806	13969	13969
陕西	13642904	13245671	12729695	11904106	352127		473462	500698	497815
甘肃	9986087	9887104	9663980	8036581	609751		1017648	197619	139173
青海	3790048	3756668	3657220	2803836	319011		534373	89956	70813
宁夏	3134408	3083124	2952841	2668546	122460		161835	129833	95872
新疆	13352009	13151634	12496345	11606255	574272		315818	501818	331935

教育经费收入情况

单位：千元

地方教育附加	地方基金	企业办学中的企业拨款	校办产业和社会服务收入用于教育的经费	其他属于国家财政性教育经费	民办学校中举办者投入	社会捐赠经费	#农村	事业收入	#学杂费	其他收入
5166843	**1431952**	**891854**	**131412**	**573**	**1295019**	**2602621**	**370829**	**15289542**	**8960423**	**5260166**
	83147	12338	5726		564	92461	5183	802063	322046	164366
		11716	4749		5885	12957	501	158163	60113	29706
844793	31348	6056	713		10638	21080	6121	420316	322707	41116
	192147	18799	29		25298	13679	6831	295527	210728	25123
53863	13551	5616	2302		2120	6504	873	67500	52664	53459
157192	9360	2486	319		15901	998		131990	60805	80175
		91660	10141		9943	10998	204	176204	39622	35545
4876		450226	1460		2314	1040		95125	40060	21954
22244					2550	7777		425031	331878	243269
551535	51595	300	2528		4843	344767	22147	978459	463429	556502
1507764	728620		19	13	12995	507951	126095	1153359	545007	1540049
163528	1174	22038	773		62046	58959	1454	301661	184292	92974
283792	11498		824		178704	118619	39429	349410	223195	171930
61188	6028	5156	3098	560	88162	78032	12558	160368	116864	133518
607244	32108	9090	139		12737	150865	41751	650810	412443	156705
7465	20	2452	11		140162	33814	1809	1060630	614239	69095
183817	5026	597	8810		14322	53011	4092	416193	161102	253040
177679	7775	439	67651		56744	42921	5566	564435	289021	229647
100	4008	31872	10526		435111	348457	39464	4692448	3519321	503356
124121	3740	3794	3200		27047	17626	517	277018	105069	83717
552	312	1049	684		32364	31133	1306	202448	78910	38479
3983	16865		678		7252	67310	3773	207825	20087	145975
223919	80295	11329	240		79207	386235	16470	938104	356792	163179
42566	1	216	176		4198	8054	2892	173612	80426	66866
	13640	3066	3745		13946	67980	8869	188328	116871	144616
		234			470	4512		1316	1206	126
2883		14572	706		34160	35922	6952	270015	181392	57136
38579	19867	23820	1685		2329	42935	14144	5842	5556	47877
15622	3521	9492			7904	8819	1150	10646	1817	6011
12579	21382	450			4143	15390	354	17140	7717	14611
74959	94924	152991	480		960	11815	324	97556	35044	90044

3-58 分地区中央属普通小学

地区	总计	国家财政性教育经费	公共财政预算教育经费					各级政府征收用于教育的税费	
				教育事业费拨款	基本建设拨款	科研拨款	其他拨款		教育费附加
合计	**2052352**	**1980739**	**1774649**	**1408313**	**201806**		**164530**		
北京	116116	94163	94163	91727			2436		
天津	18266	16523	16523	16523					
河北	906	391							
山西	3345	3345	196	196					
内蒙古									
辽宁									
吉林	38841	38347	28347	28347					
黑龙江	116703	116683	70183	49707	2217		18259		
上海									
江苏									
浙江									
安徽	1239	838	811	811					
福建									
江西	555	545	39	39					
山东									
河南									
湖北	19273	14644	14644	14644					
湖南	585	439							
广东	20281	15203	12573	9190			3383		
广西									
海南	3297	2209	2209	1334			875		
重庆	14969	9296	9296	9296					
四川	13177	12894	11642	7795			3847		
贵州									
云南									
西藏									
陕西	2320	2320	2320	80			2240		
甘肃	1195	1195	385	385					
青海									
宁夏									
新疆	1681284	1651704	1511318	1178239	199589		133490		

教育经费收入情况

单位:千元

地方教育附加	地方基金	企业办学中的企业拨款	校办产业和社会服务收入用于教育的经费	其他属于国家财政性教育经费	民办学校中举办者投入	社会捐赠经费	#农村	事业收入	#学杂费	其他收入
		205588	**502**			**10097**		**20099**	**570**	**41417**
								2400		19553
						80				1663
		391						515	515	
		3149								
		10000								494
		46500						11		9
			27			400				1
		506								10
						1662				2967
		439						146	55	
		2630				503		3982		593
								590		498
						3453		475		1745
		1252						283		
		810								
		139911	475			3999		11697		13884

3-59 分地区地方普通小学

地区	总计	国家财政性教育经费	公共财政预算教育经费					各级政府征收用于教育的税费	
				教育事业费拨款	基本建设拨款	科研拨款	其他拨款		教育费附加
合计	**486654838**	**462279103**	**437148217**	**384587584**	**8128580**		**44432053**	**24313137**	**17714342**
北京	12401019	11363518	10577234	8666134	530902		1380198	768220	685073
天津	6467458	6262490	5944431	5776811	35070		132550	301594	301594
河北	22517438	22024803	20413536	18107137	251835		2054564	1604889	728748
山西	13377333	13017706	12232860	11308603	223299		700958	769167	577020
内蒙古	12842341	12712758	12072135	9691660	312489		2067986	632705	565291
辽宁	14695423	14466359	13889275	11626339	62399		2200537	574279	407727
吉林	9640080	9407884	9085833	8796880	70075		218878	230250	230250
黑龙江	11108804	10988391	10210041	9867921	137804		204316	373164	368288
上海	11119978	10441351	9225965	8932439	206671		86855	1215386	1193142
江苏	33471669	31587098	28994163	27681566	524939		787658	2590107	1986977
浙江	28141967	24927613	21249250	20282562	137993		828695	3678331	1441947
安徽	19053407	18538168	17931938	14722802	240600		2968536	583446	418744
福建	15336785	14518122	13668631	11580855	130178		1957598	848667	553377
江西	12831394	12371324	11874487	10220360	161260		1492867	488529	421313
山东	26910984	25939867	23906589	23646752	85295		174542	2024049	1384697
河南	26565950	25262249	24762355	21957086	150616		2654653	497431	489946
湖北	13575509	12843572	12220957	11342362	161045		717550	613208	424365
湖南	18445461	17551860	16664843	13770914	217900		2676029	819366	633912
广东	40109456	34135162	32484400	26341268	597740		5545392	1610994	1606886
广西	16885747	16480339	16089143	14444537	242322		1402284	384202	256341
海南	4788517	4485181	4372823	3895739	139707		337377	110625	109761
重庆	10980866	10558177	10185229	7332012	182499		2670718	372270	351422
四川	28375323	26808881	25827437	19920115	757304		5150018	971127	666913
贵州	13246110	12993380	12776077	12212122	175399		388556	216911	174344
云南	18824008	18409138	17802000	14206397	491077		3104526	600327	586687
西藏	2721154	2714730	2700527	2415591	124130		160806	13969	13969
陕西	13640584	13243351	12727375	11904026	352127		471222	500698	497815
甘肃	9984892	9885909	9663595	8036196	609751		1017648	197619	139173
青海	3790048	3756668	3657220	2803836	319011		534373	89956	70813
宁夏	3134408	3083124	2952841	2668546	122460		161835	129833	95872
新疆	11670725	11499930	10985027	10428016	374683		182328	501818	331935

教育经费收入情况

单位:千元

地方教育附加	地方基金	企业办学中的企业拨款	校办产业和社会服务收入用于教育的经费	其他属于国家财政性教育经费	民办学校中举办者投入	社会捐赠经费	#农村	事业收入	#学杂费	其他收入
5166843	**1431952**	**686266**	**130910**	**573**	**1295019**	**2592524**	**370829**	**15269443**	**8959853**	**5218749**
	83147	12338	5726		564	92461	5183	799663	322046	144813
		11716	4749		5885	12877	501	158163	60113	28043
844793	31348	5665	713		10638	21080	6121	419801	322192	41116
	192147	15650	29		25298	13679	6831	295527	210728	25123
53863	13551	5616	2302		2120	6504	873	67500	52664	53459
157192	9360	2486	319		15901	998		131990	60805	80175
		81660	10141		9943	10998	204	176204	39622	35051
4876		403726	1460		2314	1040		95114	40060	21945
22244					2550	7777		425031	331878	243269
551535	51595	300	2528		4843	344767	22147	978459	463429	556502
1507764	728620		19	13	12995	507951	126095	1153359	545007	1540049
163528	1174	22038	746		62046	58559	1454	301661	184292	92973
283792	11498		824		178704	118619	39429	349410	223195	171930
61188	6028	4650	3098	560	88162	78032	12558	160368	116864	133508
607244	32108	9090	139		12737	150865	41751	650810	412443	156705
7465	20	2452	11		140162	33814	1809	1060630	614239	69095
183817	5026	597	8810		14322	51349	4092	416193	161102	250073
177679	7775		67651		56744	42921	5566	564289	288966	229647
100	4008	29242	10526		435111	347954	39464	4688466	3519321	502763
124121	3740	3794	3200		27047	17626	517	277018	105069	83717
552	312	1049	684		32364	31133	1306	201858	78910	37981
3983	16865		678		7252	63857	3773	207350	20087	144230
223919	80295	10077	240		79207	386235	16470	937821	356792	163179
42566	1	216	176		4198	8054	2892	173612	80426	66866
	13640	3066	3745		13946	67980	8869	188328	116871	144616
		234			470	4512		1316	1206	126
2883		14572	706		34160	35922	6952	270015	181392	57136
38579	19867	23010	1685		2329	42935	14144	5842	5556	47877
15622	3521	9492			7904	8819	1150	10646	1817	6011
12579	21382	450			4143	15390	354	17140	7717	14611
74959	94924	13080	5		960	7816	324	85859	35044	76160

3-60 分地区农村小学

地区	总计	国家财政性教育经费	公共财政预算教育经费	教育事业费拨款	基本建设拨款	科研拨款	其他拨款	各级政府征收用于教育的税费	教育费附加
合计	**311658112**	**304197396**	**292271174**	**257685711**	**5088872**		**29496591**	**11482404**	**7837818**
北京	4764567	4665777	4312559	3486836	403799		421924	353218	279637
天津	2870930	2816982	2667063	2569407	35070		62586	148370	148370
河北	16030727	15891596	14822703	13095753	203671		1523279	1068754	390340
山西	8794136	8698834	8359643	7762299	157656		439688	334020	298395
内蒙古	6568189	6529057	6346474	4975851	107505		1263118	178843	153628
辽宁	8285315	8217379	7979490	6813873	52232		1113385	237705	203585
吉林	6135913	6095593	6021242	5835958	58115		127169	65483	65483
黑龙江	6094850	6054059	5715449	5599781	68136		47532	134385	131336
上海	3299539	3191749	3076131	3032053			44078	115618	104583
江苏	18584192	18101558	16908326	16227980	217405		462941	1191615	904104
浙江	17037056	15618670	13574577	13076771	82379		415427	2044061	735422
安徽	13907195	13711803	13445296	11152694	191386		2101216	265643	184317
福建	10430215	10098139	9655306	8207792	81937		1365577	442739	282718
江西	9220433	9059983	8814381	7578915	127449		1108017	241076	225320
山东	20139903	19735374	18559965	18422085	38955		98925	1166780	772051
河南	19709779	19180670	18973940	16929457	117635		1926848	206631	199813
湖北	8314045	8107184	7941458	7415919	128388		397151	159598	112974
湖南	12233090	11994929	11602591	9543336	112013		1947242	341866	269159
广东	17258150	15981245	15378598	12495832	40983		2841783	591896	590790
广西	13053433	12886363	12661568	11409549	202173		1049846	223208	155125
海南	3297571	3207951	3172920	2862187	52522		258211	33475	32658
重庆	7125501	7032121	6826739	4923561	113639		1789539	205016	192910
四川	20789998	20235985	19708184	15099142	592342		4016700	526008	348011
贵州	10510628	10413421	10246253	9772430	162183		311640	167108	136692
云南	15539197	15284060	14856451	11947445	370014		2538992	424618	413327
西藏	1747266	1747059	1739330	1536307	97750		105273	7729	7729
陕西	9690730	9581331	9320610	8723607	242231		354772	249458	247807
甘肃	7634885	7577528	7480369	6223115	471160		786094	96560	57317
青海	2195372	2177789	2128981	1647265	195753		285963	43194	34260
宁夏	1945947	1922400	1862221	1692036	82305		87880	60179	48703
新疆	8449360	8380807	8112356	7626475	282086		203795	157550	111254

教育经费收入情况

单位：千元

地方教育附加	地方基金	企业办学中的企业拨款	校办产业和社会服务收入用于教育的经费	其他属于国家财政性教育经费	民办学校中举办者投入	社会捐赠经费	#农村	事业收入	#学杂费	其他收入
3024474	**620112**	**357636**	**86169**	**13**	**360806**	**1186646**	**338246**	**3464711**	**1668541**	**2448553**
	73581				513	18924	5183	52155	13410	27198
		866	683		5885	2685	501	37315		8063
651024	27390		139		3266	16331	6116	107037	86511	12497
	35625	5171			10065	8986	5352	66254	52692	9997
17859	7356	2545	1195		1620	2072	873	11072	7998	24368
31411	2709		184			564		26551	1374	40821
			8868			8992	204	19509	440	11819
3049		203051	1174			303		32419	17179	8069
11035					550	2451		7316	3407	97473
280677	6834		1617		2352	58447	21190	261537	150826	160298
971444	337195		19	13	9467	239790	111859	305299	106864	863830
80152	1174	810	54		28915	20679	1331	98694	54587	47104
150842	9179		94		52967	78204	37627	110446	56590	90459
13097	2659	1628	2898		8656	40050	6938	34450	26946	77294
386880	7849	8490	139		4266	82056	40485	244656	152805	73551
6818		99			55368	19737	1773	438983	289421	15021
46378	246	597	5531		7216	21830	3222	100032	37650	77783
70572	2135		50472		4496	28508	5065	75986	22683	129171
100	1006	3515	7236		89996	116457	36607	841056	421031	229396
67363	720	817	770		604	11698	376	122602	7178	32166
552	265	1049	507		6541	28202	1306	41215	15517	13662
3036	9070		366		5107	15697	3773	35500	2209	37076
139322	38675	1589	204		40256	220158	16307	187753	47602	105846
30415	1		60		2645	6011	2649	59549	22481	29002
	11291	100	2891		7477	57350	7628	62743	27550	127567
						207				
1651		11098	165		4191	17116	5970	53527	42944	34565
24245	14998		599			37296	14144	18	18	20043
5473	3461	5614			7904	7362	1136	1749		568
6180	5296					11501	313	2529		9517
24899	21397	110597	304		483	6982	318	26759	628	34329

3-61 分地区中央属农村小学

地区	总计	国家财政性教育经费	公共财政预算教育经费					各级政府征收用于教育的税费	
				教育事业费拨款	基本建设拨款	科研拨款	其他拨款		教育费附加
合计	**1401236**	**1388622**	**1282074**	**982434**	**183774**		**115866**		
北京									
天津									
河北									
山西									
内蒙古									
辽宁									
吉林									
黑龙江									
上海									
江苏									
浙江									
安徽									
福建									
江西									
山东									
河南									
湖北									
湖南									
广东	12410	12399	12399	9016			3383		
广西									
海南	3297	2209	2209	1334			875		
重庆									
四川									
贵州									
云南									
西藏									
陕西									
甘肃	78	78	78	78					
青海									
宁夏									
新疆	1385451	1373936	1267388	972006	183774		111608		

教育经费收入情况

单位:千元

地方教育附加	地方基金	企业办学中的企业拨款	校办产业和社会服务收入用于教育的经费	其他属于国家财政性教育经费	民办学校中举办者投入	社会捐赠经费	#农村	事业收入	#学杂费	其他收入
		106244	**304**			**762**		**7443**		**4409**
										11
								590		498
		106244	304			762		6853		3900

3-62 分地区地方农村小学

地区	总计	国家财政性教育经费	公共财政预算教育经费					各级政府征收用于教育的税费	
				教育事业费拨款	基本建设拨款	科研拨款	其他拨款		教育费附加
合计	**310256876**	**302808774**	**290989100**	**256703277**	**4905098**		**29380725**	**11482404**	**7837818**
北京	4764567	4665777	4312559	3486836	403799		421924	353218	279637
天津	2870930	2816982	2667063	2569407	35070		62586	148370	148370
河北	16030727	15891596	14822703	13095753	203671		1523279	1068754	390340
山西	8794136	8698834	8359643	7762299	157656		439688	334020	298395
内蒙古	6568189	6529057	6346474	4975851	107505		1263118	178843	153628
辽宁	8285315	8217379	7979490	6813873	52232		1113385	237705	203585
吉林	6135913	6095593	6021242	5835958	58115		127169	65483	65483
黑龙江	6094850	6054059	5715449	5599781	68136		47532	134385	131336
上海	3299539	3191749	3076131	3032053			44078	115618	104583
江苏	18584192	18101558	16908326	16227980	217405		462941	1191615	904104
浙江	17037056	15618670	13574577	13076771	82379		415427	2044061	735422
安徽	13907195	13711803	13445296	11152694	191386		2101216	265643	184317
福建	10430215	10098139	9655306	8207792	81937		1365577	442739	282718
江西	9220433	9059983	8814381	7578915	127449		1108017	241076	225320
山东	20139903	19735374	18559965	18422085	38955		98925	1166780	772051
河南	19709779	19180670	18973940	16929457	117635		1926848	206631	199813
湖北	8314045	8107184	7941458	7415919	128388		397151	159598	112974
湖南	12233090	11994929	11602591	9543336	112013		1947242	341866	269159
广东	17245740	15968846	15366199	12486816	40983		2838400	591896	590790
广西	13053433	12886363	12661568	11409549	202173		1049846	223208	155125
海南	3294274	3205742	3170711	2860853	52522		257336	33475	32658
重庆	7125501	7032121	6826739	4923561	113639		1789539	205016	192910
四川	20789998	20235985	19708184	15099142	592342		4016700	526008	348011
贵州	10510628	10413421	10246253	9772430	162183		311640	167108	136692
云南	15539197	15284060	14856451	11947445	370014		2538992	424618	413327
西藏	1747266	1747059	1739330	1536307	97750		105273	7729	7729
陕西	9690730	9581331	9320610	8723607	242231		354772	249458	247807
甘肃	7634807	7577450	7480291	6223037	471160		786094	96560	57317
青海	2195372	2177789	2128981	1647265	195753		285963	43194	34260
宁夏	1945947	1922400	1862221	1692036	82305		87880	60179	48703
新疆	7063909	7006871	6844968	6654469	98312		92187	157550	111254

教育经费收入情况

单位：千元

地方教育附加	地方基金	企业办学中的企业拨款	校办产业和社会服务收入用于教育的经费	其他属于国家财政性教育经费	民办学校中举办者投入	社会捐赠经费	#农村	事业收入	#学杂费	其他收入
3024474	**620112**	**251392**	**85865**	**13**	**360806**	**1185884**	**338246**	**3457268**	**1668541**	**2444144**
	73581				513	18924	5183	52155	13410	27198
		866	683		5885	2685	501	37315		8063
651024	27390		139		3266	16331	6116	107037	86511	12497
	35625	5171			10065	8986	5352	66254	52692	9997
17859	7356	2545	1195		1620	2072	873	11072	7998	24368
31411	2709		184			564		26551	1374	40821
			8868			8992	204	19509	440	11819
3049		203051	1174			303		32419	17179	8069
11035					550	2451		7316	3407	97473
280677	6834		1617		2352	58447	21190	261537	150826	160298
971444	337195		19	13	9467	239790	111859	305299	106864	863830
80152	1174	810	54		28915	20679	1331	98694	54587	47104
150842	9179		94		52967	78204	37627	110446	56590	90459
13097	2659	1628	2898		8656	40050	6938	34450	26946	77294
386880	7849	8490	139		4266	82056	40485	244656	152805	73551
6818		99			55368	19737	1773	438983	289421	15021
46378	246	597	5531		7216	21830	3222	100032	37650	77783
70572	2135		50472		4496	28508	5065	75986	22683	129171
100	1006	3515	7236		89996	116457	36607	841056	421031	229385
67363	720	817	770		604	11698	376	122602	7178	32166
552	265	1049	507		6541	28202	1306	40625	15517	13164
3036	9070		366		5107	15697	3773	35500	2209	37076
139322	38675	1589	204		40256	220158	16307	187753	47602	105846
30415	1		60		2645	6011	2649	59549	22481	29002
	11291	100	2891		7477	57350	7628	62743	27550	127567
						207				
1651		11098	165		4191	17116	5970	53527	42944	34565
24245	14998		599			37296	14144	18	18	20043
5473	3461	5614			7904	7362	1136	1749		568
6180	5296					11501	313	2529		9517
24899	21397	4353			483	6220	318	19906	628	30429

3-63 分地区成人小学

地区	总计	国家财政性教育经费	公共财政预算教育经费	教育事业费拨款	基本建设拨款	科研拨款	其他拨款	各级政府征收用于教育的税费	教育费附加
合计	**40359**	**39689**	**39620**	**35626**			**3994**	**69**	**37**
北京									
天津									
河北	2753	2753	2753	2753					
山西									
内蒙古	971	971	971	548			423		
辽宁									
吉林									
黑龙江									
上海									
江苏									
浙江									
安徽									
福建	16834	16796	16737	15535			1202	59	27
江西									
山东									
河南	8245	8245	8245	6126			2119		
湖北	1052	1040	1040	963			77		
湖南									
广东									
广西	50	50	50	50					
海南									
重庆	7229	7212	7212	7212					
四川	1845	1724	1724	1591			133		
贵州									
云南	1370	888	878	838			40	10	10
西藏									
陕西									
甘肃									
青海									
宁夏									
新疆	10	10	10	10					

教育经费收入情况

单位:千元

地方教育附加	地方基金	企业办学中的企业拨款	校办产业和社会服务收入用于教育的经费	其他属于国家财政性教育经费	民办学校中举办者投入	社会捐赠经费	#农村	事业收入	#学杂费	其他收入
32								**654**		**16**
32								22		16
								12		
								17		
								121		
								482		

3-64 分地区特殊教育

地区	总计	国家财政性教育经费	公共财政预算教育经费	教育事业费拨款	基本建设拨款	科研拨款	其他拨款	各级政府征收用于教育的税费	教育费附加
合计	**7190829**	**6838045**	**6198986**	**4789023**	**1032112**		**377851**	**567413**	**454685**
北京	326482	296290	261951	223376			38575	34224	34224
天津	137649	136445	135212	132377			2835	1233	1233
河北	373402	369920	347805	201091	130000		16714	22112	12458
山西	146631	140649	137371	106822	27700		2849	3278	3239
内蒙古	245778	244036	227906	163536	54738		9632	16004	1716
辽宁	285969	280962	268919	233300			35619	12043	10478
吉林	216158	210722	203928	168937	28790		6201	6778	6778
黑龙江	223272	221550	218651	191308	24320		3023	2899	2899
上海	415882	402440	386438	379796	1735		4907	16002	16002
江苏	676526	620066	476000	450623	11440		13937	73087	58123
浙江	348718	324393	237068	218346	2530		16192	87325	60902
安徽	179801	172934	156354	108727	28790		18837	16560	14608
福建	240312	233861	189440	154320	13910		21210	44421	37336
江西	209318	203810	188952	91621	89853		7478	14858	11026
山东	438380	415154	367744	363287			4457	47410	35429
河南	356765	348867	340426	274438	40746		25242	8441	8370
湖北	272136	263199	248835	125998	117370		5467	14344	6426
湖南	217582	205379	161507	90943	59173		11391	43507	40531
广东	431381	354719	321440	266269	7681		47490	33277	32968
广西	145750	130209	122444	96640	12330		13474	7765	4286
海南	15047	13292	13292	12724			568		
重庆	167988	164054	153939	109682	30384		13873	10115	9545
四川	332617	321324	311392	171629	104200		35563	9932	6050
贵州	142267	137298	134334	115857	16650		1827	2964	2516
云南	180849	176781	172667	109913	54200		8554	4114	3727
西藏	27858	27832	27832	5832	22000				
陕西	172857	166673	146505	79147	66714		644	20168	20097
甘肃	86602	85697	80630	54244	19510		6876	5067	5007
青海	37670	37405	37102	15514	18680		2908	303	300
宁夏	35545	34142	33325	19363	12760		1202	817	817
新疆	103637	97942	89577	53363	35908		306	8365	7594

教育经费收入情况

单位:千元

地方教育附加	地方基金	企业办学中的企业拨款	校办产业和社会服务收入用于教育的经费	其他属于国家财政性教育经费	民办学校中举办者投入	社会捐赠经费	#农村	事业收入	#学杂费	其他收入
77049	**35679**		**71646**		**1120**	**64239**	**3798**	**103084**	**5613**	**184341**
			115			6317		18054		5821
						30		773		401
9528	126		3		250	631		2083	610	518
	39							2576	175	3406
13673	615		126			168		25		1549
1553	12					331		4290		386
			16			2067		2085		1284
						32		1271		419
						186		2731		10525
10536	4428		70979			7915	908	13036		35509
10302	16121				100	1960	483	5250	219	17015
942	1010		20			813	43	3115	256	2939
5089	1996					2278	350	2633		1540
1830	2002				276	2632		456		2144
7839	4142				194	10163	1425	5843	1924	7026
5	66					1733		3878	540	2287
7804	114		20			5027	472	969		2941
2264	712		365		200	2609		5864	780	3530
	309		2			3670		8555		64437
3329	150					3603	98	9841	248	2097
						55				1700
80	490					1310	16	844		1780
1753	2129					6480	1	2128		2685
448						274	2	2146		2549
	387					445		874		2749
						24				2
71					100	3202		1620	861	1262
	60									905
3						72		67		126
								468		935
	771					212		1609		3874

3-65 分地区特殊教育学校

地区	总计	国家财政性教育经费	公共财政预算教育经费	教育事业费拨款	基本建设拨款	科研拨款	其他拨款	各级政府征收用于教育的税费	教育费附加
合计	**6878902**	**6543779**	**5996619**	**4619094**	**1023216**		**354309**	**546628**	**435486**
北京	299880	270378	243495	208961			34534	26883	26883
天津	119427	118281	117048	114734			2314	1233	1233
河北	373402	369920	347805	201091	130000		16714	22112	12458
山西	146631	140649	137371	106822	27700		2849	3278	3239
内蒙古	245778	244036	227906	163536	54738		9632	16004	1716
辽宁	243709	239480	232140	202578			29562	7340	5970
吉林	210608	205174	198593	163907	28790		5896	6565	6565
黑龙江	219690	217969	215448	188105	24320		3023	2521	2521
上海	415882	402440	386438	379796	1735		4907	16002	16002
江苏	585064	538488	465401	441973	11440		11988	73087	58123
浙江	336456	312131	226973	209805	2530		14638	85158	58735
安徽	177964	171097	154680	107774	28790		18116	16397	14608
福建	228781	222460	178464	147795	9760		20909	43996	37336
江西	208948	203440	188582	91282	89853		7447	14858	11026
山东	438380	415154	367744	363287			4457	47410	35429
河南	349735	342213	334251	269278	40746		24227	7962	7891
湖北	264218	255281	241836	119470	117370		4996	13445	6230
湖南	217582	205379	161507	90943	59173		11391	43507	40531
广东	393201	320367	287873	236399	6935		44539	32492	32183
广西	139375	123835	117380	91696	12330		13354	6455	3076
海南	15047	13292	13292	12724			568		
重庆	162121	158204	148363	105899	30384		12080	9841	9271
四川	312487	302123	292961	158562	100200		34199	9162	5280
贵州	134200	130168	128082	109605	16650		1827	2086	1638
云南	176167	172129	168015	105609	54200		8206	4114	3727
西藏	27858	27832	27832	5832	22000				
陕西	172857	166673	146505	79147	66714		644	20168	20097
甘肃	86602	85697	80630	54244	19510		6876	5067	5007
青海	37670	37405	37102	15514	18680		2908	303	300
宁夏	35545	34142	33325	19363	12760		1202	817	817
新疆	103637	97942	89577	53363	35908		306	8365	7594

教育经费收入情况

单位：千元

地方教育附加	地方基金	企业办学中的企业拨款	校办产业和社会服务收入用于教育的经费	其他属于国家财政性教育经费	民办学校中举办者投入	社会捐赠经费	#农村	事业收入	#学杂费	其他收入
75464	**35678**		**532**		**1120**	**63954**	**3798**	**95804**	**5613**	**174245**
						6102		17803		5597
						30		773		343
9528	126		3		250	631		2083	610	518
	39							2576	175	3406
13673	615		126			168		25		1549
1359	11					331		3513		385
			16			2067		2085		1282
						32		1271		418
						186		2731		10525
10536	4428					7899	908	12734		25943
10302	16121				100	1960	483	5250	219	17015
779	1010		20			813	43	3115	256	2939
4664	1996					2278	350	2540		1503
1830	2002				276	2632		456		2144
7839	4142				194	10163	1425	5843	1924	7026
5	66					1733		3502	540	2287
7101	114					5027	472	969		2941
2264	712		365		200	2609		5864	780	3530
	309		2			3670		4736		64428
3229	150					3603	98	9841	248	2096
						55				1700
80	490					1310	16	828		1779
1753	2129					6426	1	1387		2551
448						274	2	1271		2487
	387					445		844		2749
						24				2
71					100	3202		1620	861	1262
	60									905
3						72		67		126
								468		935
	771					212		1609		3874

3-66 分地区工读学校

地区	总计	国家财政性教育经费	公共财政预算教育经费					各级政府征收用于教育的税费	
				教育事业费拨款	基本建设拨款	科研拨款	其他拨款		教育费附加
合计	**311927**	**294266**	**202367**	**169929**	**8896**		**23542**	**20785**	**19199**
北京	26602	25912	18456	14415			4041	7341	7341
天津	18222	18164	18164	17643			521		
河北									
山西									
内蒙古									
辽宁	42260	41482	36779	30722			6057	4703	4508
吉林	5550	5548	5335	5030			305	213	213
黑龙江	3582	3581	3203	3203				378	378
上海									
江苏	91462	81578	10599	8650			1949		
浙江	12262	12262	10095	8541			1554	2167	2167
安徽	1837	1837	1674	953			721	163	
福建	11531	11401	10976	6525	4150		301	425	
江西	370	370	370	339			31		
山东									
河南	7030	6654	6175	5160			1015	479	479
湖北	7918	7918	6999	6528			471	899	196
湖南									
广东	38180	34352	33567	29870	746		2951	785	785
广西	6375	6374	5064	4944			120	1310	1210
海南									
重庆	5867	5850	5576	3783			1793	274	274
四川	20130	19201	18431	13067	4000		1364	770	770
贵州	8067	7130	6252	6252				878	878
云南	4682	4652	4652	4304			348		
西藏									
陕西									
甘肃									
青海									
宁夏									
新疆									

教育经费收入情况

单位:千元

地方教育附加	地方基金	企业办学中的企业拨款	校办产业和社会服务收入用于教育的经费	其他属于国家财政性教育经费	民办学校中举办者投入	社会捐赠经费	#农村	事业收入	#学杂费	其他收入
1585	**1**		**71114**			**285**		**7280**		**10096**
			115			215		251		224
										58
194	1							777		1
										2
										1
			70979			16		302		9566
163										
425								93		37
								376		
703			20							
								3819		9
100										1
								16		1
						54		741		134
								875		62
								30		

3-67 分地区幼儿园

地区	总计	国家财政性教育经费	公共财政预算教育经费	教育事业费拨款	基本建设拨款	科研拨款	其他拨款	各级政府征收用于教育的税费	教育费附加
合计	**72801425**	**24435264**	**21874105**	**18724589**	**1357797**		**1791719**	**1722928**	**1253271**
北京	3110523	1255689	1107794	937997	47273		122524	132270	131470
天津	1152280	651637	578094	544474			33620	71972	71972
河北	3388468	1882352	1753326	1594620	32810		125896	25064	23847
山西	1238619	550007	406770	390573	2500		13697	26028	18884
内蒙古	1404914	876037	815331	684938	27080		103313	58878	57122
辽宁	2335148	462861	421383	366973	2476		51934	4136	3803
吉林	917700	304337	274610	262300	2000		10310	4433	4433
黑龙江	1052183	509891	309525	268451	27600		13474	16534	16534
上海	5212782	3378421	3127422	3043985	12567		70870	249939	209121
江苏	6253015	2011703	1636892	1532254	57278		47360	347037	253040
浙江	6301385	1758001	1353504	1264121	3000		86383	402202	140455
安徽	1264971	362189	343944	281062	12810		50072	13093	10426
福建	3091642	992017	964857	834219	244		130394	19188	17256
江西	1400511	197329	185084	152564	3850		28670	8535	7852
山东	3925353	675900	598467	588061			10406	35389	29686
河南	2933171	575876	547284	457912	8420		80952	19534	19285
湖北	1869991	410450	367114	337141	4717		25256	20335	15835
湖南	2408246	324553	300601	240693	13300		46608	13954	10750
广东	9651585	1100601	958477	721665	1142		235670	23487	23487
广西	1293378	316058	307611	270448	2000		35163	6082	4682
海南	166716	54051	53550	50346			3204		
重庆	1344664	223559	209267	161516	200		47551	10221	10121
四川	3199470	955018	879122	631832	70900		176390	62024	34441
贵州	580853	236027	228748	215616			13132	7150	4571
云南	1502489	598206	577292	438196	28980		110116	12319	11768
西藏	114560	88225	88225	73665	1500		13060		
陕西	1527720	523624	417505	380419	24956		12130	90417	89891
甘肃	698114	369388	354387	309045	4580		40762	9937	5190
青海	283922	182255	168151	107390	38910		21851	14104	13922
宁夏	312188	121890	116667	106444			10223	828	828
新疆	2864864	2487112	2423101	1475669	926704		20728	17838	12599

教育经费收入情况

单位：千元

地方教育附加	地方基金	企业办学中的企业拨款	校办产业和社会服务收入用于教育的经费	其他属于国家财政性教育经费	民办学校中举办者投入	社会捐赠经费	#农村	事业收入	#学杂费	其他收入
380681	**88976**	**791970**	**46261**		**2811200**	**502139**	**12302**	**43420651**	**38419749**	**1632171**
800		8918	6707		33028	233093	1280	1455227	1209590	133486
			1571		700	226		495861	444709	3856
1211	6	103550	412		47017	6380	87	1422356	1331095	30363
	7144	117209			22109	4482	2831	644772	540847	17249
1535	221	1828			26499	292	16	497349	474111	4737
333		35694	1648		111150	328		1713029	1506678	47780
		24618	676		36472	318	2	547465	475941	29108
		183832			2446	75		535842	510885	3929
40818			1060		25270	7374		1665496	1528382	136221
80997	13000	18057	9717		73490	21827	1031	4036491	3865857	109504
204374	57373	1641	654		111421	30330	2913	4167194	3958938	234439
2667		5070	82		83483	3455	170	788371	738301	27473
1932		7972			129719	7798	1046	1911648	1777841	50460
283	400	2446	1264		133949	323		1050612	940737	18298
5254	449	41620	424		168635	12952	1790	2989234	2497759	78632
249		9055	3		141943	1958		2195448	2017518	17946
4464	36	16285	6716		113681	4673	6	1239703	1029260	101484
3054	150	8059	1939		95388	1526		1931490	1715545	55289
		108699	9938		841320	68663	60	7285625	6095718	355376
1300	100	1718	647		108827	3740	11	836582	757082	28171
		443	58		27814	89		77239	68164	7523
	100	3346	725		99638	21322	27	972021	908788	28124
20847	6736	12439	1433		150013	51442	19	2000310	1366538	42687
2579		129			25977	114	3	311779	276164	6956
	551	8369	226		92234	8333	942	779837	654381	23879
					6273			20054	18071	8
526		15459	243		58661	557	16	937652	885543	7226
4747		5031	33		14720	429	47	312061	300398	1516
182					530	2		98323	78568	2812
		4395			8278	743	5	177145	168760	4132
2529	2710	46088	85		20515	9295		324435	277580	23507

3-68 分地区中央属幼儿园

地区	总计	国家财政性教育经费	公共财政预算教育经费	教育事业费拨款	基本建设拨款	科研拨款	其他拨款	各级政府征收用于教育的税费	教育费附加
合计	**975733**	**560448**	**223020**	**68195**	**139816**		**15009**		
北京	256432	13942	1500				1500		
天津									
河北	79727	69414							
山西	909								
内蒙古									
辽宁	47109	3192	3192	715	1816		661		
吉林	17000	15000							
黑龙江	193906	183966	9039	6787			2252		
上海									
江苏	22442	10676	50	50					
浙江									
安徽	415	123							
福建									
江西									
山东									
河南									
湖北	30387	612							
湖南									
广东	1397	44							
广西									
海南									
重庆	1631								
四川									
贵州	133	129							
云南									
西藏									
陕西	13493	11137							
甘肃									
青海									
宁夏									
新疆	310752	252213	209239	60643	138000		10596		

教育经费收入情况

单位：千元

地方教育附加	地方基金	企业办学中的企业拨款	校办产业和社会服务收入用于教育的经费	其他属于国家财政性教育经费	民办学校中举办者投入	社会捐赠经费	#农村	事业收入	#学杂费	其他收入
		330773	**6655**			**55111**		**278399**	**233462**	**81775**
		6113	6329			53871		132711	108247	55908
		69414				32		10281	10281	
								909	909	
								41677	39567	2240
		15000						2000	800	
		174927						8140	7932	1800
		10429	197					11766	11758	
		123						292	292	
		612						12865	10573	16910
			44			563		790	790	
						315		1316	1316	
		129						4	4	
		11137						2356	2356	
		42889	85			330		53292	38637	4917

3-69 分地区地方幼儿园

地区	总计	国家财政性教育经费	公共财政预算教育经费	教育事业费拨款	基本建设拨款	科研拨款	其他拨款	各级政府征收用于教育的税费	教育费附加
合计	**71825692**	**23874816**	**21651085**	**18656394**	**1217981**		**1776710**	**1722928**	**1253271**
北京	2854091	1241747	1106294	937997	47273		121024	132270	131470
天津	1152280	651637	578094	544474			33620	71972	71972
河北	3308741	1812938	1753326	1594620	32810		125896	25064	23847
山西	1237710	550007	406770	390573	2500		13697	26028	18884
内蒙古	1404914	876037	815331	684938	27080		103313	58878	57122
辽宁	2288039	459669	418191	366258	660		51273	4136	3803
吉林	900700	289337	274610	262300	2000		10310	4433	4433
黑龙江	858277	325925	300486	261664	27600		11222	16534	16534
上海	5212782	3378421	3127422	3043985	12567		70870	249939	209121
江苏	6230573	2001027	1636842	1532204	57278		47360	347037	253040
浙江	6301385	1758001	1353504	1264121	3000		86383	402202	140455
安徽	1264556	362066	343944	281062	12810		50072	13093	10426
福建	3091642	992017	964857	834219	244		130394	19188	17256
江西	1400511	197329	185084	152564	3850		28670	8535	7852
山东	3925353	675900	598467	588061			10406	35389	29686
河南	2933171	575876	547284	457912	8420		80952	19534	19285
湖北	1839604	409838	367114	337141	4717		25256	20335	15835
湖南	2408246	324553	300601	240693	13300		46608	13954	10750
广东	9650188	1100557	958477	721665	1142		235670	23487	23487
广西	1293378	316058	307611	270448	2000		35163	6082	4682
海南	166716	54051	53550	50346			3204		
重庆	1343033	223559	209267	161516	200		47551	10221	10121
四川	3199470	955018	879122	631832	70900		176390	62024	34441
贵州	580720	235898	228748	215616			13132	7150	4571
云南	1502489	598206	577292	438196	28980		110116	12319	11768
西藏	114560	88225	88225	73665	1500		13060		
陕西	1514227	512487	417505	380419	24956		12130	90417	89891
甘肃	698114	369388	354387	309045	4580		40762	9937	5190
青海	283922	182255	168151	107390	38910		21851	14104	13922
宁夏	312188	121890	116667	106444			10223	828	828
新疆	2554112	2234899	2213862	1415026	788704		10132	17838	12599

教育经费收入情况

单位:千元

地方教育附加	地方基金	企业办学中的企业拨款	校办产业和社会服务收入用于教育的经费	其他属于国家财政性教育经费	民办学校中举办者投入	社会捐赠经费	#农村	事业收入	#学杂费	其他收入
380681	**88976**	**461197**	**39606**		**2811200**	**447028**	**12302**	**43142252**	**38186287**	**1550396**
800		2805	378		33028	179222	1280	1322516	1101343	77578
			1571		700	226		495861	444709	3856
1211	6	34136	412		47017	6348	87	1412075	1320814	30363
	7144	117209			22109	4482	2831	643863	539938	17249
1535	221	1828			26499	292	16	497349	474111	4737
333		35694	1648		111150	328		1671352	1467111	45540
		9618	676		36472	318	2	545465	475141	29108
		8905			2446	75		527702	502953	2129
40818			1060		25270	7374		1665496	1528382	136221
80997	13000	7628	9520		73490	21827	1031	4024725	3854099	109504
204374	57373	1641	654		111421	30330	2913	4167194	3958938	234439
2667		4947	82		83483	3455	170	788079	738009	27473
1932		7972			129719	7798	1046	1911648	1777841	50460
283	400	2446	1264		133949	323		1050612	940737	18298
5254	449	41620	424		168635	12952	1790	2989234	2497759	78632
249		9055	3		141943	1958		2195448	2017518	17946
4464	36	15673	6716		113681	4673	6	1226838	1018687	84574
3054	150	8059	1939		95388	1526		1931490	1715545	55289
		108699	9894		841320	68100	60	7284835	6094928	355376
1300	100	1718	647		108827	3740	11	836582	757082	28171
		443	58		27814	89		77239	68164	7523
	100	3346	725		99638	21007	27	970705	907472	28124
20847	6736	12439	1433		150013	51442	19	2000310	1366538	42687
2579					25977	114	3	311775	276160	6956
	551	8369	226		92234	8333	942	779837	654381	23879
					6273			20054	18071	8
526		4322	243		58661	557	16	935296	883187	7226
4747		5031	33		14720	429	47	312061	300398	1516
182					530	2		98323	78568	2812
		4395			8278	743	5	177145	168760	4132
2529	2710	3199			20515	8965		271143	238943	18590

3-70 分地区教育行政单位

地区	总计	国家财政性教育经费	公共财政预算教育经费					各级政府征收用于教育的税费	
				教育事业费拨款	基本建设拨款	科研拨款	其他拨款		教育费附加
合计	**29060464**	**26053777**	**22583711**	**18643800**	**1017551**		**2922360**	**3446713**	**2483162**
北京	446587	428994	419970	330397			89573	9024	9024
天津	206617	199543	199543	175274			24269		
河北	699625	631291	597676	512811	2049		82816	33615	21104
山西	542945	487744	487744	468829	5600		13315		
内蒙古	674133	624408	585785	414988	13500		157297	38573	31719
辽宁	634153	608416	550552	440641	7282		102629	57864	40492
吉林	331345	304917	279974	273106			6868	24943	24943
黑龙江	905409	866831	857325	806910	30757		19658	1800	
上海	223420	209368	209368	174953			34415		
江苏	2888906	2505145	1769328	1465977	156327		147024	735817	348948
浙江	736480	651721	610281	494854			115427	41440	25624
安徽	712494	565824	472741	396993			75748	93049	71160
福建	396930	322389	313771	227293			86478	8618	7059
江西	834320	749380	742468	682781	5400		54287	6742	5802
山东	1605400	1399948	1115368	1096626			18742	284580	193569
河南	1723217	1594344	1302736	1062206	10640		229890	291608	288553
湖北	887522	678587	677462	617859			59603		
湖南	1383723	1084713	987260	824085	12770		150405	95430	64276
广东	2610022	2354349	2168922	1423390	283305		462227	184456	184456
广西	715990	625414	625414	474208	47905		103301		
海南	259297	227854	221508	183814	25820		11874	6346	6346
重庆	473406	432017	388828	275188			113640	43189	35563
四川	1197908	1089412	940289	667272	16284		256733	149123	88075
贵州	3495113	3332193	2517841	2209998	189719		118124	803078	596382
云南	1988487	1796806	1529236	1148030	148257		232949	267570	260687
西藏	127676	125022	125022	121065			3957		
陕西	470254	442556	391110	365785	11400		13925	51446	43628
甘肃	229334	197252	190167	161580			28587	7085	4686
青海	344279	337546	315402	204788	50246		60368	22144	14610
宁夏	100311	89009	85658	77965			7693	3351	3165
新疆	1215161	1090784	904962	864134	290		40538	185822	113291

教育经费收入情况

单位:千元

地方教育附加	地方基金	企业办学中的企业拨款	校办产业和社会服务收入用于教育的经费	其他属于国家财政性教育经费	民办学校中举办者投入	社会捐赠经费	#农村	事业收入	#学杂费	其他收入
702791	**260760**	**4870**	**18483**			**139593**	**4751**	**1779917**		**1087177**
						2063		698		14832
								104		6970
	12511					246		60683		7405
						100		49771		5330
6627	227		50			2608		37138		9979
16226	1146							22035		3702
						1049		12300		13079
	1800	4870	2836			1760		35808		1010
										14052
257999	128870					40044		125587		218130
12657	3159					802		32091		51866
18669	3220		34			17132		102713		26825
1296	263					7098	968	55367		12076
940			170			914		47731		36295
77537	13474					5140		145428		54884
3055						454		86208		42211
			1125			12805		75035		121095
30759	395		2023			395		243587		55028
			971			3243		167962		84468
						428		52359		37789
								25832		5611
1000	6626					100		25843		15446
50785	10263					9415		67399		31682
186629	20067		11274			10432		98674		53814
	6883					18371	3783	107555		65755
								2650		4
5460	2358					400		7958		19340
2399						800		27316		3966
3853	3681							2026		4707
10	176					1105		6654		3543
26890	45641					2689		55405		66283

3-71　分地区中央属教育行政单位

地区	总计	国家财政性教育经费	公共财政预算教育经费	教育事业费拨款	基本建设拨款	科研拨款	其他拨款	各级政府征收用于教育的税费	教育费附加
合计	**137634**	**111484**	**106614**	**99689**			**6925**		
北京	84164	75409	75409	75409					
天津									
河北									
山西									
内蒙古									
辽宁									
吉林									
黑龙江	9918	9567	4697	3799			898		
上海									
江苏									
浙江									
安徽									
福建									
江西									
山东									
河南									
湖北									
湖南									
广东									
广西									
海南									
重庆									
四川									
贵州									
云南									
西藏									
陕西									
甘肃									
青海									
宁夏									
新疆	43552	26508	26508	20481			6027		

教育经费收入情况

单位:千元

地方教育附加	地方基金	企业办学中的企业拨款	校办产业和社会服务收入用于教育的经费	其他属于国家财政性教育经费	民办学校中举办者投入	社会捐赠经费	#农村	事业收入	#学杂费	其他收入
		4870						**2246**		**23904**
										8755
		4870						351		
								1895		15149

3-72 分地区地方教育行政单位

地 区	总 计	国家财政性教育经费	公共财政预算教育经费	教育事业费拨款	基本建设拨款	科研拨款	其他拨款	各级政府征收用于教育的税费	教育费附加
合 计	**28922830**	**25942293**	**22477097**	**18544111**	**1017551**		**2915435**	**3446713**	**2483162**
北 京	362423	353585	344561	254988			89573	9024	9024
天 津	206617	199543	199543	175274			24269		
河 北	699625	631291	597676	512811	2049		82816	33615	21104
山 西	542945	487744	487744	468829	5600		13315		
内蒙古	674133	624408	585785	414988	13500		157297	38573	31719
辽 宁	634153	608416	550552	440641	7282		102629	57864	40492
吉 林	331345	304917	279974	273106			6868	24943	24943
黑龙江	895491	857264	852628	803111	30757		18760	1800	
上 海	223420	209368	209368	174953			34415		
江 苏	2888906	2505145	1769328	1465977	156327		147024	735817	348948
浙 江	736480	651721	610281	494854			115427	41440	25624
安 徽	712494	565824	472741	396993			75748	93049	71160
福 建	396930	322389	313771	227293			86478	8618	7059
江 西	834320	749380	742468	682781	5400		54287	6742	5802
山 东	1605400	1399948	1115368	1096626			18742	284580	193569
河 南	1723217	1594344	1302736	1062206	10640		229890	291608	288553
湖 北	887522	678587	677462	617859			59603		
湖 南	1383723	1084713	987260	824085	12770		150405	95430	64276
广 东	2610022	2354349	2168922	1423390	283305		462227	184456	184456
广 西	715990	625414	625414	474208	47905		103301		
海 南	259297	227854	221508	183814	25820		11874	6346	6346
重 庆	473406	432017	388828	275188			113640	43189	35563
四 川	1197908	1089412	940289	667272	16284		256733	149123	88075
贵 州	3495113	3332193	2517841	2209998	189719		118124	803078	596382
云 南	1988487	1796806	1529236	1148030	148257		232949	267570	260687
西 藏	127676	125022	125022	121065			3957		
陕 西	470254	442556	391110	365785	11400		13925	51446	43628
甘 肃	229334	197252	190167	161580			28587	7085	4686
青 海	344279	337546	315402	204788	50246		60368	22144	14610
宁 夏	100311	89009	85658	77965			7693	3351	3165
新 疆	1171609	1064276	878454	843653	290		34511	185822	113291

教育经费收入情况

单位:千元

地方教育附加	地方基金	企业办学中的企业拨款	校办产业和社会服务收入用于教育的经费	其他属于国家财政性教育经费	民办学校中举办者投入	社会捐赠经费	#农村	事业收入	#学杂费	其他收入
702791	**260760**		**18483**			**139593**	**4751**	**1777671**		**1063273**
						2063		698		6077
								104		6970
	12511					246		60683		7405
						100		49771		5330
6627	227		50			2608		37138		9979
16226	1146							22035		3702
						1049		12300		13079
	1800		2836			1760		35457		1010
										14052
257999	128870					40044		125587		218130
12657	3159					802		32091		51866
18669	3220		34			17132		102713		26825
1296	263					7098	968	55367		12076
940			170			914		47731		36295
77537	13474					5140		145428		54884
3055						454		86208		42211
			1125			12805		75035		121095
30759	395		2023			395		243587		55028
			971			3243		167962		84468
						428		52359		37789
								25832		5611
1000	6626					100		25843		15446
50785	10263					9415		67399		31682
186629	20067		11274			10432		98674		53814
	6883					18371	3783	107555		65755
								2650		4
5460	2358					400		7958		19340
2399						800		27316		3966
3853	3681							2026		4707
10	176					1105		6654		3543
26890	45641					2689		53510		51134

3-73 分地区教育事业单位

地区	总计	国家财政性教育经费	公共财政预算教育经费					各级政府征收用于教育的税费	
				教育事业费拨款	基本建设拨款	科研拨款	其他拨款		教育费附加
合计	**62694547**	**52004212**	**43136500**	**36707495**	**1630770**		**4798235**	**8513958**	**6560097**
北京	14416462	11963173	10258889	7922341	260067		2076481	1639615	1635315
天津	1822946	1599788	1410205	1341966			68239	185481	185481
河北	1184119	899316	823922	727647	325		95950	74867	73162
山西	1025307	885227	879945	797154	38368		44423	4806	4806
内蒙古	1059042	905975	782968	602610	15000		165358	114366	86623
辽宁	4574692	4288523	3132839	2701555	7000		424284	1153561	988117
吉林	1110657	990296	911479	869931	14800		26748	74679	74679
黑龙江	2009366	1935445	1663079	1627406	20599		15074	267307	265407
上海	2609608	1957674	1765508	1751088			14420	174187	74187
江苏	5220971	4045970	2706754	1971531	692801		42422	1191261	645938
浙江	3868942	3109993	2021479	1912933	30000		78546	1080013	405495
安徽	520850	400454	324412	225320	8140		90952	73887	56628
福建	1217342	965553	902074	762319			139755	58556	46144
江西	1376943	1145085	955046	890232	31449		33365	189883	180013
山东	1734747	1437810	1243234	1233413			9821	193262	143305
河南	2973216	2656105	2356410	2132538	6600		217272	292251	284404
湖北	1332499	868084	758255	663903	4891		89461	100499	49034
湖南	867655	516685	464057	418671	2180		43206	46642	28450
广东	3416969	2809806	2344907	1936068	52755		356084	461247	461247
广西	1285011	1143894	942825	792219	81225		69381	201069	121028
海南	144996	113523	105934	102205	1750		1979		
重庆	880254	673621	614898	556464	2700		55734	55887	53387
四川	1487526	1102644	896631	660408	50464		185759	194780	147139
贵州	596442	495999	395921	375974			19947	97987	60364
云南	2139097	1775040	1500122	1263260	105006		131856	266370	258912
西藏	760113	759576	732182	572605	94600		64977	27394	27394
陕西	740999	618005	556662	537600			19062	57728	57347
甘肃	621813	489582	468366	412563			55803	9876	7274
青海	616045	567510	515666	373479			142187	51084	25661
宁夏	179345	125316	116816	107981			8835	7185	3986
新疆	900573	758540	585015	464111	110050		10854	168228	109170

教育经费收入情况

单位:千元

地方教育附加	地方基金	企业办学中的企业拨款	校办产业和社会服务收入用于教育的经费	其他属于国家财政性教育经费	民办学校中举办者投入	社会捐赠经费	#农村	事业收入	#学杂费	其他收入
1477934	**475927**	**7**	**352732**	**1015**		**158952**	**1403**	**7807695**		**2723688**
	4300		64669			24272		1829942		599075
			4102			19		174064		49075
	1705		527			333	1	256758		27712
			476			119		137488		2473
11190	16553		7875	766		750		145492		6825
92688	72756		2123			8		216882		69279
			4138			88		106124		14149
100	1800		5059			2601		62811		8509
100000			17979			324		185755		465855
437805	107518		147955			34055	100	960856		180090
516304	158214		8461	40		19531	640	334009		405409
16949	310		2155			1624	5	95144		23628
12262	150		4923			19053		203589		29147
9130	740		156			358		195702		35798
46402	3555		1314			4927	657	256044		35966
6207	1640		7425	19		179		279394		37538
22751	28714		9320	10		7277		340955		116183
16862	1330		5986			2176		297468		51326
			3652			2205		483144		121814
79411	630					488		120134		20495
			7589					27070		4403
	2500		2836			1643		145624		59366
43410	4231		11233			2860		320604		61418
37623			2091			1033		86414		12996
	7458		8548			10572		124393		229092
								500		37
221	160		3555	60		18		116727		6249
1292	1310		11220	120		309		125420		6502
4693	20730		760			13041		26536		8958
2585	614		1315			1581		44810		7638
20049	39009	7	5290			7508		107842		26683

3-74 分地区中央属教育事业单位

地 区	总 计	国家财政性教育经费	公共财政预算教育经费	教育事业费拨款	基本建设拨款	科研拨款	其他拨款	各级政府征收用于教育的税费	教育费附加
合 计	**6581430**	**4934253**	**4899516**	**3574630**			**1324886**		
北 京	6554320	4910139	4875409	3551717			1323692		
天 津									
河 北									
山 西									
内蒙古									
辽 宁									
吉 林									
黑龙江	6807	6807	6807	6807					
上 海									
江 苏									
浙 江									
安 徽									
福 建									
江 西									
山 东									
河 南									
湖 北									
湖 南									
广 东									
广 西									
海 南									
重 庆									
四 川									
贵 州									
云 南									
西 藏									
陕 西									
甘 肃									
青 海									
宁 夏									
新 疆	20303	17307	17300	16106			1194		

教育经费收入情况

单位:千元

地方教育附加	地方基金	企业办学中的企业拨款	校办产业和社会服务收入用于教育的经费	其他属于国家财政性教育经费	民办学校中举办者投入	社会捐赠经费	#农村	事业收入	#学杂费	其他收入
		7	**34730**					**1413700**		**233477**
			34730					1411448		232733
		7						2252		744

3-75 分地区地方教育事业单位

地区	总计	国家财政性教育经费	公共财政预算教育经费	教育事业费拨款	基本建设拨款	科研拨款	其他拨款	各级政府征收用于教育的税费	教育费附加
合计	**56113117**	**47069959**	**38236984**	**33132865**	**1630770**		**3473349**	**8513958**	**6560097**
北京	7862142	7053034	5383480	4370624	260067		752789	1639615	1635315
天津	1822946	1599788	1410205	1341966			68239	185481	185481
河北	1184119	899316	823922	727647	325		95950	74867	73162
山西	1025307	885227	879945	797154	38368		44423	4806	4806
内蒙古	1059042	905975	782968	602610	15000		165358	114366	86623
辽宁	4574692	4288523	3132839	2701555	7000		424284	1153561	988117
吉林	1110657	990296	911479	869931	14800		26748	74679	74679
黑龙江	2002559	1928638	1656272	1620599	20599		15074	267307	265407
上海	2609608	1957674	1765508	1751088			14420	174187	74187
江苏	5220971	4045970	2706754	1971531	692801		42422	1191261	645938
浙江	3868942	3109993	2021479	1912933	30000		78546	1080013	405495
安徽	520850	400454	324412	225320	8140		90952	73887	56628
福建	1217342	965553	902074	762319			139755	58556	46144
江西	1376943	1145085	955046	890232	31449		33365	189883	180013
山东	1734747	1437810	1243234	1233413			9821	193262	143305
河南	2973216	2656105	2356410	2132538	6600		217272	292251	284404
湖北	1332499	868084	758255	663903	4891		89461	100499	49034
湖南	867655	516685	464057	418671	2180		43206	46642	28450
广东	3416969	2809806	2344907	1936068	52755		356084	461247	461247
广西	1285011	1143894	942825	792219	81225		69381	201069	121028
海南	144996	113523	105934	102205	1750		1979		
重庆	880254	673621	614898	556464	2700		55734	55887	53387
四川	1487526	1102644	896631	660408	50464		185759	194780	147139
贵州	596442	495999	395921	375974			19947	97987	60364
云南	2139097	1775040	1500122	1263260	105006		131856	266370	258912
西藏	760113	759576	732182	572605	94600		64977	27394	27394
陕西	740999	618005	556662	537600			19062	57728	57347
甘肃	621813	489582	468366	412563			55803	9876	7274
青海	616045	567510	515666	373479			142187	51084	25661
宁夏	179345	125316	116816	107981			8835	7185	3986
新疆	880270	741233	567715	448005	110050		9660	168228	109170

教育经费收入情况

单位:千元

地方教育附加	地方基金	企业办学中的企业拨款	校办产业和社会服务收入用于教育的经费	其他属于国家财政性教育经费	民办学校中举办者投入	社会捐赠经费	#农村	事业收入	#学杂费	其他收入
1477934	**475927**		**318002**	**1015**		**158952**	**1403**	**6393995**		**2490211**
	4300		29939			24272		418494		366342
			4102			19		174064		49075
	1705		527			333	1	256758		27712
			476			119		137488		2473
11190	16553		7875	766		750		145492		6825
92688	72756		2123			8		216882		69279
			4138			88		106124		14149
100	1800		5059			2601		62811		8509
100000			17979			324		185755		465855
437805	107518		147955			34055	100	960856		180090
516304	158214		8461	40		19531	640	334009		405409
16949	310		2155			1624	5	95144		23628
12262	150		4923			19053		203589		29147
9130	740		156			358		195702		35798
46402	3555		1314			4927	657	256044		35966
6207	1640		7425	19		179		279394		37538
22751	28714		9320	10		7277		340955		116183
16862	1330		5986			2176		297468		51326
			3652			2205		483144		121814
79411	630					488		120134		20495
			7589					27070		4403
	2500		2836			1643		145624		59366
43410	4231		11233			2860		320604		61418
37623			2091			1033		86414		12996
	7458		8548			10572		124393		229092
								500		37
221	160		3555	60		18		116727		6249
1292	1310		11220	120		309		125420		6502
4693	20730		760			13041		26536		8958
2585	614		1315			1581		44810		7638
20049	39009		5290			7508		105590		25939

3-76 分地区其他教育机构

地区	总计	国家财政性教育经费	公共财政预算教育经费					各级政府征收用于教育的税费	
				教育事业费拨款	基本建设拨款	科研拨款	其他拨款		教育费附加
合计	**25877520**	**23206429**	**14505120**	**9895468**	**748058**	**97125**	**3764469**	**83402**	**13400**
北京	2943761	2692762	2618722	790905	12303	153	1815361		
天津	246643	223018	147726	143200		1110	3416		
河北	638975	557169	393589	337459	3874	508	51748	260	110
山西	611712	566491	292232	261944	390	6932	22966	100	100
内蒙古	579079	520529	314562	240262	3302	1146	69852	2075	
辽宁	979010	926996	561377	385075	21961	2285	152056	4514	1308
吉林	465145	444951	253885	206239		4579	43067	50	50
黑龙江	668595	646929	290011	276642	745		12624	9113	189
上海	1206228	963915	866455	413079	193438	1142	258796		
江苏	1592545	1360472	664788	589240	20242	10644	44662	13786	2474
浙江	1393099	1150985	627198	581330	7242	10511	28115	37185	195
安徽	902755	822866	407927	211097		7808	189022	1916	913
福建	572044	469923	352459	267926	13544	5500	65489	430	430
江西	656282	584927	246845	214487		1417	30941	1355	1325
山东	1676625	1534096	1239244	1138559	33856	3225	63604		
河南	920066	800651	444856	336383	3743	3587	101143	181	181
湖北	736991	674448	409032	298441		3090	107501	254	254
湖南	1078425	980767	455705	342048	46039	4258	63360	75	50
广东	1267328	1100881	693885	529400	32286	8524	123675	365	
广西	686848	642028	367610	303713	41968	4833	17096	100	
海南	137735	136212	52616	23400	11200	967	17049		
重庆	782534	717640	195872	118756	32073	718	44325		
四川	1147417	1025138	560721	366209	53017	6815	134680	1588	80
贵州	427638	402352	205241	196738		290	8213	2274	2274
云南	810795	747255	441895	267130	77774	5116	91875	254	150
西藏	209184	207290	126102	66469	59350		283		
陕西	734171	681190	284911	224780	7000		53131	317	317
甘肃	580618	510872	333881	230766	36000	276	66839	710	
青海	177532	165568	136193	86229	17200	627	32137	3000	3000
宁夏	178767	148902	86867	79695		320	6852		
新疆	868973	799206	432713	367867	19511	744	44591	3500	

教育经费收入情况

单位:千元

地方教育附加	地方基金	企业办学中的企业拨款	校办产业和社会服务收入用于教育的经费	其他属于国家财政性教育经费	民办学校中举办者投入	社会捐赠经费	#农村	事业收入	#学杂费	其他收入
3055	**66947**	**2001**	**64888**	**8551018**		**6339**	**654**	**2143476**	**494137**	**521276**
			8383	65657				147922	19632	103077
			237	75055				20945	7401	2680
	150		5000	158320				74859	51959	6947
				274159				44558	12779	663
	2075		8457	195435				53750	6976	4800
	3206			361105		1070		43497	5720	7447
				191016				16252	3951	3942
	8924	210		347595		1714		10715	2215	9237
			5202	92258		8		170357		71948
612	10700		6368	675530				212669	27662	19404
50	36940		2045	484557				166416	10676	75698
20	983		774	412249		810	604	73209	43509	5870
			387	116647		136		51909	6215	50076
30			772	335955		202		65596	13866	5557
				294852		576		121695	39616	20258
				355614				109064	38557	10351
			344	264818				54828	9397	7715
25			201	524786		1010	10	86985	32755	9663
	365		9553	397078		293		133498	32273	32656
100				274318		387		38456	1319	5977
				83596				915	84	608
				521768				59984	9414	4910
1508			1781	461048				101660	34225	20619
				194837				21873	5005	3413
	104		1121	303985		132	40	58346	25357	5062
				81188				1894	1573	
			7040	388922				50456	5382	2525
710				176281				61508	4408	8238
			505	25870				7659	3476	4305
			152	61883				24652	15445	5213
	3500	1791	6566	354636		1		57349	23290	12417

3-77 分地区中央属其他教育机构

地区	总计	国家财政性教育经费	公共财政预算教育经费					各级政府征收用于教育的税费	
				教育事业费拨款	基本建设拨款	科研拨款	其他拨款		教育费附加
合计	**3400879**	**3004145**	**2982904**	**768880**	**5245**	**426**	**2208353**		
北京	2384547	2225086	2212662	539500			1673162		
天津	83904	68841	68841	68841					
河北									
山西	568	568	568				568		
内蒙古	245	245	245				245		
辽宁	46824	46824	46824				46824		
吉林	35130	35130	35130				35130		
黑龙江	9318	7881	7671	1117	745		5809		
上海	477655	292091	291841	96607			195234		
江苏	27950	27950	27950				27950		
浙江	2349	2349	2349				2349		
安徽	40136	40136	40136			400	39736		
福建	6820	6820	6820				6820		
江西									
山东	12002	12002	12002	2080			9922		
河南									
湖北	71363	71363	71363				71363		
湖南	1620	1620	1620				1620		
广东									
广西									
海南									
重庆	371	371	371				371		
四川	21464	21464	21464				21464		
贵州	2965	2965	2965				2965		
云南	9369	9369	9369				9369		
西藏									
陕西	24780	24780	24780				24780		
甘肃	20548	20548	20548			26	20522		
青海									
宁夏									
新疆	120951	85742	77385	60735	4500		12150		

教育经费收入情况

单位:千元

地方教育附加	地方基金	企业办学中的企业拨款	校办产业和社会服务收入用于教育的经费	其他属于国家财政性教育经费	民办学校中举办者投入	社会捐赠经费	#农村	事业收入	#学杂费	其他收入
		2001	**6832**	**12408**		**8**		**275961**	**43135**	**120765**
			16	12408				93668	13450	65793
								12631	7043	2432
		210								1437
			250			8		138812		46744
		1791	6566					30850	22642	4359

3-78 分地区地方其他教育机构

地区	总计	国家财政性教育经费	公共财政预算教育经费					各级政府征收用于教育的税费	
				教育事业费拨款	基本建设拨款	科研拨款	其他拨款		教育费附加
合计	**22476641**	**20202284**	**11522216**	**9126588**	**742813**	**96699**	**1556116**	**83402**	**13400**
北京	559214	467676	406060	251405	12303	153	142199		
天津	162739	154177	78885	74359		1110	3416		
河北	638975	557169	393589	337459	3874	508	51748	260	110
山西	611144	565923	291664	261944	390	6932	22398	100	100
内蒙古	578834	520284	314317	240262	3302	1146	69607	2075	
辽宁	932186	880172	514553	385075	21961	2285	105232	4514	1308
吉林	430015	409821	218755	206239		4579	7937	50	50
黑龙江	659277	639048	282340	275525			6815	9113	189
上海	728573	671824	574614	316472	193438	1142	63562		
江苏	1564595	1332522	636838	589240	20242	10644	16712	13786	2474
浙江	1390750	1148636	624849	581330	7242	10511	25766	37185	195
安徽	862619	782730	367791	211097		7408	149286	1916	913
福建	565224	463103	345639	267926	13544	5500	58669	430	430
江西	656282	584927	246845	214487		1417	30941	1355	1325
山东	1664623	1522094	1227242	1136479	33856	3225	53682		
河南	920066	800651	444856	336383	3743	3587	101143	181	181
湖北	665628	603085	337669	298441		3090	36138	254	254
湖南	1076805	979147	454085	342048	46039	4258	61740	75	50
广东	1267328	1100881	693885	529400	32286	8524	123675	365	
广西	686848	642028	367610	303713	41968	4833	17096	100	
海南	137735	136212	52616	23400	11200	967	17049		
重庆	782163	717269	195501	118756	32073	718	43954		
四川	1125953	1003674	539257	366209	53017	6815	113216	1588	80
贵州	424673	399387	202276	196738		290	5248	2274	2274
云南	801426	737886	432526	267130	77774	5116	82506	254	150
西藏	209184	207290	126102	66469	59350		283		
陕西	709391	656410	260131	224780	7000		28351	317	317
甘肃	560070	490324	313333	230766	36000	250	46317	710	
青海	177532	165568	136193	86229	17200	627	32137	3000	3000
宁夏	178767	148902	86867	79695		320	6852		
新疆	748022	713464	355328	307132	15011	744	32441	3500	

教育经费收入情况

单位:千元

地方教育附加	地方基金	企业办学中的企业拨款	校办产业和社会服务收入用于教育的经费	其他属于国家财政性教育经费	民办学校中举办者投入	社会捐赠经费	#农村	事业收入	#学杂费	其他收入
3055	**66947**		**58056**	**8538610**		**6331**	**654**	**1867515**	**451002**	**400511**
			8367	53249				54254	6182	37284
			237	75055				8314	358	248
	150		5000	158320				74859	51959	6947
				274159				44558	12779	663
	2075		8457	195435				53750	6976	4800
	3206			361105		1070		43497	5720	7447
				191016				16252	3951	3942
	8924			347595		1714		10715	2215	7800
			4952	92258				31545		25204
612	10700		6368	675530				212669	27662	19404
50	36940		2045	484557				166416	10676	75698
20	983		774	412249		810	604	73209	43509	5870
			387	116647		136		51909	6215	50076
30			772	335955		202		65596	13866	5557
				294852		576		121695	39616	20258
				355614				109064	38557	10351
			344	264818				54828	9397	7715
25			201	524786		1010	10	86985	32755	9663
	365		9553	397078		293		133498	32273	32656
100				274318		387		38456	1319	5977
				83596				915	84	608
				521768				59984	9414	4910
1508			1781	461048				101660	34225	20619
				194837				21873	5005	3413
	104		1121	303985		132	40	58346	25357	5062
				81188				1894	1573	
			7040	388922				50456	5382	2525
710				176281				61508	4408	8238
			505	25870				7659	3476	4305
			152	61883				24652	15445	5213
	3500			354636		1		26499	648	8058

第四部分

省、自治区、直辖市各级各类教育机构教育经费支出明细

4-1 分地区各级各类教育机构

地 区	合 计	事业性经费支出	个人部分	工资福利支出	对个人和家庭的补助支出	#助学金
合 计	**1879613241**	**1818337347**	**1049502736**	**734539942**	**314962794**	**75458655**
北 京	110207232	103435655	42232814	24949248	17283566	4204801
天 津	33402742	32956979	19927977	12194406	7733571	679359
河 北	72600881	71650270	45136728	33401266	11735462	3098157
山 西	44041280	42582732	25849387	20069084	5780303	1919577
内蒙古	40699627	38622640	23767769	17011176	6756593	1806608
辽 宁	66494087	65520930	37949066	24515806	13433260	1859030
吉 林	36998247	36330564	21515023	13973748	7541275	1366050
黑龙江	46296238	45175148	26026878	17175506	8851372	1209405
上 海	72664906	70935888	36661824	28158697	8503127	1721380
江 苏	143155882	138454384	81715775	55546757	26169018	4534590
浙 江	107850946	106429026	62795997	46875807	15920190	3537395
安 徽	62481707	60330876	35726475	24850299	10876176	2173906
福 建	53887227	52189647	32338249	22811860	9526389	1870469
江 西	44336547	43019067	24413993	16851678	7562315	2152692
山 东	109022376	107759417	61257574	46896359	14361215	3721136
河 南	88417546	86607841	50021949	35845578	14176371	4300831
湖 北	70087217	68682055	39845032	26407517	13437515	3704533
湖 南	67390884	65809611	38675829	27829840	10845989	2476832
广 东	156579095	150192558	87049483	64286287	22763196	4195044
广 西	47910147	46904147	30114351	19308671	10805680	3208292
海 南	14841271	13340561	7651000	6492786	1158214	423185
重 庆	43972188	42157726	22493558	14382690	8110868	2154333
四 川	98250164	93889091	55543657	37851359	17692298	5393830
贵 州	34656415	33697209	21143442	14586590	6556852	1123327
云 南	54093012	51632216	31324742	20900665	10424077	4405444
西 藏	6656888	6068257	3991649	2781384	1210265	600579
陕 西	59597085	57720106	32142345	22442175	9700170	3586320
甘 肃	31977149	29787939	18495236	12963619	5531617	1994339
青 海	10273819	9221033	5271487	3536245	1735242	470376
宁 夏	9714813	9301774	4925251	3566798	1358453	360796
新 疆	41055623	37932000	23498196	16076041	7422155	1206039

教育经费支出明细

单位:千元

公用部分	商品和服务支出	其他资本性支出			基本建设支出
			专项公用支出	专项项目支出	
768834611	**438055034**	**330779577**	**124611969**	**206167608**	**61275894**
61202841	40582717	20620124	11543009	9077115	6771577
13029002	7829555	5199447	2049496	3149951	445763
26513542	16144278	10369264	3159760	7209504	950611
16733345	9706222	7027123	2306566	4720557	1458548
14854871	7194854	7660017	2722942	4937075	2076987
27571864	15451342	12120522	5128174	6992348	973157
14815541	8421584	6393957	2602532	3791425	667683
19148270	13236637	5911633	2618631	3293002	1121090
34274064	26663669	7610395	4966552	2643843	1729018
56738609	28441033	28297576	9710310	18587266	4701498
43633029	23348158	20284871	6144968	14139903	1421920
24604401	12027964	12576437	3631641	8944796	2150831
19851398	10226438	9624960	3582678	6042282	1697580
18605074	9395622	9209452	3283489	5925963	1317480
46501843	21770536	24731307	7669577	17061730	1262959
36585892	23004159	13581733	5539038	8042695	1809705
28837023	18078357	10758666	4204001	6554665	1405162
27133782	17311098	9822684	4233041	5589643	1581273
63143075	37666978	25476097	10594040	14882057	6386537
16789796	8099007	8690789	2807014	5883775	1006000
5689561	2428676	3260885	910702	2350183	1500710
19664168	10523312	9140856	3378832	5762024	1814462
38345434	20419615	17925819	6276379	11649440	4361073
12553767	7514303	5039464	2315132	2724332	959206
20307474	9305270	11002204	3071542	7930662	2460796
2076608	1089929	986679	306821	679858	588631
25577761	14527077	11050684	4403878	6646806	1876979
11292703	6190103	5102600	1666127	3436473	2189210
3949546	1729628	2219918	606246	1613672	1052786
4376523	1824397	2552126	848993	1703133	413039
14433804	7902516	6531288	2329858	4201430	3123623

4-2 分地区中央属各级各类教育机构

地区	合计	事业性经费支出	个人部分	工资福利支出	对个人和家庭的补助支出	#助学金
合计	**179557431**	**170229902**	**67240997**	**35463817**	**31777180**	**9349671**
北京	55168873	52341102	16290931	8370994	7919937	3608328
天津	4096009	3930308	2059778	990469	1069309	187638
河北	1490048	1434067	750234	576437	173797	65109
山西	16940	16940	11258	8418	2840	2064
内蒙古	4068	4068	2181	2181		
辽宁	5484118	5357952	2067802	978960	1088842	219087
吉林	4106305	3959965	1743882	990863	753019	222295
黑龙江	6156869	5798374	2298111	1392699	905412	225071
上海	19050917	18225295	7874869	3896316	3978553	676660
江苏	13342572	12105354	4911911	2572496	2339415	553939
浙江	5311599	5301599	1823423	796317	1027106	245798
安徽	2866077	2641075	915320	442664	472656	131423
福建	2954846	2789236	1464468	606029	858439	246481
江西	19221	16439	13336	10950	2386	1920
山东	5522806	5043280	2163105	1081258	1081847	213960
河南	87403	87403	45660	28456	17204	4911
湖北	13138727	12843314	6057275	3003172	3054103	881121
湖南	3371688	3303606	1525574	827136	698438	254138
广东	7218029	6923755	3053648	1530371	1523277	252202
广西						
海南	11316	11316	10219	6411	3808	
重庆	4429086	4004584	1500932	853612	647320	218420
四川	8850345	8551046	3319848	2135782	1184066	373655
贵州	30327	30327	14631	12077	2554	1432
云南	9369	9369				
西藏						
陕西	9273103	8737832	3400645	1654513	1746132	408490
甘肃	1737665	1630535	691294	427527	263767	98791
青海						
宁夏	331981	251981	113838	81616	32222	16067
新疆	5477124	4879780	3116824	2186093	930731	240671

教育经费支出明细

单位:千元

公用部分	商品和服务支出	其他资本性支出	专项公用支出	专项项目支出	基本建设支出
102988905	**74891749**	**28097156**	**16560105**	**11537051**	**9327529**
36050171	26703774	9346397	5262589	4083808	2827771
1870530	1520865	349665	296010	53655	165701
683833	471249	212584	111599	100985	55981
5682	5611	71	71		
1887	1887				
3290150	1920126	1370024	600742	769282	126166
2216083	1586761	629322	548582	80740	146340
3500263	2877720	622543	446844	175699	358495
10350426	7458844	2891582	1946499	945083	825622
7193443	4842898	2350545	1130759	1219786	1237218
3478176	3013406	464770	357770	107000	10000
1725755	1215230	510525	487735	22790	225002
1324768	833304	491464	270816	220648	165610
3103	2287	816	656	160	2782
2880175	2260035	620140	499264	120876	479526
41743	23702	18041	6503	11538	
6786039	5215633	1570406	863107	707299	295413
1778032	1384621	393411	350822	42589	68082
3870107	2605789	1264318	542707	721611	294274
1097	918	179	179		
2503652	1909318	594334	338856	255478	424502
5231198	3615549	1615649	813147	802502	299299
15696	12470	3226	3226		
9369	9369				
5337187	3714956	1622231	1148373	473858	535271
939241	700608	238633	140284	98349	107130
138143	63599	74544	74544		80000
1762956	921220	841736	318421	523315	597344

4-3 分地区地方各级各类教育机构

地区	合计	事业性经费支出	个人部分	工资福利支出	对个人和家庭的补助支出	#助学金
合计	**1700055810**	**1648107445**	**982261739**	**699076125**	**283185614**	**66108984**
北京	55038359	51094553	25941883	16578254	9363629	596473
天津	29306733	29026671	17868199	11203937	6664262	491721
河北	71110833	70216203	44386494	32824829	11561665	3033048
山西	44024340	42565792	25838129	20060666	5777463	1917513
内蒙古	40695559	38618572	23765588	17008995	6756593	1806608
辽宁	61009969	60162978	35881264	23536846	12344418	1639943
吉林	32891942	32370599	19771141	12982885	6788256	1143755
黑龙江	40139369	39376774	23728767	15782807	7945960	984334
上海	53613989	52710593	28786955	24262381	4524574	1044720
江苏	129813310	126349030	76803864	52974261	23829603	3980651
浙江	102539347	101127427	60972574	46079490	14893084	3291597
安徽	59615630	57689801	34811155	24407635	10403520	2042483
福建	50932381	49400411	30873781	22205831	8667950	1623988
江西	44317326	43002628	24400657	16840728	7559929	2150772
山东	103499570	102716137	59094469	45815101	13279368	3507176
河南	88330143	86520438	49976289	35817122	14159167	4295920
湖北	56948490	55838741	33787757	23404345	10383412	2823412
湖南	64019196	62506005	37150255	27002704	10147551	2222694
广东	149361066	143268803	83995835	62755916	21239919	3942842
广西	47910147	46904147	30114351	19308671	10805680	3208292
海南	14829955	13329245	7640781	6486375	1154406	423185
重庆	39543102	38153142	20992626	13529078	7463548	1935913
四川	89399819	85338045	52223809	35715577	16508232	5020175
贵州	34626088	33666882	21128811	14574513	6554298	1121895
云南	54083643	51622847	31324742	20900665	10424077	4405444
西藏	6656888	6068257	3991649	2781384	1210265	600579
陕西	50323982	48982274	28741700	20787662	7954038	3177830
甘肃	30239484	28157404	17803942	12536092	5267850	1895548
青海	10273819	9221033	5271487	3536245	1735242	470376
宁夏	9382832	9049793	4811413	3485182	1326231	344729
新疆	35578499	33052220	20381372	13889948	6491424	965368

教育经费支出明细

单位:千元

公用部分	商品和服务支出	其他资本性支出			基本建设支出
			专项公用支出	专项项目支出	
665845706	**363163285**	**302682421**	**108051864**	**194630557**	**51948365**
25152670	13878943	11273727	6280420	4993307	3943806
11158472	6308690	4849782	1753486	3096296	280062
25829709	15673029	10156680	3048161	7108519	894630
16727663	9700611	7027052	2306495	4720557	1458548
14852984	7192967	7660017	2722942	4937075	2076987
24281714	13531216	10750498	4527432	6223066	846991
12599458	6834823	5764635	2053950	3710685	521343
15648007	10358917	5289090	2171787	3117303	762595
23923638	19204825	4718813	3020053	1698760	903396
49545166	23598135	25947031	8579551	17367480	3464280
40154853	20334752	19820101	5787198	14032903	1411920
22878646	10812734	12065912	3143906	8922006	1925829
18526630	9393134	9133496	3311862	5821634	1531970
18601971	9393335	9208636	3282833	5925803	1314698
43621668	19510501	24111167	7170313	16940854	783433
36544149	22980457	13563692	5532535	8031157	1809705
22050984	12862724	9188260	3340894	5847366	1109749
25355750	15926477	9429273	3882219	5547054	1513191
59272968	35061189	24211779	10051333	14160446	6092263
16789796	8099007	8690789	2807014	5883775	1006000
5688464	2427758	3260706	910523	2350183	1500710
17160516	8613994	8546522	3039976	5506546	1389960
33114236	16804066	16310170	5463232	10846938	4061774
12538071	7501833	5036238	2311906	2724332	959206
20298105	9295901	11002204	3071542	7930662	2460796
2076608	1089929	986679	306821	679858	588631
20240574	10812121	9428453	3255505	6172948	1341708
10353462	5489495	4863967	1525843	3338124	2082080
3949546	1729628	2219918	606246	1613672	1052786
4238380	1760798	2477582	774449	1703133	333039
12670848	6981296	5689552	2011437	3678115	2526279

4-4 分地区高等学校

地区	合计	事业性经费支出	个人部分	工资福利支出	对个人和家庭的补助支出	#助学金
合计	**533836786**	**510776010**	**216849883**	**129131276**	**87718607**	**32845409**
北京	58728498	55282862	20764261	10857005	9907256	3947087
天津	13105549	12909848	5939515	3257748	2681767	561855
河北	15535256	15409219	7191099	4478892	2712207	1154481
山西	7985780	7758225	3959227	2448051	1511176	827238
内蒙古	7697958	7210398	3123956	1945168	1178788	592046
辽宁	21328325	20882374	9723090	5554190	4168900	1108399
吉林	12433793	12078458	5364484	3082761	2281723	800497
黑龙江	16183803	15683334	6120261	3457758	2662503	908980
上海	32791014	31719910	13570497	8529097	5041400	1084470
江苏	44825467	42933587	17324062	10327325	6996737	2376363
浙江	28738428	27802009	11068902	7263516	3805386	1337282
安徽	13971630	13040147	5686324	3263197	2423127	1005059
福建	13966800	13058434	6019260	3546937	2472323	962505
江西	12760854	12103571	5369129	3160557	2208572	956292
山东	27082245	26104863	11366743	6809775	4556968	1593790
河南	18480376	17979021	7840882	4962049	2878833	1532596
湖北	27753018	27103798	12426426	7031813	5394613	2080191
湖南	17323392	16683640	7407379	4478946	2928433	1257129
广东	38493409	36147493	15671823	10008808	5663015	1468845
广西	8536312	8357755	3969432	2316644	1652788	810486
海南	3264072	2801659	1062057	761032	301025	182134
重庆	13157706	12307245	4546884	2879556	1667328	777669
四川	25784238	24058007	9387357	5972043	3415314	1615037
贵州	5279142	4988853	2210622	1223392	987230	426650
云南	9193585	8564748	3590559	2184328	1406231	696922
西藏	810868	736808	422009	268506	153503	50143
陕西	22961733	22208835	8718457	4873397	3845060	1474027
甘肃	6352933	6079303	2846489	1770882	1075607	500520
青海	1059423	983402	609801	368106	241695	63696
宁夏	1847881	1713631	769966	506342	263624	111844
新疆	6403298	6084573	2778930	1543455	1235475	581176

教育经费支出明细

单位：千元

公用部分	商品和服务支出	其他资本性支出			基本建设支出
			专项公用支出	专项项目支出	
293926127	**174053886**	**119872241**	**58077782**	**61794459**	**23060776**
34518601	23403392	11115209	7132564	3982645	3445636
6970333	4287940	2682393	1101569	1580824	195701
8218120	5455546	2762574	1102166	1660408	126037
3798998	2232551	1566447	829758	736689	227555
4086442	1935612	2150830	1300924	849906	487560
11159284	6417057	4742227	2449290	2292937	445951
6713974	3871714	2842260	1670649	1171611	355335
9563073	6687338	2875735	1536754	1338981	500469
18149413	14066912	4082501	2906265	1176236	1071104
25609525	13325520	12284005	4650413	7633592	1891880
16733107	10142640	6590467	2702140	3888327	936419
7353823	3534872	3818951	1682676	2136275	931483
7039174	3742691	3296483	1641735	1654748	908366
6734442	3157900	3576542	1697861	1878681	657283
14738120	7928495	6809625	3367727	3441898	977382
10138139	5474325	4663814	2347949	2315865	501355
14677372	9625445	5051927	2406189	2645738	649220
9276261	6347151	2929110	1695757	1233353	639752
20475670	11446088	9029582	3454312	5575270	2345916
4388323	2316197	2072126	1092252	979874	178557
1739602	677614	1061988	365879	696109	462413
7760361	3986214	3774147	1538608	2235539	850461
14670650	8091534	6579116	2780641	3798475	1726231
2778231	1371652	1406579	801764	604815	290289
4974189	2396860	2577329	839615	1737714	628837
314799	177778	137021	63658	73363	74060
13490378	7720943	5769435	2774869	2994566	752898
3232814	1783899	1448915	795446	653469	273630
373601	238910	134691	99028	35663	76021
943665	436595	507070	267490	239580	134250
3305643	1772501	1533142	981834	551308	318725

4-5 分地区中央属高等学校

地区	合计	事业性经费支出	个人部分	工资福利支出	对个人和家庭的补助支出	#助学金
合计	**162223050**	**153585950**	**62154798**	**31734892**	**30419906**	**9120071**
北京	44764600	42064890	15004580	7469819	7534761	3586479
天津	3953709	3788008	1956055	927863	1028192	186135
河北	1375586	1319605	668928	499919	169009	63252
山西						
内蒙古						
辽宁	5380728	5256378	2025608	939929	1085679	219087
吉林	3907249	3760909	1644916	926192	718724	221507
黑龙江	5607222	5252972	1948924	1086149	862775	218722
上海	18377722	17552100	7711227	3760334	3950893	674784
江苏	13287584	12050366	4892392	2554501	2337891	553895
浙江	5309250	5299250	1823423	796317	1027106	245798
安徽	2803901	2578899	898385	426772	471613	130991
福建	2948026	2782416	1464468	606029	858439	246481
江西	18666	15884	12856	10498	2358	1912
山东	5510804	5031278	2162130	1080283	1081847	213960
河南	87403	87403	45660	28456	17204	4911
湖北	12989819	12694406	5995306	2953006	3042300	880775
湖南	3337750	3269668	1512610	814591	698019	254138
广东	7025122	6731211	2922852	1449499	1473353	232716
广西						
海南						
重庆	4314122	3889650	1453754	815065	638689	218011
四川	8674374	8375075	3240409	2083070	1157339	359403
贵州	27232	27232	14501	11947	2554	1432
云南						
西藏						
陕西	9220146	8684875	3376830	1633074	1743756	408490
甘肃	1714196	1607066	689019	425767	263252	98276
青海						
宁夏	331981	251981	113838	81616	32222	16067
新疆	1255858	1214428	576127	354196	221931	82849

教育经费支出明细

单位:千元

公用部分	商品和服务支出	其他资本性支出			基本建设支出
			专项公用支出	专项项目支出	
91431152	**65382681**	**26048471**	**15669538**	**10378933**	**8637100**
27060310	18882990	8177320	4720288	3457032	2699710
1831953	1490701	341252	290097	51155	165701
650677	443133	207544	108284	99260	55981
3230770	1865006	1365764	598907	766857	124350
2115993	1510447	605546	537821	67725	146340
3304048	2749412	554636	430460	124176	354250
9840873	7022302	2818571	1905994	912577	825622
7157974	4808508	2349466	1130206	1219260	1237218
3475827	3011057	464770	357770	107000	10000
1680514	1170286	510228	487438	22790	225002
1317948	826484	491464	270816	220648	165610
3028	2236	792	632	160	2782
2869148	2249008	620140	499264	120876	479526
41743	23702	18041	6503	11538	
6699100	5133897	1565203	858752	706451	295413
1757058	1366515	390543	349765	40778	68082
3808359	2560188	1248171	530536	717635	293911
2435896	1887118	548778	293343	255435	424472
5134666	3563619	1571047	807590	763457	299299
12731	9505	3226	3226		
5308045	3686134	1621911	1148053	473858	535271
918047	679433	238614	140265	98349	107130
138143	63599	74544	74544		80000
638301	377401	260900	118984	141916	41430

4-6 分地区地方高等学校

地 区	合 计	事业性经费支出	个 人 部 分	工资福利支出	对个人和家庭的补助支出	#助学金
合 计	**371613736**	**357190060**	**154695085**	**97396384**	**57298701**	**23725338**
北 京	13963898	13217972	5759681	3387186	2372495	360608
天 津	9151840	9121840	3983460	2329885	1653575	375720
河 北	14159670	14089614	6522171	3978973	2543198	1091229
山 西	7985780	7758225	3959227	2448051	1511176	827238
内蒙古	7697958	7210398	3123956	1945168	1178788	592046
辽 宁	15947597	15625996	7697482	4614261	3083221	889312
吉 林	8526544	8317549	3719568	2156569	1562999	578990
黑龙江	10576581	10430362	4171337	2371609	1799728	690258
上 海	14413292	14167810	5859270	4768763	1090507	409686
江 苏	31537883	30883221	12431670	7772824	4658846	1822468
浙 江	23429178	22502759	9245479	6467199	2778280	1091484
安 徽	11167729	10461248	4787939	2836425	1951514	874068
福 建	11018774	10276018	4554792	2940908	1613884	716024
江 西	12742188	12087687	5356273	3150059	2206214	954380
山 东	21571441	21073585	9204613	5729492	3475121	1379830
河 南	18392973	17891618	7795222	4933593	2861629	1527685
湖 北	14763199	14409392	6431120	4078807	2352313	1199416
湖 南	13985642	13413972	5894769	3664355	2230414	1002991
广 东	31468287	29416282	12748971	8559309	4189662	1236129
广 西	8536312	8357755	3969432	2316644	1652788	810486
海 南	3264072	2801659	1062057	761032	301025	182134
重 庆	8843584	8417595	3093130	2064491	1028639	559658
四 川	17109864	15682932	6146948	3888973	2257975	1255634
贵 州	5251910	4961621	2196121	1211445	984676	425218
云 南	9193585	8564748	3590559	2184328	1406231	696922
西 藏	810868	736808	422009	268506	153503	50143
陕 西	13741587	13523960	5341627	3240323	2101304	1065537
甘 肃	4638737	4472237	2157470	1345115	812355	402244
青 海	1059423	983402	609801	368106	241695	63696
宁 夏	1515900	1461650	656128	424726	231402	95777
新 疆	5147440	4870145	2202803	1189259	1013544	498327

教育经费支出明细

单位:千元

公用部分	商品和服务支出	其他资本性支出			基本建设支出
			专项公用支出	专项项目支出	
202494975	**108671205**	**93823770**	**42408244**	**51415526**	**14423676**
7458291	4520402	2937889	2412276	525613	745926
5138380	2797239	2341141	811472	1529669	30000
7567443	5012413	2555030	993882	1561148	70056
3798998	2232551	1566447	829758	736689	227555
4086442	1935612	2150830	1300924	849906	487560
7928514	4552051	3376463	1850383	1526080	321601
4597981	2361267	2236714	1132828	1103886	208995
6259025	3937926	2321099	1106294	1214805	146219
8308540	7044610	1263930	1000271	263659	245482
18451551	8517012	9934539	3520207	6414332	654662
13257280	7131583	6125697	2344370	3781327	926419
5673309	2364586	3308723	1195238	2113485	706481
5721226	2916207	2805019	1370919	1434100	742756
6731414	3155664	3575750	1697229	1878521	654501
11868972	5679487	6189485	2868463	3321022	497856
10096396	5450623	4645773	2341446	2304327	501355
7978272	4491548	3486724	1547437	1939287	353807
7519203	4980636	2538567	1345992	1192575	571670
16667311	8885900	7781411	2923776	4857635	2052005
4388323	2316197	2072126	1092252	979874	178557
1739602	677614	1061988	365879	696109	462413
5324465	2099096	3225369	1245265	1980104	425989
9535984	4527915	5008069	1973051	3035018	1426932
2765500	1362147	1403353	798538	604815	290289
4974189	2396860	2577329	839615	1737714	628837
314799	177778	137021	63658	73363	74060
8182333	4034809	4147524	1626816	2520708	217627
2314767	1104466	1210301	655181	555120	166500
373601	238910	134691	99028	35663	76021
805522	372996	432526	192946	239580	54250
2667342	1395100	1272242	862850	409392	277295

4-7 分地区普通高等学校

地区	合计	事业性经费支出				
			个人部分			
				工资福利支出	对个人和家庭的补助支出	
						#助学金
合计	**521219693**	**498446245**	**210835836**	**125106835**	**85729001**	**32353603**
北京	57624642	54180166	20341096	10586987	9754109	3946325
天津	12840908	12645207	5753484	3142999	2610485	559052
河北	15053409	14932372	6939483	4307588	2631895	1127492
山西	7779303	7552376	3838001	2356850	1481151	819500
内蒙古	7587681	7100121	3062282	1903212	1159070	588899
辽宁	20815997	20370046	9438005	5353208	4084797	1104361
吉林	12002224	11647389	5079618	2927924	2151694	764495
黑龙江	15750686	15256287	5872708	3309069	2563639	894784
上海	31517460	30498407	12910031	7965003	4945028	1081784
江苏	44085142	42193262	16943534	10089343	6854191	2324453
浙江	27931664	26997779	10699894	6977261	3722633	1316752
安徽	13594701	12702361	5487274	3137712	2349562	992960
福建	13712775	12816372	5909872	3477186	2432686	958962
江西	12458216	11812246	5214451	3072017	2142434	938247
山东	26483256	25521774	11114169	6660597	4453572	1554520
河南	17881193	17409838	7596369	4824927	2771442	1473275
湖北	27577330	26928110	12321697	6975852	5345845	2054384
湖南	17032631	16395879	7290936	4401569	2889367	1244166
广东	37601780	35255864	15296303	9745209	5551094	1458770
广西	8267247	8095587	3821099	2221066	1600033	795735
海南	3236163	2773750	1048420	752410	296010	178813
重庆	12920639	12070178	4467993	2826680	1641313	766310
四川	24959976	23267930	9070443	5758331	3312112	1586046
贵州	5158645	4869896	2158465	1189022	969443	424622
云南	8946843	8318006	3505801	2141508	1364293	666927
西藏	810868	736808	422009	268506	153503	50143
陕西	22505451	21774117	8523403	4742135	3781268	1443613
甘肃	6159205	5915195	2764698	1714163	1050535	495197
青海	1040973	964952	598018	360677	237341	63696
宁夏	1847881	1713631	769966	506342	263624	111844
新疆	6034804	5730339	2576314	1411482	1164832	567476

教育经费支出明细

单位:千元

公用部分	商品和服务支出	其他资本性支出	专项公用支出	专项项目支出	基本建设支出
287610409	**169717300**	**117893109**	**57147893**	**60745216**	**22773448**
33839070	22907454	10931616	7056259	3875357	3444476
6891723	4219934	2671789	1092422	1579367	195701
7992889	5271965	2720924	1080816	1640108	121037
3714375	2164845	1549530	823795	725735	226927
4037839	1896867	2140972	1294053	846919	487560
10932041	6221490	4710551	2424840	2285711	445951
6567771	3752424	2815347	1648214	1167133	354835
9383579	6529964	2853615	1518814	1334801	494399
17588376	13625867	3962509	2816115	1146394	1019053
25249728	13119439	12130289	4578575	7551714	1891880
16297885	9841225	6456660	2643635	3813025	933885
7215087	3440410	3774677	1661691	2112986	892340
6906500	3667178	3239322	1628541	1610781	896403
6597795	3074547	3523248	1661160	1862088	645970
14407605	7730796	6676809	3323403	3353406	961482
9813469	5289505	4523964	2288743	2235221	471355
14606413	9568177	5038236	2397656	2640580	649220
9104943	6200199	2904744	1679485	1225259	636752
19959561	11074576	8884985	3396693	5488292	2345916
4274488	2241634	2032854	1069262	963592	171660
1725330	667415	1057915	364212	693703	462413
7602185	3942149	3660036	1515636	2144400	850461
14197487	7859686	6337801	2631408	3706393	1692046
2711431	1309676	1401755	796940	604815	288749
4812205	2345213	2466992	826112	1640880	628837
314799	177778	137021	63658	73363	74060
13250714	7537423	5713291	2749160	2964131	731334
3150497	1716291	1434206	788185	646021	244010
366934	233490	133444	98281	35163	76021
943665	436595	507070	267490	239580	134250
3154025	1653088	1500937	962639	538298	304465

4-8 分地区中央属普通高等学校

地区	合计	事业性经费支出	个人部分	工资福利支出	对个人和家庭的补助支出	#助学金
合 计	**161568992**	**152939512**	**61982669**	**31604313**	**30378356**	**9118228**
北 京	44241902	41542192	14898113	7396302	7501811	3585849
天 津	3953709	3788008	1956055	927863	1028192	186135
河 北	1375586	1319605	668928	499919	169009	63252
山 西						
内蒙古						
辽 宁	5373757	5249407	2020731	935292	1085439	219071
吉 林	3907249	3760909	1644916	926192	718724	221507
黑龙江	5563148	5208898	1927774	1065672	862102	218535
上 海	18368043	17542421	7711227	3760334	3950893	674784
江 苏	13287584	12050366	4892392	2554501	2337891	553895
浙 江	5309250	5299250	1823423	796317	1027106	245798
安 徽	2803901	2578899	898385	426772	471613	130991
福 建	2948026	2782416	1464468	606029	858439	246481
江 西	18666	15884	12856	10498	2358	1912
山 东	5510804	5031278	2162130	1080283	1081847	213960
河 南	87403	87403	45660	28456	17204	4911
湖 北	12989819	12694406	5995306	2953006	3042300	880775
湖 南	3333688	3265606	1510556	812952	697604	254138
广 东	7025122	6731211	2922852	1449499	1473353	232716
广 西						
海 南						
重 庆	4314122	3889650	1453754	815065	638689	218011
四 川	8672981	8373682	3239138	2081833	1157305	359403
贵 州	15554	15554	5572	3580	1992	1432
云 南						
西 藏						
陕 西	9220146	8684875	3376830	1633074	1743756	408490
甘 肃	1697691	1596181	680678	418026	262652	97676
青 海						
宁 夏	331981	251981	113838	81616	32222	16067
新 疆	1218860	1179430	557087	341232	215855	82439

教育经费支出明细

单位:千元

公用部分	商品和服务支出	其他资本性支出			基本建设支出
			专项公用支出	专项项目支出	
90956843	**65031530**	**25925313**	**15645841**	**10279472**	**8629480**
26644079	18584682	8059397	4701826	3357571	2699710
1831953	1490701	341252	290097	51155	165701
650677	443133	207544	108284	99260	55981
3228676	1862980	1365696	598839	766857	124350
2115993	1510447	605546	537821	67725	146340
3281124	2726798	554326	430150	124176	354250
9831194	7012623	2818571	1905994	912577	825622
7157974	4808508	2349466	1130206	1219260	1237218
3475827	3011057	464770	357770	107000	10000
1680514	1170286	510228	487438	22790	225002
1317948	826484	491464	270816	220648	165610
3028	2236	792	632	160	2782
2869148	2249008	620140	499264	120876	479526
41743	23702	18041	6503	11538	
6699100	5133897	1565203	858752	706451	295413
1755050	1364986	390064	349286	40778	68082
3808359	2560188	1248171	530536	717635	293911
2435896	1887118	548778	293343	255435	424472
5134544	3563497	1571047	807590	763457	299299
9982	7237	2745	2745		
5308045	3686134	1621911	1148053	473858	535271
915503	677786	237717	139368	98349	101510
138143	63599	74544	74544		80000
622343	364443	257900	115984	141916	39430

4-9 分地区地方普通高等学校

地区	合计	事业性经费支出	个人部分			
				工资福利支出	对个人和家庭的补助支出	
						#助学金
合计	**359650701**	**345506733**	**148853167**	**93502522**	**55350645**	**23235375**
北京	13382740	12637974	5442983	3190685	2252298	360476
天津	8887199	8857199	3797429	2215136	1582293	372917
河北	13677823	13612767	6270555	3807669	2462886	1064240
山西	7779303	7552376	3838001	2356850	1481151	819500
内蒙古	7587681	7100121	3062282	1903212	1159070	588899
辽宁	15442240	15120639	7417274	4417916	2999358	885290
吉林	8094975	7886480	3434702	2001732	1432970	542988
黑龙江	10187538	10047389	3944934	2243397	1701537	676249
上海	13149417	12955986	5198804	4204669	994135	407000
江苏	30797558	30142896	12051142	7534842	4516300	1770558
浙江	22622414	21698529	8876471	6180944	2695527	1070954
安徽	10790800	10123462	4588889	2710940	1877949	861969
福建	10764749	10033956	4445404	2871157	1574247	712481
江西	12439550	11796362	5201595	3061519	2140076	936335
山东	20972452	20490496	8952039	5580314	3371725	1340560
河南	17793790	17322435	7550709	4796471	2754238	1468364
湖北	14587511	14233704	6326391	4022846	2303545	1173609
湖南	13698943	13130273	5780380	3588617	2191763	990028
广东	30576658	28524653	12373451	8295710	4077741	1226054
广西	8267247	8095587	3821099	2221066	1600033	795735
海南	3236163	2773750	1048420	752410	296010	178813
重庆	8606517	8180528	3014239	2011615	1002624	548299
四川	16286995	14894248	5831305	3676498	2154807	1226643
贵州	5143091	4854342	2152893	1185442	967451	423190
云南	8946843	8318006	3505801	2141508	1364293	666927
西藏	810868	736808	422009	268506	153503	50143
陕西	13285305	13089242	5146573	3109061	2037512	1035123
甘肃	4461514	4319014	2084020	1296137	787883	397521
青海	1040973	964952	598018	360677	237341	63696
宁夏	1515900	1461650	656128	424726	231402	95777
新疆	4815944	4550909	2019227	1070250	948977	485037

教育经费支出明细

单位：千元

公用部分	商品和服务支出	其他资本性支出			基本建设支出
			专项公用支出	专项项目支出	
196653566	**104685770**	**91967796**	**41502052**	**50465744**	**14143968**
7194991	4322772	2872219	2354433	517786	744766
5059770	2729233	2330537	802325	1528212	30000
7342212	4828832	2513380	972532	1540848	65056
3714375	2164845	1549530	823795	725735	226927
4037839	1896867	2140972	1294053	846919	487560
7703365	4358510	3344855	1826001	1518854	321601
4451778	2241977	2209801	1110393	1099408	208495
6102455	3803166	2299289	1088664	1210625	140149
7757182	6613244	1143938	910121	233817	193431
18091754	8310931	9780823	3448369	6332454	654662
12822058	6830168	5991890	2285865	3706025	923885
5534573	2270124	3264449	1174253	2090196	667338
5588552	2840694	2747858	1357725	1390133	730793
6594767	3072311	3522456	1660528	1861928	643188
11538457	5481788	6056669	2824139	3232530	481956
9771726	5265803	4505923	2282240	2223683	471355
7907313	4434280	3473033	1538904	1934129	353807
7349893	4835213	2514680	1330199	1184481	568670
16151202	8514388	7636814	2866157	4770657	2052005
4274488	2241634	2032854	1069262	963592	171660
1725330	667415	1057915	364212	693703	462413
5166289	2055031	3111258	1222293	1888965	425989
9062943	4296189	4766754	1823818	2942936	1392747
2701449	1302439	1399010	794195	604815	288749
4812205	2345213	2466992	826112	1640880	628837
314799	177778	137021	63658	73363	74060
7942669	3851289	4091380	1601107	2490273	196063
2234994	1038505	1196489	648817	547672	142500
366934	233490	133444	98281	35163	76021
805522	372996	432526	192946	239580	54250
2531682	1288645	1243037	846655	396382	265035

4-10 分地区普通高等本科学校

地区	合计	事业性经费支出	个人部分	工资福利支出	对个人和家庭的补助支出	#助学金
合计	**415028072**	**398429091**	**168971725**	**97364579**	**71607146**	**25461048**
北京	54357429	51136390	19163655	9774402	9389253	3882882
天津	10562754	10397053	4650149	2478960	2171189	448554
河北	10621951	10556701	4896497	2863450	2033047	821174
山西	5490926	5308325	2705945	1590492	1115453	601751
内蒙古	5233490	4813730	2153732	1312963	840769	393708
辽宁	17799464	17564513	8069211	4448575	3620636	986913
吉林	10795133	10440298	4521499	2596618	1924881	692496
黑龙江	13665535	13234750	4923185	2691570	2231615	782450
上海	29662206	28648457	12123120	7278247	4844873	1040540
江苏	33807390	32562392	13249548	7665689	5583859	1730124
浙江	20879591	20111800	8051668	4992807	3058861	1029745
安徽	9878337	9463093	4082194	2303003	1779191	707804
福建	10275881	9661155	4704796	2651335	2053461	756361
江西	8719515	8421823	3851220	2244776	1606444	601335
山东	19318468	18505935	8650384	4979276	3671108	1146322
河南	12158998	11943219	5262006	3309550	1952456	993124
湖北	23205351	22791711	10386880	5750935	4635945	1661930
湖南	12361985	11859852	5222916	3046701	2176215	885266
广东	26753122	25431781	11376751	6847146	4529605	1049677
广西	5464459	5340254	2568596	1483429	1085167	510146
海南	2214702	1931113	749973	555011	194962	128783
重庆	10477045	9776555	3671965	2272017	1399948	626022
四川	19977907	18747272	7073126	4582803	2490323	1058035
贵州	3962393	3725219	1585881	881320	704561	305561
云南	6164611	6107578	2702095	1649071	1053024	477202
西藏	670776	596716	341170	214278	126892	40267
陕西	19440011	18821027	7269213	3964653	3304560	1199095
甘肃	4886182	4692672	2152181	1322776	829405	379667
青海	820567	744977	473519	286372	187147	44421
宁夏	1302107	1167857	561702	365031	196671	78362
新疆	4099786	3924873	1776948	961323	815625	401331

教育经费支出明细

单位:千元

公用部分	商品和服务支出	其他资本性支出	专项公用支出	专项项目支出	基本建设支出
229457366	**143557793**	**85899573**	**44672250**	**41227323**	**16598981**
31972735	21817806	10154929	6482394	3672535	3221039
5746904	3454922	2291982	915533	1376449	165701
5660204	4013993	1646211	689774	956437	65250
2602380	1521383	1080997	547800	533197	182601
2659998	1505122	1154876	637090	517786	419760
9495302	5465192	4030110	2041554	1988556	234951
5918799	3418987	2499812	1520902	978910	354835
8311565	5843687	2467878	1284094	1183784	430785
16525337	12791416	3733921	2663863	1070058	1013749
19312844	10839275	8473569	3529161	4944408	1244998
12060132	8066713	3993419	1779354	2214065	767791
5380899	2671476	2709423	1329234	1380189	415244
4956359	2825276	2131083	1288975	842108	614726
4570603	2221908	2348695	1156584	1192111	297692
9855551	6119150	3736401	2497890	1238511	812533
6681213	3808799	2872414	1618849	1253565	215779
12404831	8590407	3814424	1942015	1872409	413640
6636936	4746745	1890191	1227676	662515	502133
14055030	8669403	5385627	2363864	3021763	1321341
2771658	1601687	1169971	673553	496418	124205
1181140	384393	796747	244400	552347	283589
6104590	3384364	2720226	1096908	1623318	700490
11674146	6737861	4936285	2132811	2803474	1230635
2139338	1035109	1104229	599004	505225	237174
3405483	1931543	1473940	574669	899271	57033
255546	155663	99883	39278	60605	74060
11551814	6821106	4730708	2363004	2367704	618984
2540491	1448137	1092354	619364	472990	193510
271458	185904	85554	74141	11413	75590
606155	306799	299356	204035	95321	134250
2147925	1173567	974358	534477	439881	174913

4-11 分地区中央属普通高等本科学校

地区	合计	事业性经费支出	个人部分	工资福利支出	对个人和家庭的补助支出	#助学金
合计	**158963602**	**150607977**	**60818578**	**30721520**	**30097058**	**8998111**
北京	44232134	41532424	14892981	7393338	7499643	3584360
天津	3953709	3788008	1956055	927863	1028192	186135
河北	862002	855002	418719	280471	138248	50054
山西						
内蒙古						
辽宁	5373757	5249407	2020731	935292	1085439	219071
吉林	3907249	3760909	1644916	926192	718724	221507
黑龙江	5379684	5031604	1834347	983165	851182	216601
上海	18368043	17542421	7711227	3760334	3950893	674784
江苏	13142974	11924196	4835608	2525113	2310495	546656
浙江	5309250	5299250	1823423	796317	1027106	245798
安徽	2784255	2559253	888739	417613	471126	130504
福建	2948026	2782416	1464468	606029	858439	246481
江西						
山东	5284954	4805428	2060069	992561	1067508	204701
河南						
湖北	12704763	12409350	5842914	2835514	3007400	858847
湖南	3258052	3205722	1465427	777310	688117	253726
广东	6544159	6407346	2763815	1332352	1431463	222104
广西						
海南						
重庆	4237227	3812755	1423333	797253	626080	212026
四川	8547393	8272726	3181052	2049794	1131258	345354
贵州						
云南						
西藏						
陕西	9220146	8684875	3376830	1633074	1743756	408490
甘肃	1697691	1596181	680678	418026	262652	97676
青海						
宁夏	331981	251981	113838	81616	32222	16067
新疆	876153	836723	419408	252293	167115	57169

教育经费支出明细

单位:千元

公用部分	商品和服务支出	其他资本性支出			基本建设支出
			专项公用支出	专项项目支出	
89789399	**64243871**	**25545528**	**15496503**	**10049025**	**8355625**
26639443	18580313	8059130	4701559	3357571	2699710
1831953	1490701	341252	290097	51155	165701
436283	259261	177022	84073	92949	7000
3228676	1862980	1365696	598839	766857	124350
2115993	1510447	605546	537821	67725	146340
3197257	2659326	537931	413755	124176	348080
9831194	7012623	2818571	1905994	912577	825622
7088588	4749313	2339275	1123115	1216160	1218778
3475827	3011057	464770	357770	107000	10000
1670514	1160906	509608	486818	22790	225002
1317948	826484	491464	270816	220648	165610
2745359	2159207	586152	479899	106253	479526
6566436	5084636	1481800	847191	634609	295413
1740295	1353506	386789	347163	39626	52330
3643531	2482376	1161155	510105	651050	136813
2389422	1846577	542845	287410	255435	424472
5091674	3522955	1568719	805262	763457	274667
5308045	3686134	1621911	1148053	473858	535271
915503	677786	237717	139368	98349	101510
138143	63599	74544	74544		80000
417315	243684	173631	86851	86780	39430

4-12 分地区地方普通高等本科学校

地区	合计	事业性经费支出	个人部分	工资福利支出	对个人和家庭的补助支出	#助学金
合计	**256064470**	**247821114**	**108153147**	**66643059**	**41510088**	**16462937**
北京	10125295	9603966	4270674	2381064	1889610	298522
天津	6609045	6609045	2694094	1551097	1142997	262419
河北	9759949	9701699	4477778	2582979	1894799	771120
山西	5490926	5308325	2705945	1590492	1115453	601751
内蒙古	5233490	4813730	2153732	1312963	840769	393708
辽宁	12425707	12315106	6048480	3513283	2535197	767842
吉林	6887884	6679389	2876583	1670426	1206157	470989
黑龙江	8285851	8203146	3088838	1708405	1380433	565849
上海	11294163	11106036	4411893	3517913	893980	365756
江苏	20664416	20638196	8413940	5140576	3273364	1183468
浙江	15570341	14812550	6228245	4196490	2031755	783947
安徽	7094082	6903840	3193455	1885390	1308065	577300
福建	7327855	6878739	3240328	2045306	1195022	509880
江西	8719515	8421823	3851220	2244776	1606444	601335
山东	14033514	13700507	6590315	3986715	2603600	941621
河南	12158998	11943219	5262006	3309550	1952456	993124
湖北	10500588	10382361	4543966	2915421	1628545	803083
湖南	9103933	8654130	3757489	2269391	1488098	631540
广东	20208963	19024435	8612936	5514794	3098142	827573
广西	5464459	5340254	2568596	1483429	1085167	510146
海南	2214702	1931113	749973	555011	194962	128783
重庆	6239818	5963800	2248632	1474764	773868	413996
四川	11430514	10474546	3892074	2533009	1359065	712681
贵州	3962393	3725219	1585881	881320	704561	305561
云南	6164611	6107578	2702095	1649071	1053024	477202
西藏	670776	596716	341170	214278	126892	40267
陕西	10219865	10136152	3892383	2331579	1560804	790605
甘肃	3188491	3096491	1471503	904750	566753	281991
青海	820567	744977	473519	286372	187147	44421
宁夏	970126	915876	447864	283415	164449	62295
新疆	3223633	3088150	1357540	709030	648510	344162

教育经费支出明细

单位：千元

公用部分	商品和服务支出	其他资本性支出	专项公用支出	专项项目支出	基本建设支出
139667967	**79313922**	**60354045**	**29175747**	**31178298**	**8243356**
5333292	3237493	2095799	1780835	314964	521329
3914951	1964221	1950730	625436	1325294	
5223921	3754732	1469189	605701	863488	58250
2602380	1521383	1080997	547800	533197	182601
2659998	1505122	1154876	637090	517786	419760
6266626	3602212	2664414	1442715	1221699	110601
3802806	1908540	1894266	983081	911185	208495
5114308	3184361	1929947	870339	1059608	82705
6694143	5778793	915350	757869	157481	188127
12224256	6089962	6134294	2406046	3728248	26220
8584305	5055656	3528649	1421584	2107065	757791
3710385	1510570	2199815	842416	1357399	190242
3638411	1998792	1639619	1018159	621460	449116
4570603	2221908	2348695	1156584	1192111	297692
7110192	3959943	3150249	2017991	1132258	333007
6681213	3808799	2872414	1618849	1253565	215779
5838395	3505771	2332624	1094824	1237800	118227
4896641	3393239	1503402	880513	622889	449803
10411499	6187027	4224472	1853759	2370713	1184528
2771658	1601687	1169971	673553	496418	124205
1181140	384393	796747	244400	552347	283589
3715168	1537787	2177381	809498	1367883	276018
6582472	3214906	3367566	1327549	2040017	955968
2139338	1035109	1104229	599004	505225	237174
3405483	1931543	1473940	574669	899271	57033
255546	155663	99883	39278	60605	74060
6243769	3134972	3108797	1214951	1893846	83713
1624988	770351	854637	479996	374641	92000
271458	185904	85554	74141	11413	75590
468012	243200	224812	129491	95321	54250
1730610	929883	800727	447626	353101	135483

4-13 分地区普通高职高专学校

地区	合计	事业性经费支出	个人部分	工资福利支出	对个人和家庭的补助支出	#助学金
合计	**106191621**	**100017154**	**41864111**	**27742256**	**14121855**	**6892555**
北京	3267213	3043776	1177441	812585	364856	63443
天津	2278154	2248154	1103335	664039	439296	110498
河北	4431458	4375671	2042986	1444138	598848	306318
山西	2288377	2244051	1132056	766358	365698	217749
内蒙古	2354191	2286391	908550	590249	318301	195191
辽宁	3016533	2805533	1368794	904633	464161	117448
吉林	1207091	1207091	558119	331306	226813	71999
黑龙江	2085151	2021537	949523	617499	332024	112334
上海	1855254	1849950	786911	686756	100155	41244
江苏	10277752	9630870	3693986	2423654	1270332	594329
浙江	7052073	6885979	2648226	1984454	663772	287007
安徽	3716364	3239268	1405080	834709	570371	285156
福建	3436894	3155217	1205076	825851	379225	202601
江西	3738701	3390423	1363231	827241	535990	336912
山东	7164788	7015839	2463785	1681321	782464	408198
河南	5722195	5466619	2334363	1515377	818986	480151
湖北	4371979	4136399	1934817	1224917	709900	392454
湖南	4670646	4536027	2068020	1354868	713152	358900
广东	10848658	9824083	3919552	2898063	1021489	409093
广西	2802788	2755333	1252503	737637	514866	285589
海南	1021461	842637	298447	197399	101048	50030
重庆	2443594	2293623	796028	554663	241365	140288
四川	4982069	4520658	1997317	1175528	821789	528011
贵州	1196252	1144677	572584	307702	264882	119061
云南	2782232	2210428	803706	492437	311269	189725
西藏	140092	140092	80839	54228	26611	9876
陕西	3065440	2953090	1254190	777482	476708	244518
甘肃	1273023	1222523	612517	391387	221130	115530
青海	220406	219975	124499	74305	50194	19275
宁夏	545774	545774	208264	141311	66953	33482
新疆	1935018	1805466	799366	450159	349207	166145

教育经费支出明细

单位：千元

公用部分	商品和服务支出	其他资本性支出		基本建设支出
		专项公用支出	专项项目支出	

公用部分	商品和服务支出	其他资本性支出	专项公用支出	专项项目支出	基本建设支出
58153043	**26159507**	**31993536**	**12475643**	**19517893**	**6174467**
1866335	1089648	776687	573865	202822	223437
1144819	765012	379807	176889	202918	30000
2332685	1257972	1074713	391042	683671	55787
1111995	643462	468533	275995	192538	44326
1377841	391745	986096	656963	329133	67800
1436739	756298	680441	383286	297155	211000
648972	333437	315535	127312	188223	
1072014	686277	385737	234720	151017	63614
1063039	834451	228588	152252	76336	5304
5936884	2280164	3656720	1049414	2607306	646882
4237753	1774512	2463241	864281	1598960	166094
1834188	768934	1065254	332457	732797	477096
1950141	841902	1108239	339566	768673	281677
2027192	852639	1174553	504576	669977	348278
4552054	1611646	2940408	825513	2114895	148949
3132256	1480706	1651550	669894	981656	255576
2201582	977770	1223812	455641	768171	235580
2468007	1453454	1014553	451809	562744	134619
5904531	2405173	3499358	1032829	2466529	1024575
1502830	639947	862883	395709	467174	47455
544190	283022	261168	119812	141356	178824
1497595	557785	939810	418728	521082	149971
2523341	1121825	1401516	498597	902919	461411
572093	274567	297526	197936	99590	51575
1406722	413670	993052	251443	741609	571804
59253	22115	37138	24380	12758	
1698900	716317	982583	386156	596427	112350
610006	268154	341852	168821	173031	50500
95476	47586	47890	24140	23750	431
337510	129796	207714	63455	144259	
1006100	479521	526579	428162	98417	129552

4-14 分地区中央属普通高职高专学校

地区	合计	事业性经费支出	个人部分	工资福利支出	对个人和家庭的补助支出	#助学金
合计	**2605390**	**2331535**	**1164091**	**882793**	**281298**	**120117**
北京	9768	9768	5132	2964	2168	1489
天津						
河北	513584	464603	250209	219448	30761	13198
山西						
内蒙古						
辽宁						
吉林						
黑龙江	183464	177294	93427	82507	10920	1934
上海						
江苏	144610	126170	56784	29388	27396	7239
浙江						
安徽	19646	19646	9646	9159	487	487
福建						
江西	18666	15884	12856	10498	2358	1912
山东	225850	225850	102061	87722	14339	9259
河南	87403	87403	45660	28456	17204	4911
湖北	285056	285056	152392	117492	34900	21928
湖南	75636	59884	45129	35642	9487	412
广东	480963	323865	159037	117147	41890	10612
广西						
海南						
重庆	76895	76895	30421	17812	12609	5985
四川	125588	100956	58086	32039	26047	14049
贵州	15554	15554	5572	3580	1992	1432
云南						
西藏						
陕西						
甘肃						
青海						
宁夏						
新疆	342707	342707	137679	88939	48740	25270

教育经费支出明细

单位:千元

公用部分	商品和服务支出	其他资本性支出			基本建设支出
			专项公用支出	专项项目支出	
1167444	**787659**	**379785**	**149338**	**230447**	**273855**
4636	4369	267	267		
214394	183872	30522	24211	6311	48981
83867	67472	16395	16395		6170
69386	59195	10191	7091	3100	18440
10000	9380	620	620		
3028	2236	792	632	160	2782
123789	89801	33988	19365	14623	
41743	23702	18041	6503	11538	
132664	49261	83403	11561	71842	
14755	11480	3275	2123	1152	15752
164828	77812	87016	20431	66585	157098
46474	40541	5933	5933		
42870	40542	2328	2328		24632
9982	7237	2745	2745		
205028	120759	84269	29133	55136	

4-15 分地区地方普通高职高专学校

地区	合计	事业性经费支出	个人部分	工资福利支出	对个人和家庭的补助支出	#助学金
合计	**103586231**	**97685619**	**40700020**	**26859463**	**13840557**	**6772438**
北京	3257445	3034008	1172309	809621	362688	61954
天津	2278154	2248154	1103335	664039	439296	110498
河北	3917874	3911068	1792777	1224690	568087	293120
山西	2288377	2244051	1132056	766358	365698	217749
内蒙古	2354191	2286391	908550	590249	318301	195191
辽宁	3016533	2805533	1368794	904633	464161	117448
吉林	1207091	1207091	558119	331306	226813	71999
黑龙江	1901687	1844243	856096	534992	321104	110400
上海	1855254	1849950	786911	686756	100155	41244
江苏	10133142	9504700	3637202	2394266	1242936	587090
浙江	7052073	6885979	2648226	1984454	663772	287007
安徽	3696718	3219622	1395434	825550	569884	284669
福建	3436894	3155217	1205076	825851	379225	202601
江西	3720035	3374539	1350375	816743	533632	335000
山东	6938938	6789989	2361724	1593599	768125	398939
河南	5634792	5379216	2288703	1486921	801782	475240
湖北	4086923	3851343	1782425	1107425	675000	370526
湖南	4595010	4476143	2022891	1319226	703665	358488
广东	10367695	9500218	3760515	2780916	979599	398481
广西	2802788	2755333	1252503	737637	514866	285589
海南	1021461	842637	298447	197399	101048	50030
重庆	2366699	2216728	765607	536851	228756	134303
四川	4856481	4419702	1939231	1143489	795742	513962
贵州	1180698	1129123	567012	304122	262890	117629
云南	2782232	2210428	803706	492437	311269	189725
西藏	140092	140092	80839	54228	26611	9876
陕西	3065440	2953090	1254190	777482	476708	244518
甘肃	1273023	1222523	612517	391387	221130	115530
青海	220406	219975	124499	74305	50194	19275
宁夏	545774	545774	208264	141311	66953	33482
新疆	1592311	1462759	661687	361220	300467	140875

教育经费支出明细

单位:千元

公用部分	商品和服务支出	其他资本性支出			基本建设支出
			专项公用支出	专项项目支出	
56985599	**25371848**	**31613751**	**12326305**	**19287446**	**5900612**
1861699	1085279	776420	573598	202822	223437
1144819	765012	379807	176889	202918	30000
2118291	1074100	1044191	366831	677360	6806
1111995	643462	468533	275995	192538	44326
1377841	391745	986096	656963	329133	67800
1436739	756298	680441	383286	297155	211000
648972	333437	315535	127312	188223	
988147	618805	369342	218325	151017	57444
1063039	834451	228588	152252	76336	5304
5867498	2220969	3646529	1042323	2604206	628442
4237753	1774512	2463241	864281	1598960	166094
1824188	759554	1064634	331837	732797	477096
1950141	841902	1108239	339566	768673	281677
2024164	850403	1173761	503944	669817	345496
4428265	1521845	2906420	806148	2100272	148949
3090513	1457004	1633509	663391	970118	255576
2068918	928509	1140409	444080	696329	235580
2453252	1441974	1011278	449686	561592	118867
5739703	2327361	3412342	1012398	2399944	867477
1502830	639947	862883	395709	467174	47455
544190	283022	261168	119812	141356	178824
1451121	517244	933877	412795	521082	149971
2480471	1081283	1399188	496269	902919	436779
562111	267330	294781	195191	99590	51575
1406722	413670	993052	251443	741609	571804
59253	22115	37138	24380	12758	
1698900	716317	982583	386156	596427	112350
610006	268154	341852	168821	173031	50500
95476	47586	47890	24140	23750	431
337510	129796	207714	63455	144259	
801072	358762	442310	399029	43281	129552

4-16 分地区成人高等学校

地区	合计	事业性经费支出	个人部分	工资福利支出	对个人和家庭的补助支出	#助学金
合计	**12617093**	**12329765**	**6014047**	**4024441**	**1989606**	**491806**
北京	1103856	1102696	423165	270018	153147	762
天津	264641	264641	186031	114749	71282	2803
河北	481847	476847	251616	171304	80312	26989
山西	206477	205849	121226	91201	30025	7738
内蒙古	110277	110277	61674	41956	19718	3147
辽宁	512328	512328	285085	200982	84103	4038
吉林	431569	431069	284866	154837	130029	36002
黑龙江	433117	427047	247553	148689	98864	14196
上海	1273554	1221503	660466	564094	96372	2686
江苏	740325	740325	380528	237982	142546	51910
浙江	806764	804230	369008	286255	82753	20530
安徽	376929	337786	199050	125485	73565	12099
福建	254025	242062	109388	69751	39637	3543
江西	302638	291325	154678	88540	66138	18045
山东	598989	583089	252574	149178	103396	39270
河南	599183	569183	244513	137122	107391	59321
湖北	175688	175688	104729	55961	48768	25807
湖南	290761	287761	116443	77377	39066	12963
广东	891629	891629	375520	263599	111921	10075
广西	269065	262168	148333	95578	52755	14751
海南	27909	27909	13637	8622	5015	3321
重庆	237067	237067	78891	52876	26015	11359
四川	824262	790077	316914	213712	103202	28991
贵州	120497	118957	52157	34370	17787	2028
云南	246742	246742	84758	42820	41938	29995
西藏						
陕西	456282	434718	195054	131262	63792	30414
甘肃	193728	164108	81791	56719	25072	5323
青海	18450	18450	11783	7429	4354	
宁夏						
新疆	368494	354234	202616	131973	70643	13700

教育经费支出明细

单位:千元

公用部分	商品和服务支出	其他资本性支出			基本建设支出
			专项公用支出	专项项目支出	
6315718	**4336586**	**1979132**	**929889**	**1049243**	**287328**
679531	495938	183593	76305	107288	1160
78610	68006	10604	9147	1457	
225231	183581	41650	21350	20300	5000
84623	67706	16917	5963	10954	628
48603	38745	9858	6871	2987	
227243	195567	31676	24450	7226	
146203	119290	26913	22435	4478	500
179494	157374	22120	17940	4180	6070
561037	441045	119992	90150	29842	52051
359797	206081	153716	71838	81878	
435222	301415	133807	58505	75302	2534
138736	94462	44274	20985	23289	39143
132674	75513	57161	13194	43967	11963
136647	83353	53294	36701	16593	11313
330515	197699	132816	44324	88492	15900
324670	184820	139850	59206	80644	30000
70959	57268	13691	8533	5158	
171318	146952	24366	16272	8094	3000
516109	371512	144597	57619	86978	
113835	74563	39272	22990	16282	6897
14272	10199	4073	1667	2406	
158176	44065	114111	22972	91139	
473163	231848	241315	149233	92082	34185
66800	61976	4824	4824		1540
161984	51647	110337	13503	96834	
239664	183520	56144	25709	30435	21564
82317	67608	14709	7261	7448	29620
6667	5420	1247	747	500	
151618	119413	32205	19195	13010	14260

4-17 分地区中央属成人高等学校

地区	合计	事业性经费支出	个人部分	工资福利支出	对个人和家庭的补助支出	#助学金
合计	**654058**	**646438**	**172129**	**130579**	**41550**	**1843**
北京	522698	522698	106467	73517	32950	630
天津						
河北						
山西						
内蒙古						
辽宁	6971	6971	4877	4637	240	16
吉林						
黑龙江	44074	44074	21150	20477	673	187
上海	9679	9679				
江苏						
浙江						
安徽						
福建						
江西						
山东						
河南						
湖北						
湖南	4062	4062	2054	1639	415	
广东						
广西						
海南						
重庆						
四川	1393	1393	1271	1237	34	
贵州	11678	11678	8929	8367	562	
云南						
西藏						
陕西						
甘肃	16505	10885	8341	7741	600	600
青海						
宁夏						
新疆	36998	34998	19040	12964	6076	410

教育经费支出明细

单位:千元

公用部分	商品和服务支出	其他资本性支出		基本建设支出
		专项公用支出	专项项目支出	
474309	**351151**	**123158**	**23697**	**99461**	**7620**
416231	298308	117923	18462	99461	
2094	2026	68	68		
22924	22614	310	310		
9679	9679				
2008	1529	479	479		
122	122				
2749	2268	481	481		
2544	1647	897	897		5620
15958	12958	3000	3000		2000

4-18 分地区地方成人高等学校

地区	合计	事业性经费支出	个人部分	工资福利支出	对个人和家庭的补助支出	#助学金
合计	**11963035**	**11683327**	**5841918**	**3893862**	**1948056**	**489963**
北京	581158	579998	316698	196501	120197	132
天津	264641	264641	186031	114749	71282	2803
河北	481847	476847	251616	171304	80312	26989
山西	206477	205849	121226	91201	30025	7738
内蒙古	110277	110277	61674	41956	19718	3147
辽宁	505357	505357	280208	196345	83863	4022
吉林	431569	431069	284866	154837	130029	36002
黑龙江	389043	382973	226403	128212	98191	14009
上海	1263875	1211824	660466	564094	96372	2686
江苏	740325	740325	380528	237982	142546	51910
浙江	806764	804230	369008	286255	82753	20530
安徽	376929	337786	199050	125485	73565	12099
福建	254025	242062	109388	69751	39637	3543
江西	302638	291325	154678	88540	66138	18045
山东	598989	583089	252574	149178	103396	39270
河南	599183	569183	244513	137122	107391	59321
湖北	175688	175688	104729	55961	48768	25807
湖南	286699	283699	114389	75738	38651	12963
广东	891629	891629	375520	263599	111921	10075
广西	269065	262168	148333	95578	52755	14751
海南	27909	27909	13637	8622	5015	3321
重庆	237067	237067	78891	52876	26015	11359
四川	822869	788684	315643	212475	103168	28991
贵州	108819	107279	43228	26003	17225	2028
云南	246742	246742	84758	42820	41938	29995
西藏						
陕西	456282	434718	195054	131262	63792	30414
甘肃	177223	153223	73450	48978	24472	4723
青海	18450	18450	11783	7429	4354	
宁夏						
新疆	331496	319236	183576	119009	64567	13290

教育经费支出明细

单位:千元

公用部分	商品和服务支出	其他资本性支出			基本建设支出
			专项公用支出	专项项目支出	
5841409	**3985435**	**1855974**	**906192**	**949782**	**279708**
263300	197630	65670	57843	7827	1160
78610	68006	10604	9147	1457	
225231	183581	41650	21350	20300	5000
84623	67706	16917	5963	10954	628
48603	38745	9858	6871	2987	
225149	193541	31608	24382	7226	
146203	119290	26913	22435	4478	500
156570	134760	21810	17630	4180	6070
551358	431366	119992	90150	29842	52051
359797	206081	153716	71838	81878	
435222	301415	133807	58505	75302	2534
138736	94462	44274	20985	23289	39143
132674	75513	57161	13194	43967	11963
136647	83353	53294	36701	16593	11313
330515	197699	132816	44324	88492	15900
324670	184820	139850	59206	80644	30000
70959	57268	13691	8533	5158	
169310	145423	23887	15793	8094	3000
516109	371512	144597	57619	86978	
113835	74563	39272	22990	16282	6897
14272	10199	4073	1667	2406	
158176	44065	114111	22972	91139	
473041	231726	241315	149233	92082	34185
64051	59708	4343	4343		1540
161984	51647	110337	13503	96834	
239664	183520	56144	25709	30435	21564
79773	65961	13812	6364	7448	24000
6667	5420	1247	747	500	
135660	106455	29205	16195	13010	12260

4-19 分地区中等职业学校

地区	合计	事业性经费支出	个人部分	工资福利支出	对个人和家庭的补助支出	#助学金
合计	**133278195**	**127821415**	**70131405**	**42165431**	**27965974**	**14912328**
北京	3910223	3779384	1783014	1068280	714734	71737
天津	2192208	2029708	1461274	860080	601194	104447
河北	6397944	6302392	3823630	2428717	1394913	856692
山西	3991603	3610279	1975882	1307647	668235	405808
内蒙古	3257546	2945718	1687612	1043853	643759	295658
辽宁	4556469	4489155	2426854	1460378	966476	333813
吉林	2276072	2233863	1411230	804106	607124	207326
黑龙江	2259248	2183945	1464726	878073	586653	150517
上海	4107576	4107006	2284513	1644012	640501	173077
江苏	10132113	9811137	5257520	3260925	1996595	878987
浙江	7394817	7364195	4315219	2931227	1383992	757846
安徽	4596652	4406454	2102442	1226978	875464	529764
福建	3593205	3460781	2137301	1276214	861087	443781
江西	2127861	2108401	1116843	609694	507149	315223
山东	10193382	10120453	5316435	3546906	1769529	980308
河南	7653092	7252979	4361592	2205915	2155677	1575442
湖北	4095472	4024029	2281405	1210403	1071002	670241
湖南	4210951	4049156	2412576	1411867	1000709	624164
广东	14241054	13430602	6751334	4430293	2321041	1079758
广西	4723562	4603575	2122671	1045795	1076876	715575
海南	1656803	1107819	547114	360040	187074	143088
重庆	3343590	3259437	1661764	788966	872798	559259
四川	7596202	7171246	3793977	1980290	1813687	1202640
贵州	1666986	1597392	817211	485059	332152	156164
云南	3958737	3817528	2061096	1129849	931247	540387
西藏	178727	151977	82968	50373	32595	21704
陕西	3071008	2918302	1675375	996191	679184	484276
甘肃	2372019	2185474	1288080	741962	546118	311106
青海	642409	571189	260500	151241	109259	56387
宁夏	583406	548706	258768	136365	122403	67247
新疆	2297258	2179133	1190479	693732	496747	199906

教育经费支出明细

单位:千元

公用部分	商品和服务支出	其他资本性支出			基本建设支出
			专项公用支出	专项项目支出	
57690010	**28587140**	**29102870**	**10526561**	**18576309**	**5456780**
1996370	830701	1165669	782641	383028	130839
568434	391453	176981	104330	72651	162500
2478762	1439545	1039217	329379	709838	95552
1634397	859813	774584	213492	561092	381324
1258106	597405	660701	267771	392930	311828
2062301	1057165	1005136	484198	520938	67314
822633	501041	321592	118557	203035	42209
719219	520192	199027	96349	102678	75303
1822493	1410586	411907	292583	119324	570
4553617	1920564	2633053	798643	1834410	320976
3048976	1428087	1620889	575116	1045773	30622
2304012	1097371	1206641	323873	882768	190198
1323480	690737	632743	313909	318834	132424
991558	451172	540386	139132	401254	19460
4804018	2006942	2797076	628625	2168451	72929
2891387	1464560	1426827	539253	887574	400113
1742624	1053468	689156	242798	446358	71443
1636580	1004725	631855	273642	358213	161795
6679268	3324009	3355259	1363930	1991329	810452
2480904	766740	1714164	486533	1227631	119987
560705	272422	288283	131493	156790	548984
1597673	726076	871597	302494	569103	84153
3377269	1557269	1820000	619054	1200946	424956
780181	449225	330956	161794	169162	69594
1756432	766005	990427	228283	762144	141209
69009	19626	49383	22062	27321	26750
1242927	656714	586213	313058	273155	152706
897394	522578	374816	120748	254068	186545
310689	120495	190194	43407	146787	71220
289938	120320	169618	82678	86940	34700
988654	560134	428520	126736	301784	118125

4-20 分地区中央属中等职业学校

地区	合计	事业性经费支出	个人部分	工资福利支出	对个人和家庭的补助支出	#助学金
合计	**917571**	**896491**	**468262**	**309624**	**158638**	**78458**
北京	66752	66702	31104	23298	7806	3405
天津	37636	37636	24931	20242	4689	1503
河北	33749	33749	17349	13140	4209	1857
山西	9428	9428	6273	4209	2064	2064
内蒙古	3823	3823	2181	2181		
辽宁						
吉林	5089	5089	1087	955	132	132
黑龙江	56479	56479	37072	23846	13226	3816
上海	140487	140487	53232	47256	5976	235
江苏	2177	2177	1638	1594	44	44
浙江						
安徽	1428	1428	1197	767	430	427
福建						
江西						
山东						
河南						
湖北						
湖南	31733	31733	12522	12103	419	
广东	116027	116027	79772	46602	33170	18167
广西						
海南						
重庆	6835	6805	2958	2836	122	15
四川	116266	116266	52097	29314	22783	14162
贵州						
云南						
西藏						
陕西						
甘肃	927	927	666	151	515	515
青海						
宁夏						
新疆	288735	267735	144183	81130	63053	32116

教育经费支出明细

单位:千元

公用部分	商品和服务支出	其他资本性支出	其他资本性支出：专项公用支出	其他资本性支出：专项项目支出	基本建设支出
428229	**255296**	**172933**	**64954**	**107979**	**21080**
35598	21261	14337	6916	7421	50
12705	10061	2644	2644		
16400	14738	1662	1662		
3155	3155				
1642	1642				
4002	4002				
19407	12141	7266	978	6288	
87255	56535	30720	10615	20105	
539	106	433	107	326	
231	229	2	2		
19211	16343	2868	1057	1811	
36255	26254	10001	8758	1243	
3847	3731	116	73	43	30
64169	22013	42156	3111	39045	
261	242	19	19		
123552	62843	60709	29012	31697	21000

4-21 分地区地方中等职业学校

地区	合计	事业性经费支出	个人部分	工资福利支出	对个人和家庭的补助支出	#助学金
合计	**132360624**	**126924924**	**69663143**	**41855807**	**27807336**	**14833870**
北京	3843471	3712682	1751910	1044982	706928	68332
天津	2154572	1992072	1436343	839838	596505	102944
河北	6364195	6268643	3806281	2415577	1390704	854835
山西	3982175	3600851	1969609	1303438	666171	403744
内蒙古	3253723	2941895	1685431	1041672	643759	295658
辽宁	4556469	4489155	2426854	1460378	966476	333813
吉林	2270983	2228774	1410143	803151	606992	207194
黑龙江	2202769	2127466	1427654	854227	573427	146701
上海	3967089	3966519	2231281	1596756	634525	172842
江苏	10129936	9808960	5255882	3259331	1996551	878943
浙江	7394817	7364195	4315219	2931227	1383992	757846
安徽	4595224	4405026	2101245	1226211	875034	529337
福建	3593205	3460781	2137301	1276214	861087	443781
江西	2127861	2108401	1116843	609694	507149	315223
山东	10193382	10120453	5316435	3546906	1769529	980308
河南	7653092	7252979	4361592	2205915	2155677	1575442
湖北	4095472	4024029	2281405	1210403	1071002	670241
湖南	4179218	4017423	2400054	1399764	1000290	624164
广东	14125027	13314575	6671562	4383691	2287871	1061591
广西	4723562	4603575	2122671	1045795	1076876	715575
海南	1656803	1107819	547114	360040	187074	143088
重庆	3336755	3252632	1658806	786130	872676	559244
四川	7479936	7054980	3741880	1950976	1790904	1188478
贵州	1666986	1597392	817211	485059	332152	156164
云南	3958737	3817528	2061096	1129849	931247	540387
西藏	178727	151977	82968	50373	32595	21704
陕西	3071008	2918302	1675375	996191	679184	484276
甘肃	2371092	2184547	1287414	741811	545603	310591
青海	642409	571189	260500	151241	109259	56387
宁夏	583406	548706	258768	136365	122403	67247
新疆	2008523	1911398	1046296	612602	433694	167790

教育经费支出明细

单位:千元

公用部分	商品和服务支出	其他资本性支出			基本建设支出
			专项公用支出	专项项目支出	
57261781	**28331844**	**28929937**	**10461607**	**18468330**	**5435700**
1960772	809440	1151332	775725	375607	130789
555729	381392	174337	101686	72651	162500
2462362	1424807	1037555	327717	709838	95552
1631242	856658	774584	213492	561092	381324
1256464	595763	660701	267771	392930	311828
2062301	1057165	1005136	484198	520938	67314
818631	497039	321592	118557	203035	42209
699812	508051	191761	95371	96390	75303
1735238	1354051	381187	281968	99219	570
4553078	1920458	2632620	798536	1834084	320976
3048976	1428087	1620889	575116	1045773	30622
2303781	1097142	1206639	323871	882768	190198
1323480	690737	632743	313909	318834	132424
991558	451172	540386	139132	401254	19460
4804018	2006942	2797076	628625	2168451	72929
2891387	1464560	1426827	539253	887574	400113
1742624	1053468	689156	242798	446358	71443
1617369	988382	628987	272585	356402	161795
6643013	3297755	3345258	1355172	1990086	810452
2480904	766740	1714164	486533	1227631	119987
560705	272422	288283	131493	156790	548984
1593826	722345	871481	302421	569060	84123
3313100	1535256	1777844	615943	1161901	424956
780181	449225	330956	161794	169162	69594
1756432	766005	990427	228283	762144	141209
69009	19626	49383	22062	27321	26750
1242927	656714	586213	313058	273155	152706
897133	522336	374797	120729	254068	186545
310689	120495	190194	43407	146787	71220
289938	120320	169618	82678	86940	34700
865102	497291	367811	97724	270087	97125

4-22 分地区中等专业学校

地 区	合 计	事业性经费支出	个人部分	工资福利支出	对个人和家庭的补助支出	#助学金
合 计	**59487828**	**56787340**	**30890722**	**18019620**	**12871102**	**7028064**
北 京	1215553	1180553	549364	320411	228953	30955
天 津	1656739	1497739	1068234	630609	437625	76675
河 北	2262763	2246574	1374040	807095	566945	392514
山 西	2033180	1811609	972186	611616	360570	205130
内蒙古	1351457	1133412	682840	410306	272534	132412
辽 宁	2252652	2222229	1323724	728224	595500	225927
吉 林	804275	790375	495619	274683	220936	69582
黑龙江	639877	636125	412218	252855	159363	47901
上 海	1961488	1960918	1083134	871429	211705	91682
江 苏	4308543	4264402	2146391	1295135	851256	374042
浙 江	939041	939041	503876	338571	165305	86805
安 徽	1836564	1736880	859263	472833	386430	228960
福 建	2407167	2326165	1422552	856789	565763	299825
江 西	876872	868812	433001	233580	199421	113957
山 东	4034226	4008536	2027754	1297017	730737	390407
河 南	4206875	3870551	2367141	1042849	1324292	1036940
湖 北	2635954	2571544	1420611	752525	668086	449594
湖 南	1060961	1008389	608771	367323	241448	114919
广 东	7261345	7015340	3642314	2366144	1276170	601980
广 西	3563767	3481677	1622981	783232	839749	585909
海 南	1085695	839041	403023	253761	149262	118157
重 庆	772510	720056	338930	165144	173786	113790
四 川	2649435	2436078	1280383	709536	570847	355722
贵 州	667815	651541	360433	193170	167263	77721
云 南	2097590	2020297	975150	521690	453460	263440
西 藏	160296	140296	76094	45759	30335	20363
陕 西	1009081	979031	486863	292465	194398	122062
甘 肃	1600192	1468772	869845	498181	371664	207372
青 海	271920	230600	139419	73163	66256	33444
宁 夏	354258	319558	168786	87738	81048	44190
新 疆	1509737	1411199	775782	465787	309995	115687

教育经费支出明细

单位:千元

公用部分	商品和服务支出	其他资本性支出	专项公用支出	专项项目支出	基本建设支出
25896618	**12942607**	**12954011**	**4915826**	**8038185**	**2700488**
631189	228682	402507	290756	111751	35000
429505	299268	130237	83851	46386	159000
872534	564336	308198	135836	172362	16189
839423	447201	392222	101278	290944	221571
450572	224322	226250	137112	89138	218045
898505	589685	308820	165805	143015	30423
294756	183598	111158	24694	86464	13900
223907	181004	42903	26418	16485	3752
877784	609273	268511	190403	78108	570
2118011	834470	1283541	340585	942956	44141
435165	196977	238188	71931	166257	
877617	584226	293391	128283	165108	99684
903613	459656	443957	242714	201243	81002
435811	202657	233154	52465	180689	8060
1980782	896742	1084040	281956	802084	25690
1503410	678704	824706	286009	538697	336324
1150933	692977	457956	147699	310257	64410
399618	250523	149095	46782	102313	52572
3373026	1669658	1703368	733218	970150	246005
1858696	529257	1329439	382363	947076	82090
436018	184726	251292	107102	144190	246654
381126	164904	216222	63675	152547	52454
1155695	565433	590262	229822	360440	213357
291108	178192	112916	89876	23040	16274
1045147	386605	658542	125695	532847	77293
64202	18986	45216	21689	23527	20000
492168	241582	250586	202862	47724	30050
598927	367927	231000	90531	140469	131420
91181	50617	40564	17515	23049	41320
150772	74885	75887	20825	55062	34700
635417	385534	249883	76076	173807	98538

4-23 分地区中央属中等专业学校

地区	合计	事业性经费支出	个人部分	工资福利支出	对个人和家庭的补助支出	#助学金
合计	**631391**	**610391**	**307686**	**192128**	**115558**	**61225**
北京	49831	49831	20683	14352	6331	2841
天津	9984	9984	8318	4533	3785	599
河北	33749	33749	17349	13140	4209	1857
山西	8866	8866	5869	3805	2064	2064
内蒙古						
辽宁						
吉林	5089	5089	1087	955	132	132
黑龙江						
上海	140487	140487	53232	47256	5976	235
江苏						
浙江						
安徽	1428	1428	1197	767	430	427
福建						
江西						
山东						
河南						
湖北						
湖南	12986	12986	4170	4170		
广东	45413	45413	28183	9622	18561	13108
广西						
海南						
重庆						
四川	36006	36006	24559	13489	11070	7331
贵州						
云南						
西藏						
陕西						
甘肃	927	927	666	151	515	515
青海						
宁夏						
新疆	286625	265625	142373	79888	62485	32116

教育经费支出明细

单位:千元

公用部分	商品和服务支出	其他资本性支出	专项公用支出	专项项目支出	基本建设支出
302705	**186503**	**116202**	**56040**	**60162**	**21000**
29148	18821	10327	5863	4464	
1666	1663	3	3		
16400	14738	1662	1662		
2997	2997				
4002	4002				
87255	56535	30720	10615	20105	
231	229	2	2		
8816	8571	245	245		
17230	10322	6908	6908		
11447	5791	5656	1760	3896	
261	242	19	19		
123252	62592	60660	28963	31697	21000

4-24 分地区地方中等专业学校

地区	合计	事业性经费支出	个人部分	工资福利支出	对个人和家庭的补助支出	#助学金
合计	**58856437**	**56176949**	**30583036**	**17827492**	**12755544**	**6966839**
北京	1165722	1130722	528681	306059	222622	28114
天津	1646755	1487755	1059916	626076	433840	76076
河北	2229014	2212825	1356691	793955	562736	390657
山西	2024314	1802743	966317	607811	358506	203066
内蒙古	1351457	1133412	682840	410306	272534	132412
辽宁	2252652	2222229	1323724	728224	595500	225927
吉林	799186	785286	494532	273728	220804	69450
黑龙江	639877	636125	412218	252855	159363	47901
上海	1821001	1820431	1029902	824173	205729	91447
江苏	4308543	4264402	2146391	1295135	851256	374042
浙江	939041	939041	503876	338571	165305	86805
安徽	1835136	1735452	858066	472066	386000	228533
福建	2407167	2326165	1422552	856789	565763	299825
江西	876872	868812	433001	233580	199421	113957
山东	4034226	4008536	2027754	1297017	730737	390407
河南	4206875	3870551	2367141	1042849	1324292	1036940
湖北	2635954	2571544	1420611	752525	668086	449594
湖南	1047975	995403	604601	363153	241448	114919
广东	7215932	6969927	3614131	2356522	1257609	588872
广西	3563767	3481677	1622981	783232	839749	585909
海南	1085695	839041	403023	253761	149262	118157
重庆	772510	720056	338930	165144	173786	113790
四川	2613429	2400072	1255824	696047	559777	348391
贵州	667815	651541	360433	193170	167263	77721
云南	2097590	2020297	975150	521690	453460	263440
西藏	160296	140296	76094	45759	30335	20363
陕西	1009081	979031	486863	292465	194398	122062
甘肃	1599265	1467845	869179	498030	371149	206857
青海	271920	230600	139419	73163	66256	33444
宁夏	354258	319558	168786	87738	81048	44190
新疆	1223112	1145574	633409	385899	247510	83571

教育经费支出明细

单位：千元

公用部分	商品和服务支出	其他资本性支出			基本建设支出
			专项公用支出	专项项目支出	
25593913	**12756104**	**12837809**	**4859786**	**7978023**	**2679488**
602041	209861	392180	284893	107287	35000
427839	297605	130234	83848	46386	159000
856134	549598	306536	134174	172362	16189
836426	444204	392222	101278	290944	221571
450572	224322	226250	137112	89138	218045
898505	589685	308820	165805	143015	30423
290754	179596	111158	24694	86464	13900
223907	181004	42903	26418	16485	3752
790529	552738	237791	179788	58003	570
2118011	834470	1283541	340585	942956	44141
435165	196977	238188	71931	166257	
877386	583997	293389	128281	165108	99684
903613	459656	443957	242714	201243	81002
435811	202657	233154	52465	180689	8060
1980782	896742	1084040	281956	802084	25690
1503410	678704	824706	286009	538697	336324
1150933	692977	457956	147699	310257	64410
390802	241952	148850	46537	102313	52572
3355796	1659336	1696460	726310	970150	246005
1858696	529257	1329439	382363	947076	82090
436018	184726	251292	107102	144190	246654
381126	164904	216222	63675	152547	52454
1144248	559642	584606	228062	356544	213357
291108	178192	112916	89876	23040	16274
1045147	386605	658542	125695	532847	77293
64202	18986	45216	21689	23527	20000
492168	241582	250586	202862	47724	30050
598666	367685	230981	90512	140469	131420
91181	50617	40564	17515	23049	41320
150772	74885	75887	20825	55062	34700
512165	322942	189223	47113	142110	77538

4-25 分地区职业高中

地 区	合 计	事业性经费支出	个人部分	工资福利支出	对个人和家庭的补助支出	#助学金
合 计	**50175128**	**48552282**	**27056534**	**16421913**	**10634621**	**5930671**
北 京	1690287	1622727	888319	510564	377755	29834
天 津	57235	57235	46963	26866	20097	1393
河 北	2932124	2852778	1662607	1083635	578972	348970
山 西	1420501	1338801	742840	509224	233616	178224
内蒙古	1580250	1505411	789947	483002	306945	157655
辽 宁	1790558	1762527	863950	574222	289728	86315
吉 林	1008260	979951	562988	317055	245933	121629
黑龙江	999553	979553	679322	396931	282391	76259
上 海	1618879	1618879	920156	526794	393362	80087
江 苏	4083333	3862905	2228091	1439343	788748	345957
浙 江	5304127	5282045	3209755	2162590	1047165	621697
安 徽	2305572	2221693	1040107	626117	413990	266569
福 建	689877	677643	425026	266729	158297	76806
江 西	1079619	1068219	586643	315335	271308	197766
山 东	3896114	3895114	2087864	1439007	648857	363978
河 南	2110608	2088340	1200771	684629	516142	379916
湖 北	1093237	1087804	669631	349871	319760	176027
湖 南	2514308	2410750	1397725	793586	604139	437681
广 东	2431697	2234935	1254958	835922	419036	157452
广 西	582827	552599	181047	102774	78273	36620
海 南	166580	150335	84528	60536	23992	16820
重 庆	1769243	1745564	895170	376764	518406	356158
四 川	3614056	3446817	1804401	909835	894566	611963
贵 州	728181	674861	316337	177702	138635	77261
云 南	1246014	1182880	752002	406827	345175	230956
西 藏						
陕 西	1826732	1704076	1003084	619032	384052	288800
甘 肃	673713	621588	354299	207544	146755	91268
青 海	368019	338119	119898	76895	43003	22943
宁 夏	221452	221452	84059	45532	38527	22444
新 疆	372172	366681	204046	97050	106996	71223

教育经费支出明细

单位：千元

公用部分	商品和服务支出	其他资本性支出		基本建设支出
		专项公用支出	专项项目支出	

公用部分	商品和服务支出	其他资本性支出	专项公用支出	专项项目支出	基本建设支出
21495748	**9814820**	**11680928**	**3788205**	**7892723**	**1622846**
734408	341063	393345	164913	228432	67560
10272	9797	475	475		
1190171	586236	603935	151397	452538	79346
595961	279859	316102	68817	247285	81700
715464	310603	404861	115563	289298	74839
898577	319252	579325	296800	282525	28031
416963	235557	181406	68556	112850	28309
300231	189589	110642	55181	55461	20000
698723	585658	113065	73198	39867	
1634814	664740	970074	313337	656737	220428
2072290	937032	1135258	428097	707161	22082
1181586	398585	783001	171683	611318	83879
252617	125201	127416	31391	96025	12234
481576	194999	286577	82293	204284	11400
1807250	619709	1187541	202284	985257	1000
887569	438328	449241	172303	276938	22268
418173	244814	173359	73971	99388	5433
1013025	601367	411658	194918	216740	103558
979977	502804	477173	235153	242020	196762
371552	80906	290646	41884	248762	30228
65807	45567	20240	11530	8710	16245
850394	324690	525704	150897	374807	23679
1642416	709211	933205	308816	624389	167239
358524	140963	217561	71450	146111	53320
430878	238958	191920	64360	127560	63134
700992	381474	319518	94434	225084	122656
267289	127717	139572	27912	111660	52125
218221	69255	148966	25472	123494	29900
137393	43706	93687	61809	31878	
162635	67180	95455	29311	66144	5491

4-26　分地区中央属职业高中

地　区	合　计	事业性经费支出	个　人部　分	工资福利支出	对个人和家庭的补助支出	#助学金
合　计	**26447**	**26447**	**19072**	**11866**	**7206**	**1977**
北　京						
天　津						
河　北						
山　西						
内蒙古						
辽　宁						
吉　林						
黑龙江	10315	10315	7755	6586	1169	409
上　海						
江　苏						
浙　江						
安　徽						
福　建						
江　西						
山　东						
河　南						
湖　北						
湖　南						
广　东						
广　西						
海　南						
重　庆						
四　川	16132	16132	11317	5280	6037	1568
贵　州						
云　南						
西　藏						
陕　西						
甘　肃						
青　海						
宁　夏						
新　疆						

教育经费支出明细

单位:千元

公用部分	商品和服务支出	其他资本性支出			基本建设支出
			专项公用支出	专项项目支出	
7375	**7131**	**244**	**244**		
2560	2325	235	235		
4815	4806	9	9		

4-27 分地区地方职业高中

地 区	合 计	事业性经费支出	个人部分	工资福利支出	对个人和家庭的补助支出	#助学金
合 计	**50148681**	**48525835**	**27037462**	**16410047**	**10627415**	**5928694**
北 京	1690287	1622727	888319	510564	377755	29834
天 津	57235	57235	46963	26866	20097	1393
河 北	2932124	2852778	1662607	1083635	578972	348970
山 西	1420501	1338801	742840	509224	233616	178224
内蒙古	1580250	1505411	789947	483002	306945	157655
辽 宁	1790558	1762527	863950	574222	289728	86315
吉 林	1008260	979951	562988	317055	245933	121629
黑龙江	989238	969238	671567	390345	281222	75850
上 海	1618879	1618879	920156	526794	393362	80087
江 苏	4083333	3862905	2228091	1439343	788748	345957
浙 江	5304127	5282045	3209755	2162590	1047165	621697
安 徽	2305572	2221693	1040107	626117	413990	266569
福 建	689877	677643	425026	266729	158297	76806
江 西	1079619	1068219	586643	315335	271308	197766
山 东	3896114	3895114	2087864	1439007	648857	363978
河 南	2110608	2088340	1200771	684629	516142	379916
湖 北	1093237	1087804	669631	349871	319760	176027
湖 南	2514308	2410750	1397725	793586	604139	437681
广 东	2431697	2234935	1254958	835922	419036	157452
广 西	582827	552599	181047	102774	78273	36620
海 南	166580	150335	84528	60536	23992	16820
重 庆	1769243	1745564	895170	376764	518406	356158
四 川	3597924	3430685	1793084	904555	888529	610395
贵 州	728181	674861	316337	177702	138635	77261
云 南	1246014	1182880	752002	406827	345175	230956
西 藏						
陕 西	1826732	1704076	1003084	619032	384052	288800
甘 肃	673713	621588	354299	207544	146755	91268
青 海	368019	338119	119898	76895	43003	22943
宁 夏	221452	221452	84059	45532	38527	22444
新 疆	372172	366681	204046	97050	106996	71223

教育经费支出明细

单位：千元

公用部分	商品和服务支出	其他资本性支出			基本建设支出
			专项公用支出	专项项目支出	
21488373	**9807689**	**11680684**	**3787961**	**7892723**	**1622846**
734408	341063	393345	164913	228432	67560
10272	9797	475	475		
1190171	586236	603935	151397	452538	79346
595961	279859	316102	68817	247285	81700
715464	310603	404861	115563	289298	74839
898577	319252	579325	296800	282525	28031
416963	235557	181406	68556	112850	28309
297671	187264	110407	54946	55461	20000
698723	585658	113065	73198	39867	
1634814	664740	970074	313337	656737	220428
2072290	937032	1135258	428097	707161	22082
1181586	398585	783001	171683	611318	83879
252617	125201	127416	31391	96025	12234
481576	194999	286577	82293	204284	11400
1807250	619709	1187541	202284	985257	1000
887569	438328	449241	172303	276938	22268
418173	244814	173359	73971	99388	5433
1013025	601367	411658	194918	216740	103558
979977	502804	477173	235153	242020	196762
371552	80906	290646	41884	248762	30228
65807	45567	20240	11530	8710	16245
850394	324690	525704	150897	374807	23679
1637601	704405	933196	308807	624389	167239
358524	140963	217561	71450	146111	53320
430878	238958	191920	64360	127560	63134
700992	381474	319518	94434	225084	122656
267289	127717	139572	27912	111660	52125
218221	69255	148966	25472	123494	29900
137393	43706	93687	61809	31878	
162635	67180	95455	29311	66144	5491

4-28 分地区农村职业高中

地区	合计	事业性经费支出	个人部分	工资福利支出	对个人和家庭的补助支出	#助学金
合计	**6317154**	**6015839**	**3372281**	**2185606**	**1186675**	**798181**
北京	164432	110852	46420	34591	11829	2504
天津						
河北	296087	285687	173628	121096	52532	36355
山西	140673	138673	76664	52878	23786	19787
内蒙古	62534	62534	41786	31125	10661	7179
辽宁	103957	103957	39921	16511	23410	18881
吉林	14728	14728	9949	4351	5598	4097
黑龙江	13163	13163	9574	6510	3064	772
上海	14361	14361	10799	9869	930	6
江苏	655388	544390	316934	222184	94750	43100
浙江	878045	878013	572432	403210	169222	117137
安徽	622908	597610	285345	177363	107982	75879
福建	76313	76313	50036	33666	16370	10313
江西	121739	121739	42898	23512	19386	12772
山东	335044	335044	216844	150561	66283	37392
河南	396579	381962	218186	137989	80197	48370
湖北	92175	92175	44347	22383	21964	18373
湖南	362206	361406	178051	111839	66212	52810
广东	297389	297389	174153	136553	37600	24358
广西	40912	37522	15573	9341	6232	2687
海南	15528	15528	12855	11383	1472	745
重庆	261547	259547	101270	50441	50829	32752
四川	756285	729145	393052	208170	184882	139937
贵州	53269	49799	33089	20758	12331	6508
云南	88076	66576	43204	20841	22363	19058
西藏						
陕西	318125	294355	181184	114141	67043	47077
甘肃	121200	118880	80901	52898	28003	17914
青海						
宁夏						
新疆	14491	14491	3186	1442	1744	1418

教育经费支出明细

单位:千元

公用部分	商品和服务支出	其他资本性支出			基本建设支出
			专项公用支出	专项项目支出	
2643558	**1199760**	**1443798**	**387005**	**1056793**	**301315**
64432	32037	32395	15600	16795	53580
112059	74919	37140	10675	26465	10400
62009	31370	30639	4845	25794	2000
20748	12361	8387	7450	937	
64036	10873	53163	20724	32439	
4779	4104	675	675		
3589	2696	893	893		
3562	2937	625	625		
227456	105506	121950	18219	103731	110998
305581	147189	158392	43150	115242	32
312265	123658	188607	43933	144674	25298
26277	15675	10602	4913	5689	
78841	12741	66100	14386	51714	
118200	45105	73095	9474	63621	
163776	85050	78726	22869	55857	14617
47828	16893	30935	4612	26323	
183355	79988	103367	23896	79471	800
123236	73383	49853	17420	32433	
21949	5534	16415	7889	8526	3390
2673	1101	1572	670	902	
158277	54321	103956	33810	70146	2000
336093	147452	188641	53483	135158	27140
16710	12786	3924	2880	1044	3470
23372	11612	11760	6594	5166	21500
113171	69455	43716	11129	32587	23770
37979	19549	18430	6191	12239	2320
11305	1465	9840		9840	

4-29 分地区技工学校

地区	合计	事业性经费支出	个人部分	工资福利支出	对个人和家庭的补助支出	#助学金
合计	**16473346**	**15411150**	**7900594**	**4902469**	**2998125**	**1645078**
北京	948914	920635	322841	221265	101576	10948
天津	337319	333819	255568	148948	106620	26379
河北	763644	763627	448273	285136	163137	112758
山西	335936	258683	117219	78916	38303	20989
内蒙古	106136	97386	60897	48244	12653	5536
辽宁	473525	464665	213423	140321	73102	19266
吉林	87339	87339	55703	34055	21648	14463
黑龙江	397134	345583	206980	130537	76443	10521
上海	204241	204241	113860	101708	12152	1086
江苏	1287067	1230660	627522	378115	249407	148315
浙江	614591	613277	321110	223450	97660	40039
安徽	205315	200315	98904	65352	33552	17804
福建	406773	367585	239477	121277	118200	65901
江西	17607	17607	10616	6457	4159	2785
山东	1683675	1637436	875400	561417	313983	196782
河南	854041	812535	494283	278474	215809	130174
湖北	155411	155411	70579	41668	28911	17254
湖南	367409	361744	233386	145181	88205	48218
广东	4153167	3785582	1646203	1096616	549587	292690
广西	451628	443959	245862	118919	126943	85322
海南	367406	81321	44107	32431	11676	8111
重庆	474605	472579	266323	167608	98715	56716
四川	647697	632497	343481	143333	200148	178066
贵州	259895	259895	134576	110373	24203	893
云南	448570	447788	212384	117516	94868	45991
西藏						
陕西	78277	78277	74273	3531	70742	70383
甘肃	40246	37246	23513	14070	9443	6582
青海						
宁夏						
新疆	305778	299458	143831	87551	56280	11106

教育经费支出明细

单位:千元

公用部分	商品和服务支出	其他资本性支出	专项公用支出	专项项目支出	基本建设支出
7510556	**4005597**	**3504959**	**1450503**	**2054456**	**1062196**
597794	240551	357243	318761	38482	28279
78251	58800	19451	15008	4443	3500
315354	202540	112814	31158	81656	17
141464	87063	54401	38815	15586	77253
36489	20901	15588	11648	3940	8750
251242	136283	114959	19561	95398	8860
31636	19830	11806	11806		
138603	103428	35175	8198	26977	51551
90381	66279	24102	23253	849	
603138	314982	288156	108149	180007	56407
292167	115875	176292	49981	126311	1314
101411	54929	46482	9110	37372	5000
128108	81448	46660	36851	9809	39188
6991	6796	195	145	50	
762036	365356	396680	120497	276183	46239
318252	209730	108522	62268	46254	41506
84832	71862	12970	7680	5290	
128358	85433	42925	18283	24642	5665
2139379	1024537	1114842	371786	743056	367585
198097	116777	81320	52859	28461	7669
37214	28671	8543	4653	3890	286085
206256	142760	63496	37945	25551	2026
289016	112613	176403	44803	131600	15200
125319	125259	60	60		
235404	108191	127213	29456	97757	782
4004	4004				
13733	13007	726	256	470	3000
155627	87692	67935	17513	50422	6320

4-30 分地区中央属技工学校

地区	合计	事业性经费支出	个人部分	工资福利支出	对个人和家庭的补助支出	#助学金
合计	**225754**	**225674**	**117314**	**83935**	**33379**	**15246**
北京	16921	16871	10421	8946	1475	564
天津	9810	9810	4874	3970	904	904
河北						
山西						
内蒙古	3823	3823	2181	2181		
辽宁						
吉林						
黑龙江	32699	32699	19080	8950	10130	3397
上海						
江苏	2177	2177	1638	1594	44	44
浙江						
安徽						
福建						
江西						
山东						
河南						
湖北						
湖南	18747	18747	8352	7933	419	
广东	70614	70614	51589	36980	14609	5059
广西						
海南						
重庆	6835	6805	2958	2836	122	15
四川	64128	64128	16221	10545	5676	5263
贵州						
云南						
西藏						
陕西						
甘肃						
青海						
宁夏						
新疆						

教育经费支出明细

单位:千元

公用部分	商品和服务支出	其他资本性支出			基本建设支出
			专项公用支出	专项项目支出	
108360	**54451**	**53909**	**6092**	**47817**	**80**
6450	2440	4010	1053	2957	50
4936	4763	173	173		
1642	1642				
13619	6649	6970	682	6288	
539	106	433	107	326	
10395	7772	2623	812	1811	
19025	15932	3093	1850	1243	
3847	3731	116	73	43	30
47907	11416	36491	1342	35149	

4-31 分地区地方技工学校

地区	合计	事业性经费支出	个人部分	工资福利支出	对个人和家庭的补助支出	#助学金
合计	**16247592**	**15185476**	**7783280**	**4818534**	**2964746**	**1629832**
北京	931993	903764	312420	212319	100101	10384
天津	327509	324009	250694	144978	105716	25475
河北	763644	763627	448273	285136	163137	112758
山西	335936	258683	117219	78916	38303	20989
内蒙古	102313	93563	58716	46063	12653	5536
辽宁	473525	464665	213423	140321	73102	19266
吉林	87339	87339	55703	34055	21648	14463
黑龙江	364435	312884	187900	121587	66313	7124
上海	204241	204241	113860	101708	12152	1086
江苏	1284890	1228483	625884	376521	249363	148271
浙江	614591	613277	321110	223450	97660	40039
安徽	205315	200315	98904	65352	33552	17804
福建	406773	367585	239477	121277	118200	65901
江西	17607	17607	10616	6457	4159	2785
山东	1683675	1637436	875400	561417	313983	196782
河南	854041	812535	494283	278474	215809	130174
湖北	155411	155411	70579	41668	28911	17254
湖南	348662	342997	225034	137248	87786	48218
广东	4082553	3714968	1594614	1059636	534978	287631
广西	451628	443959	245862	118919	126943	85322
海南	367406	81321	44107	32431	11676	8111
重庆	467770	465774	263365	164772	98593	56701
四川	583569	568369	327260	132788	194472	172803
贵州	259895	259895	134576	110373	24203	893
云南	448570	447788	212384	117516	94868	45991
西藏						
陕西	78277	78277	74273	3531	70742	70383
甘肃	40246	37246	23513	14070	9443	6582
青海						
宁夏						
新疆	305778	299458	143831	87551	56280	11106

教育经费支出明细

单位:千元

公用部分	商品和服务支出	其他资本性支出			基本建设支出
			专项公用支出	专项项目支出	
7402196	**3951146**	**3451050**	**1444411**	**2006639**	**1062116**
591344	238111	353233	317708	35525	28229
73315	54037	19278	14835	4443	3500
315354	202540	112814	31158	81656	17
141464	87063	54401	38815	15586	77253
34847	19259	15588	11648	3940	8750
251242	136283	114959	19561	95398	8860
31636	19830	11806	11806		
124984	96779	28205	7516	20689	51551
90381	66279	24102	23253	849	
602599	314876	287723	108042	179681	56407
292167	115875	176292	49981	126311	1314
101411	54929	46482	9110	37372	5000
128108	81448	46660	36851	9809	39188
6991	6796	195	145	50	
762036	365356	396680	120497	276183	46239
318252	209730	108522	62268	46254	41506
84832	71862	12970	7680	5290	
117963	77661	40302	17471	22831	5665
2120354	1008605	1111749	369936	741813	367585
198097	116777	81320	52859	28461	7669
37214	28671	8543	4653	3890	286085
202409	139029	63380	37872	25508	1996
241109	101197	139912	43461	96451	15200
125319	125259	60	60		
235404	108191	127213	29456	97757	782
4004	4004				
13733	13007	726	256	470	3000
155627	87692	67935	17513	50422	6320

4-32 分地区成人中等专业学校

地 区	合 计	事业性经费支出	个人部分	工资福利支出	对个人和家庭的补助支出	#助学金
合 计	**7141893**	**7070643**	**4283555**	**2821429**	**1462126**	**308515**
北 京	55469	55469	22490	16040	6450	
天 津	140915	140915	90509	53657	36852	
河 北	439413	439413	338710	252851	85859	2450
山 西	201986	201186	143637	107891	35746	1465
内蒙古	219703	209509	153928	102301	51627	55
辽 宁	39734	39734	25757	17611	8146	2305
吉 林	376198	376198	296920	178313	118607	1652
黑龙江	222684	222684	166206	97750	68456	15836
上 海	322968	322968	167363	144081	23282	222
江 苏	453170	453170	255516	148332	107184	10673
浙 江	537058	529832	280478	206616	73862	9305
安 徽	249201	247566	104168	62676	41492	16431
福 建	89388	89388	50246	31419	18827	1249
江 西	153763	153763	86583	54322	32261	715
山 东	579367	579367	325417	249465	75952	29141
河 南	481568	481553	299397	199963	99434	28412
湖 北	210870	209270	120584	66339	54245	27366
湖 南	268273	268273	172694	105777	66917	23346
广 东	394845	394745	207859	131611	76248	27636
广 西	125340	125340	72781	40870	31911	7724
海 南	37122	37122	15456	13312	2144	
重 庆	327232	321238	161341	79450	81891	32595
四 川	685014	655854	365712	217586	148126	56889
贵 州	11095	11095	5865	3814	2051	289
云 南	166563	166563	121560	83816	37744	
西 藏	18431	11681	6874	4614	2260	1341
陕 西	156918	156918	111155	81163	29992	3031
甘 肃	57868	57868	40423	22167	18256	5884
青 海	2470	2470	1183	1183		
宁 夏	7696	7696	5923	3095	2828	613
新 疆	109571	101795	66820	43344	23476	1890

教育经费支出明细

单位:千元

公用部分	商品和服务支出	其他资本性支出			基本建设支出
			专项公用支出	专项项目支出	
2787088	**1824116**	**962972**	**372027**	**590945**	**71250**
32979	20405	12574	8211	4363	
50406	23588	26818	4996	21822	
100703	86433	14270	10988	3282	
57549	45690	11859	4582	7277	800
55581	41579	14002	3448	10554	10194
13977	11945	2032	2032		
79278	62056	17222	13501	3721	
56478	46171	10307	6552	3755	
155605	149376	6229	5729	500	
197654	106372	91282	36572	54710	
249354	178203	71151	25107	46044	7226
143398	59631	83767	14797	68970	1635
39142	24432	14710	2953	11757	
67180	46720	20460	4229	16231	
253950	125135	128815	23888	104927	
182156	137798	44358	18673	25685	15
88686	43815	44871	13448	31423	1600
95579	67402	28177	13659	14518	
186886	127010	59876	23773	36103	100
52559	39800	12759	9427	3332	
21666	13458	8208	8208		
159897	93722	66175	49977	16198	5994
290142	170012	120130	35613	84517	29160
5230	4811	419	408	11	
45003	32251	12752	8772	3980	
4807	640	4167	373	3794	6750
45763	29654	16109	15762	347	
17445	13927	3518	2049	1469	
1287	623	664	420	244	
1773	1729	44	44		
34975	19728	15247	3836	11411	7776

4-33 分地区中央属成人中等专业学校

地区	合计	事业性经费支出	个人部分	工资福利支出	对个人和家庭的补助支出	#助学金
合计	**33979**	**33979**	**24190**	**21695**	**2495**	**10**
北京						
天津	17842	17842	11739	11739		
河北						
山西	562	562	404	404		
内蒙古						
辽宁						
吉林						
黑龙江	13465	13465	10237	8310	1927	10
上海						
江苏						
浙江						
安徽						
福建						
江西						
山东						
河南						
湖北						
湖南						
广东						
广西						
海南						
重庆						
四川						
贵州						
云南						
西藏						
陕西						
甘肃						
青海						
宁夏						
新疆	2110	2110	1810	1242	568	

教育经费支出明细

单位:千元

公用部分	商品和服务支出	其他资本性支出	专项公用支出	专项项目支出	基本建设支出
9789	**7211**	**2578**	**2578**		
6103	3635	2468	2468		
158	158				
3228	3167	61	61		
300	251	49	49		

4-34 分地区地方成人中等专业学校

地区	合计	事业性经费支出	个人部分	工资福利支出	对个人和家庭的补助支出	#助学金
合计	**7107914**	**7036664**	**4259365**	**2799734**	**1459631**	**308505**
北京	55469	55469	22490	16040	6450	
天津	123073	123073	78770	41918	36852	
河北	439413	439413	338710	252851	85859	2450
山西	201424	200624	143233	107487	35746	1465
内蒙古	219703	209509	153928	102301	51627	55
辽宁	39734	39734	25757	17611	8146	2305
吉林	376198	376198	296920	178313	118607	1652
黑龙江	209219	209219	155969	89440	66529	15826
上海	322968	322968	167363	144081	23282	222
江苏	453170	453170	255516	148332	107184	10673
浙江	537058	529832	280478	206616	73862	9305
安徽	249201	247566	104168	62676	41492	16431
福建	89388	89388	50246	31419	18827	1249
江西	153763	153763	86583	54322	32261	715
山东	579367	579367	325417	249465	75952	29141
河南	481568	481553	299397	199963	99434	28412
湖北	210870	209270	120584	66339	54245	27366
湖南	268273	268273	172694	105777	66917	23346
广东	394845	394745	207859	131611	76248	27636
广西	125340	125340	72781	40870	31911	7724
海南	37122	37122	15456	13312	2144	
重庆	327232	321238	161341	79450	81891	32595
四川	685014	655854	365712	217586	148126	56889
贵州	11095	11095	5865	3814	2051	289
云南	166563	166563	121560	83816	37744	
西藏	18431	11681	6874	4614	2260	1341
陕西	156918	156918	111155	81163	29992	3031
甘肃	57868	57868	40423	22167	18256	5884
青海	2470	2470	1183	1183		
宁夏	7696	7696	5923	3095	2828	613
新疆	107461	99685	65010	42102	22908	1890

教育经费支出明细

单位:千元

公用部分	商品和服务支出	其他资本性支出			基本建设支出
			专项公用支出	专项项目支出	
2777299	**1816905**	**960394**	**369449**	**590945**	**71250**
32979	20405	12574	8211	4363	
44303	19953	24350	2528	21822	
100703	86433	14270	10988	3282	
57391	45532	11859	4582	7277	800
55581	41579	14002	3448	10554	10194
13977	11945	2032	2032		
79278	62056	17222	13501	3721	
53250	43004	10246	6491	3755	
155605	149376	6229	5729	500	
197654	106372	91282	36572	54710	
249354	178203	71151	25107	46044	7226
143398	59631	83767	14797	68970	1635
39142	24432	14710	2953	11757	
67180	46720	20460	4229	16231	
253950	125135	128815	23888	104927	
182156	137798	44358	18673	25685	15
88686	43815	44871	13448	31423	1600
95579	67402	28177	13659	14518	
186886	127010	59876	23773	36103	100
52559	39800	12759	9427	3332	
21666	13458	8208	8208		
159897	93722	66175	49977	16198	5994
290142	170012	120130	35613	84517	29160
5230	4811	419	408	11	
45003	32251	12752	8772	3980	
4807	640	4167	373	3794	6750
45763	29654	16109	15762	347	
17445	13927	3518	2049	1469	
1287	623	664	420	244	
1773	1729	44	44		
34675	19477	15198	3787	11411	7776

4-35 分地区中学

地 区	合 计	事业性经费支出	个 人部 分	工资福利支出	对个人和家庭的补助支出	#助学金
合 计	**535904576**	**518509423**	**333366740**	**251811124**	**81555616**	**17229237**
北 京	16319017	14107005	8120915	5425515	2695400	94929
天 津	8185419	8132927	5761950	3783892	1978058	11871
河 北	22136052	21827923	14452722	11395057	3057665	678547
山 西	14917309	14400808	8565180	7290340	1274840	403639
内蒙古	13199485	12407420	7575553	5897676	1677877	507371
辽 宁	17394823	17037479	11412703	7908549	3504154	241895
吉 林	9641646	9494605	6258169	4314574	1943595	236985
黑龙江	12266465	11971302	7977354	5836811	2140543	115894
上 海	14797715	14554782	9158612	7850565	1308047	251234
江 苏	38489715	37470348	26830580	19938484	6892096	923207
浙 江	31915251	31660913	21013838	17050644	3963194	714566
安 徽	21622827	20970362	12852874	9869656	2983218	440112
福 建	16281504	15870980	10474824	8150409	2324415	309613
江 西	12159029	11849508	7374011	5537704	1836307	599681
山 东	35508909	35415920	21305332	17345167	3960165	715978
河 南	27084136	26562683	16293170	12359136	3934034	873884
湖 北	19565682	19172066	12756837	9261369	3495468	678356
湖 南	21355880	20945623	13557283	10336905	3220378	411628
广 东	47277143	45312940	28151619	21939523	6212096	875180
广 西	14101221	13824117	9470345	6350509	3119836	1104959
海 南	4412901	4110837	2382920	2092206	290714	72351
重 庆	13006444	12384661	7385425	5041492	2343933	594674
四 川	29018513	27901807	18302573	13442856	4859717	1532685
贵 州	10235853	10061714	6915497	5050809	1864688	437245
云 南	15587085	14874178	10035925	6906917	3129008	1719204
西 藏	1660143	1523382	1184643	842198	342445	219804
陕 西	16251377	15749352	10013356	7547082	2466274	1153529
甘 肃	11112909	10062727	6351494	4621053	1730441	780792
青 海	3485349	3052961	1718008	1243287	474721	133588
宁 夏	3518479	3409610	1678333	1257269	421064	121871
新 疆	13396295	12388483	8034695	5923470	2111225	273965

教育经费支出明细

单位:千元

公用部分	商品和服务支出	其他资本性支出			基本建设支出
			专项公用支出	专项项目支出	
185142683	**97496300**	**87646383**	**25547699**	**62098684**	**17395153**
5986090	3275369	2710721	1105179	1605542	2212012
2370977	1105662	1265315	516552	748763	52492
7375201	3971180	3404021	861184	2542837	308129
5835628	3143999	2691629	724784	1966845	516501
4831867	2117608	2714259	590111	2124148	792065
5624776	3155343	2469433	732704	1736729	357344
3236436	1797881	1438555	406370	1032185	147041
3993948	2576546	1417402	514862	902540	295163
5396170	4048733	1347437	723102	624335	242933
10639768	5265095	5374673	1703446	3671227	1019367
10647075	4878355	5768720	1204246	4564474	254338
8117488	3832495	4284993	984787	3300206	652465
5396156	2499415	2896741	806882	2089859	410524
4475497	2065324	2410173	647858	1762315	309521
14110588	5568155	8542433	1811065	6731368	92989
10269513	6931350	3338163	1078987	2259176	521453
6415229	3686786	2728443	882993	1845450	393616
7388340	4312145	3076195	1210516	1865679	410257
17161321	10434947	6726374	2629251	4097123	1964203
4353772	2045534	2308238	574192	1734046	277104
1727917	712537	1015380	222061	793319	302064
4999236	2481956	2517280	788004	1729276	621783
9599234	4647429	4951805	1566646	3385159	1116706
3146217	2217995	928222	434727	493495	174139
4838253	2261637	2576616	734613	1842003	712907
338739	199851	138888	28327	110561	136761
5735996	3024578	2711418	690246	2021172	502025
3711233	1739532	1971701	419874	1551827	1050182
1334953	591230	743723	121542	622181	432388
1731277	534975	1196302	335393	860909	108869
4353788	2372658	1981130	497195	1483935	1007812

4-36 分地区中央属中学

地区	合计	事业性经费支出	个人部分	工资福利支出	对个人和家庭的补助支出	#助学金
合计	**2795983**	**2607201**	**1693395**	**1230533**	**462862**	**55738**
北京	489292	489292	262063	171832	90231	842
天津						
河北	116	116	65	65		
山西	1838	1838	1294	996	298	
内蒙古						
辽宁						
吉林	96665	96665	61333	38830	22503	656
黑龙江	153485	152202	89949	74751	15198	1395
上海	132920	132920	72470	64719	7751	1641
江苏						
浙江						
安徽	19115	19115	14486	13873	613	5
福建						
江西						
山东						
河南						
湖北	28067	28067	22783	15406	7377	346
湖南						
广东	52454	52159	33072	20857	12215	1137
广西						
海南	7967	7967	7191	4511	2680	
重庆	92476	92476	33324	26911	6413	394
四川	25064	25064	18804	16511	2293	78
贵州						
云南						
西藏						
陕西	11164	11164	9798	7674	2124	
甘肃						
青海						
宁夏						
新疆	1685360	1498156	1066763	773597	293166	49244

教育经费支出明细

单位：千元

公用部分	商品和服务支出	其他资本性支出			基本建设支出
			专项公用支出	专项项目支出	
913806	**437631**	**476175**	**195990**	**280185**	**188782**
227229	109991	117238	49792	67446	
51	50	1	1		
544	544				
35332	23513	11819	8504	3315	
62253	37351	24902	5380	19522	1283
60450	30659	29791	18401	11390	
4629	4335	294	294		
5284	4618	666	366	300	
19087	14630	4457	3159	1298	295
776	649	127	127		
59152	13930	45222	45222		
6260	5300	960	960		
1366	1351	15	15		
431393	190710	240683	63769	176914	187204

4-37 分地区地方中学

地区	合计	事业性经费支出	个人部分	工资福利支出	对个人和家庭的补助支出	#助学金
合计	**533108593**	**515902222**	**331673345**	**250580591**	**81092754**	**17173499**
北京	15829725	13617713	7858852	5253683	2605169	94087
天津	8185419	8132927	5761950	3783892	1978058	11871
河北	22135936	21827807	14452657	11394992	3057665	678547
山西	14915471	14398970	8563886	7289344	1274542	403639
内蒙古	13199485	12407420	7575553	5897676	1677877	507371
辽宁	17394823	17037479	11412703	7908549	3504154	241895
吉林	9544981	9397940	6196836	4275744	1921092	236329
黑龙江	12112980	11819100	7887405	5762060	2125345	114499
上海	14664795	14421862	9086142	7785846	1300296	249593
江苏	38489715	37470348	26830580	19938484	6892096	923207
浙江	31915251	31660913	21013838	17050644	3963194	714566
安徽	21603712	20951247	12838388	9855783	2982605	440107
福建	16281504	15870980	10474824	8150409	2324415	309613
江西	12159029	11849508	7374011	5537704	1836307	599681
山东	35508909	35415920	21305332	17345167	3960165	715978
河南	27084136	26562683	16293170	12359136	3934034	873884
湖北	19537615	19143999	12734054	9245963	3488091	678010
湖南	21355880	20945623	13557283	10336905	3220378	411628
广东	47224689	45260781	28118547	21918666	6199881	874043
广西	14101221	13824117	9470345	6350509	3119836	1104959
海南	4404934	4102870	2375729	2087695	288034	72351
重庆	12913968	12292185	7352101	5014581	2337520	594280
四川	28993449	27876743	18283769	13426345	4857424	1532607
贵州	10235853	10061714	6915497	5050809	1864688	437245
云南	15587085	14874178	10035925	6906917	3129008	1719204
西藏	1660143	1523382	1184643	842198	342445	219804
陕西	16240213	15738188	10003558	7539408	2464150	1153529
甘肃	11112909	10062727	6351494	4621053	1730441	780792
青海	3485349	3052961	1718008	1243287	474721	133588
宁夏	3518479	3409610	1678333	1257269	421064	121871
新疆	11710935	10890327	6967932	5149873	1818059	224721

教育经费支出明细

单位:千元

公用部分	商品和服务支出	其他资本性支出			基本建设支出
			专项公用支出	专项项目支出	
184228877	**97058669**	**87170208**	**25351709**	**61818499**	**17206371**
5758861	3165378	2593483	1055387	1538096	2212012
2370977	1105662	1265315	516552	748763	52492
7375150	3971130	3404020	861183	2542837	308129
5835084	3143455	2691629	724784	1966845	516501
4831867	2117608	2714259	590111	2124148	792065
5624776	3155343	2469433	732704	1736729	357344
3201104	1774368	1426736	397866	1028870	147041
3931695	2539195	1392500	509482	883018	293880
5335720	4018074	1317646	704701	612945	242933
10639768	5265095	5374673	1703446	3671227	1019367
10647075	4878355	5768720	1204246	4564474	254338
8112859	3828160	4284699	984493	3300206	652465
5396156	2499415	2896741	806882	2089859	410524
4475497	2065324	2410173	647858	1762315	309521
14110588	5568155	8542433	1811065	6731368	92989
10269513	6931350	3338163	1078987	2259176	521453
6409945	3682168	2727777	882627	1845150	393616
7388340	4312145	3076195	1210516	1865679	410257
17142234	10420317	6721917	2626092	4095825	1963908
4353772	2045534	2308238	574192	1734046	277104
1727141	711888	1015253	221934	793319	302064
4940084	2468026	2472058	742782	1729276	621783
9592974	4642129	4950845	1565686	3385159	1116706
3146217	2217995	928222	434727	493495	174139
4838253	2261637	2576616	734613	1842003	712907
338739	199851	138888	28327	110561	136761
5734630	3023227	2711403	690231	2021172	502025
3711233	1739532	1971701	419874	1551827	1050182
1334953	591230	743723	121542	622181	432388
1731277	534975	1196302	335393	860909	108869
3922395	2181948	1740447	433426	1307021	820608

4-38 分地区普通中学

地 区	合 计	事业性经费支出	个人部分	工资福利支出	对个人和家庭的补助支出	#助学金
合 计	**535454775**	**518059622**	**333125749**	**251621399**	**81504350**	**17226257**
北 京	16319017	14107005	8120915	5425515	2695400	94929
天 津	8169782	8117290	5746377	3770740	1975637	11871
河 北	22132886	21824757	14450661	11393168	3057493	678547
山 西	14917309	14400808	8565180	7290340	1274840	403639
内蒙古	13199485	12407420	7575553	5897676	1677877	507371
辽 宁	17394823	17037479	11412703	7908549	3504154	241895
吉 林	9638881	9491840	6255761	4313688	1942073	236985
黑龙江	12266465	11971302	7977354	5836811	2140543	115894
上 海	14697999	14455066	9112925	7812435	1300490	250661
江 苏	38463032	37443665	26816117	19927303	6888814	923207
浙 江	31681096	31426758	20897014	16951374	3945640	712542
安 徽	21622827	20970362	12852874	9869656	2983218	440112
福 建	16277046	15866522	10471089	8147909	2323180	309613
江 西	12159029	11849508	7374011	5537704	1836307	599681
山 东	35508909	35415920	21305332	17345167	3960165	715978
河 南	27047467	26526014	16267635	12347914	3919721	873734
湖 北	19560348	19166732	12753346	9258120	3495226	678356
湖 南	21355880	20945623	13557283	10336905	3220378	411628
广 东	47264342	45300139	28144661	21934042	6210619	874947
广 西	14101221	13824117	9470345	6350509	3119836	1104959
海 南	4412901	4110837	2382920	2092206	290714	72351
重 庆	13006033	12384250	7385344	5041411	2343933	594674
四 川	29013573	27896867	18301172	13441757	4859415	1532685
贵 州	10235853	10061714	6915497	5050809	1864688	437245
云 南	15587085	14874178	10035925	6906917	3129008	1719204
西 藏	1660143	1523382	1184643	842198	342445	219804
陕 西	16250863	15748838	10012873	7546602	2466271	1153529
甘 肃	11112909	10062727	6351494	4621053	1730441	780792
青 海	3485349	3052961	1718008	1243287	474721	133588
宁 夏	3518479	3409610	1678333	1257269	421064	121871
新 疆	13393743	12385931	8032404	5922365	2110039	273965

教育经费支出明细

单位:千元

公用部分	商品和服务支出	其他资本性支出			基本建设支出
			专项公用支出	专项项目支出	
184933873	**97314382**	**87619491**	**25524625**	**62094866**	**17395153**
5986090	3275369	2710721	1105179	1605542	2212012
2370913	1105598	1265315	516552	748763	52492
7374096	3970132	3403964	861127	2542837	308129
5835628	3143999	2691629	724784	1966845	516501
4831867	2117608	2714259	590111	2124148	792065
5624776	3155343	2469433	732704	1736729	357344
3236079	1797613	1438466	406281	1032185	147041
3993948	2576546	1417402	514862	902540	295163
5342141	3997536	1344605	720270	624335	242933
10627548	5254562	5372986	1702029	3670957	1019367
10529744	4772629	5757115	1194159	4562956	254338
8117488	3832495	4284993	984787	3300206	652465
5395433	2498734	2896699	806840	2089859	410524
4475497	2065324	2410173	647858	1762315	309521
14110588	5568155	8542433	1811065	6731368	92989
10258379	6926977	3331402	1074226	2257176	521453
6413386	3685293	2728093	882643	1845450	393616
7388340	4312145	3076195	1210516	1865679	410257
17155478	10429577	6725901	2628778	4097123	1964203
4353772	2045534	2308238	574192	1734046	277104
1727917	712537	1015380	222061	793319	302064
4998906	2481626	2517280	788004	1729276	621783
9595695	4646886	4948809	1563680	3385129	1116706
3146217	2217995	928222	434727	493495	174139
4838253	2261637	2576616	734613	1842003	712907
338739	199851	138888	28327	110561	136761
5735965	3024547	2711418	690246	2021172	502025
3711233	1739532	1971701	419874	1551827	1050182
1334953	591230	743723	121542	622181	432388
1731277	534975	1196302	335393	860909	108869
4353527	2372397	1981130	497195	1483935	1007812

4-39 分地区中央属普通中学

地区	合计	事业性经费支出	个人部分	工资福利支出	对个人和家庭的补助支出	#助学金
合计	**2795983**	**2607201**	**1693395**	**1230533**	**462862**	**55738**
北京	489292	489292	262063	171832	90231	842
天津						
河北	116	116	65	65		
山西	1838	1838	1294	996	298	
内蒙古						
辽宁						
吉林	96665	96665	61333	38830	22503	656
黑龙江	153485	152202	89949	74751	15198	1395
上海	132920	132920	72470	64719	7751	1641
江苏						
浙江						
安徽	19115	19115	14486	13873	613	5
福建						
江西						
山东						
河南						
湖北	28067	28067	22783	15406	7377	346
湖南						
广东	52454	52159	33072	20857	12215	1137
广西						
海南	7967	7967	7191	4511	2680	
重庆	92476	92476	33324	26911	6413	394
四川	25064	25064	18804	16511	2293	78
贵州						
云南						
西藏						
陕西	11164	11164	9798	7674	2124	
甘肃						
青海						
宁夏						
新疆	1685360	1498156	1066763	773597	293166	49244

教育经费支出明细

单位:千元

公用部分	商品和服务支出	其他资本性支出			基本建设支出
			专项公用支出	专项项目支出	
913806	**437631**	**476175**	**195990**	**280185**	**188782**
227229	109991	117238	49792	67446	
51	50	1	1		
544	544				
35332	23513	11819	8504	3315	
62253	37351	24902	5380	19522	1283
60450	30659	29791	18401	11390	
4629	4335	294	294		
5284	4618	666	366	300	
19087	14630	4457	3159	1298	295
776	649	127	127		
59152	13930	45222	45222		
6260	5300	960	960		
1366	1351	15	15		
431393	190710	240683	63769	176914	187204

4-40 分地区地方普通中学

地区	合计	事业性经费支出	个人部分	工资福利支出	对个人和家庭的补助支出	#助学金
合计	**532658792**	**515452421**	**331432354**	**250390866**	**81041488**	**17170519**
北京	15829725	13617713	7858852	5253683	2605169	94087
天津	8169782	8117290	5746377	3770740	1975637	11871
河北	22132770	21824641	14450596	11393103	3057493	678547
山西	14915471	14398970	8563886	7289344	1274542	403639
内蒙古	13199485	12407420	7575553	5897676	1677877	507371
辽宁	17394823	17037479	11412703	7908549	3504154	241895
吉林	9542216	9395175	6194428	4274858	1919570	236329
黑龙江	12112980	11819100	7887405	5762060	2125345	114499
上海	14565079	14322146	9040455	7747716	1292739	249020
江苏	38463032	37443665	26816117	19927303	6888814	923207
浙江	31681096	31426758	20897014	16951374	3945640	712542
安徽	21603712	20951247	12838388	9855783	2982605	440107
福建	16277046	15866522	10471089	8147909	2323180	309613
江西	12159029	11849508	7374011	5537704	1836307	599681
山东	35508909	35415920	21305332	17345167	3960165	715978
河南	27047467	26526014	16267635	12347914	3919721	873734
湖北	19532281	19138665	12730563	9242714	3487849	678010
湖南	21355880	20945623	13557283	10336905	3220378	411628
广东	47211888	45247980	28111589	21913185	6198404	873810
广西	14101221	13824117	9470345	6350509	3119836	1104959
海南	4404934	4102870	2375729	2087695	288034	72351
重庆	12913557	12291774	7352020	5014500	2337520	594280
四川	28988509	27871803	18282368	13425246	4857122	1532607
贵州	10235853	10061714	6915497	5050809	1864688	437245
云南	15587085	14874178	10035925	6906917	3129008	1719204
西藏	1660143	1523382	1184643	842198	342445	219804
陕西	16239699	15737674	10003075	7538928	2464147	1153529
甘肃	11112909	10062727	6351494	4621053	1730441	780792
青海	3485349	3052961	1718008	1243287	474721	133588
宁夏	3518479	3409610	1678333	1257269	421064	121871
新疆	11708383	10887775	6965641	5148768	1816873	224721

教育经费支出明细

单位:千元

公用部分	商品和服务支出	其他资本性支出	专项公用支出	专项项目支出	基本建设支出
184020067	**96876751**	**87143316**	**25328635**	**61814681**	**17206371**
5758861	3165378	2593483	1055387	1538096	2212012
2370913	1105598	1265315	516552	748763	52492
7374045	3970082	3403963	861126	2542837	308129
5835084	3143455	2691629	724784	1966845	516501
4831867	2117608	2714259	590111	2124148	792065
5624776	3155343	2469433	732704	1736729	357344
3200747	1774100	1426647	397777	1028870	147041
3931695	2539195	1392500	509482	883018	293880
5281691	3966877	1314814	701869	612945	242933
10627548	5254562	5372986	1702029	3670957	1019367
10529744	4772629	5757115	1194159	4562956	254338
8112859	3828160	4284699	984493	3300206	652465
5395433	2498734	2896699	806840	2089859	410524
4475497	2065324	2410173	647858	1762315	309521
14110588	5568155	8542433	1811065	6731368	92989
10258379	6926977	3331402	1074226	2257176	521453
6408102	3680675	2727427	882277	1845150	393616
7388340	4312145	3076195	1210516	1865679	410257
17136391	10414947	6721444	2625619	4095825	1963908
4353772	2045534	2308238	574192	1734046	277104
1727141	711888	1015253	221934	793319	302064
4939754	2467696	2472058	742782	1729276	621783
9589435	4641586	4947849	1562720	3385129	1116706
3146217	2217995	928222	434727	493495	174139
4838253	2261637	2576616	734613	1842003	712907
338739	199851	138888	28327	110561	136761
5734599	3023196	2711403	690231	2021172	502025
3711233	1739532	1971701	419874	1551827	1050182
1334953	591230	743723	121542	622181	432388
1731277	534975	1196302	335393	860909	108869
3922134	2181687	1740447	433426	1307021	820608

4-41 分地区普通高中

地区	合计	事业性经费支出	个人部分	工资福利支出	对个人和家庭的补助支出	#助学金
合计	**192466770**	**185813264**	**109358032**	**84462438**	**24895594**	**3973146**
北京	6753227	5772927	3282694	2141745	1140949	27690
天津	3201037	3173924	2238379	1440283	798096	6797
河北	7999714	7940239	4773756	3834096	939660	187743
山西	5913066	5657594	2965940	2553107	412833	89414
内蒙古	5074597	4672098	2505008	2013416	491592	104940
辽宁	5769175	5591781	3424810	2443527	981283	80212
吉林	3452263	3449779	2043005	1403188	639817	70877
黑龙江	3811838	3765360	2249105	1681750	567355	52345
上海	5898952	5820383	3274684	2861493	413191	55027
江苏	14708504	14106403	9050148	6947059	2103089	198394
浙江	11814201	11690368	7107895	5972383	1135512	105092
安徽	7785999	7612140	4283846	3340420	943426	149424
福建	6332827	6196240	3983180	3027000	956180	49261
江西	4077088	3958824	2324363	1742997	581366	188700
山东	12391428	12378533	6826674	5612212	1214462	196109
河南	8792865	8573909	4602790	3686875	915915	211799
湖北	7318966	7201896	4362019	3341122	1020897	240707
湖南	7688690	7559289	4555979	3655231	900748	105036
广东	19681726	18633638	10296344	8092910	2203434	124071
广西	4154073	4111967	2545145	1799893	745252	135642
海南	1542977	1329830	719317	634506	84811	15424
重庆	4691094	4401184	2498259	1758790	739469	182872
四川	9154141	8842819	5287241	4003933	1283308	334159
贵州	3080819	3062298	1927011	1386583	540428	55535
云南	4390920	4285711	2682017	2041684	640333	103810
西藏	466330	346559	267934	201241	66693	34496
陕西	5870337	5792306	3479522	2528222	951300	547199
甘肃	3922173	3618034	2118019	1606849	511170	144922
青海	1329898	1140712	637308	471353	165955	31962
宁夏	1297600	1292039	583880	447357	136523	36706
新疆	4100245	3834480	2461760	1791213	670547	106781

教育经费支出明细

单位:千元

公用部分	商品和服务支出	其他资本性支出	专项公用支出	专项项目支出	基本建设支出
76455232	**40582816**	**35872416**	**11593841**	**24278575**	**6653506**
2490233	1415177	1075056	459875	615181	980300
935545	498044	437501	99062	338439	27113
3166483	1706091	1460392	388455	1071937	59475
2691654	1416972	1274682	391714	882968	255472
2167090	995077	1172013	313736	858277	402499
2166971	1335757	831214	343599	487615	177394
1406774	790310	616464	206234	410230	2484
1516255	996223	520032	177011	343021	46478
2545699	1986645	559054	263921	295133	78569
5056255	2362336	2693919	845151	1848768	602101
4582473	2156019	2426454	514562	1911892	123833
3328294	1590496	1737798	466775	1271023	173859
2213060	1132706	1080354	355179	725175	136587
1634461	752478	881983	232547	649436	118264
5551859	2546058	3005801	790729	2215072	12895
3971119	2607011	1364108	520348	843760	218956
2839877	1667982	1171895	446345	725550	117070
3003310	1855863	1147447	517212	630235	129401
8337294	4660653	3676641	1384571	2292070	1048088
1566822	764280	802542	267160	535382	42106
610513	244627	365886	92434	273452	213147
1902925	874603	1028322	362916	665406	289910
3555578	1618508	1937070	754160	1182910	311322
1135287	718670	416617	172630	243987	18521
1603694	754450	849244	286689	562555	105209
78625	51620	27005	11905	15100	119771
2312784	1280780	1032004	318640	713364	78031
1500015	739580	760435	207496	552939	304139
503404	148511	354893	36195	318698	189186
708159	217239	490920	166872	324048	5561
1372720	698050	674670	199718	474952	265765

4-42 分地区中央属普通高中

地区	合计	事业性经费支出	个人部分	工资福利支出	对个人和家庭的补助支出	#助学金
合计	**1348179**	**1312251**	**788004**	**579905**	**208099**	**13859**
北京	390991	390991	206388	132798	73590	517
天津						
河北						
山西						
内蒙古						
辽宁						
吉林	75574	75574	43134	28567	14567	638
黑龙江	79665	79665	42174	31320	10854	849
上海	132920	132920	72470	64719	7751	1641
江苏						
浙江						
安徽	10716	10716	8193	7861	332	4
福建						
江西						
山东						
河南						
湖北	18640	18640	15125	10228	4897	230
湖南						
广东	46051	45756	28346	19402	8944	999
广西						
海南	5031	5031	4536	2845	1691	
重庆	63507	63507	22936	18520	4416	272
四川	13733	13733	9726	8567	1159	41
贵州						
云南						
西藏						
陕西	11164	11164	9798	7674	2124	
甘肃						
青海						
宁夏						
新疆	500187	464554	325178	247404	77774	8668

教育经费支出明细

单位:千元

公用部分	商品和服务支出	其他资本性支出	专项公用支出	专项项目支出	基本建设支出
524247	**248507**	**275740**	**132450**	**143290**	**35928**
184603	79148	105455	43743	61712	
32440	21588	10852	8252	2600	
37491	20167	17324	2600	14724	
60450	30659	29791	18401	11390	
2523	2363	160	160		
3515	3071	444	244	200	
17410	14054	3356	2977	379	295
495	414	81	81		
40571	9452	31119	31119		
4007	3304	703	703		
1366	1351	15	15		
139376	62936	76440	24155	52285	35633

4-43 分地区地方普通高中

地 区	合 计	事业性经费支出	个人部分	工资福利支出	对个人和家庭的补助支出	#助学金
合 计	**191118591**	**184501013**	**108570028**	**83882533**	**24687495**	**3959287**
北 京	6362236	5381936	3076306	2008947	1067359	27173
天 津	3201037	3173924	2238379	1440283	798096	6797
河 北	7999714	7940239	4773756	3834096	939660	187743
山 西	5913066	5657594	2965940	2553107	412833	89414
内蒙古	5074597	4672098	2505008	2013416	491592	104940
辽 宁	5769175	5591781	3424810	2443527	981283	80212
吉 林	3376689	3374205	1999871	1374621	625250	70239
黑龙江	3732173	3685695	2206931	1650430	556501	51496
上 海	5766032	5687463	3202214	2796774	405440	53386
江 苏	14708504	14106403	9050148	6947059	2103089	198394
浙 江	11814201	11690368	7107895	5972383	1135512	105092
安 徽	7775283	7601424	4275653	3332559	943094	149420
福 建	6332827	6196240	3983180	3027000	956180	49261
江 西	4077088	3958824	2324363	1742997	581366	188700
山 东	12391428	12378533	6826674	5612212	1214462	196109
河 南	8792865	8573909	4602790	3686875	915915	211799
湖 北	7300326	7183256	4346894	3330894	1016000	240477
湖 南	7688690	7559289	4555979	3655231	900748	105036
广 东	19635675	18587882	10267998	8073508	2194490	123072
广 西	4154073	4111967	2545145	1799893	745252	135642
海 南	1537946	1324799	714781	631661	83120	15424
重 庆	4627587	4337677	2475323	1740270	735053	182600
四 川	9140408	8829086	5277515	3995366	1282149	334118
贵 州	3080819	3062298	1927011	1386583	540428	55535
云 南	4390920	4285711	2682017	2041684	640333	103810
西 藏	466330	346559	267934	201241	66693	34496
陕 西	5859173	5781142	3469724	2520548	949176	547199
甘 肃	3922173	3618034	2118019	1606849	511170	144922
青 海	1329898	1140712	637308	471353	165955	31962
宁 夏	1297600	1292039	583880	447357	136523	36706
新 疆	3600058	3369926	2136582	1543809	592773	98113

教育经费支出明细

单位:千元

公用部分	商品和服务支出	其他资本性支出	专项公用支出	专项项目支出	基本建设支出
75930985	**40334309**	**35596676**	**11461391**	**24135285**	**6617578**
2305630	1336029	969601	416132	553469	980300
935545	498044	437501	99062	338439	27113
3166483	1706091	1460392	388455	1071937	59475
2691654	1416972	1274682	391714	882968	255472
2167090	995077	1172013	313736	858277	402499
2166971	1335757	831214	343599	487615	177394
1374334	768722	605612	197982	407630	2484
1478764	976056	502708	174411	328297	46478
2485249	1955986	529263	245520	283743	78569
5056255	2362336	2693919	845151	1848768	602101
4582473	2156019	2426454	514562	1911892	123833
3325771	1588133	1737638	466615	1271023	173859
2213060	1132706	1080354	355179	725175	136587
1634461	752478	881983	232547	649436	118264
5551859	2546058	3005801	790729	2215072	12895
3971119	2607011	1364108	520348	843760	218956
2836362	1664911	1171451	446101	725350	117070
3003310	1855863	1147447	517212	630235	129401
8319884	4646599	3673285	1381594	2291691	1047793
1566822	764280	802542	267160	535382	42106
610018	244213	365805	92353	273452	213147
1862354	865151	997203	331797	665406	289910
3551571	1615204	1936367	753457	1182910	311322
1135287	718670	416617	172630	243987	18521
1603694	754450	849244	286689	562555	105209
78625	51620	27005	11905	15100	119771
2311418	1279429	1031989	318625	713364	78031
1500015	739580	760435	207496	552939	304139
503404	148511	354893	36195	318698	189186
708159	217239	490920	166872	324048	5561
1233344	635114	598230	175563	422667	230132

4-44 分地区农村高中

地区	合计	事业性经费支出	个人部分	工资福利支出	对个人和家庭的补助支出	#助学金
合计	**26361955**	**25846937**	**16507211**	**13022951**	**3484260**	**1031594**
北京	463784	448175	252964	195202	57762	991
天津	517445	490365	359576	276566	83010	528
河北	737482	737482	520535	429754	90781	19076
山西	369955	351120	213389	181139	32250	13067
内蒙古	232726	232208	131720	102713	29007	6522
辽宁	432387	368247	185812	131324	54488	4652
吉林	145446	145446	110538	87104	23434	3323
黑龙江	180249	180249	116041	92267	23774	1546
上海	117514	117514	89564	80151	9413	2299
江苏	2747533	2736500	1874542	1522129	352413	51123
浙江	2632370	2629795	1653884	1440132	213752	19543
安徽	1565612	1536835	844797	678534	166263	37589
福建	1941758	1910416	1270603	1032860	237743	19061
江西	286009	283663	183817	142796	41021	19358
山东	1043395	1043395	658487	542536	115951	21273
河南	956620	941731	546830	445336	101494	25997
湖北	1039817	1037547	639472	510400	129072	51044
湖南	1578680	1573048	1003068	846087	156981	24370
广东	2581003	2571542	1411936	1158770	253166	27335
广西	302299	300772	228494	162094	66400	15942
海南	112591	106210	81499	74548	6951	757
重庆	1022512	1009599	636733	450081	186652	65867
四川	1833872	1818053	1161362	900083	261279	98364
贵州	362155	356521	243166	186686	56480	12914
云南	468872	464440	320997	243437	77560	23223
西藏						
陕西	1476023	1435831	1098430	592079	506351	419659
甘肃	803668	667252	423250	338869	84381	34180
青海	53588	38339	31399	24580	6819	1736
宁夏	16414	16414	13664	8004	5660	303
新疆	340176	298228	200642	146690	53952	9952

教育经费支出明细

单位:千元

公用部分	商品和服务支出	其他资本性支出			基本建设支出
			专项公用支出	专项项目支出	
9339726	**5394221**	**3945505**	**1333918**	**2611587**	**515018**
195211	118293	76918	35196	41722	15609
130789	79224	51565	6760	44805	27080
216947	159616	57331	22412	34919	
137731	98593	39138	18873	20265	18835
100488	70469	30019	12430	17589	518
182435	59836	122599	40225	82374	64140
34908	28317	6591	1134	5457	
64208	50673	13535	4726	8809	
27950	22822	5128	5127	1	
861958	463235	398723	189064	209659	11033
975911	470080	505831	111011	394820	2575
692038	346341	345697	83187	262510	28777
639813	348705	291108	76947	214161	31342
99846	52182	47664	14376	33288	2346
384908	210997	173911	65148	108763	
394901	281170	113731	29863	83868	14889
398075	244480	153595	69508	84087	2270
569980	428960	141020	78218	62802	5632
1159606	665813	493793	188093	305700	9461
72278	52412	19866	8705	11161	1527
24711	17398	7313	3306	4007	6381
372866	202396	170470	54452	116018	12913
656691	352133	304558	88763	215795	15819
113355	83479	29876	14489	15387	5634
143443	80162	63281	18255	45026	4432
337401	248262	89139	40579	48560	40192
244002	119409	124593	42301	82292	136416
6940	4824	2116	549	1567	15249
2750	2621	129	129		
97586	31319	66267	10092	56175	41948

4-45 分地区中央属农村高中

地区	合计	事业性经费支出	个人部分	工资福利支出	对个人和家庭的补助支出	#助学金
合计	**229593**	**202774**	**140207**	**102468**	**37739**	**6360**
北京						
天津						
河北						
山西						
内蒙古						
辽宁						
吉林						
黑龙江						
上海						
江苏						
浙江						
安徽						
福建						
江西						
山东						
河南						
湖北						
湖南						
广东	25863	25568	14864	13468	1396	892
广西						
海南	5031	5031	4536	2845	1691	
重庆						
四川						
贵州						
云南						
西藏						
陕西						
甘肃						
青海						
宁夏						
新疆	198699	172175	120807	86155	34652	5468

教育经费支出明细

单位:千元

公用部分	商品和服务支出	其他资本性支出	专项公用支出	专项项目支出	基本建设支出
62567	**24525**	**38042**	**8897**	**29145**	**26819**
10704	8757	1947	1568	379	295
495	414	81	81		
51368	15354	36014	7248	28766	26524

4-46 分地区地方农村高中

地区	合计	事业性经费支出	个人部分	工资福利支出	对个人和家庭的补助支出	#助学金
合计	**26132362**	**25644163**	**16367004**	**12920483**	**3446521**	**1025234**
北京	463784	448175	252964	195202	57762	991
天津	517445	490365	359576	276566	83010	528
河北	737482	737482	520535	429754	90781	19076
山西	369955	351120	213389	181139	32250	13067
内蒙古	232726	232208	131720	102713	29007	6522
辽宁	432387	368247	185812	131324	54488	4652
吉林	145446	145446	110538	87104	23434	3323
黑龙江	180249	180249	116041	92267	23774	1546
上海	117514	117514	89564	80151	9413	2299
江苏	2747533	2736500	1874542	1522129	352413	51123
浙江	2632370	2629795	1653884	1440132	213752	19543
安徽	1565612	1536835	844797	678534	166263	37589
福建	1941758	1910416	1270603	1032860	237743	19061
江西	286009	283663	183817	142796	41021	19358
山东	1043395	1043395	658487	542536	115951	21273
河南	956620	941731	546830	445336	101494	25997
湖北	1039817	1037547	639472	510400	129072	51044
湖南	1578680	1573048	1003068	846087	156981	24370
广东	2555140	2545974	1397072	1145302	251770	26443
广西	302299	300772	228494	162094	66400	15942
海南	107560	101179	76963	71703	5260	757
重庆	1022512	1009599	636733	450081	186652	65867
四川	1833872	1818053	1161362	900083	261279	98364
贵州	362155	356521	243166	186686	56480	12914
云南	468872	464440	320997	243437	77560	23223
西藏						
陕西	1476023	1435831	1098430	592079	506351	419659
甘肃	803668	667252	423250	338869	84381	34180
青海	53588	38339	31399	24580	6819	1736
宁夏	16414	16414	13664	8004	5660	303
新疆	141477	126053	79835	60535	19300	4484

教育经费支出明细

单位:千元

公用部分	商品和服务支出	其他资本性支出			基本建设支出
			专项公用支出	专项项目支出	
9277159	**5369696**	**3907463**	**1325021**	**2582442**	**488199**
195211	118293	76918	35196	41722	15609
130789	79224	51565	6760	44805	27080
216947	159616	57331	22412	34919	
137731	98593	39138	18873	20265	18835
100488	70469	30019	12430	17589	518
182435	59836	122599	40225	82374	64140
34908	28317	6591	1134	5457	
64208	50673	13535	4726	8809	
27950	22822	5128	5127	1	
861958	463235	398723	189064	209659	11033
975911	470080	505831	111011	394820	2575
692038	346341	345697	83187	262510	28777
639813	348705	291108	76947	214161	31342
99846	52182	47664	14376	33288	2346
384908	210997	173911	65148	108763	
394901	281170	113731	29863	83868	14889
398075	244480	153595	69508	84087	2270
569980	428960	141020	78218	62802	5632
1148902	657056	491846	186525	305321	9166
72278	52412	19866	8705	11161	1527
24216	16984	7232	3225	4007	6381
372866	202396	170470	54452	116018	12913
656691	352133	304558	88763	215795	15819
113355	83479	29876	14489	15387	5634
143443	80162	63281	18255	45026	4432
337401	248262	89139	40579	48560	40192
244002	119409	124593	42301	82292	136416
6940	4824	2116	549	1567	15249
2750	2621	129	129		
46218	15965	30253	2844	27409	15424

4-47 分地区普通初中

地 区	合 计	事业性经费支出	个人部分	工资福利支出	对个人和家庭的补助支出	#助学金
合 计	**342988005**	**332246358**	**223767717**	**167158961**	**56608756**	**13253111**
北 京	9565790	8334078	4838221	3283770	1554451	67239
天 津	4968745	4943366	3507998	2330457	1177541	5074
河 北	14133172	13884518	9676905	7559072	2117833	490804
山 西	9004243	8743214	5599240	4737233	862007	314225
内蒙古	8124888	7735322	5070545	3884260	1186285	402431
辽 宁	11625648	11445698	7987893	5465022	2522871	161683
吉 林	6186618	6042061	4212756	2910500	1302256	166108
黑龙江	8454627	8205942	5728249	4155061	1573188	63549
上 海	8799047	8634683	5838241	4950942	887299	195634
江 苏	23754528	23337262	17765969	12980244	4785725	724813
浙 江	19866895	19736390	13789119	10978991	2810128	607450
安 徽	13836828	13358222	8569028	6529236	2039792	290688
福 建	9944219	9670282	6487909	5120909	1367000	260352
江 西	8081941	7890684	5049648	3794707	1254941	410981
山 东	23117481	23037387	14478658	11732955	2745703	519869
河 南	18254602	17952105	11664845	8661039	3003806	661935
湖 北	12241382	11964836	8391327	5916998	2474329	437649
湖 南	13667190	13386334	9001304	6681674	2319630	306592
广 东	27582616	26666501	17848317	13841132	4007185	750876
广 西	9947148	9712150	6925200	4550616	2374584	969317
海 南	2869924	2781007	1663603	1457700	205903	56927
重 庆	8314939	7983066	4887085	3282621	1604464	411802
四 川	19859432	19054048	13013931	9437824	3576107	1198526
贵 州	7155034	6999416	4988486	3664226	1324260	381710
云 南	11196165	10588467	7353908	4865233	2488675	1615394
西 藏	1193813	1176823	916709	640957	275752	185308
陕 西	10380526	9956532	6533351	5018380	1514971	606330
甘 肃	7190736	6444693	4233475	3014204	1219271	635870
青 海	2155451	1912249	1080700	771934	308766	101626
宁 夏	2220879	2117571	1094453	809912	284541	85165
新 疆	9293498	8551451	5570644	4131152	1439492	167184

教育经费支出明细

单位:千元

公用部分	商品和服务支出	其他资本性支出			基本建设支出
			专项公用支出	专项项目支出	
108478641	**56731566**	**51747075**	**13930784**	**37816291**	**10741647**
3495857	1860192	1635665	645304	990361	1231712
1435368	607554	827814	417490	410324	25379
4207613	2264041	1943572	472672	1470900	248654
3143974	1727027	1416947	333070	1083877	261029
2664777	1122531	1542246	276375	1265871	389566
3457805	1819586	1638219	389105	1249114	179950
1829305	1007303	822002	200047	621955	144557
2477693	1580323	897370	337851	559519	248685
2796442	2010891	785551	456349	329202	164364
5571293	2892226	2679067	856878	1822189	417266
5947271	2616610	3330661	679597	2651064	130505
4789194	2241999	2547195	518012	2029183	478606
3182373	1366028	1816345	451661	1364684	273937
2841036	1312846	1528190	415311	1112879	191257
8558729	3022097	5536632	1020336	4516296	80094
6287260	4319966	1967294	553878	1413416	302497
3573509	2017311	1556198	436298	1119900	276546
4385030	2456282	1928748	693304	1235444	280856
8818184	5768924	3049260	1244207	1805053	916115
2786950	1281254	1505696	307032	1198664	234998
1117404	467910	649494	129627	519867	88917
3095981	1607023	1488958	425088	1063870	331873
6040117	3028378	3011739	809520	2202219	805384
2010930	1499325	511605	262097	249508	155618
3234559	1507187	1727372	447924	1279448	607698
260114	148231	111883	16422	95461	16990
3423181	1743767	1679414	371606	1307808	423994
2211218	999952	1211266	212378	998888	746043
831549	442719	388830	85347	303483	243202
1023118	317736	705382	168521	536861	103308
2980807	1674347	1306460	297477	1008983	742047

4-48 分地区中央属普通初中

地区	合计	事业性经费支出	个人部分	工资福利支出	对个人和家庭的补助支出	#助学金
合计	**1447804**	**1294950**	**905391**	**650628**	**254763**	**41879**
北京	98301	98301	55675	39034	16641	325
天津						
河北	116	116	65	65		
山西	1838	1838	1294	996	298	
内蒙古						
辽宁						
吉林	21091	21091	18199	10263	7936	18
黑龙江	73820	72537	47775	43431	4344	546
上海						
江苏						
浙江						
安徽	8399	8399	6293	6012	281	1
福建						
江西						
山东						
河南						
湖北	9427	9427	7658	5178	2480	116
湖南						
广东	6403	6403	4726	1455	3271	138
广西						
海南	2936	2936	2655	1666	989	
重庆	28969	28969	10388	8391	1997	122
四川	11331	11331	9078	7944	1134	37
贵州						
云南						
西藏						
陕西						
甘肃						
青海						
宁夏						
新疆	1185173	1033602	741585	526193	215392	40576

教育经费支出明细

单位:千元

公用部分	商品和服务支出	其他资本性支出			基本建设支出
			专项公用支出	专项项目支出	
389559	**189124**	**200435**	**63540**	**136895**	**152854**
42626	30843	11783	6049	5734	
51	50	1	1		
544	544				
2892	1925	967	252	715	
24762	17184	7578	2780	4798	1283
2106	1972	134	134		
1769	1547	222	122	100	
1677	576	1101	182	919	
281	235	46	46		
18581	4478	14103	14103		
2253	1996	257	257		
292017	127774	164243	39614	124629	151571

4-49 分地区地方普通初中

地区	合计	事业性经费支出	个人部分	工资福利支出	对个人和家庭的补助支出	#助学金
合计	**341540201**	**330951408**	**222862326**	**166508333**	**56353993**	**13211232**
北京	9467489	8235777	4782546	3244736	1537810	66914
天津	4968745	4943366	3507998	2330457	1177541	5074
河北	14133056	13884402	9676840	7559007	2117833	490804
山西	9002405	8741376	5597946	4736237	861709	314225
内蒙古	8124888	7735322	5070545	3884260	1186285	402431
辽宁	11625648	11445698	7987893	5465022	2522871	161683
吉林	6165527	6020970	4194557	2900237	1294320	166090
黑龙江	8380807	8133405	5680474	4111630	1568844	63003
上海	8799047	8634683	5838241	4950942	887299	195634
江苏	23754528	23337262	17765969	12980244	4785725	724813
浙江	19866895	19736390	13789119	10978991	2810128	607450
安徽	13828429	13349823	8562735	6523224	2039511	290687
福建	9944219	9670282	6487909	5120909	1367000	260352
江西	8081941	7890684	5049648	3794707	1254941	410981
山东	23117481	23037387	14478658	11732955	2745703	519869
河南	18254602	17952105	11664845	8661039	3003806	661935
湖北	12231955	11955409	8383669	5911820	2471849	437533
湖南	13667190	13386334	9001304	6681674	2319630	306592
广东	27576213	26660098	17843591	13839677	4003914	750738
广西	9947148	9712150	6925200	4550616	2374584	969317
海南	2866988	2778071	1660948	1456034	204914	56927
重庆	8285970	7954097	4876697	3274230	1602467	411680
四川	19848101	19042717	13004853	9429880	3574973	1198489
贵州	7155034	6999416	4988486	3664226	1324260	381710
云南	11196165	10588467	7353908	4865233	2488675	1615394
西藏	1193813	1176823	916709	640957	275752	185308
陕西	10380526	9956532	6533351	5018380	1514971	606330
甘肃	7190736	6444693	4233475	3014204	1219271	635870
青海	2155451	1912249	1080700	771934	308766	101626
宁夏	2220879	2117571	1094453	809912	284541	85165
新疆	8108325	7517849	4829059	3604959	1224100	126608

教育经费支出明细

单位:千元

公用部分	商品和服务支出	其他资本性支出	专项公用支出	专项项目支出	基本建设支出
108089082	**56542442**	**51546640**	**13867244**	**37679396**	**10588793**
3453231	1829349	1623882	639255	984627	1231712
1435368	607554	827814	417490	410324	25379
4207562	2263991	1943571	472671	1470900	248654
3143430	1726483	1416947	333070	1083877	261029
2664777	1122531	1542246	276375	1265871	389566
3457805	1819586	1638219	389105	1249114	179950
1826413	1005378	821035	199795	621240	144557
2452931	1563139	889792	335071	554721	247402
2796442	2010891	785551	456349	329202	164364
5571293	2892226	2679067	856878	1822189	417266
5947271	2616610	3330661	679597	2651064	130505
4787088	2240027	2547061	517878	2029183	478606
3182373	1366028	1816345	451661	1364684	273937
2841036	1312846	1528190	415311	1112879	191257
8558729	3022097	5536632	1020336	4516296	80094
6287260	4319966	1967294	553878	1413416	302497
3571740	2015764	1555976	436176	1119800	276546
4385030	2456282	1928748	693304	1235444	280856
8816507	5768348	3048159	1244025	1804134	916115
2786950	1281254	1505696	307032	1198664	234998
1117123	467675	649448	129581	519867	88917
3077400	1602545	1474855	410985	1063870	331873
6037864	3026382	3011482	809263	2202219	805384
2010930	1499325	511605	262097	249508	155618
3234559	1507187	1727372	447924	1279448	607698
260114	148231	111883	16422	95461	16990
3423181	1743767	1679414	371606	1307808	423994
2211218	999952	1211266	212378	998888	746043
831549	442719	388830	85347	303483	243202
1023118	317736	705382	168521	536861	103308
2688790	1546573	1142217	257863	884354	590476

4-50 分地区农村初中

地 区	合 计	事业性经费支出				
			个人部分			
				工资福利支出	对个人和家庭的补助支出	
						#助学金
合 计	**189722336**	**184045071**	**127280109**	**94479890**	**32800219**	**10223119**
北 京	2932130	2698098	1468726	1080234	388492	41914
天 津	1866001	1840664	1376235	1075810	300425	945
河 北	7983333	7819065	5602181	4297957	1304224	422488
山 西	4445158	4288342	2861018	2375024	485994	262993
内蒙古	2180132	2110993	1626408	1232758	393650	151445
辽 宁	5382685	5222963	3542716	2502068	1040648	126626
吉 林	3221540	3158425	2181660	1547906	633754	151840
黑龙江	3163578	3013602	2190166	1608777	581389	39359
上 海	2335737	2335737	1652971	1387053	265918	59087
江 苏	11903270	11768170	9322825	6658287	2664538	671166
浙 江	11084984	11008016	7930304	6312711	1617593	345123
安 徽	9249814	8934965	5735259	4297109	1438150	244055
福 建	6214491	6087581	4188945	3307633	881312	241240
江 西	4925211	4811577	3227130	2408823	818307	310115
山 东	16374556	16314320	10517473	8552537	1964936	486201
河 南	11958014	11829130	7768269	5612730	2155539	559205
湖 北	7484120	7244004	5232678	3658831	1573847	366160
湖 南	8979423	8802797	6317281	4585037	1732244	247102
广 东	11107892	10776397	7394671	5687891	1706780	491221
广 西	6352752	6192289	4449474	2976904	1472570	585343
海 南	1441016	1415740	948137	842352	105785	33358
重 庆	4943742	4763405	3103082	2075924	1027158	339873
四 川	12818111	12282825	8503275	6098547	2404728	1009982
贵 州	5153564	5008938	3539729	2641860	897869	340735
云 南	7688939	7308658	5279743	3328043	1951700	1420535
西 藏						
陕 西	6654432	6390955	4459011	3313538	1145473	520201
甘 肃	4853172	4291942	2891991	2039575	852416	548952
青 海	747957	614158	404613	304395	100218	34901
宁 夏	1033283	966874	495770	349295	146475	55954
新 疆	5243299	4744441	3068368	2320281	748087	115000

教育经费支出明细

单位:千元

公用部分	商品和服务支出	其他资本性支出	专项公用支出	专项项目支出	基本建设支出
56764962	**29720364**	**27044598**	**6282333**	**20762265**	**5677265**
1229372	616338	613034	223300	389734	234032
464429	221087	243342	26169	217173	25337
2216884	1214577	1002307	234091	768216	164268
1427324	807494	619830	153372	466458	156816
484585	300045	184540	56261	128279	69139
1680247	810197	870050	165130	704920	159722
976765	520684	456081	110762	345319	63115
823436	541157	282279	61391	220888	149976
682766	558257	124509	107294	17215	
2445345	1299165	1146180	383252	762928	135100
3077712	1263245	1814467	308359	1506108	76968
3199706	1508366	1691340	321272	1370068	314849
1898636	814435	1084201	152458	931743	126910
1584447	764205	820242	235415	584827	113634
5796847	2015692	3781155	680253	3100902	60236
4060861	2857684	1203177	300960	902217	128884
2011326	1169358	841968	232909	609059	240116
2485516	1520912	964604	269179	695425	176626
3381726	2247749	1133977	369200	764777	331495
1742815	815362	927453	174166	753287	160463
467603	201426	266177	48084	218093	25276
1660323	846411	813912	204092	609820	180337
3779550	1807476	1972074	441840	1530234	535286
1469209	1130042	339167	181835	157332	144626
2028915	995172	1033743	257003	776740	380281
1931944	1030038	901906	228496	673410	263477
1399951	662025	737926	123925	614001	561230
209545	95526	114019	47726	66293	133799
471104	143793	327311	56791	270520	66409
1676073	942446	733627	127348	606279	498858

4-51 分地区中央属农村初中

地区	合计	事业性经费支出	个人部分	工资福利支出	对个人和家庭的补助支出	#助学金
合计	**992787**	**849589**	**611767**	**430371**	**181396**	**38097**
北京						
天津						
河北						
山西						
内蒙古						
辽宁						
吉林						
黑龙江						
上海						
江苏						
浙江						
安徽						
福建						
江西						
山东						
河南						
湖北						
湖南						
广东	6314	6314	4645	1374	3271	138
广西						
海南	2936	2936	2655	1666	989	
重庆						
四川						
贵州						
云南						
西藏						
陕西						
甘肃						
青海						
宁夏						
新疆	983537	840339	604467	427331	177136	37959

教育经费支出明细

单位:千元

公用部分	商品和服务支出	其他资本性支出	专项公用支出	专项项目支出	基本建设支出
237822	**101731**	**136091**	**30332**	**105759**	**143198**
1669	568	1101	182	919	
281	235	46	46		
235872	100928	134944	30104	104840	143198

4-52 分地区地方农村初中

地区	合计	事业性经费支出	个人部分	工资福利支出	对个人和家庭的补助支出	#助学金
合计	**188729549**	**183195482**	**126668342**	**94049519**	**32618823**	**10185022**
北京	2932130	2698098	1468726	1080234	388492	41914
天津	1866001	1840664	1376235	1075810	300425	945
河北	7983333	7819065	5602181	4297957	1304224	422488
山西	4445158	4288342	2861018	2375024	485994	262993
内蒙古	2180132	2110993	1626408	1232758	393650	151445
辽宁	5382685	5222963	3542716	2502068	1040648	126626
吉林	3221540	3158425	2181660	1547906	633754	151840
黑龙江	3163578	3013602	2190166	1608777	581389	39359
上海	2335737	2335737	1652971	1387053	265918	59087
江苏	11903270	11768170	9322825	6658287	2664538	671166
浙江	11084984	11008016	7930304	6312711	1617593	345123
安徽	9249814	8934965	5735259	4297109	1438150	244055
福建	6214491	6087581	4188945	3307633	881312	241240
江西	4925211	4811577	3227130	2408823	818307	310115
山东	16374556	16314320	10517473	8552537	1964936	486201
河南	11958014	11829130	7768269	5612730	2155539	559205
湖北	7484120	7244004	5232678	3658831	1573847	366160
湖南	8979423	8802797	6317281	4585037	1732244	247102
广东	11101578	10770083	7390026	5686517	1703509	491083
广西	6352752	6192289	4449474	2976904	1472570	585343
海南	1438080	1412804	945482	840686	104796	33358
重庆	4943742	4763405	3103082	2075924	1027158	339873
四川	12818111	12282825	8503275	6098547	2404728	1009982
贵州	5153564	5008938	3539729	2641860	897869	340735
云南	7688939	7308658	5279743	3328043	1951700	1420535
西藏						
陕西	6654432	6390955	4459011	3313538	1145473	520201
甘肃	4853172	4291942	2891991	2039575	852416	548952
青海	747957	614158	404613	304395	100218	34901
宁夏	1033283	966874	495770	349295	146475	55954
新疆	4259762	3904102	2463901	1892950	570951	77041

教育经费支出明细

单位:千元

公用部分	商品和服务支出	其他资本性支出			基本建设支出
			专项公用支出	专项项目支出	
56527140	**29618633**	**26908507**	**6252001**	**20656506**	**5534067**
1229372	616338	613034	223300	389734	234032
464429	221087	243342	26169	217173	25337
2216884	1214577	1002307	234091	768216	164268
1427324	807494	619830	153372	466458	156816
484585	300045	184540	56261	128279	69139
1680247	810197	870050	165130	704920	159722
976765	520684	456081	110762	345319	63115
823436	541157	282279	61391	220888	149976
682766	558257	124509	107294	17215	
2445345	1299165	1146180	383252	762928	135100
3077712	1263245	1814467	308359	1506108	76968
3199706	1508366	1691340	321272	1370068	314849
1898636	814435	1084201	152458	931743	126910
1584447	764205	820242	235415	584827	113634
5796847	2015692	3781155	680253	3100902	60236
4060861	2857684	1203177	300960	902217	128884
2011326	1169358	841968	232909	609059	240116
2485516	1520912	964604	269179	695425	176626
3380057	2247181	1132876	369018	763858	331495
1742815	815362	927453	174166	753287	160463
467322	201191	266131	48038	218093	25276
1660323	846411	813912	204092	609820	180337
3779550	1807476	1972074	441840	1530234	535286
1469209	1130042	339167	181835	157332	144626
2028915	995172	1033743	257003	776740	380281
1931944	1030038	901906	228496	673410	263477
1399951	662025	737926	123925	614001	561230
209545	95526	114019	47726	66293	133799
471104	143793	327311	56791	270520	66409
1440201	841518	598683	97244	501439	355660

4-53 分地区成人中学

地区	合计	事业性经费支出	个人部分	工资福利支出	对个人和家庭的补助支出	#助学金
合计	**449801**	**449801**	**240991**	**189725**	**51266**	**2980**
北京						
天津	15637	15637	15573	13152	2421	
河北	3166	3166	2061	1889	172	
山西						
内蒙古						
辽宁						
吉林	2765	2765	2408	886	1522	
黑龙江						
上海	99716	99716	45687	38130	7557	573
江苏	26683	26683	14463	11181	3282	
浙江	234155	234155	116824	99270	17554	2024
安徽						
福建	4458	4458	3735	2500	1235	
江西						
山东						
河南	36669	36669	25535	11222	14313	150
湖北	5334	5334	3491	3249	242	
湖南						
广东	12801	12801	6958	5481	1477	233
广西						
海南						
重庆	411	411	81	81		
四川	4940	4940	1401	1099	302	
贵州						
云南						
西藏						
陕西	514	514	483	480	3	
甘肃						
青海						
宁夏						
新疆	2552	2552	2291	1105	1186	

教育经费支出明细

单位:千元

公用部分	商品和服务支出	其他资本性支出	专项公用支出	专项项目支出	基本建设支出
208810	**181918**	**26892**	**23074**	**3818**	
64	64				
1105	1048	57	57		
357	268	89	89		
54029	51197	2832	2832		
12220	10533	1687	1417	270	
117331	105726	11605	10087	1518	
723	681	42	42		
11134	4373	6761	4761	2000	
1843	1493	350	350		
5843	5370	473	473		
330	330				
3539	543	2996	2966	30	
31	31				
261	261				

4-54 分地区小学

地 区	合 计	事业性经费支出	个人部分	工资福利支出	对个人和家庭的补助支出	#助学金
合 计	**485866425**	**476837038**	**349777656**	**249500005**	**100277651**	**10307139**
北 京	12549505	12018603	7027655	4664893	2362762	70407
天 津	6413813	6378743	5113748	3240977	1872771	1040
河 北	22333412	22081577	16047053	12040142	4006911	398769
山 西	13339328	13089006	9523347	7549478	1973869	279618
内蒙古	12901478	12541294	9432009	6687684	2744325	407631
辽 宁	14437407	14374080	10925756	7123242	3802514	173358
吉 林	9647987	9575753	7095662	4839809	2255853	119194
黑龙江	11199996	11055042	8709855	5785589	2924266	30368
上 海	10818218	10611547	6837078	5796744	1040334	207738
江 苏	33538251	33011825	26302669	17199540	9103129	349260
浙 江	27861519	27707538	20709861	14880557	5829304	720810
安 徽	18909315	18627117	13553294	9302653	4250641	195360
福 建	14720329	14523468	10825473	7492132	3333341	148886
江 西	12898224	12734852	8976098	6281061	2695037	277208
山 东	26854657	26769362	18696645	15270191	3426454	423913
河 南	26582878	26302926	18069317	13618994	4450323	314600
湖 北	13599655	13436106	9948545	7110059	2838486	271016
湖 南	18510520	18281193	12618371	9405989	3212382	179043
广 东	39734717	38989180	28658079	21233948	7424131	764327
广 西	16611564	16368140	12910468	8402565	4507903	575073
海 南	4816510	4670392	3377966	3052906	325060	25059
重 庆	10926853	10741902	7702724	4747160	2955564	217157
四 川	28551916	27766367	20476140	13813619	6662521	1035469
贵 州	13192211	12988439	10051609	7147596	2904013	102013
云 南	18769885	18224826	13861293	9393937	4467356	1440430
西 藏	2767761	2597241	1899543	1334181	565362	307150
陕 西	13662234	13309205	9912086	7510160	2401926	471301
甘 肃	9935305	9316542	6986852	5055303	1931549	393575
青 海	3618003	3285882	2164966	1477695	687271	215473
宁 夏	2992471	2870011	1828827	1373029	455798	59537
新 疆	13170503	12588879	9534667	6668172	2866495	132356

教育经费支出明细

单位：千元

公用部分	商品和服务支出	其他资本性支出	专项公用支出	专项项目支出	基本建设支出
127059382	**70377477**	**56681905**	**15447258**	**41234647**	**9029387**
4990948	2606218	2384730	892616	1492114	530902
1264995	634206	630789	166010	464779	35070
6034524	3411067	2623457	610034	2013423	251835
3565659	2084596	1481063	324651	1156412	250322
3109285	1433291	1675994	316625	1359369	360184
3448324	2012684	1435640	369977	1065663	63327
2480091	1297698	1182393	226971	955422	72234
2345187	1637215	707972	240067	467905	144954
3774469	3015406	759063	475222	283841	206671
6709156	3361035	3348121	974314	2373807	526426
6997677	3158355	3839322	861420	2977902	153981
5073823	2307471	2766352	446581	2319771	282198
3697995	1722303	1975692	420302	1555390	196861
3758754	1870972	1887782	542295	1345487	163372
8072717	3612649	4460068	1185780	3274288	85295
8233609	5997855	2235754	688248	1547506	279952
3487561	2053047	1434514	405702	1028812	163549
5662822	3294818	2368004	596330	1771674	229327
10331101	6870519	3460582	1661405	1799177	745537
3457672	1835838	1621834	322678	1299156	243424
1292426	505109	787317	121280	666037	146118
3039178	1731024	1308154	370349	937805	184951
7290227	3668342	3621885	845471	2776414	785549
2936830	2223104	713726	362470	351256	203772
4363533	2045812	2317721	602322	1715399	545059
697698	275415	422283	53132	369151	170520
3397119	1847573	1549546	470883	1078663	353029
2329690	1269158	1060532	197983	862549	618763
1120916	478526	642390	179197	463193	332121
1041184	441016	600168	111911	488257	122460
3054212	1675155	1379057	405032	974025	581624

4-55 分地区中央属小学

地区	合计	事业性经费支出	个人部分	工资福利支出	对个人和家庭的补助支出	#助学金
合计	**2092342**	**1887739**	**1335654**	**997411**	**338243**	**59904**
北京	134724	134724	75577	59537	16040	
天津	20407	20407	14839	8479	6360	
河北	904	904	512	512		
山西	3340	3340	2219	1767	452	
内蒙古						
辽宁						
吉林	45172	45172	27546	17186	10360	
黑龙江	117072	114855	78462	71307	7155	146
上海						
江苏						
浙江						
安徽	1082	1082	1028	1028		
福建						
江西	555	555	480	452	28	8
山东						
河南						
湖北	19274	19274	14363	10522	3841	
湖南	585	585	442	442		
广东	23100	23100	16958	12419	4539	182
广西						
海南	3349	3349	3028	1900	1128	
重庆	13651	13651	10454	8358	2096	
四川	13177	13177	8538	6887	1651	12
贵州						
云南						
西藏						
陕西	3520	3520	3440	3200	240	
甘肃	1994	1994	1609	1609		
青海						
宁夏						
新疆	1690436	1488050	1076159	791806	284353	59556

教育经费支出明细

单位：千元

公用部分	商品和服务支出	其他资本性支出	专项公用支出	专项项目支出	基本建设支出
552085	**257319**	**294766**	**94612**	**200154**	**204603**
59147	24054	35093	26737	8356	
5568	1275	4293	1793	2500	
392	390	2	2		
1121	1121				
17626	5669	11957	2257	9700	
36393	20903	15490	3617	11873	2217
54	53	1	1		
75	51	24	24		
4911	3493	1418	1418		
143	143				
6142	4523	1619	198	1421	
321	269	52	52		
3197	2979	218	218		
4639	3153	1486	1486		
80	80				
385	385				
411891	188778	223113	56809	166304	202386

4-56 分地区地方小学

地区	合计	事业性经费支出	个人部分	工资福利支出	对个人和家庭的补助支出	#助学金
合计	**483774083**	**474949299**	**348442002**	**248502594**	**99939408**	**10247235**
北京	12414781	11883879	6952078	4605356	2346722	70407
天津	6393406	6358336	5098909	3232498	1866411	1040
河北	22332508	22080673	16046541	12039630	4006911	398769
山西	13335988	13085666	9521128	7547711	1973417	279618
内蒙古	12901478	12541294	9432009	6687684	2744325	407631
辽宁	14437407	14374080	10925756	7123242	3802514	173358
吉林	9602815	9530581	7068116	4822623	2245493	119194
黑龙江	11082924	10940187	8631393	5714282	2917111	30222
上海	10818218	10611547	6837078	5796744	1040334	207738
江苏	33538251	33011825	26302669	17199540	9103129	349260
浙江	27861519	27707538	20709861	14880557	5829304	720810
安徽	18908233	18626035	13552266	9301625	4250641	195360
福建	14720329	14523468	10825473	7492132	3333341	148886
江西	12897669	12734297	8975618	6280609	2695009	277200
山东	26854657	26769362	18696645	15270191	3426454	423913
河南	26582878	26302926	18069317	13618994	4450323	314600
湖北	13580381	13416832	9934182	7099537	2834645	271016
湖南	18509935	18280608	12617929	9405547	3212382	179043
广东	39711617	38966080	28641121	21221529	7419592	764145
广西	16611564	16368140	12910468	8402565	4507903	575073
海南	4813161	4667043	3374938	3051006	323932	25059
重庆	10913202	10728251	7692270	4738802	2953468	217157
四川	28538739	27753190	20467602	13806732	6660870	1035457
贵州	13192211	12988439	10051609	7147596	2904013	102013
云南	18769885	18224826	13861293	9393937	4467356	1440430
西藏	2767761	2597241	1899543	1334181	565362	307150
陕西	13658714	13305685	9908646	7506960	2401686	471301
甘肃	9933311	9314548	6985243	5053694	1931549	393575
青海	3618003	3285882	2164966	1477695	687271	215473
宁夏	2992471	2870011	1828827	1373029	455798	59537
新疆	11480067	11100829	8458508	5876366	2582142	72800

教育经费支出明细

单位:千元

公用部分	商品和服务支出	其他资本性支出			基本建设支出
			专项公用支出	专项项目支出	
126507297	**70120158**	**56387139**	**15352646**	**41034493**	**8824784**
4931801	2582164	2349637	865879	1483758	530902
1259427	632931	626496	164217	462279	35070
6034132	3410677	2623455	610032	2013423	251835
3564538	2083475	1481063	324651	1156412	250322
3109285	1433291	1675994	316625	1359369	360184
3448324	2012684	1435640	369977	1065663	63327
2462465	1292029	1170436	224714	945722	72234
2308794	1616312	692482	236450	456032	142737
3774469	3015406	759063	475222	283841	206671
6709156	3361035	3348121	974314	2373807	526426
6997677	3158355	3839322	861420	2977902	153981
5073769	2307418	2766351	446580	2319771	282198
3697995	1722303	1975692	420302	1555390	196861
3758679	1870921	1887758	542271	1345487	163372
8072717	3612649	4460068	1185780	3274288	85295
8233609	5997855	2235754	688248	1547506	279952
3482650	2049554	1433096	404284	1028812	163549
5662679	3294675	2368004	596330	1771674	229327
10324959	6865996	3458963	1661207	1797756	745537
3457672	1835838	1621834	322678	1299156	243424
1292105	504840	787265	121228	666037	146118
3035981	1728045	1307936	370131	937805	184951
7285588	3665189	3620399	843985	2776414	785549
2936830	2223104	713726	362470	351256	203772
4363533	2045812	2317721	602322	1715399	545059
697698	275415	422283	53132	369151	170520
3397039	1847493	1549546	470883	1078663	353029
2329305	1268773	1060532	197983	862549	618763
1120916	478526	642390	179197	463193	332121
1041184	441016	600168	111911	488257	122460
2642321	1486377	1155944	348223	807721	379238

4-57 分地区普通小学

地区	合计	事业性经费支出	个人部分	工资福利支出	对个人和家庭的补助支出	#助学金
合计	**485825906**	**476796519**	**349743924**	**249470706**	**100273218**	**10307139**
北京	12549505	12018603	7027655	4664893	2362762	70407
天津	6413813	6378743	5113748	3240977	1872771	1040
河北	22330659	22078824	16044300	12037389	4006911	398769
山西	13339328	13089006	9523347	7549478	1973869	279618
内蒙古	12900507	12540323	9431140	6687207	2743933	407631
辽宁	14437407	14374080	10925756	7123242	3802514	173358
吉林	9647987	9575753	7095662	4839809	2255853	119194
黑龙江	11199996	11055042	8709855	5785589	2924266	30368
上海	10818218	10611547	6837078	5796744	1040334	207738
江苏	33538251	33011825	26302669	17199540	9103129	349260
浙江	27861519	27707538	20709861	14880557	5829304	720810
安徽	18909315	18627117	13553294	9302653	4250641	195360
福建	14703294	14506433	10810449	7478688	3331761	148886
江西	12898224	12734852	8976098	6281061	2695037	277208
山东	26854657	26769362	18696645	15270191	3426454	423913
河南	26574747	26294795	18063145	13615077	4448068	314600
湖北	13598603	13435054	9947591	7109123	2838468	271016
湖南	18510520	18281193	12618371	9405989	3212382	179043
广东	39734717	38989180	28658079	21233948	7424131	764327
广西	16611514	16368090	12910468	8402565	4507903	575073
海南	4816510	4670392	3377966	3052906	325060	25059
重庆	10919634	10734683	7696388	4740844	2955544	217157
四川	28549993	27764444	20474568	13812215	6662353	1035469
贵州	13192211	12988439	10051609	7147596	2904013	102013
云南	18768515	18223456	13861241	9393885	4467356	1440430
西藏	2767761	2597241	1899543	1334181	565362	307150
陕西	13662234	13309205	9912086	7510160	2401926	471301
甘肃	9935305	9316542	6986852	5055303	1931549	393575
青海	3618003	3285882	2164966	1477695	687271	215473
宁夏	2992471	2870011	1828827	1373029	455798	59537
新疆	13170488	12588864	9534667	6668172	2866495	132356

教育经费支出明细

单位:千元

公用部分	商品和服务支出	其他资本性支出			基本建设支出
			专项公用支出	专项项目支出	
127052595	**70371145**	**56681450**	**15446913**	**41234537**	**9029387**
4990948	2606218	2384730	892616	1492114	530902
1264995	634206	630789	166010	464779	35070
6034524	3411067	2623457	610034	2013423	251835
3565659	2084596	1481063	324651	1156412	250322
3109183	1433189	1675994	316625	1359369	360184
3448324	2012684	1435640	369977	1065663	63327
2480091	1297698	1182393	226971	955422	72234
2345187	1637215	707972	240067	467905	144954
3774469	3015406	759063	475222	283841	206671
6709156	3361035	3348121	974314	2373807	526426
6997677	3158355	3839322	861420	2977902	153981
5073823	2307471	2766352	446581	2319771	282198
3695984	1720428	1975556	420276	1555280	196861
3758754	1870972	1887782	542295	1345487	163372
8072717	3612649	4460068	1185780	3274288	85295
8231650	5995925	2235725	688219	1547506	279952
3487463	2052959	1434504	405692	1028812	163549
5662822	3294818	2368004	596330	1771674	229327
10331101	6870519	3460582	1661405	1799177	745537
3457622	1835788	1621834	322678	1299156	243424
1292426	505109	787317	121280	666037	146118
3038295	1730161	1308134	370329	937805	184951
7289876	3668019	3621857	845443	2776414	785549
2936830	2223104	713726	362470	351256	203772
4362215	2044726	2317489	602090	1715399	545059
697698	275415	422283	53132	369151	170520
3397119	1847573	1549546	470883	1078663	353029
2329690	1269158	1060532	197983	862549	618763
1120916	478526	642390	179197	463193	332121
1041184	441016	600168	111911	488257	122460
3054197	1675140	1379057	405032	974025	581624

4-58 分地区中央属普通小学

地区	合计	事业性经费支出	个人部分	工资福利支出	对个人和家庭的补助支出	#助学金
合计	**2092342**	**1887739**	**1335654**	**997411**	**338243**	**59904**
北京	134724	134724	75577	59537	16040	
天津	20407	20407	14839	8479	6360	
河北	904	904	512	512		
山西	3340	3340	2219	1767	452	
内蒙古						
辽宁						
吉林	45172	45172	27546	17186	10360	
黑龙江	117072	114855	78462	71307	7155	146
上海						
江苏						
浙江						
安徽	1082	1082	1028	1028		
福建						
江西	555	555	480	452	28	8
山东						
河南						
湖北	19274	19274	14363	10522	3841	
湖南	585	585	442	442		
广东	23100	23100	16958	12419	4539	182
广西						
海南	3349	3349	3028	1900	1128	
重庆	13651	13651	10454	8358	2096	
四川	13177	13177	8538	6887	1651	12
贵州						
云南						
西藏						
陕西	3520	3520	3440	3200	240	
甘肃	1994	1994	1609	1609		
青海						
宁夏						
新疆	1690436	1488050	1076159	791806	284353	59556

教育经费支出明细

单位:千元

公用部分	商品和服务支出	其他资本性支出	专项公用支出	专项项目支出	基本建设支出
552085	**257319**	**294766**	**94612**	**200154**	**204603**
59147	24054	35093	26737	8356	
5568	1275	4293	1793	2500	
392	390	2	2		
1121	1121				
17626	5669	11957	2257	9700	
36393	20903	15490	3617	11873	2217
54	53	1	1		
75	51	24	24		
4911	3493	1418	1418		
143	143				
6142	4523	1619	198	1421	
321	269	52	52		
3197	2979	218	218		
4639	3153	1486	1486		
80	80				
385	385				
411891	188778	223113	56809	166304	202386

4-59 分地区地方普通小学

地区	合计	事业性经费支出	个人部分	工资福利支出	对个人和家庭的补助支出	#助学金
合 计	**483733564**	**474908780**	**348408270**	**248473295**	**99934975**	**10247235**
北 京	12414781	11883879	6952078	4605356	2346722	70407
天 津	6393406	6358336	5098909	3232498	1866411	1040
河 北	22329755	22077920	16043788	12036877	4006911	398769
山 西	13335988	13085666	9521128	7547711	1973417	279618
内蒙古	12900507	12540323	9431140	6687207	2743933	407631
辽 宁	14437407	14374080	10925756	7123242	3802514	173358
吉 林	9602815	9530581	7068116	4822623	2245493	119194
黑龙江	11082924	10940187	8631393	5714282	2917111	30222
上 海	10818218	10611547	6837078	5796744	1040334	207738
江 苏	33538251	33011825	26302669	17199540	9103129	349260
浙 江	27861519	27707538	20709861	14880557	5829304	720810
安 徽	18908233	18626035	13552266	9301625	4250641	195360
福 建	14703294	14506433	10810449	7478688	3331761	148886
江 西	12897669	12734297	8975618	6280609	2695009	277200
山 东	26854657	26769362	18696645	15270191	3426454	423913
河 南	26574747	26294795	18063145	13615077	4448068	314600
湖 北	13579329	13415780	9933228	7098601	2834627	271016
湖 南	18509935	18280608	12617929	9405547	3212382	179043
广 东	39711617	38966080	28641121	21221529	7419592	764145
广 西	16611514	16368090	12910468	8402565	4507903	575073
海 南	4813161	4667043	3374938	3051006	323932	25059
重 庆	10905983	10721032	7685934	4732486	2953448	217157
四 川	28536816	27751267	20466030	13805328	6660702	1035457
贵 州	13192211	12988439	10051609	7147596	2904013	102013
云 南	18768515	18223456	13861241	9393885	4467356	1440430
西 藏	2767761	2597241	1899543	1334181	565362	307150
陕 西	13658714	13305685	9908646	7506960	2401686	471301
甘 肃	9933311	9314548	6985243	5053694	1931549	393575
青 海	3618003	3285882	2164966	1477695	687271	215473
宁 夏	2992471	2870011	1828827	1373029	455798	59537
新 疆	11480052	11100814	8458508	5876366	2582142	72800

教育经费支出明细

单位:千元

公用部分	商品和服务支出	其他资本性支出			基本建设支出
			专项公用支出	专项项目支出	
126500510	**70113826**	**56386684**	**15352301**	**41034383**	**8824784**
4931801	2582164	2349637	865879	1483758	530902
1259427	632931	626496	164217	462279	35070
6034132	3410677	2623455	610032	2013423	251835
3564538	2083475	1481063	324651	1156412	250322
3109183	1433189	1675994	316625	1359369	360184
3448324	2012684	1435640	369977	1065663	63327
2462465	1292029	1170436	224714	945722	72234
2308794	1616312	692482	236450	456032	142737
3774469	3015406	759063	475222	283841	206671
6709156	3361035	3348121	974314	2373807	526426
6997677	3158355	3839322	861420	2977902	153981
5073769	2307418	2766351	446580	2319771	282198
3695984	1720428	1975556	420276	1555280	196861
3758679	1870921	1887758	542271	1345487	163372
8072717	3612649	4460068	1185780	3274288	85295
8231650	5995925	2235725	688219	1547506	279952
3482552	2049466	1433086	404274	1028812	163549
5662679	3294675	2368004	596330	1771674	229327
10324959	6865996	3458963	1661207	1797756	745537
3457622	1835788	1621834	322678	1299156	243424
1292105	504840	787265	121228	666037	146118
3035098	1727182	1307916	370111	937805	184951
7285237	3664866	3620371	843957	2776414	785549
2936830	2223104	713726	362470	351256	203772
4362215	2044726	2317489	602090	1715399	545059
697698	275415	422283	53132	369151	170520
3397039	1847493	1549546	470883	1078663	353029
2329305	1268773	1060532	197983	862549	618763
1120916	478526	642390	179197	463193	332121
1041184	441016	600168	111911	488257	122460
2642306	1486362	1155944	348223	807721	379238

4-60 分地区农村小学

地区	合计	事业性经费支出	个人部分	工资福利支出	对个人和家庭的补助支出	#助学金
合计	**310232868**	**304769576**	**230254405**	**163990494**	**66263911**	**8531355**
北京	4765578	4361779	2566803	1828140	738663	45114
天津	2820020	2784950	2202192	1526803	675389	748
河北	15935596	15731925	11547173	8624170	2923003	389717
山西	8784835	8600549	6486857	5009747	1477110	271172
内蒙古	6565884	6443013	5281081	3618984	1662097	251127
辽宁	8139915	8087683	6117464	3983967	2133497	152199
吉林	6124679	6066564	4606386	3215422	1390964	116058
黑龙江	6084584	6011515	4923637	3296536	1627101	21509
上海	3207624	3207624	2335745	2003817	331928	75991
江苏	18572410	18355005	15267381	9764262	5503119	333484
浙江	16932657	16838055	12935052	9135695	3799357	438897
安徽	13838284	13632993	9988289	6777598	3210691	171597
福建	9944144	9831467	7465052	5184261	2280791	142189
江西	9282402	9153871	6700376	4685955	2014421	213222
山东	20099399	20060444	14335578	11900720	2434858	405662
河南	19674867	19534260	13528327	10142367	3385960	262566
湖北	8309163	8180725	6167459	4548838	1618621	220940
湖南	12228901	12111467	8872289	6733197	2139092	159708
广东	17131774	16998370	13229207	9402261	3826946	521807
广西	12879891	12677703	10072270	6664612	3407658	325996
海南	3301695	3247728	2567843	2317972	249871	19626
重庆	7103763	6987724	5313223	3331532	1981691	184074
四川	21062618	20442031	15386079	10299865	5086214	989353
贵州	10450469	10262096	7910640	5786243	2124397	99578
云南	15492610	15089091	11532655	7685294	3847361	1390712
西藏	1784051	1649251	1220185	850499	369686	237657
陕西	9688814	9445681	7348626	5440846	1907780	426539
甘肃	7621561	7146779	5408670	3954065	1454605	366539
青海	2111828	1907773	1294655	905766	388889	142266
宁夏	1876253	1793948	1203594	898049	305545	49322
新疆	8416599	8127512	6439617	4473011	1966606	105986

教育经费支出明细

单位:千元

公用部分	商品和服务支出	其他资本性支出	专项公用支出	专项项目支出	基本建设支出
74515171	**41467002**	**33048169**	**8042366**	**25005803**	**5463292**
1794976	916838	878138	302674	575464	403799
582758	252888	329870	51144	278726	35070
4184752	2363761	1820991	393986	1427005	203671
2113692	1253331	860361	188074	672287	184286
1161932	612259	549673	71973	477700	122871
1970219	1080004	890215	203113	687102	52232
1460178	737651	722527	117445	605082	58115
1087878	738615	349263	126324	222939	73069
871879	696372	175507	110034	65473	
3087624	1685524	1402100	411741	990359	217405
3903003	1755063	2147940	463243	1684697	94602
3644704	1745313	1899391	290930	1608461	205291
2366415	1069579	1296836	192524	1104312	112677
2453495	1304259	1149236	343090	806146	128531
5724866	2580312	3144554	833586	2310968	38955
6005933	4513696	1492237	397756	1094481	140607
2013266	1177741	835525	215698	619827	128438
3239178	2060458	1178720	290293	888427	117434
3769163	2460058	1309105	504140	804965	133404
2605433	1401068	1204365	212460	991905	202188
679885	288455	391430	57660	333770	53967
1674501	988048	686453	191325	495128	116039
5055952	2506062	2549890	500779	2049111	620587
2351456	1808310	543146	274615	268531	188373
3556436	1654421	1902015	458895	1443120	403519
429066	172861	256205	31722	224483	134800
2097055	1204446	892609	308672	583937	243133
1738109	960396	777713	132121	645592	474782
613118	264203	348915	84055	264860	204055
590354	278096	312258	47959	264299	82305
1687895	936914	750981	234335	516646	289087

4-61 分地区中央属农村小学

地区	合计	事业性经费支出	个人部分	工资福利支出	对个人和家庭的补助支出	#助学金
合计	**1402933**	**1216702**	**879750**	**643523**	**236227**	**55408**
北京						
天津						
河北						
山西						
内蒙古						
辽宁						
吉林						
黑龙江						
上海						
江苏						
浙江						
安徽						
福建						
江西						
山东						
河南						
湖北						
湖南						
广东	12410	12410	8480	5097	3383	182
广西						
海南	3349	3349	3028	1900	1128	
重庆						
四川						
贵州						
云南						
西藏						
陕西						
甘肃	877	877	799	799		
青海						
宁夏						
新疆	1386297	1200066	867443	635727	231716	55226

教育经费支出明细

单位:千元

公用部分	商品和服务支出	其他资本性支出	专项公用支出	专项项目支出	基本建设支出
336952	**152047**	**184905**	**42698**	**142207**	**186231**
3930	2863	1067	196	871	
321	269	52	52		
78	78				
332623	148837	183786	42450	141336	186231

4-62 分地区地方农村小学

地区	合计	事业性经费支出	个人部分	工资福利支出	对个人和家庭的补助支出	#助学金
合计	**308829935**	**303552874**	**229374655**	**163346971**	**66027684**	**8475947**
北京	4765578	4361779	2566803	1828140	738663	45114
天津	2820020	2784950	2202192	1526803	675389	748
河北	15935596	15731925	11547173	8624170	2923003	389717
山西	8784835	8600549	6486857	5009747	1477110	271172
内蒙古	6565884	6443013	5281081	3618984	1662097	251127
辽宁	8139915	8087683	6117464	3983967	2133497	152199
吉林	6124679	6066564	4606386	3215422	1390964	116058
黑龙江	6084584	6011515	4923637	3296536	1627101	21509
上海	3207624	3207624	2335745	2003817	331928	75991
江苏	18572410	18355005	15267381	9764262	5503119	333484
浙江	16932657	16838055	12935052	9135695	3799357	438897
安徽	13838284	13632993	9988289	6777598	3210691	171597
福建	9944144	9831467	7465052	5184261	2280791	142189
江西	9282402	9153871	6700376	4685955	2014421	213222
山东	20099399	20060444	14335578	11900720	2434858	405662
河南	19674867	19534260	13528327	10142367	3385960	262566
湖北	8309163	8180725	6167459	4548838	1618621	220940
湖南	12228901	12111467	8872289	6733197	2139092	159708
广东	17119364	16985960	13220727	9397164	3823563	521625
广西	12879891	12677703	10072270	6664612	3407658	325996
海南	3298346	3244379	2564815	2316072	248743	19626
重庆	7103763	6987724	5313223	3331532	1981691	184074
四川	21062618	20442031	15386079	10299865	5086214	989353
贵州	10450469	10262096	7910640	5786243	2124397	99578
云南	15492610	15089091	11532655	7685294	3847361	1390712
西藏	1784051	1649251	1220185	850499	369686	237657
陕西	9688814	9445681	7348626	5440846	1907780	426539
甘肃	7620684	7145902	5407871	3953266	1454605	366539
青海	2111828	1907773	1294655	905766	388889	142266
宁夏	1876253	1793948	1203594	898049	305545	49322
新疆	7030302	6927446	5572174	3837284	1734890	50760

教育经费支出明细

单位：千元

公用部分	商品和服务支出	其他资本性支出			基本建设支出
			专项公用支出	专项项目支出	
74178219	**41314955**	**32863264**	**7999668**	**24863596**	**5277061**
1794976	916838	878138	302674	575464	403799
582758	252888	329870	51144	278726	35070
4184752	2363761	1820991	393986	1427005	203671
2113692	1253331	860361	188074	672287	184286
1161932	612259	549673	71973	477700	122871
1970219	1080004	890215	203113	687102	52232
1460178	737651	722527	117445	605082	58115
1087878	738615	349263	126324	222939	73069
871879	696372	175507	110034	65473	
3087624	1685524	1402100	411741	990359	217405
3903003	1755063	2147940	463243	1684697	94602
3644704	1745313	1899391	290930	1608461	205291
2366415	1069579	1296836	192524	1104312	112677
2453495	1304259	1149236	343090	806146	128531
5724866	2580312	3144554	833586	2310968	38955
6005933	4513696	1492237	397756	1094481	140607
2013266	1177741	835525	215698	619827	128438
3239178	2060458	1178720	290293	888427	117434
3765233	2457195	1308038	503944	804094	133404
2605433	1401068	1204365	212460	991905	202188
679564	288186	391378	57608	333770	53967
1674501	988048	686453	191325	495128	116039
5055952	2506062	2549890	500779	2049111	620587
2351456	1808310	543146	274615	268531	188373
3556436	1654421	1902015	458895	1443120	403519
429066	172861	256205	31722	224483	134800
2097055	1204446	892609	308672	583937	243133
1738031	960318	777713	132121	645592	474782
613118	264203	348915	84055	264860	204055
590354	278096	312258	47959	264299	82305
1355272	788077	567195	191885	375310	102856

4-63 分地区成人小学

地区	合计	事业性经费支出	个人部分	工资福利支出	对个人和家庭的补助支出	#助学金
合计	**40519**	**40519**	**33732**	**29299**	**4433**	
北京						
天津						
河北	2753	2753	2753	2753		
山西						
内蒙古	971	971	869	477	392	
辽宁						
吉林						
黑龙江						
上海						
江苏						
浙江						
安徽						
福建	17035	17035	15024	13444	1580	
江西						
山东						
河南	8131	8131	6172	3917	2255	
湖北	1052	1052	954	936	18	
湖南						
广东						
广西	50	50				
海南						
重庆	7219	7219	6336	6316	20	
四川	1923	1923	1572	1404	168	
贵州						
云南	1370	1370	52	52		
西藏						
陕西						
甘肃						
青海						
宁夏						
新疆	15	15				

教育经费支出明细

单位:千元

公用部分	商品和服务支出	其他资本性支出	专项公用支出	专项项目支出	基本建设支出
6787	**6332**	**455**	**345**	**110**	
102	102				
2011	1875	136	26	110	
1959	1930	29	29		
98	88	10	10		
50	50				
883	863	20	20		
351	323	28	28		
1318	1086	232	232		
15	15				

4-64 分地区特殊教育

地　区	合　计	事业性经费支出	个人部分	工资福利支出	对个人和家庭的补助支出	#助学金
合　计	**6944238**	**5865768**	**3455818**	**2515578**	**940240**	**97178**
北　京	322426	322426	171760	107655	64105	2967
天　津	131243	131243	99791	59635	40156	146
河　北	373338	243338	150691	123947	26744	3371
山　西	145645	117595	77608	63446	14162	1830
内蒙古	238417	172159	66420	53550	12870	1934
辽　宁	284819	284819	210910	142258	68652	1565
吉　林	215971	187181	112306	69664	42642	1885
黑龙江	223970	199650	133968	82381	51587	2192
上　海	410280	408545	285984	247372	38612	4208
江　苏	580775	569335	360380	244504	115876	5415
浙　江	342388	337358	201318	146660	54658	4654
安　徽	176291	147501	88639	63662	24977	3368
福　建	233449	217389	120005	85848	34157	4988
江　西	207301	117448	39750	28891	10859	2101
山　东	436340	436340	291172	229762	61410	6234
河　南	359361	318615	143353	109838	33515	3923
湖　北	273339	155613	93695	61258	32437	4729
湖　南	219093	159920	87382	69126	18256	2974
广　东	375520	341341	233326	180065	53261	1045
广　西	139100	126770	61340	43088	18252	2199
海　南	16928	16428	8799	7097	1702	515
重　庆	167812	137428	55553	36502	19051	4717
四　川	332311	228111	119365	87398	31967	7485
贵　州	102879	86229	51700	36538	15162	1226
云　南	177976	122638	56057	40968	15089	7242
西　藏	27858	5858	4960	3857	1103	871
陕　西	183978	115918	45515	36987	8528	2764
甘　肃	85534	66024	33421	19447	13974	8165
青　海	33907	15227	11688	7797	3891	1232
宁　夏	25145	12385	10001	7457	2544	286
新　疆	100844	64936	28961	18920	10041	947

教育经费支出明细

单位:千元

公用部分	商品和服务支出	其他资本性支出			基本建设支出
			专项公用支出	专项项目支出	
2409950	**926874**	**1483076**	**387236**	**1095840**	**1078470**
150666	84549	66117	45059	21058	
31452	13272	18180	2344	15836	
92647	41259	51388	11132	40256	130000
39987	23406	16581	3736	12845	28050
105739	15189	90550	78738	11812	66258
73909	42204	31705	3046	28659	
74875	32656	42219	4204	38015	28790
65682	36246	29436	7390	22046	24320
122561	80769	41792	23072	18720	1735
208955	66070	142885	23397	119488	11440
136040	51966	84074	17959	66115	5030
58862	26351	32511	10013	22498	28790
97384	36703	60681	7347	53334	16060
77698	13396	64302	19050	45252	89853
145168	68216	76952	17723	59229	
175262	46946	128316	7741	120575	40746
61918	25487	36431	10772	25659	117726
72538	26815	45723	5611	40112	59173
108015	57739	50276	20954	29322	34179
65430	13084	52346	6274	46072	12330
7629	5676	1953	1953		500
81875	21124	60751	4520	56231	30384
108746	38865	69881	21851	48030	104200
34529	17478	17051	2260	14791	16650
66581	11881	54700	6304	48396	55338
898	898				22000
70403	12763	57640	16468	41172	68060
32603	6208	26395	4608	21787	19510
3539	1898	1641	1131	510	18680
2384	1857	527	507	20	12760
35975	5903	30072	2072	28000	35908

4-65 分地区特殊教育学校

地区	合计	事业性经费支出	个人部分	工资福利支出	对个人和家庭的补助支出	#助学金
合计	**6710023**	**5640449**	**3314354**	**2420749**	**893605**	**95790**
北京	295233	295233	156952	99387	57565	2693
天津	114801	114801	85896	52092	33804	146
河北	373338	243338	150691	123947	26744	3371
山西	145645	117595	77608	63446	14162	1830
内蒙古	238417	172159	66420	53550	12870	1934
辽宁	242539	242539	180101	124190	55911	1485
吉林	210421	181631	107619	67406	40213	1885
黑龙江	220388	196068	131827	80997	50830	2192
上海	410280	408545	285984	247372	38612	4208
江苏	567612	556172	356385	240906	115479	5415
浙江	330126	325096	194098	141961	52137	4573
安徽	174368	145578	86867	62541	24326	3368
福建	222028	210118	114958	81703	33255	4428
江西	206976	117123	39436	28723	10713	2101
山东	436340	436340	291172	229762	61410	6234
河南	352431	311685	138616	106664	31952	3895
湖北	265437	147711	88205	57747	30458	4607
湖南	219093	159920	87382	69126	18256	2974
广东	336997	303564	211853	161997	49856	890
广西	133884	121554	58791	41200	17591	2199
海南	16928	16428	8799	7097	1702	515
重庆	161910	131526	50834	33740	17094	4714
四川	309071	208871	109910	79844	30066	7416
贵州	95200	78550	46874	33095	13779	1226
云南	173294	117956	52530	37791	14739	7226
西藏	27858	5858	4960	3857	1103	871
陕西	183978	115918	45515	36987	8528	2764
甘肃	85534	66024	33421	19447	13974	8165
青海	33907	15227	11688	7797	3891	1232
宁夏	25145	12385	10001	7457	2544	286
新疆	100844	64936	28961	18920	10041	947

教育经费支出明细

单位:千元

公用部分	商品和服务支出	其他资本性支出			基本建设支出
			专项公用支出	专项项目支出	
2326095	**885648**	**1440447**	**364423**	**1076024**	**1069574**
138281	81150	57131	44050	13081	
28905	11782	17123	2291	14832	
92647	41259	51388	11132	40256	130000
39987	23406	16581	3736	12845	28050
105739	15189	90550	78738	11812	66258
62438	34486	27952	2715	25237	
74012	31946	42066	4051	38015	28790
64241	35157	29084	7038	22046	24320
122561	80769	41792	23072	18720	1735
199787	65300	134487	15279	119208	11440
130998	47867	83131	17016	66115	5030
58711	26284	32427	9929	22498	28790
95160	35186	59974	6927	53047	11910
77687	13385	64302	19050	45252	89853
145168	68216	76952	17723	59229	
173069	45723	127346	6771	120575	40746
59506	24230	35276	9767	25509	117726
72538	26815	45723	5611	40112	59173
91711	49118	42593	14843	27750	33433
62763	12600	50163	5715	44448	12330
7629	5676	1953	1953		500
80692	20265	60427	4470	55957	30384
98961	34192	64769	19578	45191	100200
31676	14707	16969	2178	14791	16650
65426	11413	54013	6004	48009	55338
898	898				22000
70403	12763	57640	16468	41172	68060
32603	6208	26395	4608	21787	19510
3539	1898	1641	1131	510	18680
2384	1857	527	507	20	12760
35975	5903	30072	2072	28000	35908

4-66 分地区工读学校

地区	合计	事业性经费支出	个人部分	工资福利支出	对个人和家庭的补助支出	#助学金
合计	**234215**	**225319**	**141464**	**94829**	**46635**	**1388**
北京	27193	27193	14808	8268	6540	274
天津	16442	16442	13895	7543	6352	
河北						
山西						
内蒙古						
辽宁	42280	42280	30809	18068	12741	80
吉林	5550	5550	4687	2258	2429	
黑龙江	3582	3582	2141	1384	757	
上海						
江苏	13163	13163	3995	3598	397	
浙江	12262	12262	7220	4699	2521	81
安徽	1923	1923	1772	1121	651	
福建	11421	7271	5047	4145	902	560
江西	325	325	314	168	146	
山东						
河南	6930	6930	4737	3174	1563	28
湖北	7902	7902	5490	3511	1979	122
湖南						
广东	38523	37777	21473	18068	3405	155
广西	5216	5216	2549	1888	661	
海南						
重庆	5902	5902	4719	2762	1957	3
四川	23240	19240	9455	7554	1901	69
贵州	7679	7679	4826	3443	1383	
云南	4682	4682	3527	3177	350	16
西藏						
陕西						
甘肃						
青海						
宁夏						
新疆						

教育经费支出明细

单位:千元

公用部分	商品和服务支出	其他资本性支出			基本建设支出
			专项公用支出	专项项目支出	
83855	**41226**	**42629**	**22813**	**19816**	**8896**
12385	3399	8986	1009	7977	
2547	1490	1057	53	1004	
11471	7718	3753	331	3422	
863	710	153	153		
1441	1089	352	352		
9168	770	8398	8118	280	
5042	4099	943	943		
151	67	84	84		
2224	1517	707	420	287	4150
11	11				
2193	1223	970	970		
2412	1257	1155	1005	150	
16304	8621	7683	6111	1572	746
2667	484	2183	559	1624	
1183	859	324	50	274	
9785	4673	5112	2273	2839	4000
2853	2771	82	82		
1155	468	687	300	387	

4-67 分地区幼儿园

地区	合计	事业性经费支出	个人部分	工资福利支出	对个人和家庭的补助支出	#助学金
合计	**71879604**	**70309585**	**42871545**	**38886311**	**3985234**	**30687**
北京	3021444	2967350	1657252	1415647	241605	59
天津	1067237	1067237	710581	497493	213088	
河北	3374472	3341662	2244420	2073103	171317	
山西	1258624	1255664	783195	737464	45731	553
内蒙古	1392322	1365172	885047	754919	130128	1968
辽宁	2259451	2256973	1404122	1286207	117915	
吉林	882434	880434	522045	434392	87653	163
黑龙江	1009299	981699	654275	586423	67852	
上海	5182089	5169522	3393038	3149973	243065	212
江苏	6261679	6199640	3596889	3290581	306308	820
浙江	6050573	6046530	3695281	3462101	233180	1710
安徽	1250011	1223697	791490	719350	72140	243
福建	2981103	2973410	1834960	1688331	146629	696
江西	1368865	1356255	879537	829243	50294	
山东	3967475	3967355	2278842	2171917	106925	913
河南	2802663	2792107	1705718	1607733	97985	386
湖北	1826237	1821520	1156932	1059841	97091	
湖南	2388266	2370625	1414688	1336878	77810	1894
广东	9767321	9654549	5642412	5322032	320380	2208
广西	1274358	1271518	834763	732427	102336	
海南	155094	153233	102223	96816	5407	38
重庆	1320967	1313444	696477	638040	58437	855
四川	3193968	3110302	1929036	1678114	250922	514
贵州	543205	538739	359967	290650	69317	22
云南	1531478	1502498	909872	788987	120885	1259
西藏	114556	109966	79816	67785	12031	907
陕西	1532723	1502862	956155	898157	57998	170
甘肃	696315	691735	466287	402084	64203	181
青海	247511	195601	129972	101980	27992	
宁夏	307187	307187	178064	152036	26028	5
新疆	2850677	1921099	978189	615607	362582	14911

教育经费支出明细

单位:千元

公用部分	商品和服务支出	其他资本性支出			基本建设支出
			专项公用支出	专项项目支出	
27438040	**18430577**	**9007463**	**4473808**	**4533655**	**1570019**
1310098	932446	377652	236820	140832	54094
356656	295538	61118	34200	26918	
1097242	806081	291161	145316	145845	32810
472469	360111	112358	55555	56803	2960
480125	304836	175289	60641	114648	27150
852851	675643	177208	105006	72202	2478
358389	275064	83325	42167	41158	2000
327424	267359	60065	19406	40659	27600
1776484	1330145	446339	316658	129681	12567
2602751	1400469	1202282	524877	677405	62039
2351249	1265953	1085296	408369	676927	4043
432207	276073	156134	89210	66924	26314
1138450	817911	320539	174000	146539	7693
476718	310498	166220	76545	89675	12610
1688513	1184674	503839	272853	230986	120
1086389	875144	211245	126026	85219	10556
664588	465488	199100	102889	96211	4717
955937	658508	297429	182988	114441	17641
4012137	2771776	1240361	772688	467673	112772
436755	326098	110657	60158	50499	2840
51010	25890	25120	10310	14810	1861
616967	425854	191113	124255	66858	7523
1181266	764645	416621	169193	247428	83666
178772	128067	50705	24988	25717	4466
592626	408212	184414	94947	89467	28980
30150	18545	11605	5412	6193	4590
546707	345633	201074	72404	128670	29861
225448	162790	62658	41905	20753	4580
65629	45099	20530	12515	8015	51910
129123	96053	33070	18696	14374	
942910	409974	532936	92811	440125	929578

4-68 分地区中央属幼儿园

地区	合计	事业性经费支出	个人部分	工资福利支出	对个人和家庭的补助支出	#助学金
合计	**1032901**	**887671**	**624987**	**570246**	**54741**	**14133**
北京	298435	295913	202888	187590	15298	
天津						
河北	79693	79693	63380	62801	579	
山西	1766	1766	1472	1446	26	
内蒙古						
辽宁	56566	54750	42194	39031	3163	
吉林	17000	17000	9000	7700	1300	
黑龙江	196629	196629	135724	130749	4975	
上海						
江苏	24861	24861	17881	16401	1480	
浙江						
安徽	415	415	224	224		
福建						
江西						
山东						
河南						
湖北	30204	30204	24823	24238	585	
湖南						
广东	1326	1258	994	994		
广西						
海南						
重庆	1631	1631	442	442		
四川						
贵州	130	130	130	130		
云南						
西藏						
陕西	13493	13493	10577	10565	12	
甘肃						
青海						
宁夏						
新疆	310752	169928	115258	87935	27323	14133

教育经费支出明细

单位:千元

公用部分	商品和服务支出	其他资本性支出			基本建设支出
			专项公用支出	专项项目支出	
262684	**188977**	**73707**	**45050**	**28657**	**145230**
93025	73800	19225	13603	5622	2522
16313	12938	3375	1650	1725	
294	223	71	71		
12556	8296	4260	1835	2425	1816
8000	8000				
60905	42145	18760	4920	13840	
6980	6334	646	446	200	
191	191				
5381	2262	3119	2571	548	
264	194	70	56	14	68
1189	1189				
2916	2611	305	305		
54670	30794	23876	19593	4283	140824

4-69 分地区地方幼儿园

地 区	合 计	事业性经费支出	个人部分	工资福利支出	对个人和家庭的补助支出	#助学金
合 计	**70846703**	**69421914**	**42246558**	**38316065**	**3930493**	**16554**
北 京	2723009	2671437	1454364	1228057	226307	59
天 津	1067237	1067237	710581	497493	213088	
河 北	3294779	3261969	2181040	2010302	170738	
山 西	1256858	1253898	781723	736018	45705	553
内蒙古	1392322	1365172	885047	754919	130128	1968
辽 宁	2202885	2202223	1361928	1247176	114752	
吉 林	865434	863434	513045	426692	86353	163
黑龙江	812670	785070	518551	455674	62877	
上 海	5182089	5169522	3393038	3149973	243065	212
江 苏	6236818	6174779	3579008	3274180	304828	820
浙 江	6050573	6046530	3695281	3462101	233180	1710
安 徽	1249596	1223282	791266	719126	72140	243
福 建	2981103	2973410	1834960	1688331	146629	696
江 西	1368865	1356255	879537	829243	50294	
山 东	3967475	3967355	2278842	2171917	106925	913
河 南	2802663	2792107	1705718	1607733	97985	386
湖 北	1796033	1791316	1132109	1035603	96506	
湖 南	2388266	2370625	1414688	1336878	77810	1894
广 东	9765995	9653291	5641418	5321038	320380	2208
广 西	1274358	1271518	834763	732427	102336	
海 南	155094	153233	102223	96816	5407	38
重 庆	1319336	1311813	696035	637598	58437	855
四 川	3193968	3110302	1929036	1678114	250922	514
贵 州	543075	538609	359837	290520	69317	22
云 南	1531478	1502498	909872	788987	120885	1259
西 藏	114556	109966	79816	67785	12031	907
陕 西	1519230	1489369	945578	887592	57986	170
甘 肃	696315	691735	466287	402084	64203	181
青 海	247511	195601	129972	101980	27992	
宁 夏	307187	307187	178064	152036	26028	5
新 疆	2539925	1751171	862931	527672	335259	778

教育经费支出明细

单位:千元

公用部分	商品和服务支出	其他资本性支出	专项公用支出	专项项目支出	基本建设支出
27175356	**18241600**	**8933756**	**4428758**	**4504998**	**1424789**
1217073	858646	358427	223217	135210	51572
356656	295538	61118	34200	26918	
1080929	793143	287786	143666	144120	32810
472175	359888	112287	55484	56803	2960
480125	304836	175289	60641	114648	27150
840295	667347	172948	103171	69777	662
350389	267064	83325	42167	41158	2000
266519	225214	41305	14486	26819	27600
1776484	1330145	446339	316658	129681	12567
2595771	1394135	1201636	524431	677205	62039
2351249	1265953	1085296	408369	676927	4043
432016	275882	156134	89210	66924	26314
1138450	817911	320539	174000	146539	7693
476718	310498	166220	76545	89675	12610
1688513	1184674	503839	272853	230986	120
1086389	875144	211245	126026	85219	10556
659207	463226	195981	100318	95663	4717
955937	658508	297429	182988	114441	17641
4011873	2771582	1240291	772632	467659	112704
436755	326098	110657	60158	50499	2840
51010	25890	25120	10310	14810	1861
615778	424665	191113	124255	66858	7523
1181266	764645	416621	169193	247428	83666
178772	128067	50705	24988	25717	4466
592626	408212	184414	94947	89467	28980
30150	18545	11605	5412	6193	4590
543791	343022	200769	72099	128670	29861
225448	162790	62658	41905	20753	4580
65629	45099	20530	12515	8015	51910
129123	96053	33070	18696	14374	
888240	379180	509060	73218	435842	788754

4-70　分地区教育行政单位

地区	合计	事业性经费支出	个人部分	工资福利支出	对个人和家庭的补助支出	#助学金
合　计	**27451483**	**26349299**	**9761430**	**5865768**	**3895662**	
北　京	468372	468372	275256	164743	110513	
天　津	213779	213779	183776	110040	73736	
河　北	699813	697764	386215	263428	122787	
山　西	599825	594225	283880	205787	78093	
内蒙古	642619	628979	334085	175261	158824	
辽　宁	644544	637262	303622	151321	152301	
吉　林	312624	312624	111817	66571	45246	
黑龙江	906263	874326	262702	131901	130801	
上　海	220689	220689	165350	119246	46104	
江　苏	2740308	2583981	620586	388804	231782	
浙　江	745463	745463	445589	274144	171445	
安　徽	566598	566598	260922	160793	100129	
福　建	374994	374994	220478	130851	89627	
江　西	823361	791121	222059	129873	92186	
山　东	1573619	1573619	631885	509002	122883	
河　南	1707360	1668520	591312	374452	216860	
湖　北	896106	896106	362484	193009	169475	
湖　南	1388861	1374153	627759	404476	223283	
广　东	2305586	2021457	763433	433319	330114	
广　西	707442	659537	211063	105829	105234	
海　南	267991	242171	95349	66187	29162	
重　庆	473765	473765	174949	87484	87465	
四　川	1150751	1134467	529555	285177	244378	
贵　州	2786618	2588817	469974	195252	274722	
云　南	1980807	1815121	325290	178173	147117	
西　藏	127679	127679	93858	73381	20477	
陕　西	452849	441449	180693	124087	56606	
甘　肃	230440	230440	105149	67164	37985	
青　海	321802	271556	88393	31761	56632	
宁　夏	100306	100306	54930	34690	20240	
新　疆	1020249	1019959	379017	229562	149455	

教育经费支出明细

单位:千元

公用部分	商品和服务支出	其他资本性支出			基本建设支出
			专项公用支出	专项项目支出	
16587869	**8934163**	**7653706**	**2680060**	**4973646**	**1102184**
193116	174582	18534	16623	1911	
30003	21833	8170	2172	5998	
311549	241001	70548	28329	42219	2049
310345	240071	70274	31977	38297	5600
294894	235055	59839	47199	12640	13640
333640	208234	125406	54749	70657	7282
200807	96125	104682	30734	73948	
611624	297480	314144	140119	174025	31937
55339	43777	11562	4062	7500	
1963395	824525	1138870	392578	746292	156327
299874	249784	50090	35503	14587	
305676	223386	82290	42455	39835	
154516	109444	45072	24972	20100	
569062	478774	90288	62383	27905	32240
941734	515663	426071	115093	310978	
1077208	679095	398113	104474	293639	38840
533622	248003	285619	66592	219027	
746394	594157	152237	98894	53343	14708
1258024	812897	445127	146550	298577	284129
448474	171239	277235	82729	194506	47905
146822	87045	59777	37890	21887	25820
298816	188452	110364	23375	86989	
604912	420668	184244	77552	106692	16284
2118843	646411	1472432	475062	997370	197801
1489831	484894	1004937	277808	727129	165686
33821	27729	6092	5067	1025	
260756	158627	102129	20653	81476	11400
125291	88690	36601	17135	19466	
183163	53004	130159	104503	25656	50246
45376	34469	10907	10907		
640942	279049	361893	101921	259972	290

4-71 分地区中央属教育行政单位

地区	合计	事业性经费支出	个人部分	工资福利支出	对个人和家庭的补助支出	#助学金
合计	**141646**	**141646**	**80742**	**61812**	**18930**	
北京	88237	88237	53837	47656	6181	
天津						
河北						
山西						
内蒙古						
辽宁						
吉林						
黑龙江	9857	9857	4433	3670	763	
上海						
江苏						
浙江						
安徽						
福建						
江西						
山东						
河南						
湖北						
湖南						
广东						
广西						
海南						
重庆						
四川						
贵州						
云南						
西藏						
陕西						
甘肃						
青海						
宁夏						
新疆	43552	43552	22472	10486	11986	

教育经费支出明细

单位:千元

公用部分	商品和服务支出	其他资本性支出			基本建设支出
			专项公用支出	专项项目支出	
60904	**53512**	**7392**	**7004**	**388**	
34400	32610	1790	1790		
5424	3936	1488	1488		
21080	16966	4114	3726	388	

4-72　分地区地方教育行政单位

地　区	合　计	事业性经费支出	个人部分	工资福利支出	对个人和家庭的补助支出	#助学金
合　计	**27309837**	**26207653**	**9680688**	**5803956**	**3876732**	
北　京	380135	380135	221419	117087	104332	
天　津	213779	213779	183776	110040	73736	
河　北	699813	697764	386215	263428	122787	
山　西	599825	594225	283880	205787	78093	
内蒙古	642619	628979	334085	175261	158824	
辽　宁	644544	637262	303622	151321	152301	
吉　林	312624	312624	111817	66571	45246	
黑龙江	896406	864469	258269	128231	130038	
上　海	220689	220689	165350	119246	46104	
江　苏	2740308	2583981	620586	388804	231782	
浙　江	745463	745463	445589	274144	171445	
安　徽	566598	566598	260922	160793	100129	
福　建	374994	374994	220478	130851	89627	
江　西	823361	791121	222059	129873	92186	
山　东	1573619	1573619	631885	509002	122883	
河　南	1707360	1668520	591312	374452	216860	
湖　北	896106	896106	362484	193009	169475	
湖　南	1388861	1374153	627759	404476	223283	
广　东	2305586	2021457	763433	433319	330114	
广　西	707442	659537	211063	105829	105234	
海　南	267991	242171	95349	66187	29162	
重　庆	473765	473765	174949	87484	87465	
四　川	1150751	1134467	529555	285177	244378	
贵　州	2786618	2588817	469974	195252	274722	
云　南	1980807	1815121	325290	178173	147117	
西　藏	127679	127679	93858	73381	20477	
陕　西	452849	441449	180693	124087	56606	
甘　肃	230440	230440	105149	67164	37985	
青　海	321802	271556	88393	31761	56632	
宁　夏	100306	100306	54930	34690	20240	
新　疆	976697	976407	356545	219076	137469	

教育经费支出明细

单位:千元

公用部分	商品和服务支出	其他资本性支出	专项公用支出	专项项目支出	基本建设支出
16526965	**8880651**	**7646314**	**2673056**	**4973258**	**1102184**
158716	141972	16744	14833	1911	
30003	21833	8170	2172	5998	
311549	241001	70548	28329	42219	2049
310345	240071	70274	31977	38297	5600
294894	235055	59839	47199	12640	13640
333640	208234	125406	54749	70657	7282
200807	96125	104682	30734	73948	
606200	293544	312656	138631	174025	31937
55339	43777	11562	4062	7500	
1963395	824525	1138870	392578	746292	156327
299874	249784	50090	35503	14587	
305676	223386	82290	42455	39835	
154516	109444	45072	24972	20100	
569062	478774	90288	62383	27905	32240
941734	515663	426071	115093	310978	
1077208	679095	398113	104474	293639	38840
533622	248003	285619	66592	219027	
746394	594157	152237	98894	53343	14708
1258024	812897	445127	146550	298577	284129
448474	171239	277235	82729	194506	47905
146822	87045	59777	37890	21887	25820
298816	188452	110364	23375	86989	
604912	420668	184244	77552	106692	16284
2118843	646411	1472432	475062	997370	197801
1489831	484894	1004937	277808	727129	165686
33821	27729	6092	5067	1025	
260756	158627	102129	20653	81476	11400
125291	88690	36601	17135	19466	
183163	53004	130159	104503	25656	50246
45376	34469	10907	10907		
619862	262083	357779	98195	259584	290

4-73 分地区教育事业单位

地 区	合 计	事业性经费支出	个人部分	工资福利支出	对个人和家庭的补助支出	#助学金
合 计	**58665843**	**56854434**	**16259711**	**9996293**	**6263418**	
北 京	11846534	11460978	1994467	974392	1020075	
天 津	1846712	1846712	535400	314914	220486	
河 北	1115038	1114713	518667	376187	142480	
山 西	1188911	1143065	481498	319013	162485	
内蒙古	812750	797750	460653	314463	146190	
辽 宁	4623348	4616348	1204405	695523	508882	
吉 林	1127112	1107038	481284	262294	218990	
黑龙江	1578783	1558184	501034	290259	210775	
上 海	3230501	3230501	730911	635656	95255	
江 苏	5013200	4320399	964810	603131	361679	
浙 江	3453026	3423026	964981	610556	354425	
安 徽	488992	449609	192453	121559	70894	
福 建	1148445	1146795	508651	312754	195897	
江 西	1341256	1309807	269625	170276	99349	
山 东	1747164	1746776	973878	705721	268157	
河 南	2877777	2865080	744138	413907	330231	
湖 北	1344308	1339417	616700	354584	262116	
湖 南	889335	886754	280539	197002	83537	
广 东	3093321	3040402	775949	477735	298214	
广 西	1137330	1055445	378867	215966	162901	
海 南	121183	119433	56493	42362	14131	
重 庆	788337	785637	161981	101074	60907	
四 川	1481881	1431417	663289	381256	282033	
贵 州	423827	422032	123154	64355	58799	
云 南	2091069	1986063	256861	125127	131734	
西 藏	760112	665512	172841	103598	69243	
陕 西	737879	737879	449001	323951	125050	
甘 肃	622874	622874	238895	160832	78063	
青 海	682286	682286	202728	95011	107717	
宁 夏	166454	166454	90464	64232	26232	
新 疆	886098	776048	265094	168603	96491	

教育经费支出明细

单位：千元

公用部分	商品和服务支出	其他资本性支出	专项公用支出	专项项目支出	基本建设支出
40594723	**24156625**	**16438098**	**6648426**	**9789672**	**1811409**
9466511	7163088	2303423	1220354	1083069	385556
1311312	963270	348042	115316	232726	
596046	497801	98245	48764	49481	325
661567	382105	279462	112075	167387	45846
337097	224839	112258	50919	61339	15000
3411943	1314572	2097371	902003	1195368	7000
625754	255337	370417	95573	274844	20074
1057150	764430	292720	57739	234981	20599
2499590	2044443	455147	178172	276975	
3355589	1324396	2031193	576064	1455129	692801
2458045	1354199	1103846	304758	799088	30000
257156	178595	78561	42029	36532	39383
638144	389085	249059	151826	97233	1650
1040182	624270	415912	89079	326833	31449
772898	325886	447012	240341	206671	388
2120942	1006461	1114481	624416	490065	12697
722717	486265	236452	67636	168816	4891
606215	364128	242087	136848	105239	2581
2264453	1213614	1050839	508876	541963	52919
676578	277638	398940	97606	301334	81885
62940	49912	13028	12296	732	1750
623656	338681	284975	215814	69161	2700
768128	569244	198884	163169	35715	50464
298878	199914	98964	35574	63390	1795
1729202	496331	1232871	272150	960721	105006
492671	273388	219283	128270	91013	94600
288878	239599	49279	36253	13026	
383979	323500	60479	46118	14361	
479558	133342	346216	34599	311617	
75990	56891	19099	13299	5800	
510954	321401	189553	70490	119063	110050

4-74 分地区中央属教育事业单位

地区	合计	事业性经费支出	个人部分	工资福利支出	对个人和家庭的补助支出	#助学金
合计	**6853079**	**6727590**	**465268**	**320935**	**144333**	
北京	6825969	6700480	450583	309973	140610	
天津						
河北						
山西						
内蒙古						
辽宁						
吉林						
黑龙江	6807	6807	1027	874	153	
上海						
江苏						
浙江						
安徽						
福建						
江西						
山东						
河南						
湖北						
湖南						
广东						
广西						
海南						
重庆						
四川						
贵州						
云南						
西藏						
陕西						
甘肃						
青海						
宁夏						
新疆	20303	20303	13658	10088	3570	

教育经费支出明细

单位:千元

公用部分	商品和服务支出	其他资本性支出			基本建设支出
			专项公用支出	专项项目支出	
6262322	**5658165**	**604157**	**413033**	**191124**	**125489**
6249897	5646467	603430	412306	191124	125489
5780	5780				
6645	5918	727	727		

4-75 分地区地方教育事业单位

地区	合计	事业性经费支出	个人部分	工资福利支出	对个人和家庭的补助支出	#助学金
合计	**51812764**	**50126844**	**15794443**	**9675358**	**6119085**	
北京	5020565	4760498	1543884	664419	879465	
天津	1846712	1846712	535400	314914	220486	
河北	1115038	1114713	518667	376187	142480	
山西	1188911	1143065	481498	319013	162485	
内蒙古	812750	797750	460653	314463	146190	
辽宁	4623348	4616348	1204405	695523	508882	
吉林	1127112	1107038	481284	262294	218990	
黑龙江	1571976	1551377	500007	289385	210622	
上海	3230501	3230501	730911	635656	95255	
江苏	5013200	4320399	964810	603131	361679	
浙江	3453026	3423026	964981	610556	354425	
安徽	488992	449609	192453	121559	70894	
福建	1148445	1146795	508651	312754	195897	
江西	1341256	1309807	269625	170276	99349	
山东	1747164	1746776	973878	705721	268157	
河南	2877777	2865080	744138	413907	330231	
湖北	1344308	1339417	616700	354584	262116	
湖南	889335	886754	280539	197002	83537	
广东	3093321	3040402	775949	477735	298214	
广西	1137330	1055445	378867	215966	162901	
海南	121183	119433	56493	42362	14131	
重庆	788337	785637	161981	101074	60907	
四川	1481881	1431417	663289	381256	282033	
贵州	423827	422032	123154	64355	58799	
云南	2091069	1986063	256861	125127	131734	
西藏	760112	665512	172841	103598	69243	
陕西	737879	737879	449001	323951	125050	
甘肃	622874	622874	238895	160832	78063	
青海	682286	682286	202728	95011	107717	
宁夏	166454	166454	90464	64232	26232	
新疆	865795	755745	251436	158515	92921	

教育经费支出明细

单位：千元

公用部分	商品和服务支出	其他资本性支出			基本建设支出
			专项公用支出	专项项目支出	
34332401	**18498460**	**15833941**	**6235393**	**9598548**	**1685920**
3216614	1516621	1699993	808048	891945	260067
1311312	963270	348042	115316	232726	
596046	497801	98245	48764	49481	325
661567	382105	279462	112075	167387	45846
337097	224839	112258	50919	61339	15000
3411943	1314572	2097371	902003	1195368	7000
625754	255337	370417	95573	274844	20074
1051370	758650	292720	57739	234981	20599
2499590	2044443	455147	178172	276975	
3355589	1324396	2031193	576064	1455129	692801
2458045	1354199	1103846	304758	799088	30000
257156	178595	78561	42029	36532	39383
638144	389085	249059	151826	97233	1650
1040182	624270	415912	89079	326833	31449
772898	325886	447012	240341	206671	388
2120942	1006461	1114481	624416	490065	12697
722717	486265	236452	67636	168816	4891
606215	364128	242087	136848	105239	2581
2264453	1213614	1050839	508876	541963	52919
676578	277638	398940	97606	301334	81885
62940	49912	13028	12296	732	1750
623656	338681	284975	215814	69161	2700
768128	569244	198884	163169	35715	50464
298878	199914	98964	35574	63390	1795
1729202	496331	1232871	272150	960721	105006
492671	273388	219283	128270	91013	94600
288878	239599	49279	36253	13026	
383979	323500	60479	46118	14361	
479558	133342	346216	34599	311617	
75990	56891	19099	13299	5800	
504309	315483	188826	69763	119063	110050

4-76 分地区其他教育机构

地 区	合 计	事业性经费支出	个人部分	工资福利支出	对个人和家庭的补助支出	#助学金
合 计	**25786091**	**25014375**	**7028548**	**4668156**	**2360392**	**36677**
北 京	3041213	3028675	438234	271118	167116	17615
天 津	246782	246782	121942	69627	52315	
河 北	635556	631682	322231	221793	100438	6297
山 西	614255	613865	199570	147858	51712	891
内蒙古	557052	553750	202434	138602	63832	
辽 宁	964901	942440	337604	194138	143466	
吉 林	460608	460608	158026	99577	58449	
黑龙江	668411	667666	202703	126311	76392	1454
上 海	1106824	913386	235841	186032	49809	441
江 苏	1574374	1554132	458279	293463	164816	538
浙 江	1349481	1341994	381008	256402	124606	527
安 徽	899391	899391	198037	122451	75586	
福 建	587398	563396	197297	128384	68913	
江 西	649796	648104	166941	104379	62562	2187
山 东	1658585	1624729	396642	307918	88724	
河 南	869903	865910	272467	193554	78913	
湖 北	733400	733400	202008	125181	76827	
湖 南	1104586	1058547	269852	188651	81201	
广 东	1291024	1254594	401508	260564	140944	3681
广 西	679258	637290	155402	95848	59554	
海 南	129789	118589	18079	14140	3939	
重 庆	786714	754207	107801	62416	45385	2
四 川	1140384	1087367	342365	210606	131759	
贵 州	425694	424994	143708	92939	50769	7
云 南	802390	724616	227789	152379	75410	
西 藏	209184	149834	51011	37505	13506	
陕 西	743304	736304	191707	132163	59544	253
甘 肃	568820	532820	178569	124892	53677	
青 海	183129	162929	85431	59367	26064	
宁 夏	173484	173484	55898	35378	20520	6
新 疆	930401	908890	308164	214520	93644	2778

教育经费支出明细

单位：千元

公用部分	商品和服务支出	其他资本性支出		基本建设支出
			专项公用支出	专项项目支出	
17985827	**15091992**	**2893835**	**823139**	**2070696**	**771716**
2590441	2112372	478069	111153	366916	12538
124840	116381	8459	7003	1456	
309451	280798	28653	23456	5197	3874
414295	379570	34725	10538	24187	390
351316	331019	20297	10014	10283	3302
604836	568440	36396	27201	9195	22461
302582	294068	8514	7307	1207	
464963	449831	15132	5945	9187	745
677545	622898	54647	47416	7231	193438
1095853	953359	142494	66578	75916	20242
960986	818819	142167	35457	106710	7487
701354	551350	150004	10017	139987	
366099	218149	147950	41705	106245	24002
481163	423316	57847	9286	48561	1692
1228087	559856	668231	30370	637861	33856
593443	528423	65020	21944	43076	3993
531392	434368	97024	18430	78594	
788695	708651	80044	32455	47589	46039
853086	735389	117697	36074	81623	36430
481888	346639	135249	84592	50657	41968
100510	92471	8039	7540	499	11200
646406	623931	22475	11413	11062	32507
745002	661619	83383	32802	50581	53017
281286	260457	20829	16493	4336	700
496827	433638	63189	15500	47689	77774
98823	96699	2124	893	1231	59350
544597	520647	23950	9044	14906	7000
354251	293748	60503	22310	38193	36000
77498	67124	10374	10324	50	20200
117586	102221	15365	8112	7253	
600726	505741	94985	51767	43218	21511

4-77 分地区中央属其他教育机构

地区	合计	事业性经费支出	个人部分	工资福利支出	对个人和家庭的补助支出	#助学金
合计	**3500859**	**3495614**	**417891**	**238364**	**179527**	**21367**
北京	2500864	2500864	210299	101289	109010	17602
天津	84257	84257	63953	33885	30068	
河北						
山西	568	568				
内蒙古	245	245				
辽宁	46824	46824				
吉林	35130	35130				
黑龙江	9318	8573	2520	1353	1167	992
上海	399788	399788	37940	24007	13933	
江苏	27950	27950				
浙江	2349	2349				
安徽	40136	40136				
福建	6820	6820				
江西						
山东	12002	12002	975	975		
河南						
湖北	71363	71363				
湖南	1620	1620				
广东						
广西						
海南						
重庆	371	371				
四川	21464	21464				
贵州	2965	2965				
云南	9369	9369				
西藏						
陕西	24780	24780				
甘肃	20548	20548				
青海						
宁夏						
新疆	182128	177628	102204	76855	25349	2773

教育经费支出明细

单位:千元

公用部分	商品和服务支出	其他资本性支出	专项公用支出	专项项目支出	基本建设支出
3077723	**2658168**	**419555**	**69924**	**349631**	**5245**
2290565	1912601	377964	31157	346807	
20304	18828	1476	1476		
568	568				
245	245				
46824	46824				
35130	35130				
6053	6052	1	1		745
361848	349348	12500	11489	1011	
27950	27950				
2349	2349				
40136	40136				
6820	6820				
11027	11027				
71363	71363				
1620	1620				
371	371				
21464	21464				
2965	2965				
9369	9369				
24780	24780				
20548	20548				
75424	47810	27614	25801	1813	4500

4-78 分地区地方其他教育机构

地 区	合 计	事业性经费支出	个人部分	工资福利支出	对个人和家庭的补助支出	#助学金
合 计	**22285232**	**21518761**	**6610657**	**4429792**	**2180865**	**15310**
北 京	540349	527811	227935	169829	58106	13
天 津	162525	162525	57989	35742	22247	
河 北	635556	631682	322231	221793	100438	6297
山 西	613687	613297	199570	147858	51712	891
内蒙古	556807	553505	202434	138602	63832	
辽 宁	918077	895616	337604	194138	143466	
吉 林	425478	425478	158026	99577	58449	
黑龙江	659093	659093	200183	124958	75225	462
上 海	707036	513598	197901	162025	35876	441
江 苏	1546424	1526182	458279	293463	164816	538
浙 江	1347132	1339645	381008	256402	124606	527
安 徽	859255	859255	198037	122451	75586	
福 建	580578	556576	197297	128384	68913	
江 西	649796	648104	166941	104379	62562	2187
山 东	1646583	1612727	395667	306943	88724	
河 南	869903	865910	272467	193554	78913	
湖 北	662037	662037	202008	125181	76827	
湖 南	1102966	1056927	269852	188651	81201	
广 东	1291024	1254594	401508	260564	140944	3681
广 西	679258	637290	155402	95848	59554	
海 南	129789	118589	18079	14140	3939	
重 庆	786343	753836	107801	62416	45385	2
四 川	1118920	1065903	342365	210606	131759	
贵 州	422729	422029	143708	92939	50769	7
云 南	793021	715247	227789	152379	75410	
西 藏	209184	149834	51011	37505	13506	
陕 西	718524	711524	191707	132163	59544	253
甘 肃	548272	512272	178569	124892	53677	
青 海	183129	162929	85431	59367	26064	
宁 夏	173484	173484	55898	35378	20520	6
新 疆	748273	731262	205960	137665	68295	5

教育经费支出明细

单位:千元

公用部分	商品和服务支出	其他资本性支出			基本建设支出
			专项公用支出	专项项目支出	
14908104	**12433824**	**2474280**	**753215**	**1721065**	**766471**
299876	199771	100105	79996	20109	12538
104536	97553	6983	5527	1456	
309451	280798	28653	23456	5197	3874
413727	379002	34725	10538	24187	390
351071	330774	20297	10014	10283	3302
558012	521616	36396	27201	9195	22461
267452	258938	8514	7307	1207	
458910	443779	15131	5944	9187	
315697	273550	42147	35927	6220	193438
1067903	925409	142494	66578	75916	20242
958637	816470	142167	35457	106710	7487
661218	511214	150004	10017	139987	
359279	211329	147950	41705	106245	24002
481163	423316	57847	9286	48561	1692
1217060	548829	668231	30370	637861	33856
593443	528423	65020	21944	43076	3993
460029	363005	97024	18430	78594	
787075	707031	80044	32455	47589	46039
853086	735389	117697	36074	81623	36430
481888	346639	135249	84592	50657	41968
100510	92471	8039	7540	499	11200
646035	623560	22475	11413	11062	32507
723538	640155	83383	32802	50581	53017
278321	257492	20829	16493	4336	700
487458	424269	63189	15500	47689	77774
98823	96699	2124	893	1231	59350
519817	495867	23950	9044	14906	7000
333703	273200	60503	22310	38193	36000
77498	67124	10374	10324	50	20200
117586	102221	15365	8112	7253	
525302	457931	67371	25966	41405	17011

第五部分

省、自治区、直辖市各级各类教育机构公共财政预算教育事业费和基本建设支出明细

5-1 分地区各级各类教育机构公共财政预算

地区	合计	事业费支出	个人部分	工资福利支出	对个人和家庭的补助支出	#助学金
合计	**1149577744**	**1103400645**	**764232885**	**574638886**	**189593999**	**60651827**
北京	61096113	55506319	26442663	16463556	9979107	3256905
天津	21810315	21421170	15843030	9748793	6094237	487199
河北	46288248	45395830	34396774	28055117	6341657	2665482
山西	30218469	29033218	21253001	16758146	4494855	1658439
内蒙古	28336291	26613682	18268080	15590987	2677093	1685867
辽宁	38324046	37377273	24803148	19203713	5599435	1267987
吉林	26529059	26150384	18278180	12099088	6179092	1074298
黑龙江	30720682	29776385	21698076	14152195	7545881	874451
上海	42259749	40775866	24825393	19686988	5138405	980334
江苏	83837827	80064519	61044793	40483642	20561151	3394804
浙江	55515152	54875792	42600242	32095553	10504689	2217284
安徽	37067414	35845669	24727089	19946577	4780512	1546906
福建	30461770	29727648	21674165	17247907	4426258	1136794
江西	26821407	26192700	17770697	13184459	4586238	1821092
山东	72318489	71799356	52182639	40138902	12043737	3128562
河南	56073928	55077876	36442802	29166784	7276018	3696563
湖北	39182153	37926166	27888621	18829780	9058841	2600238
湖南	37612924	36629546	26094459	20883686	5210773	2045374
广东	84281335	79351497	53517370	45741900	7775470	3092400
广西	33917349	33029878	24049942	15992765	8057177	2869014
海南	10075321	9211155	6233219	5477097	756122	325278
重庆	23087657	22178244	12969935	10272824	2697111	1785314
四川	55258250	52111818	36766692	28344563	8422129	4705697
贵州	27586811	26707799	18966858	13345159	5621699	985744
云南	35928573	34237884	22920981	17959432	4961549	4044312
西藏	5914622	5381202	3710792	2651546	1059246	590805
陕西	37192969	35425739	24857040	18364283	6492757	3011299
甘肃	23619982	21745986	15285486	11856285	3429201	1894184
青海	7892291	6915845	3833104	3264769	568335	453977
宁夏	7098712	6685723	4017438	3030034	987404	325389
新疆	33249836	30228476	20870176	14602356	6267820	1029835

教育事业费和基本建设支出明细

单位:千元

公用部分	商品和服务支出	其他资本性支出			基本建设支出
			专项公用支出	专项项目支出	
339167760	**192377534**	**146790226**	**51870361**	**94919865**	**46177099**
29063656	17803862	11259794	6503706	4756088	5589794
5578140	3710044	1868096	905933	962163	389145
10999056	6667079	4331977	1244636	3087341	892418
7780217	4735235	3044982	914406	2130576	1185251
8345602	4030727	4314875	1575812	2739063	1722609
12574125	6863449	5710676	1960588	3750088	946773
7872204	4101788	3770416	1201931	2568485	378675
8078309	5760128	2318181	1098560	1219621	944297
15950473	12890533	3059940	2055137	1004803	1483883
19019726	9396533	9623193	3610611	6012582	3773308
12275550	7694207	4581343	1645271	2936072	639360
11118580	5317287	5801293	1346931	4454362	1221745
8053483	4170835	3882648	1060534	2822114	734122
8422003	4813210	3608793	1222917	2385876	628707
19616717	7916509	11700208	2760028	8940180	519133
18635074	12743421	5891653	2280237	3611416	996052
10037545	6369831	3667714	1353671	2314043	1255987
10535087	6563541	3971546	1447732	2523814	983378
25834127	14608304	11225823	3991340	7234483	4929838
8979936	3989518	4990418	1415369	3575049	887471
2977936	1220190	1757746	419497	1338249	864166
9208309	5103450	4104859	1568373	2536486	909413
15345126	9175249	6169877	2028537	4141340	3146432
7740941	4630603	3110338	1393590	1716748	879012
11316903	4999384	6317519	1568974	4748545	1690689
1670410	866006	804404	245780	558624	533420
10568699	5361290	5207409	1894637	3312772	1767230
6460500	3698638	2761862	791708	1970154	1873996
3082741	1207612	1875129	488167	1386962	976446
2668285	1018805	1649480	409543	1239937	412989
9358300	4950266	4408034	1466205	2941829	3021360

5-2 分地区中央属各级各类教育机构公共财政预算

地　区	合　计	事业费支出	个人部分	工资福利支出	对个人和家庭的补助支出	#助学金
合　计	**75201019**	**69171026**	**36335288**	**19647617**	**16687671**	**6022299**
北　京	23119754	21328126	8542297	3618972	4923325	2829776
天　津	1738291	1600133	809901	444711	365190	77114
河　北	475280	468280	307881	207730	100151	39621
山　西	2390	2390	2064		2064	2064
内蒙古						
辽　宁	2287946	2161780	913186	528043	385143	107864
吉　林	1992085	1845745	1374506	957377	417129	96994
黑龙江	2800611	2456506	1384052	815316	568736	161744
上　海	6401221	5797536	3467705	1652025	1815680	309638
江　苏	5562495	5067052	2645867	1382897	1262970	277599
浙　江	1716780	1706780	554947	232696	322251	73795
安　徽	1404255	1197991	580288	426117	154171	58287
福　建	1148997	1076187	538815	231232	307583	90533
江　西	1891	1891	1860		1860	1860
山　东	1886559	1712185	1187993	616424	571569	120829
河　南	64637	64637	29484	21573	7911	4911
湖　北	5772722	5483052	3738908	1861489	1877419	460029
湖　南	1510204	1457874	1260691	701867	558824	234967
广　东	3296447	3129558	1473802	915225	558577	118389
广　西						
海　南	4500	4500	3403	3403		
重　庆	1902091	1835731	818112	506967	311145	118006
四　川	3667285	3500535	1876266	1147090	729176	282684
贵　州	6950	6950	5572	3580	1992	1432
云　南						
西　藏						
陕　西	3584348	3088777	2034496	1233632	800864	261979
甘　肃	869050	853050	438305	304348	133957	93957
青　海						
宁　夏	216185	136185	77193	53680	23513	13106
新　疆	3768045	3187595	2267694	1781223	486471	185121

教育事业费和基本建设支出明细

单位:千元

公用部分	商品和服务支出	其他资本性支出	专项公用支出	专项项目支出	基本建设支出
32835738	**21469108**	**11366630**	**5706539**	**5660091**	**6029993**
12785829	8911196	3874633	2038989	1835644	1791628
790232	644619	145613	100322	45291	138158
160399	118585	41814	29986	11828	7000
326	326				
1248594	586327	662267	174915	487352	126166
471239	413876	57363	36673	20690	146340
1072454	784338	288116	163458	124658	344105
2329831	2068817	261014	191858	69156	603685
2421185	996094	1425091	577396	847695	495443
1151833	907258	244575	137575	107000	10000
617703	352683	265020	242680	22340	206264
537372	315998	221374	136930	84444	72810
31	26	5	5		
524192	302377	221815	219595	2220	174374
35153	20219	14934	3396	11538	
1744144	1288015	456129	351706	104423	289670
197183	123031	74152	39634	34518	52330
1655756	849139	806617	270504	536113	166889
1097	918	179	179		
1017619	672012	345607	103234	242373	66360
1624269	709724	914545	320944	593601	166750
1378		1378	1378		
1054281	584075	470206	394838	75368	495571
414745	291778	122967	25231	97736	16000
58992	57126	1866	1866		80000
919901	470551	449350	143247	306103	580450

5-3 分地区地方各级各类教育机构公共财政预算

地 区	合 计	事业费支出	个人部分	工资福利支出	对个人和家庭的补助支出	#助学金
合 计	**1074376725**	**1034229619**	**727897597**	**554991269**	**172906328**	**54629528**
北 京	37976359	34178193	17900366	12844584	5055782	427129
天 津	20072024	19821037	15033129	9304082	5729047	410085
河 北	45812968	44927550	34088893	27847387	6241506	2625861
山 西	30216079	29030828	21250937	16758146	4492791	1656375
内蒙古	28336291	26613682	18268080	15590987	2677093	1685867
辽 宁	36036100	35215493	23889962	18675670	5214292	1160123
吉 林	24536974	24304639	16903674	11141711	5761963	977304
黑龙江	27920071	27319879	20314024	13336879	6977145	712707
上 海	35858528	34978330	21357688	18034963	3322725	670696
江 苏	78275332	74997467	58398926	39100745	19298181	3117205
浙 江	53798372	53169012	42045295	31862857	10182438	2143489
安 徽	35663159	34647678	24146801	19520460	4626341	1488619
福 建	29312773	28651461	21135350	17016675	4118675	1046261
江 西	26819516	26190809	17768837	13184459	4584378	1819232
山 东	70431930	70087171	50994646	39522478	11472168	3007733
河 南	56009291	55013239	36413318	29145211	7268107	3691652
湖 北	33409431	32443114	24149713	16968291	7181422	2140209
湖 南	36102720	35171672	24833768	20181819	4651949	1810407
广 东	80984888	76221939	52043568	44826675	7216893	2974011
广 西	33917349	33029878	24049942	15992765	8057177	2869014
海 南	10070821	9206655	6229816	5473694	756122	325278
重 庆	21185566	20342513	12151823	9765857	2385966	1667308
四 川	51590965	48611283	34890426	27197473	7692953	4423013
贵 州	27579861	26700849	18961286	13341579	5619707	984312
云 南	35928573	34237884	22920981	17959432	4961549	4044312
西 藏	5914622	5381202	3710792	2651546	1059246	590805
陕 西	33608621	32336962	22822544	17130651	5691893	2749320
甘 肃	22750932	20892936	14847181	11551937	3295244	1800227
青 海	7892291	6915845	3833104	3264769	568335	453977
宁 夏	6882527	6549538	3940245	2976354	963891	312283
新 疆	29481791	27040881	18602482	12821133	5781349	844714

教育事业费和基本建设支出明细

单位：千元

公用部分	商品和服务支出	其他资本性支出			基本建设支出
			专项公用支出	专项项目支出	
306332022	**170908426**	**135423596**	**46163822**	**89259774**	**40147106**
16277827	8892666	7385161	4464717	2920444	3798166
4787908	3065425	1722483	805611	916872	250987
10838657	6548494	4290163	1214650	3075513	885418
7779891	4734909	3044982	914406	2130576	1185251
8345602	4030727	4314875	1575812	2739063	1722609
11325531	6277122	5048409	1785673	3262736	820607
7400965	3687912	3713053	1165258	2547795	232335
7005855	4975790	2030065	935102	1094963	600192
13620642	10821716	2798926	1863279	935647	880198
16598541	8400439	8198102	3033215	5164887	3277865
11123717	6786949	4336768	1507696	2829072	629360
10500877	4964604	5536273	1104251	4432022	1015481
7516111	3854837	3661274	923604	2737670	661312
8421972	4813184	3608788	1222912	2385876	628707
19092525	7614132	11478393	2540433	8937960	344759
18599921	12723202	5876719	2276841	3599878	996052
8293401	5081816	3211585	1001965	2209620	966317
10337904	6440510	3897394	1408098	2489296	931048
24178371	13759165	10419206	3720836	6698370	4762949
8979936	3989518	4990418	1415369	3575049	887471
2976839	1219272	1757567	419318	1338249	864166
8190690	4431438	3759252	1465139	2294113	843053
13720857	8465525	5255332	1707593	3547739	2979682
7739563	4630603	3108960	1392212	1716748	879012
11316903	4999384	6317519	1568974	4748545	1690689
1670410	866006	804404	245780	558624	533420
9514418	4777215	4737203	1499799	3237404	1271659
6045755	3406860	2638895	766477	1872418	1857996
3082741	1207612	1875129	488167	1386962	976446
2609293	961679	1647614	407677	1239937	332989
8438399	4479715	3958684	1322958	2635726	2440910

5-4 分地区高等学校公共财政预算

地区	合计	事业费支出	个人部分	工资福利支出	对个人和家庭的补助支出	#助学金
合计	**218227538**	**206542086**	**114146158**	**67825204**	**46320954**	**22062346**
北京	28008928	25612480	11840385	5474484	6365901	3043886
天津	5961334	5793176	3324998	1877022	1447976	381566
河北	4871663	4801413	3327229	2255046	1072183	880465
山西	3633486	3532253	2584558	1357676	1226882	644887
内蒙古	4626860	4213821	2129990	1528834	601156	496424
辽宁	7254949	6816779	3807809	2677358	1130451	612559
吉林	6430349	6264859	3706250	2237770	1468480	534457
黑龙江	6906059	6554315	4286862	2435765	1851097	604271
上海	14808753	13982214	5920764	3564203	2356561	530460
江苏	18378718	17369232	8719964	4692068	4027896	1547770
浙江	9268965	9060439	5247813	3540207	1707606	574921
安徽	5419781	5078374	3162921	1998163	1164758	528547
福建	4503172	4349665	2323809	1510578	813231	442737
江西	4756183	4713983	3250140	1694480	1555660	721873
山东	11510451	11213175	7580318	4448264	3132054	1159393
河南	5798443	5760297	3805594	2547028	1258566	1071429
湖北	10315660	9783430	6495860	3485500	3010360	1171853
湖南	6293683	6102978	4583272	2764423	1818849	951659
广东	16071615	14607089	6963606	5251336	1712270	810206
广西	3576862	3471625	2132600	1000849	1131751	607365
海南	1042861	995579	585993	417411	168582	116025
重庆	4631563	4565203	1815474	1076709	738765	509584
四川	9550812	8932522	4105829	2401227	1704602	1184485
贵州	3077461	2810747	1509384	823583	685801	347893
云南	3268512	3260457	1496529	905446	591083	519342
西藏	646861	572801	349768	232395	117373	44242
陕西	8575922	7915001	4414634	2666395	1748239	994534
甘肃	3296390	3119390	1807142	1271867	535275	423414
青海	621100	566219	378913	309480	69433	56530
宁夏	948783	814533	485038	294745	190293	93752
新疆	4171359	3908037	2002712	1084892	917820	455817

教育事业费和基本建设支出明细

单位:千元

公用部分	商品和服务支出	其他资本性支出			基本建设支出
			专项公用支出	专项项目支出	
92395928	**52401429**	**39994499**	**20916888**	**19077611**	**11685452**
13772095	8287640	5484455	3846130	1638325	2396448
2468178	1720503	747675	549904	197771	168158
1474184	892593	581591	370193	211398	70250
947695	608422	339273	210588	128685	101233
2083831	786889	1296942	766859	530083	413039
3008970	1606479	1402491	605828	796663	438170
2558609	1304062	1254547	603971	650576	165490
2267453	1739419	528034	393190	134844	351744
8061450	7137459	923991	803299	120692	826539
8649268	3518681	5130587	2159926	2970661	1009486
3812626	2434357	1378269	765723	612546	208526
1915453	891754	1023699	524603	499096	341407
2025856	1121916	903940	449727	454213	153507
1463843	957580	506263	386451	119812	42200
3632857	1226054	2406803	1069612	1337191	297276
1954703	1248133	706570	507406	199164	38146
3287570	2363223	924347	657245	267102	532230
1519706	1015436	504270	329975	174295	190705
7643483	3644462	3999021	1298931	2700090	1464526
1339025	629744	709281	395351	313930	105237
409586	126462	283124	109036	174088	47282
2749729	1470888	1278841	548702	730139	66360
4826693	2523594	2303099	948555	1354544	618290
1301363	484846	816517	411873	404644	266714
1763928	841580	922348	213855	708493	8055
223033	136485	86548	36851	49697	74060
3500367	1536827	1963540	929417	1034123	660921
1312248	863859	448389	276449	171940	177000
187306	110776	76530	66453	10077	54881
329495	214213	115282	65085	50197	134250
1905325	957093	948232	615700	332532	263322

5-5 分地区中央属高等学校公共财政预算

地区	合计	事业费支出				
			个人部分			
				工资福利支出	对个人和家庭的补助支出	
						#助学金
合计	**66680725**	**61201243**	**33457310**	**17533243**	**15924067**	**5826660**
北京	18343292	16551664	7931203	3311361	4619842	2808882
天津	1643192	1505034	734891	404409	330482	76515
河北	471040	464040	303641	203490	100151	39621
山西						
内蒙古						
辽宁	2285415	2161065	912611	527468	385143	107864
吉林	1927684	1781344	1328357	926192	402165	96862
黑龙江	2629467	2289607	1286637	743063	543574	157366
上海	6304450	5700765	3406301	1604542	1801759	309638
江苏	5562401	5066958	2645813	1382887	1262926	277555
浙江	1716780	1706780	554947	232696	322251	73795
安徽	1395524	1189260	571557	417813	153744	57860
福建	1148997	1076187	538815	231232	307583	90533
江西	1852	1852	1852		1852	1852
山东	1884479	1710105	1187018	615449	571569	120829
河南	64637	64637	29484	21573	7911	4911
湖北	5732831	5443161	3709212	1840017	1869195	459904
湖南	1510204	1457874	1260691	701867	558824	234967
广东	3244673	3077784	1433304	886859	546445	106669
广西						
海南						
重庆	1868204	1801844	790366	485144	305222	118006
四川	3611888	3445138	1836724	1121410	715314	270037
贵州	6950	6950	5572	3580	1992	1432
云南						
西藏						
陕西	3583732	3088161	2033960	1233096	800864	261979
甘肃	867890	851890	437790	304348	133442	93442
青海						
宁夏	216185	136185	77193	53680	23513	13106
新疆	658958	622958	439371	281067	158304	43035

教育事业费和基本建设支出明细

单位:千元

公用部分	商品和服务支出	其他资本性支出	专项公用支出	专项项目支出	基本建设支出
27743933	**17563223**	**10180710**	**5316447**	**4864263**	**5479482**
8620461	5502924	3117537	1777353	1340184	1791628
770143	630229	139914	97113	42801	138158
160399	118585	41814	29986	11828	7000
1248454	586187	662267	174915	487352	124350
452987	405700	47287	36447	10840	146340
1002970	726480	276490	159239	117251	339860
2294464	2036408	258056	189834	68222	603685
2421145	996054	1425091	577396	847695	495443
1151833	907258	244575	137575	107000	10000
617703	352683	265020	242680	22340	206264
537372	315998	221374	136930	84444	72810
523087	301272	221815	219595	2220	174374
35153	20219	14934	3396	11538	
1733949	1279904	454045	349922	104123	289670
197183	123031	74152	39634	34518	52330
1644480	840020	804460	270137	534323	166889
1011478	666349	345129	102756	242373	66360
1608414	698866	909548	319497	590051	166750
1378		1378	1378		
1054201	583995	470206	394838	75368	495571
414100	291151	122949	25213	97736	16000
58992	57126	1866	1866		80000
183587	122784	60803	28747	32056	36000

5-6 分地区地方高等学校公共财政预算

地区	合计	事业费支出	个人部分	工资福利支出	对个人和家庭的补助支出	#助学金
合计	**151546813**	**145340843**	**80688848**	**50291961**	**30396887**	**16235686**
北京	9665636	9060816	3909182	2163123	1746059	235004
天津	4318142	4288142	2590107	1472613	1117494	305051
河北	4400623	4337373	3023588	2051556	972032	840844
山西	3633486	3532253	2584558	1357676	1226882	644887
内蒙古	4626860	4213821	2129990	1528834	601156	496424
辽宁	4969534	4655714	2895198	2149890	745308	504695
吉林	4502665	4483515	2377893	1311578	1066315	437595
黑龙江	4276592	4264708	3000225	1692702	1307523	446905
上海	8504303	8281449	2514463	1959661	554802	220822
江苏	12816317	12302274	6074151	3309181	2764970	1270215
浙江	7552185	7353659	4692866	3307511	1385355	501126
安徽	4024257	3889114	2591364	1580350	1011014	470687
福建	3354175	3273478	1784994	1279346	505648	352204
江西	4754331	4712131	3248288	1694480	1553808	720021
山东	9625972	9503070	6393300	3832815	2560485	1038564
河南	5733806	5695660	3776110	2525455	1250655	1066518
湖北	4582829	4340269	2786648	1645483	1141165	711949
湖南	4783479	4645104	3322581	2062556	1260025	716692
广东	12826942	11529305	5530302	4364477	1165825	703537
广西	3576862	3471625	2132600	1000849	1131751	607365
海南	1042861	995579	585993	417411	168582	116025
重庆	2763359	2763359	1025108	591565	433543	391578
四川	5938924	5487384	2269105	1279817	989288	914448
贵州	3070511	2803797	1503812	820003	683809	346461
云南	3268512	3260457	1496529	905446	591083	519342
西藏	646861	572801	349768	232395	117373	44242
陕西	4992190	4826840	2380674	1433299	947375	732555
甘肃	2428500	2267500	1369352	967519	401833	329972
青海	621100	566219	378913	309480	69433	56530
宁夏	732598	678348	407845	241065	166780	80646
新疆	3512401	3285079	1563341	803825	759516	412782

教育事业费和基本建设支出明细

单位:千元

公用部分	商品和服务支出	其他资本性支出			基本建设支出
			专项公用支出	专项项目支出	
64651995	**34838206**	**29813789**	**15600441**	**14213348**	**6205970**
5151634	2784716	2366918	2068777	298141	604820
1698035	1090274	607761	452791	154970	30000
1313785	774008	539777	340207	199570	63250
947695	608422	339273	210588	128685	101233
2083831	786889	1296942	766859	530083	413039
1760516	1020292	740224	430913	309311	313820
2105622	898362	1207260	567524	639736	19150
1264483	1012939	251544	233951	17593	11884
5766986	5101051	665935	613465	52470	222854
6228123	2522627	3705496	1582530	2122966	514043
2660793	1527099	1133694	628148	505546	198526
1297750	539071	758679	281923	476756	135143
1488484	805918	682566	312797	369769	80697
1463843	957580	506263	386451	119812	42200
3109770	924782	2184988	850017	1334971	122902
1919550	1227914	691636	504010	187626	38146
1553621	1083319	470302	307323	162979	242560
1322523	892405	430118	290341	139777	138375
5999003	2804442	3194561	1028794	2165767	1297637
1339025	629744	709281	395351	313930	105237
409586	126462	283124	109036	174088	47282
1738251	804539	933712	445946	487766	
3218279	1824728	1393551	629058	764493	451540
1299985	484846	815139	410495	404644	266714
1763928	841580	922348	213855	708493	8055
223033	136485	86548	36851	49697	74060
2446166	952832	1493334	534579	958755	165350
898148	572708	325440	251236	74204	161000
187306	110776	76530	66453	10077	54881
270503	157087	113416	63219	50197	54250
1721738	834309	887429	586953	300476	227322

5-7 分地区普通高等学校公共财政预算

地区	合计	事业费支出	个人部分	工资福利支出	对个人和家庭的补助支出	#助学金
合计	**213080058**	**201581562**	**110794851**	**65546925**	**45247926**	**21738487**
北京	27703631	25308343	11653952	5355498	6298454	3043886
天津	5827364	5659206	3199700	1804775	1394925	380125
河北	4698817	4633567	3189992	2145453	1044539	860764
山西	3522779	3422146	2493319	1291736	1201583	637820
内蒙古	4574551	4161512	2099940	1499682	600258	496117
辽宁	7089037	6650867	3682665	2570608	1112057	612007
吉林	6156945	5991955	3475478	2125968	1349510	499656
黑龙江	6663478	6317804	4103646	2334903	1768743	596017
上海	14098960	13321972	5486861	3205963	2280898	529949
江苏	18027499	17018013	8483212	4553456	3929756	1509844
浙江	8974347	8768355	5054284	3391915	1662369	561508
安徽	5249040	4946776	3056001	1927658	1128343	525965
福建	4401787	4248280	2274840	1467655	807185	440200
江西	4635281	4596594	3159273	1652691	1506582	708497
山东	11250902	10969526	7406148	4344090	3062058	1133956
河南	5579485	5541339	3684233	2465601	1218632	1037537
湖北	10239861	9707631	6437692	3452309	2985383	1157866
湖南	6221136	6033431	4520285	2726361	1793924	939633
广东	15752926	14288400	6786088	5099421	1686667	802527
广西	3466540	3361303	2050921	954468	1096453	594714
海南	1033424	986142	576556	412128	164428	112796
重庆	4576350	4509990	1791688	1060562	731126	502156
四川	9343471	8739366	4005962	2333671	1672291	1158153
贵州	3036650	2771476	1480323	806664	673659	346296
云南	3150358	3142303	1479122	889158	589964	518231
西藏	646861	572801	349768	232395	117373	44242
陕西	8431823	7776902	4328868	2614177	1714691	968236
甘肃	3211568	3058568	1765219	1241978	523241	418444
青海	614352	559471	372284	302851	69433	56530
宁夏	948783	814533	485038	294745	190293	93752
新疆	3952052	3702990	1861493	988385	873108	451063

教育事业费和基本建设支出明细

单位:千元

公用部分	商品和服务支出	其他资本性支出			基本建设支出
			专项公用支出	专项项目支出	
90786711	**51459541**	**39327170**	**20664460**	**18662710**	**11498496**
13654391	8193304	5461087	3822910	1638177	2395288
2459506	1713306	746200	549479	196721	168158
1443575	871999	571576	367528	204048	65250
928827	591097	337730	209045	128685	100633
2061572	772631	1288941	760058	528883	413039
2968202	1568037	1400165	603524	796641	438170
2516477	1275561	1240916	594165	646751	164990
2214158	1692788	521370	387498	133872	345674
7835111	6976199	858912	765342	93570	776988
8534801	3457440	5077361	2155676	2921685	1009486
3714071	2386889	1327182	743513	583669	205992
1890775	876893	1013882	519826	494056	302264
1973440	1094694	878746	448873	429873	153507
1437321	939605	497716	379074	118642	38687
3563378	1206643	2356735	1054254	1302481	281376
1857106	1214776	642330	502191	140139	38146
3269939	2349867	920072	653025	267047	532230
1513146	1010356	502790	328743	174047	187705
7502312	3582463	3919849	1275951	2643898	1464526
1310382	615433	694949	384698	310251	105237
409586	126462	283124	109036	174088	47282
2718302	1470301	1248001	542889	705112	66360
4733404	2460242	2273162	918978	1354184	604105
1291153	477669	813484	408840	404644	265174
1663181	827471	835710	204352	631358	8055
223033	136485	86548	36851	49697	74060
3448034	1497666	1950368	922345	1028023	654921
1293349	846486	446863	275223	171640	153000
187187	110734	76453	66453	10000	54881
329495	214213	115282	65085	50197	134250
1841497	901831	939666	609035	330631	249062

5-8 分地区中央属普通高等学校公共财政预算

地区	合计	事业费支出	个人部分	工资福利支出	对个人和家庭的补助支出	#助学金
合 计	**66614357**	**61136875**	**33424517**	**17513908**	**15910609**	**5825950**
北 京	18302549	16510921	7917750	3304990	4612760	2808882
天 津	1643192	1505034	734891	404409	330482	76515
河 北	471040	464040	303641	203490	100151	39621
山 西						
内蒙古						
辽 宁	2285415	2161065	912611	527468	385143	107864
吉 林	1927684	1781344	1328357	926192	402165	96862
黑龙江	2629467	2289607	1286637	743063	543574	157366
上 海	6304450	5700765	3406301	1604542	1801759	309638
江 苏	5562401	5066958	2645813	1382887	1262926	277555
浙 江	1716780	1706780	554947	232696	322251	73795
安 徽	1395524	1189260	571557	417813	153744	57860
福 建	1148997	1076187	538815	231232	307583	90533
江 西	1852	1852	1852		1852	1852
山 东	1884479	1710105	1187018	615449	571569	120829
河 南	64637	64637	29484	21573	7911	4911
湖 北	5732831	5443161	3709212	1840017	1869195	459904
湖 南	1510204	1457874	1260691	701867	558824	234967
广 东	3244673	3077784	1433304	886859	546445	106669
广 西						
海 南						
重 庆	1868204	1801844	790366	485144	305222	118006
四 川	3611888	3445138	1836724	1121410	715314	270037
贵 州	6950	6950	5572	3580	1992	1432
云 南						
西 藏						
陕 西	3583732	3088161	2033960	1233096	800864	261979
甘 肃	867590	851590	437490	304348	133142	93142
青 海						
宁 夏	216185	136185	77193	53680	23513	13106
新 疆	633633	599633	420331	268103	152228	42625

教育事业费和基本建设支出明细

单位:千元

公用部分	商品和服务支出	其他资本性支出			基本建设支出
			专项公用支出	专项项目支出	
27712358	**17536985**	**10175373**	**5311110**	**4864263**	**5477482**
8593171	5480971	3112200	1772016	1340184	1791628
770143	630229	139914	97113	42801	138158
160399	118585	41814	29986	11828	7000
1248454	586187	662267	174915	487352	124350
452987	405700	47287	36447	10840	146340
1002970	726480	276490	159239	117251	339860
2294464	2036408	258056	189834	68222	603685
2421145	996054	1425091	577396	847695	495443
1151833	907258	244575	137575	107000	10000
617703	352683	265020	242680	22340	206264
537372	315998	221374	136930	84444	72810
523087	301272	221815	219595	2220	174374
35153	20219	14934	3396	11538	
1733949	1279904	454045	349922	104123	289670
197183	123031	74152	39634	34518	52330
1644480	840020	804460	270137	534323	166889
1011478	666349	345129	102756	242373	66360
1608414	698866	909548	319497	590051	166750
1378		1378	1378		
1054201	583995	470206	394838	75368	495571
414100	291151	122949	25213	97736	16000
58992	57126	1866	1866		80000
179302	118499	60803	28747	32056	34000

5-9 分地区地方普通高等学校公共财政预算

地区	合计	事业费支出	个人部分	工资福利支出	对个人和家庭的补助支出	#助学金
合计	**146465701**	**140444687**	**77370334**	**48033017**	**29337317**	**15912537**
北京	9401082	8797422	3736202	2050508	1685694	235004
天津	4184172	4154172	2464809	1400366	1064443	303610
河北	4227777	4169527	2886351	1941963	944388	821143
山西	3522779	3422146	2493319	1291736	1201583	637820
内蒙古	4574551	4161512	2099940	1499682	600258	496117
辽宁	4803622	4489802	2770054	2043140	726914	504143
吉林	4229261	4210611	2147121	1199776	947345	402794
黑龙江	4034011	4028197	2817009	1591840	1225169	438651
上海	7794510	7621207	2080560	1601421	479139	220311
江苏	12465098	11951055	5837399	3170569	2666830	1232289
浙江	7257567	7061575	4499337	3159219	1340118	487713
安徽	3853516	3757516	2484444	1509845	974599	468105
福建	3252790	3172093	1736025	1236423	499602	349667
江西	4633429	4594742	3157421	1652691	1504730	706645
山东	9366423	9259421	6219130	3728641	2490489	1013127
河南	5514848	5476702	3654749	2444028	1210721	1032626
湖北	4507030	4264470	2728480	1612292	1116188	697962
湖南	4710932	4575557	3259594	2024494	1235100	704666
广东	12508253	11210616	5352784	4212562	1140222	695858
广西	3466540	3361303	2050921	954468	1096453	594714
海南	1033424	986142	576556	412128	164428	112796
重庆	2708146	2708146	1001322	575418	425904	384150
四川	5731583	5294228	2169238	1212261	956977	888116
贵州	3029700	2764526	1474751	803084	671667	344864
云南	3150358	3142303	1479122	889158	589964	518231
西藏	646861	572801	349768	232395	117373	44242
陕西	4848091	4688741	2294908	1381081	913827	706257
甘肃	2343978	2206978	1327729	937630	390099	325302
青海	614352	559471	372284	302851	69433	56530
宁夏	732598	678348	407845	241065	166780	80646
新疆	3318419	3103357	1441162	720282	720880	408438

教育事业费和基本建设支出明细

单位:千元

公用部分	商品和服务支出	其他资本性支出	专项公用支出	专项项目支出	基本建设支出
63074353	**33922556**	**29151797**	**15353350**	**13798447**	**6021014**
5061220	2712333	2348887	2050894	297993	603660
1689363	1083077	606286	452366	153920	30000
1283176	753414	529762	337542	192220	58250
928827	591097	337730	209045	128685	100633
2061572	772631	1288941	760058	528883	413039
1719748	981850	737898	428609	309289	313820
2063490	869861	1193629	557718	635911	18650
1211188	966308	244880	228259	16621	5814
5540647	4939791	600856	575508	25348	173303
6113656	2461386	3652270	1578280	2073990	514043
2562238	1479631	1082607	605938	476669	195992
1273072	524210	748862	277146	471716	96000
1436068	778696	657372	311943	345429	80697
1437321	939605	497716	379074	118642	38687
3040291	905371	2134920	834659	1300261	107002
1821953	1194557	627396	498795	128601	38146
1535990	1069963	466027	303103	162924	242560
1315963	887325	428638	289109	139529	135375
5857832	2742443	3115389	1005814	2109575	1297637
1310382	615433	694949	384698	310251	105237
409586	126462	283124	109036	174088	47282
1706824	803952	902872	440133	462739	
3124990	1761376	1363614	599481	764133	437355
1289775	477669	812106	407462	404644	265174
1663181	827471	835710	204352	631358	8055
223033	136485	86548	36851	49697	74060
2393833	913671	1480162	527507	952655	159350
879249	555335	323914	250010	73904	137000
187187	110734	76453	66453	10000	54881
270503	157087	113416	63219	50197	54250
1662195	783332	878863	580288	298575	215062

5-10 分地区普通高等本科学校公共财政预算

地区	合计	事业费支出	个人部分	工资福利支出	对个人和家庭的补助支出	#助学金
合计	**173539170**	**164783475**	**89196660**	**52182056**	**37014604**	**16616025**
北京	25951237	23640160	10986978	4943379	6043599	3003140
天津	4840427	4702269	2467409	1358450	1108959	296215
河北	3546548	3481298	2337358	1574113	763245	642795
山西	2338268	2261968	1719384	807249	912135	461671
内蒙古	3162269	2816730	1440532	1032619	407913	338946
辽宁	5888782	5661612	3046243	2090228	956015	537171
吉林	5526588	5361598	3067006	1910982	1156024	435811
黑龙江	5864776	5529472	3488684	1977215	1511469	499702
上海	13743836	12966848	5371259	3112595	2258664	525078
江苏	13243142	12740039	6515346	3405513	3109833	1057731
浙江	6613008	6519588	3674265	2400577	1273688	404835
安徽	4417025	4132761	2408636	1540474	868162	381918
福建	3635704	3496648	1835277	1184917	650360	331548
江西	3461254	3457504	2420555	1304578	1115977	437163
山东	8287074	8023558	5821190	3344649	2476541	808795
河南	3769822	3764822	2424302	1644862	779440	660919
湖北	8912368	8615718	5644072	3031023	2613049	901274
湖南	4647057	4499847	3339658	1946986	1392672	662499
广东	11380852	10553703	5150789	3826267	1324522	530404
广西	2475076	2374438	1394859	646730	748129	373188
海南	797250	797250	432976	311924	121052	82016
重庆	4084202	4017842	1566258	966904	599354	390896
四川	7505875	7211087	3123048	1955172	1167876	683816
贵州	2330089	2092915	1028855	578191	450664	244050
云南	2530657	2525657	1089824	672863	416961	353618
西藏	530376	456316	281074	182911	98163	35366
陕西	7290119	6747548	3647321	2194486	1452835	791484
甘肃	2650645	2542645	1407187	1014247	392940	311901
青海	505161	450711	297481	246045	51436	39181
宁夏	707226	572976	363806	227672	136134	63334
新疆	2902457	2767947	1405028	748235	656793	329560

教育事业费和基本建设支出明细

单位：千元

公用部分	商品和服务支出	其他资本性支出			基本建设支出
			专项公用支出	专项项目支出	
75586815	**44753295**	**30833520**	**16810600**	**14022920**	**8755695**
12653182	7775173	4878009	3313055	1564954	2311077
2234860	1622611	612249	513829	98420	138158
1143940	747176	396764	272453	124311	65250
542584	374292	168292	92393	75899	76300
1376198	551969	824229	443848	380381	345539
2615369	1414702	1200667	497401	703266	227170
2294592	1139565	1155027	539432	615595	164990
2040788	1560502	480286	352985	127301	335304
7595589	6780851	814738	722598	92140	776988
6224693	2494914	3729779	1665634	2064145	503103
2845323	1909017	936306	542220	394086	93420
1724125	772298	951827	473470	478357	284264
1661371	917127	744244	397333	346911	139056
1036949	687133	349816	299104	50712	3750
2202368	1017462	1184906	888670	296236	263516
1340520	884066	456454	397369	59085	5000
2971646	2160614	811032	595299	215733	296650
1160189	772643	387546	284104	103442	147210
5402914	2923852	2479062	953952	1525110	827149
979579	517991	461588	281465	180123	100638
364274	107949	256325	85171	171154	
2451584	1336210	1115374	440404	674970	66360
4088039	2072232	2015807	771454	1244353	294788
1064060	385613	678447	302569	375878	237174
1435833	693172	742661	141895	600766	5000
175242	116444	58798	21859	36939	74060
3100227	1320695	1779532	815078	964454	542571
1135458	732721	402737	247403	155334	108000
153230	101770	51460	51460		54450
209170	169391	39779	39779		134250
1362919	693140	669779	366914	302865	134510

5-11 分地区中央属普通高等本科学校公共财政预算

地区	合计	事业费支出	个人部分	工资福利支出	对个人和家庭的补助支出	#助学金
合计	**66058740**	**60681602**	**33149996**	**17360581**	**15789415**	**5748691**
北京	18302549	16510921	7917750	3304990	4612760	2808882
天津	1643192	1505034	734891	404409	330482	76515
河北	437689	430689	274107	193067	81040	29162
山西						
内蒙古						
辽宁	2285415	2161065	912611	527468	385143	107864
吉林	1927684	1781344	1328357	926192	402165	96862
黑龙江	2591907	2258217	1265582	729318	536264	156204
上海	6304450	5700765	3406301	1604542	1801759	309638
江苏	5482572	5005569	2598233	1353531	1244702	270536
浙江	1716780	1706780	554947	232696	322251	73795
安徽	1395324	1189060	571357	417613	153744	57660
福建	1148997	1076187	538815	231232	307583	90533
江西						
山东	1878554	1704180	1182549	615449	567100	116360
河南						
湖北	5720164	5430494	3696545	1840017	1856528	447237
湖南	1490424	1438094	1248109	692017	556092	234923
广东	3096876	3005721	1401658	864580	537078	102683
广西						
海南						
重庆	1852649	1786289	777811	484875	292936	112221
四川	3545332	3378582	1797758	1096410	701348	256071
贵州						
云南						
西藏						
陕西	3583732	3088161	2033960	1233096	800864	261979
甘肃	867590	851590	437490	304348	133142	93142
青海						
宁夏	216185	136185	77193	53680	23513	13106
新疆	570675	536675	393972	251051	142921	33318

教育事业费和基本建设支出明细

单位:千元

公用部分	商品和服务支出	其他资本性支出			基本建设支出
			专项公用支出	专项项目支出	
27531606	**17424009**	**10107597**	**5294974**	**4812623**	**5377138**
8593171	5480971	3112200	1772016	1340184	1791628
770143	630229	139914	97113	42801	138158
156582	114768	41814	29986	11828	7000
1248454	586187	662267	174915	487352	124350
452987	405700	47287	36447	10840	146340
992635	716820	275815	158564	117251	333690
2294464	2036408	258056	189834	68222	603685
2407336	982245	1425091	577396	847695	477003
1151833	907258	244575	137575	107000	10000
617703	352683	265020	242680	22340	206264
537372	315998	221374	136930	84444	72810
521631	299816	221815	219595	2220	174374
1733949	1279904	454045	349922	104123	289670
189985	116769	73216	39020	34196	52330
1604063	818546	785517	265068	520449	91155
1008478	663349	345129	102756	242373	66360
1580824	672856	907968	317917	590051	166750
1054201	583995	470206	394838	75368	495571
414100	291151	122949	25213	97736	16000
58992	57126	1866	1866		80000
142703	111230	31473	25323	6150	34000

5-12 分地区地方普通高等本科学校公共财政预算

地区	合计	事业费支出	个人部分	工资福利支出	对个人和家庭的补助支出	#助学金
合计	**107480430**	**104101873**	**56046664**	**34821475**	**21225189**	**10867334**
北京	7648688	7129239	3069228	1638389	1430839	194258
天津	3197235	3197235	1732518	954041	778477	219700
河北	3108859	3050609	2063251	1381046	682205	613633
山西	2338268	2261968	1719384	807249	912135	461671
内蒙古	3162269	2816730	1440532	1032619	407913	338946
辽宁	3603367	3500547	2133632	1562760	570872	429307
吉林	3598904	3580254	1738649	984790	753859	338949
黑龙江	3272869	3271255	2223102	1247897	975205	343498
上海	7439386	7266083	1964958	1508053	456905	215440
江苏	7760570	7734470	3917113	2051982	1865131	787195
浙江	4896228	4812808	3119318	2167881	951437	331040
安徽	3021701	2943701	1837279	1122861	714418	324258
福建	2486707	2420461	1296462	953685	342777	241015
江西	3461254	3457504	2420555	1304578	1115977	437163
山东	6408520	6319378	4638641	2729200	1909441	692435
河南	3769822	3764822	2424302	1644862	779440	660919
湖北	3192204	3185224	1947527	1191006	756521	454037
湖南	3156633	3061753	2091549	1254969	836580	427576
广东	8283976	7547982	3749131	2961687	787444	427721
广西	2475076	2374438	1394859	646730	748129	373188
海南	797250	797250	432976	311924	121052	82016
重庆	2231553	2231553	788447	482029	306418	278675
四川	3960543	3832505	1325290	858762	466528	427745
贵州	2330089	2092915	1028855	578191	450664	244050
云南	2530657	2525657	1089824	672863	416961	353618
西藏	530376	456316	281074	182911	98163	35366
陕西	3706387	3659387	1613361	961390	651971	529505
甘肃	1783055	1691055	969697	709899	259798	218759
青海	505161	450711	297481	246045	51436	39181
宁夏	491041	436791	286613	173992	112621	50228
新疆	2331782	2231272	1011056	497184	513872	296242

教育事业费和基本建设支出明细

单位:千元

公用部分	商品和服务支出	其他资本性支出			基本建设支出
			专项公用支出	专项项目支出	
48055209	**27329286**	**20725923**	**11515626**	**9210297**	**3378557**
4060011	2294202	1765809	1541039	224770	519449
1464717	992382	472335	416716	55619	
987358	632408	354950	242467	112483	58250
542584	374292	168292	92393	75899	76300
1376198	551969	824229	443848	380381	345539
1366915	828515	538400	322486	215914	102820
1841605	733865	1107740	502985	604755	18650
1048153	843682	204471	194421	10050	1614
5301125	4744443	556682	532764	23918	173303
3817357	1512669	2304688	1088238	1216450	26100
1693490	1001759	691731	404645	287086	83420
1106422	419615	686807	230790	456017	78000
1123999	601129	522870	260403	262467	66246
1036949	687133	349816	299104	50712	3750
1680737	717646	963091	669075	294016	89142
1340520	884066	456454	397369	59085	5000
1237697	880710	356987	245377	111610	6980
970204	655874	314330	245084	69246	94880
3798851	2105306	1693545	688884	1004661	735994
979579	517991	461588	281465	180123	100638
364274	107949	256325	85171	171154	
1443106	672861	770245	337648	432597	
2507215	1399376	1107839	453537	654302	128038
1064060	385613	678447	302569	375878	237174
1435833	693172	742661	141895	600766	5000
175242	116444	58798	21859	36939	74060
2046026	736700	1309326	420240	889086	47000
721358	441570	279788	222190	57598	92000
153230	101770	51460	51460		54450
150178	112265	37913	37913		54250
1220216	581910	638306	341591	296715	100510

5-13 分地区普通高职高专学校公共财政预算

地区	合计	事业费支出	个人部分	工资福利支出	对个人和家庭的补助支出	#助学金
合计	**39540888**	**36798087**	**21598191**	**13364869**	**8233322**	**5122462**
北京	1752394	1668183	666974	412119	254855	40746
天津	986937	956937	732291	446325	285966	83910
河北	1152269	1152269	852634	571340	281294	217969
山西	1184511	1160178	773935	484487	289448	176149
内蒙古	1412282	1344782	659408	467063	192345	157171
辽宁	1200255	989255	636422	480380	156042	74836
吉林	630357	630357	408472	214986	193486	63845
黑龙江	798702	788332	614962	357688	257274	96315
上海	355124	355124	115602	93368	22234	4871
江苏	4784357	4277974	1967866	1147943	819923	452113
浙江	2361339	2248767	1380019	991338	388681	156673
安徽	832015	814015	647365	387184	260181	144047
福建	766083	751632	439563	282738	156825	108652
江西	1174027	1139090	738718	348113	390605	271334
山东	2963828	2945968	1584958	999441	585517	325161
河南	1809663	1776517	1259931	820739	439192	376618
湖北	1327493	1091913	793620	421286	372334	256592
湖南	1574079	1533584	1180627	779375	401252	277134
广东	4372074	3734697	1635299	1273154	362145	272123
广西	991464	986865	656062	307738	348324	221526
海南	236174	188892	143580	100204	43376	30780
重庆	492148	492148	225430	93658	131772	111260
四川	1837596	1528279	882914	378499	504415	474337
贵州	706561	678561	451468	228473	222995	102246
云南	619701	616646	389298	216295	173003	164613
西藏	116485	116485	68694	49484	19210	8876
陕西	1141704	1029354	681547	419691	261856	176752
甘肃	560923	515923	358032	227731	130301	106543
青海	109191	108760	74803	56806	17997	17349
宁夏	241557	241557	121232	67073	54159	30418
新疆	1049595	935043	456465	240150	216315	121503

教育事业费和基本建设支出明细

单位:千元

公用部分	商品和服务支出	其他资本性支出			基本建设支出
			专项公用支出	专项项目支出	
15199896	**6706246**	**8493650**	**3853860**	**4639790**	**2742801**
1001209	418131	583078	509855	73223	84211
224646	90695	133951	35650	98301	30000
299635	124823	174812	95075	79737	
386243	216805	169438	116652	52786	24333
685374	220662	464712	316210	148502	67500
352833	153335	199498	106123	93375	211000
221885	135996	85889	54733	31156	
173370	132286	41084	34513	6571	10370
239522	195348	44174	42744	1430	
2310108	962526	1347582	490042	857540	506383
868748	477872	390876	201293	189583	112572
166650	104595	62055	46356	15699	18000
312069	177567	134502	51540	82962	14451
400372	252472	147900	79970	67930	34937
1361010	189181	1171829	165584	1006245	17860
516586	330710	185876	104822	81054	33146
298293	189253	109040	57726	51314	235580
352957	237713	115244	44639	70605	40495
2099398	658611	1440787	321999	1118788	637377
330803	97442	233361	103233	130128	4599
45312	18513	26799	23865	2934	47282
266718	134091	132627	102485	30142	
645365	388010	257355	147524	109831	309317
227093	92056	135037	106271	28766	28000
227348	134299	93049	62457	30592	3055
47791	20041	27750	14992	12758	
347807	176971	170836	107267	63569	112350
157891	113765	44126	27820	16306	45000
33957	8964	24993	14993	10000	431
120325	44822	75503	25306	50197	
478578	208691	269887	242121	27766	114552

5-14 分地区中央属普通高职高专学校公共财政预算

地区	合计	事业费支出	个人部分	工资福利支出	对个人和家庭的补助支出	#助学金
合计	**555617**	**455273**	**274521**	**153327**	**121194**	**77259**
北京						
天津						
河北	33351	33351	29534	10423	19111	10459
山西						
内蒙古						
辽宁						
吉林						
黑龙江	37560	31390	21055	13745	7310	1162
上海						
江苏	79829	61389	47580	29356	18224	7019
浙江						
安徽	200	200	200	200		200
福建						
江西	1852	1852	1852		1852	1852
山东	5925	5925	4469		4469	4469
河南	64637	64637	29484	21573	7911	4911
湖北	12667	12667	12667		12667	12667
湖南	19780	19780	12582	9850	2732	44
广东	147797	72063	31646	22279	9367	3986
广西						
海南						
重庆	15555	15555	12555	269	12286	5785
四川	66556	66556	38966	25000	13966	13966
贵州	6950	6950	5572	3580	1992	1432
云南						
西藏						
陕西						
甘肃						
青海						
宁夏						
新疆	62958	62958	26359	17052	9307	9307

教育事业费和基本建设支出明细

单位:千元

公用部分	商品和服务支出	其他资本性支出			基本建设支出
			专项公用支出	专项项目支出	
180752	**112976**	**67776**	**16136**	**51640**	**100344**
3817	3817				
10335	9660	675	675		6170
13809	13809				18440
1456	1456				
35153	20219	14934	3396	11538	
7198	6262	936	614	322	
40417	21474	18943	5069	13874	75734
3000	3000				
27590	26010	1580	1580		
1378		1378	1378		
36599	7269	29330	3424	25906	

5-15 分地区地方普通高职高专学校公共财政预算

地区	合计	事业费支出	个人部分	工资福利支出	对个人和家庭的补助支出	#助学金
合计	**38985271**	**36342814**	**21323670**	**13211542**	**8112128**	**5045203**
北京	1752394	1668183	666974	412119	254855	40746
天津	986937	956937	732291	446325	285966	83910
河北	1118918	1118918	823100	560917	262183	207510
山西	1184511	1160178	773935	484487	289448	176149
内蒙古	1412282	1344782	659408	467063	192345	157171
辽宁	1200255	989255	636422	480380	156042	74836
吉林	630357	630357	408472	214986	193486	63845
黑龙江	761142	756942	593907	343943	249964	95153
上海	355124	355124	115602	93368	22234	4871
江苏	4704528	4216585	1920286	1118587	801699	445094
浙江	2361339	2248767	1380019	991338	388681	156673
安徽	831815	813815	647165	386984	260181	143847
福建	766083	751632	439563	282738	156825	108652
江西	1172175	1137238	736866	348113	388753	269482
山东	2957903	2940043	1580489	999441	581048	320692
河南	1745026	1711880	1230447	799166	431281	371707
湖北	1314826	1079246	780953	421286	359667	243925
湖南	1554299	1513804	1168045	769525	398520	277090
广东	4224277	3662634	1603653	1250875	352778	268137
广西	991464	986865	656062	307738	348324	221526
海南	236174	188892	143580	100204	43376	30780
重庆	476593	476593	212875	93389	119486	105475
四川	1771040	1461723	843948	353499	490449	460371
贵州	699611	671611	445896	224893	221003	100814
云南	619701	616646	389298	216295	173003	164613
西藏	116485	116485	68694	49484	19210	8876
陕西	1141704	1029354	681547	419691	261856	176752
甘肃	560923	515923	358032	227731	130301	106543
青海	109191	108760	74803	56806	17997	17349
宁夏	241557	241557	121232	67073	54159	30418
新疆	986637	872085	430106	223098	207008	112196

教育事业费和基本建设支出明细

单位:千元

公用部分	商品和服务支出	其他资本性支出			基本建设支出
			专项公用支出	专项项目支出	
15019144	**6593270**	**8425874**	**3837724**	**4588150**	**2642457**
1001209	418131	583078	509855	73223	84211
224646	90695	133951	35650	98301	30000
295818	121006	174812	95075	79737	
386243	216805	169438	116652	52786	24333
685374	220662	464712	316210	148502	67500
352833	153335	199498	106123	93375	211000
221885	135996	85889	54733	31156	
163035	122626	40409	33838	6571	4200
239522	195348	44174	42744	1430	
2296299	948717	1347582	490042	857540	487943
868748	477872	390876	201293	189583	112572
166650	104595	62055	46356	15699	18000
312069	177567	134502	51540	82962	14451
400372	252472	147900	79970	67930	34937
1359554	187725	1171829	165584	1006245	17860
481433	310491	170942	101426	69516	33146
298293	189253	109040	57726	51314	235580
345759	231451	114308	44025	70283	40495
2058981	637137	1421844	316930	1104914	561643
330803	97442	233361	103233	130128	4599
45312	18513	26799	23865	2934	47282
263718	131091	132627	102485	30142	
617775	362000	255775	145944	109831	309317
225715	92056	133659	104893	28766	28000
227348	134299	93049	62457	30592	3055
47791	20041	27750	14992	12758	
347807	176971	170836	107267	63569	112350
157891	113765	44126	27820	16306	45000
33957	8964	24993	14993	10000	431
120325	44822	75503	25306	50197	
441979	201422	240557	238697	1860	114552

5-16 分地区成人高等学校公共财政预算

地区	合计	事业费支出	个人部分	工资福利支出	对个人和家庭的补助支出	#助学金
合计	**5147480**	**4960524**	**3351307**	**2278279**	**1073028**	**323859**
北京	305297	304137	186433	118986	67447	
天津	133970	133970	125298	72247	53051	1441
河北	172846	167846	137237	109593	27644	19701
山西	110707	110107	91239	65940	25299	7067
内蒙古	52309	52309	30050	29152	898	307
辽宁	165912	165912	125144	106750	18394	552
吉林	273404	272904	230772	111802	118970	34801
黑龙江	242581	236511	183216	100862	82354	8254
上海	709793	660242	433903	358240	75663	511
江苏	351219	351219	236752	138612	98140	37926
浙江	294618	292084	193529	148292	45237	13413
安徽	170741	131598	106920	70505	36415	2582
福建	101385	101385	48969	42923	6046	2537
江西	120902	117389	90867	41789	49078	13376
山东	259549	243649	174170	104174	69996	25437
河南	218958	218958	121361	81427	39934	33892
湖北	75799	75799	58168	33191	24977	13987
湖南	72547	69547	62987	38062	24925	12026
广东	318689	318689	177518	151915	25603	7679
广西	110322	110322	81679	46381	35298	12651
海南	9437	9437	9437	5283	4154	3229
重庆	55213	55213	23786	16147	7639	7428
四川	207341	193156	99867	67556	32311	26332
贵州	40811	39271	29061	16919	12142	1597
云南	118154	118154	17407	16288	1119	1111
西藏						
陕西	144099	138099	85766	52218	33548	26298
甘肃	84822	60822	41923	29889	12034	4970
青海	6748	6748	6629	6629		
宁夏						
新疆	219307	205047	141219	96507	44712	4754

教育事业费和基本建设支出明细

单位:千元

公用部分					基本建设支出
	商品和服务支出	其他资本性支出			
			专项公用支出	专项项目支出	
1609217	**941888**	**667329**	**252428**	**414901**	**186956**
117704	94336	23368	23220	148	1160
8672	7197	1475	425	1050	
30609	20594	10015	2665	7350	5000
18868	17325	1543	1543		600
22259	14258	8001	6801	1200	
40768	38442	2326	2304	22	
42132	28501	13631	9806	3825	500
53295	46631	6664	5692	972	6070
226339	161260	65079	37957	27122	49551
114467	61241	53226	4250	48976	
98555	47468	51087	22210	28877	2534
24678	14861	9817	4777	5040	39143
52416	27222	25194	854	24340	
26522	17975	8547	7377	1170	3513
69479	19411	50068	15358	34710	15900
97597	33357	64240	5215	59025	
17631	13356	4275	4220	55	
6560	5080	1480	1232	248	3000
141171	61999	79172	22980	56192	
28643	14311	14332	10653	3679	
31427	587	30840	5813	25027	
93289	63352	29937	29577	360	14185
10210	7177	3033	3033		1540
100747	14109	86638	9503	77135	
52333	39161	13172	7072	6100	6000
18899	17373	1526	1226	300	24000
119	42	77		77	
63828	55262	8566	6665	1901	14260

5-17 分地区中央属成人高等学校公共财政预算

地 区	合 计	事业费支出	个人部分	工资福利支出	对个人和家庭的补助支出	#助学金
合 计	**66368**	**64368**	**32793**	**19335**	**13458**	**710**
北 京	40743	40743	13453	6371	7082	
天 津						
河 北						
山 西						
内蒙古						
辽 宁						
吉 林						
黑龙江						
上 海						
江 苏						
浙 江						
安 徽						
福 建						
江 西						
山 东						
河 南						
湖 北						
湖 南						
广 东						
广 西						
海 南						
重 庆						
四 川						
贵 州						
云 南						
西 藏						
陕 西						
甘 肃	300	300	300		300	300
青 海						
宁 夏						
新 疆	25325	23325	19040	12964	6076	410

教育事业费和基本建设支出明细

单位:千元

公用部分	商品和服务支出	其他资本性支出	专项公用支出	专项项目支出	基本建设支出
31575	**26238**	**5337**	**5337**		**2000**
27290	21953	5337	5337		
4285	4285				2000

5-18 分地区地方成人高等学校公共财政预算

地 区	合 计	事业费支出	个人部分	工资福利支出	对个人和家庭的补助支出	#助学金
合 计	**5081112**	**4896156**	**3318514**	**2258944**	**1059570**	**323149**
北 京	264554	263394	172980	112615	60365	
天 津	133970	133970	125298	72247	53051	1441
河 北	172846	167846	137237	109593	27644	19701
山 西	110707	110107	91239	65940	25299	7067
内蒙古	52309	52309	30050	29152	898	307
辽 宁	165912	165912	125144	106750	18394	552
吉 林	273404	272904	230772	111802	118970	34801
黑龙江	242581	236511	183216	100862	82354	8254
上 海	709793	660242	433903	358240	75663	511
江 苏	351219	351219	236752	138612	98140	37926
浙 江	294618	292084	193529	148292	45237	13413
安 徽	170741	131598	106920	70505	36415	2582
福 建	101385	101385	48969	42923	6046	2537
江 西	120902	117389	90867	41789	49078	13376
山 东	259549	243649	174170	104174	69996	25437
河 南	218958	218958	121361	81427	39934	33892
湖 北	75799	75799	58168	33191	24977	13987
湖 南	72547	69547	62987	38062	24925	12026
广 东	318689	318689	177518	151915	25603	7679
广 西	110322	110322	81679	46381	35298	12651
海 南	9437	9437	9437	5283	4154	3229
重 庆	55213	55213	23786	16147	7639	7428
四 川	207341	193156	99867	67556	32311	26332
贵 州	40811	39271	29061	16919	12142	1597
云 南	118154	118154	17407	16288	1119	1111
西 藏						
陕 西	144099	138099	85766	52218	33548	26298
甘 肃	84522	60522	41623	29889	11734	4670
青 海	6748	6748	6629	6629		
宁 夏						
新 疆	193982	181722	122179	83543	38636	4344

教育事业费和基本建设支出明细

单位:千元

公用部分	商品和服务支出	其他资本性支出			基本建设支出
			专项公用支出	专项项目支出	
1577642	**915650**	**661992**	**247091**	**414901**	**184956**
90414	72383	18031	17883	148	1160
8672	7197	1475	425	1050	
30609	20594	10015	2665	7350	5000
18868	17325	1543	1543		600
22259	14258	8001	6801	1200	
40768	38442	2326	2304	22	
42132	28501	13631	9806	3825	500
53295	46631	6664	5692	972	6070
226339	161260	65079	37957	27122	49551
114467	61241	53226	4250	48976	
98555	47468	51087	22210	28877	2534
24678	14861	9817	4777	5040	39143
52416	27222	25194	854	24340	
26522	17975	8547	7377	1170	3513
69479	19411	50068	15358	34710	15900
97597	33357	64240	5215	59025	
17631	13356	4275	4220	55	
6560	5080	1480	1232	248	3000
141171	61999	79172	22980	56192	
28643	14311	14332	10653	3679	
31427	587	30840	5813	25027	
93289	63352	29937	29577	360	14185
10210	7177	3033	3033		1540
100747	14109	86638	9503	77135	
52333	39161	13172	7072	6100	6000
18899	17373	1526	1226	300	24000
119	42	77		77	
59543	50977	8566	6665	1901	12260

5-19 分地区中等职业学校公共财政预算

地区	合计	事业费支出	个人部分	工资福利支出	对个人和家庭的补助支出	#助学金
合计	**73902384**	**69618287**	**48979890**	**29179843**	**19800047**	**13096171**
北京	2601148	2470359	1192120	851061	341059	35453
天津	1458418	1324918	1149207	617871	531336	98340
河北	3640760	3547614	2824320	1777855	1046465	790795
山西	2453418	2126214	1593301	1009451	583850	373180
内蒙古	2198859	1988921	1279466	925531	353935	289317
辽宁	2703605	2653464	1689003	1159720	529283	264714
吉林	1604810	1590910	1234067	679594	554473	205977
黑龙江	1578649	1503346	1230109	708264	521845	141020
上海	2061122	2061122	1311327	1107454	203873	41178
江苏	4754300	4472872	3484934	2071857	1413077	655785
浙江	3703095	3681255	2704874	1820995	883879	537851
安徽	1925053	1802237	1339230	765061	574169	446244
福建	1977921	1880236	1465010	928694	536316	389200
江西	1161726	1147266	779838	403797	376041	288594
山东	5695550	5662860	4235108	2749226	1485882	882074
河南	4492156	4148362	3312685	1575632	1737053	1518943
湖北	2078792	2011304	1551535	667100	884435	620897
湖南	2028508	1964405	1580284	829273	751011	581707
广东	7062960	6388356	3813502	2655963	1157539	870491
广西	2788459	2702175	1578072	660298	917774	658566
海南	964284	622311	378849	236314	142535	119034
重庆	1608232	1574277	979642	411880	567762	522161
四川	3746861	3352441	2427920	1067976	1359944	1112882
贵州	1145627	1077230	682460	416228	266232	132925
云南	2411204	2331235	1423498	891996	531502	461286
西藏	169699	142949	80399	49403	30996	21704
陕西	1997378	1847496	1281369	728777	552592	442827
甘肃	1546228	1385914	1046529	633221	413308	302725
青海	462125	407065	190735	130091	60644	52891
宁夏	361662	326962	196787	98750	98037	63084
新疆	1519775	1422211	943710	550510	393200	174326

教育事业费和基本建设支出明细

单位:千元

公用部分	商品和服务支出	其他资本性支出	专项公用支出	专项项目支出	基本建设支出
20638397	**9390311**	**11248086**	**4246692**	**7001394**	**4284097**
1278239	478914	799325	600431	198894	130789
175711	104870	70841	47624	23217	133500
723294	385155	338139	94431	243708	93146
532913	320512	212401	82541	129860	327204
709455	323218	386237	142801	243436	209938
964461	416595	547866	260616	287250	50141
356843	203535	153308	46846	106462	13900
273237	208940	64297	30796	33501	75303
749795	523893	225902	173065	52837	
987938	407660	580278	169350	410928	281428
976381	566972	409409	167567	241842	21840
463007	167912	295095	62619	232476	122816
415226	231095	184131	89289	94842	97685
367428	134058	233370	48283	185087	14460
1427752	461651	966101	130184	835917	32690
835677	487932	347745	150731	197014	343794
459769	341282	118487	37753	80734	67488
384121	212013	172108	66943	105165	64103
2574854	968792	1606062	530764	1075298	674604
1124103	283405	840698	285170	555528	86284
243462	132680	110782	67412	43370	341973
594635	288865	305770	145560	160210	33955
924521	487760	436761	216708	220053	394420
394770	155643	239127	107197	131930	68397
907737	283902	623835	87128	536707	79969
62550	19426	43124	20704	22420	26750
566127	200199	365928	201794	164134	149882
339385	204945	134440	29947	104493	160314
216330	58063	158267	36761	121506	55060
130175	45212	84963	48986	35977	34700
478501	285212	193289	66691	126598	97564

5-20 分地区中央属中等职业学校公共财政预算

地区	合计	事业费支出	个人部分	工资福利支出	对个人和家庭的补助支出	#助学金
合计	**317768**	**298768**	**195224**	**113333**	**81891**	**59044**
北京	38261	38261	19525	13389	6136	3207
天津	7617	7617	7617	4533	3084	599
河北	4240	4240	4240	4240		
山西	2064	2064	2064		2064	2064
内蒙古						
辽宁						
吉林	132	132	132		132	132
黑龙江	35339	35339	26564	15065	11499	3402
上海	11223	11223	6220	6220		
江苏	44	44	44		44	44
浙江						
安徽	427	427	427		427	427
福建						
江西						
山东						
河南						
湖北						
湖南						
广东	24712	24712	22102	10584	11518	11106
广西						
海南						
重庆						
四川	29504	29504	20551	6779	13772	12557
贵州						
云南						
西藏						
陕西						
甘肃	775	775	515		515	515
青海						
宁夏						
新疆	163430	144430	85223	52523	32700	24991

教育事业费和基本建设支出明细

单位:千元

公用部分	商品和服务支出	其他资本性支出			基本建设支出
			专项公用支出	专项项目支出	
103544	**51177**	**52367**	**27133**	**25234**	**19000**
18736	9488	9248	4784	4464	
8775	8284	491	491		
5003	3253	1750	1750		
2610	2610				
8953	4266	4687	1137	3550	
260	242	18	18		
59207	23034	36173	18953	17220	19000

5-21 分地区地方中等职业学校公共财政预算

地 区	合 计	事业费支出	个人部分	工资福利支出	对个人和家庭的补助支出	#助学金
合 计	**73584616**	**69319519**	**48784666**	**29066510**	**19718156**	**13037127**
北 京	2562887	2432098	1172595	837672	334923	32246
天 津	1450801	1317301	1141590	613338	528252	97741
河 北	3636520	3543374	2820080	1773615	1046465	790795
山 西	2451354	2124150	1591237	1009451	581786	371116
内蒙古	2198859	1988921	1279466	925531	353935	289317
辽 宁	2703605	2653464	1689003	1159720	529283	264714
吉 林	1604678	1590778	1233935	679594	554341	205845
黑龙江	1543310	1468007	1203545	693199	510346	137618
上 海	2049899	2049899	1305107	1101234	203873	41178
江 苏	4754256	4472828	3484890	2071857	1413033	655741
浙 江	3703095	3681255	2704874	1820995	883879	537851
安 徽	1924626	1801810	1338803	765061	573742	445817
福 建	1977921	1880236	1465010	928694	536316	389200
江 西	1161726	1147266	779838	403797	376041	288594
山 东	5695550	5662860	4235108	2749226	1485882	882074
河 南	4492156	4148362	3312685	1575632	1737053	1518943
湖 北	2078792	2011304	1551535	667100	884435	620897
湖 南	2028508	1964405	1580284	829273	751011	581707
广 东	7038248	6363644	3791400	2645379	1146021	859385
广 西	2788459	2702175	1578072	660298	917774	658566
海 南	964284	622311	378849	236314	142535	119034
重 庆	1608232	1574277	979642	411880	567762	522161
四 川	3717357	3322937	2407369	1061197	1346172	1100325
贵 州	1145627	1077230	682460	416228	266232	132925
云 南	2411204	2331235	1423498	891996	531502	461286
西 藏	169699	142949	80399	49403	30996	21704
陕 西	1997378	1847496	1281369	728777	552592	442827
甘 肃	1545453	1385139	1046014	633221	412793	302210
青 海	462125	407065	190735	130091	60644	52891
宁 夏	361662	326962	196787	98750	98037	63084
新 疆	1356345	1277781	858487	497987	360500	149335

教育事业费和基本建设支出明细

单位:千元

公用部分	商品和服务支出	其他资本性支出			基本建设支出
			专项公用支出	专项项目支出	
20534853	**9339134**	**11195719**	**4219559**	**6976160**	**4265097**
1259503	469426	790077	595647	194430	130789
175711	104870	70841	47624	23217	133500
723294	385155	338139	94431	243708	93146
532913	320512	212401	82541	129860	327204
709455	323218	386237	142801	243436	209938
964461	416595	547866	260616	287250	50141
356843	203535	153308	46846	106462	13900
264462	200656	63806	30305	33501	75303
744792	520640	224152	171315	52837	
987938	407660	580278	169350	410928	281428
976381	566972	409409	167567	241842	21840
463007	167912	295095	62619	232476	122816
415226	231095	184131	89289	94842	97685
367428	134058	233370	48283	185087	14460
1427752	461651	966101	130184	835917	32690
835677	487932	347745	150731	197014	343794
459769	341282	118487	37753	80734	67488
384121	212013	172108	66943	105165	64103
2572244	966182	1606062	530764	1075298	674604
1124103	283405	840698	285170	555528	86284
243462	132680	110782	67412	43370	341973
594635	288865	305770	145560	160210	33955
915568	483494	432074	215571	216503	394420
394770	155643	239127	107197	131930	68397
907737	283902	623835	87128	536707	79969
62550	19426	43124	20704	22420	26750
566127	200199	365928	201794	164134	149882
339125	204703	134422	29929	104493	160314
216330	58063	158267	36761	121506	55060
130175	45212	84963	48986	35977	34700
419294	262178	157116	47738	109378	78564

5-22 分地区中等专业学校公共财政预算

地区	合计	事业费支出	个人部分	工资福利支出	对个人和家庭的补助支出	#助学金
合计	32393920	30516297	21018195	11912512	9105683	6135532
北京	908337	873337	372186	244242	127944	22645
天津	1110397	980397	831886	445753	386133	73166
河北	1128282	1114482	897293	462722	434571	363705
山西	1219384	1025840	769776	451225	318551	187794
内蒙古	891694	773659	498980	352623	146357	129246
辽宁	1342052	1326112	908778	558775	350003	197613
吉林	554948	541048	435569	241459	194110	68726
黑龙江	410655	406903	318939	191946	126993	43504
上海	1049325	1049325	619266	531963	87303	30231
江苏	1952958	1908817	1425259	843550	581709	261626
浙江	372810	372810	255290	168813	86477	50484
安徽	659227	609132	511117	273148	237969	176249
福建	1247278	1196808	928152	573281	354871	267165
江西	472911	469851	293262	151243	142019	97784
山东	2229052	2203362	1587172	989005	598167	354182
河南	2542727	2245018	1834973	733272	1101701	1001215
湖北	1303293	1241005	958728	409294	549434	410178
湖南	540511	514784	419811	244350	175461	97852
广东	3563902	3427495	2053609	1400549	653060	496080
广西	2015096	1962471	1195349	481922	713427	536653
海南	447412	407769	245339	135598	109741	94438
重庆	336362	325603	180314	74361	105953	98359
四川	1276922	1074171	713997	311728	402269	318335
贵州	485058	468835	300749	153213	147536	69273
云南	1225724	1200527	623137	386303	236834	207858
西藏	151980	131980	74237	45185	29052	20363
陕西	542256	512206	287409	172789	114620	92683
甘肃	1044101	921921	685578	422812	262766	201975
青海	171123	145963	93556	56709	36847	29948
宁夏	224102	189402	122955	58626	64329	40974
新疆	974041	895264	575529	346053	229476	95228

教育事业费和基本建设支出明细

单位:千元

公用部分	商品和服务支出	其他资本性支出			基本建设支出
			专项公用支出	专项项目支出	
9498102	**4287632**	**5210470**	**2136181**	**3074289**	**1877623**
501151	144339	356812	263253	93559	35000
148511	80901	67610	46444	21166	130000
217189	116659	100530	27790	72740	13800
256064	177402	78662	30812	47850	193544
274679	131486	143193	77585	65608	118035
417334	231709	185625	103480	82145	15940
105479	69164	36315	6349	29966	13900
87964	67112	20852	6612	14240	3752
430059	254905	175154	138329	36825	
483558	218814	264744	76604	188140	44141
117520	65521	51999	16717	35282	
98015	41486	56529	21828	34701	50095
268656	160598	108058	61429	46629	50470
176589	77443	99146	13612	85534	3060
616190	184220	431970	38216	393754	25690
410045	241072	168973	84333	84640	297709
282277	239988	42289	22032	20257	62288
94973	43616	51357	7089	44268	25727
1373886	529812	844074	332070	512004	136407
767122	198242	568880	212860	356020	52625
162430	78455	83975	52896	31079	39643
145289	66689	78600	23220	55380	10759
360174	166819	193355	90541	102814	202751
168086	93536	74550	61649	12901	16223
577390	138287	439103	50154	388949	25197
57743	18786	38957	20331	18626	20000
224797	51281	173516	164025	9491	30050
236343	147485	88858	18808	70050	122180
52407	14446	37961	16451	21510	25160
66447	24789	41658	15120	26538	34700
319735	212570	107165	35542	71623	78777

5-23 分地区中央属中等专业学校公共财政预算

地区	合计	事业费支出	个人部分	工资福利支出	对个人和家庭的补助支出	#助学金
合计	**263204**	**244204**	**152307**	**93312**	**58995**	**44967**
北京	37895	37895	19159	13389	5770	2841
天津	7617	7617	7617	4533	3084	599
河北	4240	4240	4240	4240		
山西	2064	2064	2064		2064	2064
内蒙古						
辽宁						
吉林	132	132	132		132	132
黑龙江						
上海	11223	11223	6220	6220		
江苏						
浙江						
安徽	427	427	427		427	427
福建						
江西						
山东						
河南						
湖北						
湖南						
广东	14314	14314	13566	6870	6696	6696
广西						
海南						
重庆						
四川	22639	22639	14696	6779	7917	6702
贵州						
云南						
西藏						
陕西						
甘肃	775	775	515		515	515
青海						
宁夏						
新疆	161878	142878	83671	51281	32390	24991

教育事业费和基本建设支出明细

单位:千元

公用部分	商品和服务支出	其他资本性支出			基本建设支出
			专项公用支出	专项项目支出	
91897	**40021**	**51876**	**26642**	**25234**	**19000**
18736	9488	9248	4784	4464	
5003	3253	1750	1750		
748	748				
7943	3256	4687	1137	3550	
260	242	18	18		
59207	23034	36173	18953	17220	19000

5-24 分地区地方中等专业学校公共财政预算

地 区	合 计	事业费支出	个人部分	工资福利支出	对个人和家庭的补助支出	#助学金
合 计	**32130716**	**30272093**	**20865888**	**11819200**	**9046688**	**6090565**
北 京	870442	835442	353027	230853	122174	19804
天 津	1102780	972780	824269	441220	383049	72567
河 北	1124042	1110242	893053	458482	434571	363705
山 西	1217320	1023776	767712	451225	316487	185730
内蒙古	891694	773659	498980	352623	146357	129246
辽 宁	1342052	1326112	908778	558775	350003	197613
吉 林	554816	540916	435437	241459	193978	68594
黑龙江	410655	406903	318939	191946	126993	43504
上 海	1038102	1038102	613046	525743	87303	30231
江 苏	1952958	1908817	1425259	843550	581709	261626
浙 江	372810	372810	255290	168813	86477	50484
安 徽	658800	608705	510690	273148	237542	175822
福 建	1247278	1196808	928152	573281	354871	267165
江 西	472911	469851	293262	151243	142019	97784
山 东	2229052	2203362	1587172	989005	598167	354182
河 南	2542727	2245018	1834973	733272	1101701	1001215
湖 北	1303293	1241005	958728	409294	549434	410178
湖 南	540511	514784	419811	244350	175461	97852
广 东	3549588	3413181	2040043	1393679	646364	489384
广 西	2015096	1962471	1195349	481922	713427	536653
海 南	447412	407769	245339	135598	109741	94438
重 庆	336362	325603	180314	74361	105953	98359
四 川	1254283	1051532	699301	304949	394352	311633
贵 州	485058	468835	300749	153213	147536	69273
云 南	1225724	1200527	623137	386303	236834	207858
西 藏	151980	131980	74237	45185	29052	20363
陕 西	542256	512206	287409	172789	114620	92683
甘 肃	1043326	921146	685063	422812	262251	201460
青 海	171123	145963	93556	56709	36847	29948
宁 夏	224102	189402	122955	58626	64329	40974
新 疆	812163	752386	491858	294772	197086	70237

教育事业费和基本建设支出明细

单位:千元

公用部分	商品和服务支出	其他资本性支出			基本建设支出
			专项公用支出	专项项目支出	
9406205	**4247611**	**5158594**	**2109539**	**3049055**	**1858623**
482415	134851	347564	258469	89095	35000
148511	80901	67610	46444	21166	130000
217189	116659	100530	27790	72740	13800
256064	177402	78662	30812	47850	193544
274679	131486	143193	77585	65608	118035
417334	231709	185625	103480	82145	15940
105479	69164	36315	6349	29966	13900
87964	67112	20852	6612	14240	3752
425056	251652	173404	136579	36825	
483558	218814	264744	76604	188140	44141
117520	65521	51999	16717	35282	
98015	41486	56529	21828	34701	50095
268656	160598	108058	61429	46629	50470
176589	77443	99146	13612	85534	3060
616190	184220	431970	38216	393754	25690
410045	241072	168973	84333	84640	297709
282277	239988	42289	22032	20257	62288
94973	43616	51357	7089	44268	25727
1373138	529064	844074	332070	512004	136407
767122	198242	568880	212860	356020	52625
162430	78455	83975	52896	31079	39643
145289	66689	78600	23220	55380	10759
352231	163563	188668	89404	99264	202751
168086	93536	74550	61649	12901	16223
577390	138287	439103	50154	388949	25197
57743	18786	38957	20331	18626	20000
224797	51281	173516	164025	9491	30050
236083	147243	88840	18790	70050	122180
52407	14446	37961	16451	21510	25160
66447	24789	41658	15120	26538	34700
260528	189536	70992	16589	54403	59777

5-25 分地区职业高中公共财政预算

地区	合计	事业费支出	个人部分	工资福利支出	对个人和家庭的补助支出	#助学金
合计	**29072247**	**27650289**	**20063062**	**12387522**	**7675540**	**5269081**
北京	906573	839013	542964	414229	128735	5981
天津	38814	38814	36936	19879	17057	1362
河北	1894541	1815195	1421430	972331	449099	320109
山西	884880	805190	614107	406464	207643	165689
内蒙古	1113055	1040096	638715	440949	197766	154592
辽宁	1021115	995774	619668	484376	135292	46059
吉林	672209	672209	469418	236163	233255	121136
黑龙江	757171	737171	613152	347657	265495	71478
上海	678248	678248	514559	424303	90256	10799
江苏	2117284	1896856	1557994	996423	561571	264336
浙江	2720646	2707346	2047842	1356110	691732	450192
安徽	1152720	1084999	743129	446885	296244	239397
福建	432386	420156	334303	234312	99991	68058
江西	602734	591334	417729	201885	215844	187427
山东	2251625	2250625	1758873	1191427	567446	330415
河南	1252672	1237457	945447	523176	422271	372068
湖北	581667	578067	477024	207163	269861	168108
湖南	1199628	1161252	910399	424739	485660	418622
广东	1500804	1315331	884553	706932	177621	136230
广西	457947	427719	160285	90251	70034	34906
海南	132062	115817	75498	56412	19086	16485
重庆	988973	972957	630878	256185	374693	345346
四川	1890123	1740814	1286136	583881	702255	580907
贵州	543231	491057	265875	150083	115792	62470
云南	847951	793961	594383	343717	250666	219555
西藏						
陕西	1279111	1159279	830755	484730	346025	276765
甘肃	440686	405552	312521	183675	128846	88488
青海	291002	261102	97179	73382	23797	22943
宁夏	132799	132799	69743	38234	31509	21497
新疆	289590	284099	191567	91569	99998	67661

教育事业费和基本建设支出明细

单位:千元

公用部分	商品和服务支出	其他资本性支出			基本建设支出
			专项公用支出	专项项目支出	
7587227	**3386308**	**4200919**	**1347548**	**2853371**	**1421958**
296049	183462	112587	37257	75330	67560
1878	1878				
393765	205598	188167	58033	130134	79346
191083	101544	89539	25078	64461	79690
401381	166885	234496	62657	171839	72959
376106	119634	256472	137922	118550	25341
202791	94109	108682	34787	73895	
124019	84278	39741	21539	18202	20000
163689	127942	35747	20235	15512	
338862	139306	199556	79371	120185	220428
659504	386521	272983	123566	149417	13300
341870	111654	230216	38275	191941	67721
85853	40353	45500	8067	37433	12230
173605	46988	126617	32975	93642	11400
491752	124397	367355	43236	324119	1000
292010	168595	123415	40800	82615	15215
101043	54791	46252	14075	32177	3600
250853	142888	107965	53425	54540	38376
430778	173076	257702	79049	178653	185473
267434	48461	218973	37501	181472	30228
40319	26002	14317	5916	8401	16245
342079	155564	186515	89995	96520	16016
454678	244848	209830	113983	95847	149309
225182	60625	164557	45528	119029	52174
199578	91641	107937	21758	86179	53990
328524	138228	190296	35770	154526	119832
93031	49018	44013	11019	32994	35134
163923	43617	120306	20310	99996	29900
63056	19751	43305	33866	9439	
92532	34654	57878	21555	36323	5491

5-26 分地区中央属职业高中公共财政预算

地区	合计	事业费支出	个人部分	工资福利支出	对个人和家庭的补助支出	#助学金
合计	**7299**	**7299**	**4925**	**3738**	**1187**	**1092**
北京						
天津						
河北						
山西						
内蒙古						
辽宁						
吉林						
黑龙江	5731	5731	3833	3738	95	
上海						
江苏						
浙江						
安徽						
福建						
江西						
山东						
河南						
湖北						
湖南						
广东						
广西						
海南						
重庆						
四川	1568	1568	1092		1092	1092
贵州						
云南						
西藏						
陕西						
甘肃						
青海						
宁夏						
新疆						

教育事业费和基本建设支出明细

单位:千元

公用部分	商品和服务支出	其他资本性支出			基本建设支出
			专项公用支出	专项项目支出	
2374	**2139**	**235**	**235**		
1898	1663	235	235		
476	476				

5-27 分地区地方职业高中公共财政预算

地区	合计	事业费支出	个人部分	工资福利支出	对个人和家庭的补助支出	#助学金
合计	**29064948**	**27642990**	**20058137**	**12383784**	**7674353**	**5267989**
北京	906573	839013	542964	414229	128735	5981
天津	38814	38814	36936	19879	17057	1362
河北	1894541	1815195	1421430	972331	449099	320109
山西	884880	805190	614107	406464	207643	165689
内蒙古	1113055	1040096	638715	440949	197766	154592
辽宁	1021115	995774	619668	484376	135292	46059
吉林	672209	672209	469418	236163	233255	121136
黑龙江	751440	731440	609319	343919	265400	71478
上海	678248	678248	514559	424303	90256	10799
江苏	2117284	1896856	1557994	996423	561571	264336
浙江	2720646	2707346	2047842	1356110	691732	450192
安徽	1152720	1084999	743129	446885	296244	239397
福建	432386	420156	334303	234312	99991	68058
江西	602734	591334	417729	201885	215844	187427
山东	2251625	2250625	1758873	1191427	567446	330415
河南	1252672	1237457	945447	523176	422271	372068
湖北	581667	578067	477024	207163	269861	168108
湖南	1199628	1161252	910399	424739	485660	418622
广东	1500804	1315331	884553	706932	177621	136230
广西	457947	427719	160285	90251	70034	34906
海南	132062	115817	75498	56412	19086	16485
重庆	988973	972957	630878	256185	374693	345346
四川	1888555	1739246	1285044	583881	701163	579815
贵州	543231	491057	265875	150083	115792	62470
云南	847951	793961	594383	343717	250666	219555
西藏						
陕西	1279111	1159279	830755	484730	346025	276765
甘肃	440686	405552	312521	183675	128846	88488
青海	291002	261102	97179	73382	23797	22943
宁夏	132799	132799	69743	38234	31509	21497
新疆	289590	284099	191567	91569	99998	67661

教育事业费和基本建设支出明细

单位:千元

公用部分	商品和服务支出	其他资本性支出			基本建设支出
			专项公用支出	专项项目支出	
7584853	**3384169**	**4200684**	**1347313**	**2853371**	**1421958**
296049	183462	112587	37257	75330	67560
1878	1878				
393765	205598	188167	58033	130134	79346
191083	101544	89539	25078	64461	79690
401381	166885	234496	62657	171839	72959
376106	119634	256472	137922	118550	25341
202791	94109	108682	34787	73895	
122121	82615	39506	21304	18202	20000
163689	127942	35747	20235	15512	
338862	139306	199556	79371	120185	220428
659504	386521	272983	123566	149417	13300
341870	111654	230216	38275	191941	67721
85853	40353	45500	8067	37433	12230
173605	46988	126617	32975	93642	11400
491752	124397	367355	43236	324119	1000
292010	168595	123415	40800	82615	15215
101043	54791	46252	14075	32177	3600
250853	142888	107965	53425	54540	38376
430778	173076	257702	79049	178653	185473
267434	48461	218973	37501	181472	30228
40319	26002	14317	5916	8401	16245
342079	155564	186515	89995	96520	16016
454202	244372	209830	113983	95847	149309
225182	60625	164557	45528	119029	52174
199578	91641	107937	21758	86179	53990
328524	138228	190296	35770	154526	119832
93031	49018	44013	11019	32994	35134
163923	43617	120306	20310	99996	29900
63056	19751	43305	33866	9439	
92532	34654	57878	21555	36323	5491

5-28 分地区农村职业高中公共财政预算

地区	合计	事业费支出				
			个人部分			
				工资福利支出	对个人和家庭的补助支出	
						#助学金
合计	**3669151**	**3400617**	**2551619**	**1658005**	**893614**	**692465**
北京	125319	71739	35263	31087	4176	234
天津						
河北	200272	189872	149480	113806	35674	29420
山西	85024	85024	69111	46824	22287	18807
内蒙古	48039	48039	36045	28390	7655	7176
辽宁	48299	48299	24871	14853	10018	7881
吉林	12089	12089	9920	4351	5569	4097
黑龙江	11678	11678	9454	6392	3062	772
上海	11319	11319	8870	8372	498	
江苏	356020	245022	221152	157784	63368	29120
浙江	438214	438214	359352	241907	117445	83116
安徽	362833	340512	232629	148972	83657	70235
福建	56689	56689	42470	31150	11320	9257
江西	43054	43054	28085	13863	14222	11560
山东	194485	194485	177638	120585	57053	34362
河南	254549	243974	189671	127227	62444	47980
湖北	47759	47759	31781	11405	20376	17214
湖南	143356	142556	114083	60023	54060	51500
广东	188671	188671	117588	94019	23569	19022
广西	35716	32326	13793	9173	4620	1770
海南	13499	13499	10955	10020	935	745
重庆	152940	150940	73284	37613	35671	31932
四川	404754	393344	297129	150257	146872	132763
贵州	38520	35050	29333	19563	9770	4220
云南	53893	40393	33894	16440	17454	16919
西藏						
陕西	231316	207546	157204	101546	55658	43836
甘肃	100695	98375	75378	50941	24437	17109
青海						
宁夏						
新疆	10149	10149	3186	1442	1744	1418

教育事业费和基本建设支出明细

单位：千元

公用部分	商品和服务支出	其他资本性支出			基本建设支出
			专项公用支出	专项项目支出	
848998	**415651**	**433347**	**139192**	**294155**	**268534**
36476	25376	11100	11100		53580
40392	26594	13798	5365	8433	10400
15913	9624	6289	2571	3718	
11994	7761	4233	4233		
23428	5755	17673	6834	10839	
2169	2169				
2224	1331	893	893		
2449	1932	517	517		
23870	22366	1504	1304	200	110998
78862	38179	40683	9780	30903	
107883	41678	66205	11697	54508	22321
14219	9709	4510	1842	2668	
14969	2534	12435	4741	7694	
16847	5156	11691	2687	9004	
54303	36209	18094	888	17206	10575
15978	5445	10533	230	10303	
28473	11033	17440	6507	10933	800
71083	33465	37618	6461	31157	
18533	2118	16415	7889	8526	3390
2544	972	1572	670	902	
77656	18697	58959	24931	34028	2000
96215	56546	39669	16902	22767	11410
5717	3670	2047	1003	1044	3470
6499	1946	4553	682	3871	13500
50342	34648	15694	4712	10982	23770
22997	9302	13695	4753	8942	2320
6963	1436	5527		5527	

5-29 分地区技工学校公共财政预算

地区	合计	事业费支出	个人部分	工资福利支出	对个人和家庭的补助支出	#助学金
合计	**8283114**	**7365404**	**4735815**	**2654547**	**2081268**	**1405443**
北京	759656	731427	262542	182228	80314	6827
天津	232124	228624	211802	116435	95367	23812
河北	298816	298816	228997	105873	123124	104598
山西	195511	142341	78131	48438	29693	18233
内蒙古	56553	47803	38505	33047	5458	5424
辽宁	320117	311257	144374	104789	39585	18777
吉林	52458	52458	45611	27282	18329	14463
黑龙江	238235	186684	153295	89115	64180	10420
上海	71848	71848	41323	36125	5198	33
江苏	447874	431015	308734	127835	180899	119625
浙江	331165	329851	210751	152828	57923	31232
安徽	36894	31894	30804	12551	18253	16190
福建	240493	205508	162933	91419	71514	53121
江西	7210	7210	6477	2415	4062	2711
山东	890186	884186	623598	372460	251138	170057
河南	416952	386082	306348	149143	157205	118441
湖北	84552	84552	42790	20641	22149	15613
湖南	146638	146638	137285	78575	58710	42505
广东	1807483	1454759	747358	456215	291143	215743
广西	254150	250719	169766	57285	112481	79606
海南	360161	74076	43692	32016	11676	8111
重庆	139182	137302	88710	35583	53127	49164
四川	270982	255782	212115	44390	167725	159408
贵州	110111	110111	110058	109165	893	893
云南	240518	239736	125812	84573	41239	33873
西藏						
陕西	74237	74237	74237	3531	70706	70348
甘肃	22002	19002	14678	8281	6397	6378
青海						
宁夏						
新疆	177006	171486	115089	72309	42780	9837

教育事业费和基本建设支出明细

单位:千元

公用部分	商品和服务支出	其他资本性支出		基本建设支出
		专项公用支出	专项项目支出	

公用部分	商品和服务支出	其他资本性支出	专项公用支出	专项项目支出	基本建设支出
2629589	**1080908**	**1548681**	**661421**	**887260**	**917710**
468885	141983	326902	297827	29075	28229
16822	15780	1042	1042		3500
69819	24869	44950	4950	40000	
64210	23685	40525	25436	15089	53170
9298	7691	1607	1367	240	8750
166883	63086	103797	17242	86555	8860
6847	6646	201	201		
33389	30533	2856	1856	1000	51551
30525	19358	11167	11167		
122281	35579	86702	12362	74340	16859
119100	59091	60009	23299	36710	1314
1090	1090				5000
42575	22656	19919	19428	491	34985
733	733				
260588	125582	135006	45434	89572	6000
79734	36027	43707	20110	23597	30870
41762	40465	1297	997	300	
9353	3264	6089	777	5312	
707401	234084	473317	108333	364984	352724
80953	32945	48008	30177	17831	3431
30384	22975	7409	3519	3890	286085
48592	30661	17931	9621	8310	1880
43667	21520	22147	5606	16541	15200
53	53				
113924	41902	72022	12291	59731	782
4324	4284	40		40	3000
56397	34366	22031	8379	13652	5520

5-30 分地区中央属技工学校公共财政预算

地区	合计	事业费支出				
			个人部分			
				工资福利支出	对个人和家庭的补助支出	
						#助学金
合计	**38627**	**38627**	**32264**	**12139**	**20125**	**12980**
北京	366	366	366		366	366
天津						
河北						
山西						
内蒙古						
辽宁						
吉林						
黑龙江	22522	22522	18555	8425	10130	3397
上海						
江苏	44	44	44		44	44
浙江						
安徽						
福建						
江西						
山东						
河南						
湖北						
湖南						
广东	10398	10398	8536	3714	4822	4410
广西						
海南						
重庆						
四川	5297	5297	4763		4763	4763
贵州						
云南						
西藏						
陕西						
甘肃						
青海						
宁夏						
新疆						

教育事业费和基本建设支出明细

单位:千元

公用部分	商品和服务支出	其他资本性支出	专项公用支出	专项项目支出	基本建设支出
6363	**6107**	**256**	**256**		
3967	3711	256	256		
1862	1862				
534	534				

5-31　分地区地方技工学校公共财政预算

地　区	合　计	事业费支　出	个　人部　分	工资福利支出	对个人和家庭的补助支出	#助学金
合　计	**8244487**	**7326777**	**4703551**	**2642408**	**2061143**	**1392463**
北　京	759290	731061	262176	182228	79948	6461
天　津	232124	228624	211802	116435	95367	23812
河　北	298816	298816	228997	105873	123124	104598
山　西	195511	142341	78131	48438	29693	18233
内蒙古	56553	47803	38505	33047	5458	5424
辽　宁	320117	311257	144374	104789	39585	18777
吉　林	52458	52458	45611	27282	18329	14463
黑龙江	215713	164162	134740	80690	54050	7023
上　海	71848	71848	41323	36125	5198	33
江　苏	447830	430971	308690	127835	180855	119581
浙　江	331165	329851	210751	152828	57923	31232
安　徽	36894	31894	30804	12551	18253	16190
福　建	240493	205508	162933	91419	71514	53121
江　西	7210	7210	6477	2415	4062	2711
山　东	890186	884186	623598	372460	251138	170057
河　南	416952	386082	306348	149143	157205	118441
湖　北	84552	84552	42790	20641	22149	15613
湖　南	146638	146638	137285	78575	58710	42505
广　东	1797085	1444361	738822	452501	286321	211333
广　西	254150	250719	169766	57285	112481	79606
海　南	360161	74076	43692	32016	11676	8111
重　庆	139182	137302	88710	35583	53127	49164
四　川	265685	250485	207352	44390	162962	154645
贵　州	110111	110111	110058	109165	893	893
云　南	240518	239736	125812	84573	41239	33873
西　藏						
陕　西	74237	74237	74237	3531	70706	70348
甘　肃	22002	19002	14678	8281	6397	6378
青　海						
宁　夏						
新　疆	177006	171486	115089	72309	42780	9837

教育事业费和基本建设支出明细

单位:千元

公用部分	商品和服务支出	其他资本性支出	专项公用支出	专项项目支出	基本建设支出
2623226	**1074801**	**1548425**	**661165**	**887260**	**917710**
468885	141983	326902	297827	29075	28229
16822	15780	1042	1042		3500
69819	24869	44950	4950	40000	
64210	23685	40525	25436	15089	53170
9298	7691	1607	1367	240	8750
166883	63086	103797	17242	86555	8860
6847	6646	201	201		
29422	26822	2600	1600	1000	51551
30525	19358	11167	11167		
122281	35579	86702	12362	74340	16859
119100	59091	60009	23299	36710	1314
1090	1090				5000
42575	22656	19919	19428	491	34985
733	733				
260588	125582	135006	45434	89572	6000
79734	36027	43707	20110	23597	30870
41762	40465	1297	997	300	
9353	3264	6089	777	5312	
705539	232222	473317	108333	364984	352724
80953	32945	48008	30177	17831	3431
30384	22975	7409	3519	3890	286085
48592	30661	17931	9621	8310	1880
43133	20986	22147	5606	16541	15200
53	53				
113924	41902	72022	12291	59731	782
4324	4284	40		40	3000
56397	34366	22031	8379	13652	5520

5-32 分地区成人中等专业学校公共财政预算

地区	合计	事业费支出	个人部分	工资福利支出	对个人和家庭的补助支出	#助学金
合计	**4153103**	**4086297**	**3162818**	**2225262**	**937556**	**286115**
北京	26582	26582	14428	10362	4066	
天津	77083	77083	68583	35804	32779	
河北	319121	319121	276600	236929	39671	2383
山西	153643	152843	131287	103324	27963	1464
内蒙古	137557	127363	103266	98912	4354	55
辽宁	20321	20321	16183	11780	4403	2265
吉林	325195	325195	283469	174690	108779	1652
黑龙江	172588	172588	144723	79546	65177	15618
上海	261701	261701	136179	115063	21116	115
江苏	236184	236184	192947	104049	88898	10198
浙江	278474	271248	190991	143244	47747	5943
安徽	76212	76212	54180	32477	21703	14408
福建	57764	57764	39622	29682	9940	856
江西	78871	78871	62370	48254	14116	672
山东	324687	324687	265465	196334	69131	27420
河南	279805	279805	225917	170041	55876	27219
湖北	109280	107680	72993	30002	42991	26998
湖南	141731	141731	112789	81609	31180	22728
广东	190771	190771	127982	92267	35715	22438
广西	61266	61266	52672	30840	21832	7401
海南	24649	24649	14320	12288	2032	
重庆	143715	138415	79740	45751	33989	29292
四川	308834	281674	215672	127977	87695	54232
贵州	7227	7227	5778	3767	2011	289
云南	97011	97011	80166	77403	2763	
西藏	17719	10969	6162	4218	1944	1341
陕西	101774	101774	88968	67727	21241	3031
甘肃	39439	39439	33752	18453	15299	5884
青海						
宁夏	4761	4761	4089	1890	2199	613
新疆	79138	71362	61525	40579	20946	1600

教育事业费和基本建设支出明细

单位:千元

公用部分	商品和服务支出	其他资本性支出			基本建设支出
			专项公用支出	专项项目支出	
923479	**635463**	**288016**	**101542**	**186474**	**66806**
12154	9130	3024	2094	930	
8500	6311	2189	138	2051	
42521	38029	4492	3658	834	
21556	17881	3675	1215	2460	800
24097	17156	6941	1192	5749	10194
4138	2166	1972	1972		
41726	33616	8110	5509	2601	
27865	27017	848	789	59	
125522	121688	3834	3334	500	
43237	13961	29276	1013	28263	
80257	55839	24418	3985	20433	7226
22032	13682	8350	2516	5834	
18142	7488	10654	365	10289	
16501	8894	7607	1696	5911	
59222	27452	31770	3298	28472	
53888	42238	11650	5488	6162	
34687	6038	28649	649	28000	1600
28942	22245	6697	5652	1045	
62789	31820	30969	11312	19657	
8594	3757	4837	4632	205	
10329	5248	5081	5081		
58675	35951	22724	22724		5300
66002	54573	11429	6578	4851	27160
1449	1429	20	20		
16845	12072	4773	2925	1848	
4807	640	4167	373	3794	6750
12806	10690	2116	1999	117	
5687	4158	1529	120	1409	
672	672				
9837	3622	6215	1215	5000	7776

5-33 分地区中央属成人中等专业学校公共财政预算

地区	合计	事业费支出	个人部分	工资福利支出	对个人和家庭的补助支出	#助学金
合计	**8638**	**8638**	**5728**	**4144**	**1584**	**5**
北京						
天津						
河北						
山西						
内蒙古						
辽宁						
吉林						
黑龙江	7086	7086	4176	2902	1274	5
上海						
江苏						
浙江						
安徽						
福建						
江西						
山东						
河南						
湖北						
湖南						
广东						
广西						
海南						
重庆						
四川						
贵州						
云南						
西藏						
陕西						
甘肃						
青海						
宁夏						
新疆	1552	1552	1552	1242	310	

教育事业费和基本建设支出明细

单位:千元

公用部分	商品和服务支出	其他资本性支出	专项公用支出	专项项目支出	基本建设支出
2910	**2910**				
2910	2910				

5-34 分地区地方成人中等专业学校公共财政预算

地 区	合 计	事业费支出	个人部分	工资福利支出	对个人和家庭的补助支出	#助学金
合 计	4144465	4077659	3157090	2221118	935972	286110
北 京	26582	26582	14428	10362	4066	
天 津	77083	77083	68583	35804	32779	
河 北	319121	319121	276600	236929	39671	2383
山 西	153643	152843	131287	103324	27963	1464
内蒙古	137557	127363	103266	98912	4354	55
辽 宁	20321	20321	16183	11780	4403	2265
吉 林	325195	325195	283469	174690	108779	1652
黑龙江	165502	165502	140547	76644	63903	15613
上 海	261701	261701	136179	115063	21116	115
江 苏	236184	236184	192947	104049	88898	10198
浙 江	278474	271248	190991	143244	47747	5943
安 徽	76212	76212	54180	32477	21703	14408
福 建	57764	57764	39622	29682	9940	856
江 西	78871	78871	62370	48254	14116	672
山 东	324687	324687	265465	196334	69131	27420
河 南	279805	279805	225917	170041	55876	27219
湖 北	109280	107680	72993	30002	42991	26998
湖 南	141731	141731	112789	81609	31180	22728
广 东	190771	190771	127982	92267	35715	22438
广 西	61266	61266	52672	30840	21832	7401
海 南	24649	24649	14320	12288	2032	
重 庆	143715	138415	79740	45751	33989	29292
四 川	308834	281674	215672	127977	87695	54232
贵 州	7227	7227	5778	3767	2011	289
云 南	97011	97011	80166	77403	2763	
西 藏	17719	10969	6162	4218	1944	1341
陕 西	101774	101774	88968	67727	21241	3031
甘 肃	39439	39439	33752	18453	15299	5884
青 海						
宁 夏	4761	4761	4089	1890	2199	613
新 疆	77586	69810	59973	39337	20636	1600

教育事业费和基本建设支出明细

单位:千元

公用部分	商品和服务支出	其他资本性支出	专项公用支出	专项项目支出	基本建设支出
920569	**632553**	**288016**	**101542**	**186474**	**66806**
12154	9130	3024	2094	930	
8500	6311	2189	138	2051	
42521	38029	4492	3658	834	
21556	17881	3675	1215	2460	800
24097	17156	6941	1192	5749	10194
4138	2166	1972	1972		
41726	33616	8110	5509	2601	
24955	24107	848	789	59	
125522	121688	3834	3334	500	
43237	13961	29276	1013	28263	
80257	55839	24418	3985	20433	7226
22032	13682	8350	2516	5834	
18142	7488	10654	365	10289	
16501	8894	7607	1696	5911	
59222	27452	31770	3298	28472	
53888	42238	11650	5488	6162	
34687	6038	28649	649	28000	1600
28942	22245	6697	5652	1045	
62789	31820	30969	11312	19657	
8594	3757	4837	4632	205	
10329	5248	5081	5081		
58675	35951	22724	22724		5300
66002	54573	11429	6578	4851	27160
1449	1429	20	20		
16845	12072	4773	2925	1848	
4807	640	4167	373	3794	6750
12806	10690	2116	1999	117	
5687	4158	1529	120	1409	
672	672				
9837	3622	6215	1215	5000	7776

5-35 分地区中学公共财政预算

地 区	合 计	事业费支出	个人部分	工资福利支出	对个人和家庭的补助支出	#助学金
合 计	**375587894**	**359497018**	**264867162**	**212618322**	**52248840**	**15593247**
北 京	11946837	9734825	5653620	4515288	1138332	89219
天 津	6286131	6233714	5191406	3359027	1832379	7196
河 北	16094862	15786733	12005950	10219829	1786121	599088
山 西	10490996	10032039	7137828	6147035	990793	362893
内蒙古	9560400	8886877	6222612	5467547	755065	490907
辽 宁	12781541	12424197	9005759	7247815	1757944	217164
吉 林	7791447	7707827	5546081	3875340	1670741	213362
黑龙江	9423758	9150550	6860382	4942483	1917899	101446
上 海	10705946	10463013	7624364	6440556	1183808	213139
江 苏	25662617	24643250	21463214	15606305	5856909	846844
浙 江	17939959	17711730	14819330	12080233	2739097	545050
安 徽	13646186	13179004	9030354	7752184	1278170	379718
福 建	10622923	10297869	7897792	6700220	1197572	192690
江 西	8411564	8131329	5757942	4652398	1105544	544769
山 东	26956586	26886570	19604281	16000149	3604132	667747
河 南	19497203	19103856	12921667	10912421	2009246	795530
湖 北	13089734	12721488	9717440	7167215	2550225	545776
湖 南	13275289	12898081	9299948	7989039	1310909	344445
广 东	29660952	27845153	20454444	18213366	2241078	720661
广 西	11011594	10743394	8034872	5644339	2390533	1038583
海 南	3527435	3231001	2046413	1855581	190832	65959
重 庆	8122771	7561529	4833748	4001344	832404	538520
四 川	18534331	17452778	13333557	10924386	2409171	1394037
贵 州	8402088	8239955	6304690	4629453	1675237	406924
云 南	12004999	11307628	8360629	6392638	1967991	1659449
西 藏	1529494	1398464	1126999	818609	308390	219193
陕 西	12677255	12183025	8861911	6837699	2024212	1116607
甘 肃	8897872	8031031	5680748	4398148	1282600	771828
青 海	2900189	2477731	1344696	1177917	166779	130597
宁 夏	2758657	2649838	1406358	1119466	286892	110552
新 疆	11376278	10382539	7318127	5530292	1787835	263354

教育事业费和基本建设支出明细

单位:千元

公用部分	商品和服务支出	其他资本性支出			基本建设支出
			专项公用支出	专项项目支出	
94629856	**52399218**	**42230638**	**10892754**	**31337884**	**16090876**
4081205	2307489	1773716	764107	1009609	2212012
1042308	608187	434121	109082	325039	52417
3780783	2131594	1649189	347886	1301303	308129
2894211	1642738	1251473	295637	955836	458957
2664265	1302498	1361767	328576	1033191	673523
3418438	1908725	1509713	400021	1109692	357344
2161746	1164997	996749	267067	729682	83620
2290168	1488383	801785	313580	488205	273208
2838649	2034691	803958	429020	374938	242933
3180036	2139528	1040508	326070	714438	1019367
2892400	1756949	1135451	245340	890111	228229
4148650	1927602	2221048	389856	1831192	467182
2400077	1157072	1243005	161879	1081126	325054
2373387	1175670	1197717	299353	898364	280235
7282289	2616879	4665410	716010	3949400	70016
6182189	4341667	1840522	526253	1314269	393347
3004048	1775647	1228401	327563	900838	368246
3598133	2119338	1478795	532310	946485	377208
7390709	4570879	2819830	1004666	1815164	1815799
2708522	1247805	1460717	310139	1150578	268200
1184588	466843	717745	139643	578102	296434
2727781	1511365	1216416	391378	825038	561242
4119221	2589461	1529760	379676	1150084	1081553
1935265	1441767	493498	262120	231378	162133
2946999	1456235	1490764	398960	1091804	697371
271465	178699	92766	17359	75407	131030
3321114	1707341	1613773	364359	1249414	494230
2350283	1097201	1253082	243614	1009468	866841
1133035	495071	637964	92421	545543	422458
1243480	320910	922570	207079	715491	108819
3064412	1715987	1348425	301730	1046695	993739

5-36 分地区中央属中学公共财政预算

地区	合计	事业费支出	个人部分	工资福利支出	对个人和家庭的补助支出	#助学金
合计	**1698207**	**1513563**	**1083310**	**880145**	**203165**	**47547**
北京	211392	211392	123901	76638	47263	85
天津						
河北						
山西	130	130				
内蒙古						
辽宁						
吉林	35922	35922	28351	17879	10472	
黑龙江	64626	63343	34928	24317	10611	889
上海	21454	21454	21454	21454		
江苏						
浙江						
安徽	7493	7493	7493	7493		
福建						
江西						
山东						
河南						
湖北	25247	25247	19963	13678	6285	125
湖南						
广东	17872	17872	13180	12566	614	614
广西						
海南	3167	3167	2395	2395		
重庆	24636	24636	20539	15989	4550	
四川	18098	18098	14607	14529	78	78
贵州						
云南						
西藏						
陕西	536	536	536	536		
甘肃						
青海						
宁夏						
新疆	1267634	1084273	795963	672671	123292	45756

教育事业费和基本建设支出明细

单位：千元

公用部分	商品和服务支出	其他资本性支出			基本建设支出
			专项公用支出	专项项目支出	
430253	**205566**	**224687**	**49094**	**175593**	**184644**
87491	29297	58194	8564	49630	
130	130				
7571	7195	376	226	150	
28415	23558	4857	2611	2246	1283
5284	4618	666	366	300	
4692	3591	1101	182	919	
772	646	126	126		
4097	3670	427	427		
3491	3491				
288310	129370	158940	36592	122348	183361

5-37 分地区地方中学公共财政预算

地区	合计	事业费支出	个人部分	工资福利支出	对个人和家庭的补助支出	#助学金
合计	**373889687**	**357983455**	**263783852**	**211738177**	**52045675**	**15545700**
北京	11735445	9523433	5529719	4438650	1091069	89134
天津	6286131	6233714	5191406	3359027	1832379	7196
河北	16094862	15786733	12005950	10219829	1786121	599088
山西	10490866	10031909	7137828	6147035	990793	362893
内蒙古	9560400	8886877	6222612	5467547	755065	490907
辽宁	12781541	12424197	9005759	7247815	1757944	217164
吉林	7755525	7671905	5517730	3857461	1660269	213362
黑龙江	9359132	9087207	6825454	4918166	1907288	100557
上海	10684492	10441559	7602910	6419102	1183808	213139
江苏	25662617	24643250	21463214	15606305	5856909	846844
浙江	17939959	17711730	14819330	12080233	2739097	545050
安徽	13638693	13171511	9022861	7744691	1278170	379718
福建	10622923	10297869	7897792	6700220	1197572	192690
江西	8411564	8131329	5757942	4652398	1105544	544769
山东	26956586	26886570	19604281	16000149	3604132	667747
河南	19497203	19103856	12921667	10912421	2009246	795530
湖北	13064487	12696241	9697477	7153537	2543940	545651
湖南	13275289	12898081	9299948	7989039	1310909	344445
广东	29643080	27827281	20441264	18200800	2240464	720047
广西	11011594	10743394	8034872	5644339	2390533	1038583
海南	3524268	3227834	2044018	1853186	190832	65959
重庆	8098135	7536893	4813209	3985355	827854	538520
四川	18516233	17434680	13318950	10909857	2409093	1393959
贵州	8402088	8239955	6304690	4629453	1675237	406924
云南	12004999	11307628	8360629	6392638	1967991	1659449
西藏	1529494	1398464	1126999	818609	308390	219193
陕西	12676719	12182489	8861375	6837163	2024212	1116607
甘肃	8897872	8031031	5680748	4398148	1282600	771828
青海	2900189	2477731	1344696	1177917	166779	130597
宁夏	2758657	2649838	1406358	1119466	286892	110552
新疆	10108644	9298266	6522164	4857621	1664543	217598

教育事业费和基本建设支出明细

单位:千元

公用部分	商品和服务支出	其他资本性支出			基本建设支出
			专项公用支出	专项项目支出	
94199603	**52193652**	**42005951**	**10843660**	**31162291**	**15906232**
3993714	2278192	1715522	755543	959979	2212012
1042308	608187	434121	109082	325039	52417
3780783	2131594	1649189	347886	1301303	308129
2894081	1642608	1251473	295637	955836	458957
2664265	1302498	1361767	328576	1033191	673523
3418438	1908725	1509713	400021	1109692	357344
2154175	1157802	996373	266841	729532	83620
2261753	1464825	796928	310969	485959	271925
2838649	2034691	803958	429020	374938	242933
3180036	2139528	1040508	326070	714438	1019367
2892400	1756949	1135451	245340	890111	228229
4148650	1927602	2221048	389856	1831192	467182
2400077	1157072	1243005	161879	1081126	325054
2373387	1175670	1197717	299353	898364	280235
7282289	2616879	4665410	716010	3949400	70016
6182189	4341667	1840522	526253	1314269	393347
2998764	1771029	1227735	327197	900538	368246
3598133	2119338	1478795	532310	946485	377208
7386017	4567288	2818729	1004484	1814245	1815799
2708522	1247805	1460717	310139	1150578	268200
1183816	466197	717619	139517	578102	296434
2723684	1507695	1215989	390951	825038	561242
4115730	2585970	1529760	379676	1150084	1081553
1935265	1441767	493498	262120	231378	162133
2946999	1456235	1490764	398960	1091804	697371
271465	178699	92766	17359	75407	131030
3321114	1707341	1613773	364359	1249414	494230
2350283	1097201	1253082	243614	1009468	866841
1133035	495071	637964	92421	545543	422458
1243480	320910	922570	207079	715491	108819
2776102	1586617	1189485	265138	924347	810378

5-38 分地区普通中学公共财政预算

地 区	合 计	事业费支出	个人部分	工资福利支出	对个人和家庭的补助支出	#助学金
合 计	**375327608**	**359236732**	**264682477**	**212462383**	**52220094**	**15590898**
北 京	11946837	9734825	5653620	4515288	1138332	89219
天 津	6270817	6218400	5176156	3346105	1830051	7196
河 北	16092823	15784694	12004165	10218112	1786053	599088
山 西	10490996	10032039	7137828	6147035	990793	362893
内蒙古	9560400	8886877	6222612	5467547	755065	490907
辽 宁	12781541	12424197	9005759	7247815	1757944	217164
吉 林	7789191	7705571	5543948	3874729	1669219	213362
黑龙江	9423758	9150550	6860382	4942483	1917899	101446
上 海	10646149	10403216	7589129	6411792	1177337	212758
江 苏	25647451	24628084	21451055	15597203	5853852	846844
浙 江	17813477	17585248	14724593	11998372	2726221	543314
安 徽	13646186	13179004	9030354	7752184	1278170	379718
福 建	10619306	10294252	7894735	6697720	1197015	192690
江 西	8411564	8131329	5757942	4652398	1105544	544769
山 东	26956586	26886570	19604281	16000149	3604132	667747
河 南	19475139	19081792	12910398	10901199	2009199	795530
湖 北	13088447	12720201	9716153	7166158	2549995	545776
湖 南	13275289	12898081	9299948	7989039	1310909	344445
广 东	29656368	27840569	20450680	18209903	2240777	720429
广 西	11011594	10743394	8034872	5644339	2390533	1038583
海 南	3527435	3231001	2046413	1855581	190832	65959
重 庆	8122360	7561118	4833667	4001263	832404	538520
四 川	18529867	17448314	13332403	10923332	2409071	1394037
贵 州	8402088	8239955	6304690	4629453	1675237	406924
云 南	12004999	11307628	8360629	6392638	1967991	1659449
西 藏	1529494	1398464	1126999	818609	308390	219193
陕 西	12676741	12182511	8861428	6837219	2024209	1116607
甘 肃	8897872	8031031	5680748	4398148	1282600	771828
青 海	2900189	2477731	1344696	1177917	166779	130597
宁 夏	2758657	2649838	1406358	1119466	286892	110552
新 疆	11373987	10380248	7315836	5529187	1786649	263354

教育事业费和基本建设支出明细

单位:千元

公用部分	商品和服务支出	其他资本性支出			基本建设支出
			专项公用支出	专项项目支出	
94554255	**52338947**	**42215308**	**10880351**	**31334957**	**16090876**
4081205	2307489	1773716	764107	1009609	2212012
1042244	608123	434121	109082	325039	52417
3780529	2131393	1649136	347833	1301303	308129
2894211	1642738	1251473	295637	955836	458957
2664265	1302498	1361767	328576	1033191	673523
3418438	1908725	1509713	400021	1109692	357344
2161623	1164874	996749	267067	729682	83620
2290168	1488383	801785	313580	488205	273208
2814087	2012442	801645	426707	374938	242933
3177029	2136758	1040271	325844	714427	1019367
2860655	1727885	1132770	243575	889195	228229
4148650	1927602	2221048	389856	1831192	467182
2399517	1156553	1242964	161838	1081126	325054
2373387	1175670	1197717	299353	898364	280235
7282289	2616879	4665410	716010	3949400	70016
6171394	4337633	1833761	521492	1312269	393347
3004048	1775647	1228401	327563	900838	368246
3598133	2119338	1478795	532310	946485	377208
7389889	4570337	2819552	1004388	1815164	1815799
2708522	1247805	1460717	310139	1150578	268200
1184588	466843	717745	139643	578102	296434
2727451	1511035	1216416	391378	825038	561242
4115911	2589117	1526794	376710	1150084	1081553
1935265	1441767	493498	262120	231378	162133
2946999	1456235	1490764	398960	1091804	697371
271465	178699	92766	17359	75407	131030
3321083	1707310	1613773	364359	1249414	494230
2350283	1097201	1253082	243614	1009468	866841
1133035	495071	637964	92421	545543	422458
1243480	320910	922570	207079	715491	108819
3064412	1715987	1348425	301730	1046695	993739

5-39 分地区中央属普通中学公共财政预算

地区	合计	事业费支出	个人部分	工资福利支出	对个人和家庭的补助支出	#助学金
合计	**1698207**	**1513563**	**1083310**	**880145**	**203165**	**47547**
北京	211392	211392	123901	76638	47263	85
天津						
河北						
山西	130	130				
内蒙古						
辽宁						
吉林	35922	35922	28351	17879	10472	
黑龙江	64626	63343	34928	24317	10611	889
上海	21454	21454	21454	21454		
江苏						
浙江						
安徽	7493	7493	7493	7493		
福建						
江西						
山东						
河南						
湖北	25247	25247	19963	13678	6285	125
湖南						
广东	17872	17872	13180	12566	614	614
广西						
海南	3167	3167	2395	2395		
重庆	24636	24636	20539	15989	4550	
四川	18098	18098	14607	14529	78	78
贵州						
云南						
西藏						
陕西	536	536	536	536		
甘肃						
青海						
宁夏						
新疆	1267634	1084273	795963	672671	123292	45756

教育事业费和基本建设支出明细

单位:千元

公用部分	商品和服务支出	其他资本性支出	专项公用支出	专项项目支出	基本建设支出
430253	**205566**	**224687**	**49094**	**175593**	**184644**
87491	29297	58194	8564	49630	
130	130				
7571	7195	376	226	150	
28415	23558	4857	2611	2246	1283
5284	4618	666	366	300	
4692	3591	1101	182	919	
772	646	126	126		
4097	3670	427	427		
3491	3491				
288310	129370	158940	36592	122348	183361

5-40 分地区地方普通中学公共财政预算

地 区	合 计	事业费支出	个人部分	工资福利支出	对个人和家庭的补助支出	#助学金
合 计	**373629401**	**357723169**	**263599167**	**211582238**	**52016929**	**15543351**
北 京	11735445	9523433	5529719	4438650	1091069	89134
天 津	6270817	6218400	5176156	3346105	1830051	7196
河 北	16092823	15784694	12004165	10218112	1786053	599088
山 西	10490866	10031909	7137828	6147035	990793	362893
内蒙古	9560400	8886877	6222612	5467547	755065	490907
辽 宁	12781541	12424197	9005759	7247815	1757944	217164
吉 林	7753269	7669649	5515597	3856850	1658747	213362
黑龙江	9359132	9087207	6825454	4918166	1907288	100557
上 海	10624695	10381762	7567675	6390338	1177337	212758
江 苏	25647451	24628084	21451055	15597203	5853852	846844
浙 江	17813477	17585248	14724593	11998372	2726221	543314
安 徽	13638693	13171511	9022861	7744691	1278170	379718
福 建	10619306	10294252	7894735	6697720	1197015	192690
江 西	8411564	8131329	5757942	4652398	1105544	544769
山 东	26956586	26886570	19604281	16000149	3604132	667747
河 南	19475139	19081792	12910398	10901199	2009199	795530
湖 北	13063200	12694954	9696190	7152480	2543710	545651
湖 南	13275289	12898081	9299948	7989039	1310909	344445
广 东	29638496	27822697	20437500	18197337	2240163	719815
广 西	11011594	10743394	8034872	5644339	2390533	1038583
海 南	3524268	3227834	2044018	1853186	190832	65959
重 庆	8097724	7536482	4813128	3985274	827854	538520
四 川	18511769	17430216	13317796	10908803	2408993	1393959
贵 州	8402088	8239955	6304690	4629453	1675237	406924
云 南	12004999	11307628	8360629	6392638	1967991	1659449
西 藏	1529494	1398464	1126999	818609	308390	219193
陕 西	12676205	12181975	8860892	6836683	2024209	1116607
甘 肃	8897872	8031031	5680748	4398148	1282600	771828
青 海	2900189	2477731	1344696	1177917	166779	130597
宁 夏	2758657	2649838	1406358	1119466	286892	110552
新 疆	10106353	9295975	6519873	4856516	1663357	217598

教育事业费和基本建设支出明细

单位:千元

公用部分	商品和服务支出	其他资本性支出	专项公用支出	专项项目支出	基本建设支出
94124002	**52133381**	**41990621**	**10831257**	**31159364**	**15906232**
3993714	2278192	1715522	755543	959979	2212012
1042244	608123	434121	109082	325039	52417
3780529	2131393	1649136	347833	1301303	308129
2894081	1642608	1251473	295637	955836	458957
2664265	1302498	1361767	328576	1033191	673523
3418438	1908725	1509713	400021	1109692	357344
2154052	1157679	996373	266841	729532	83620
2261753	1464825	796928	310969	485959	271925
2814087	2012442	801645	426707	374938	242933
3177029	2136758	1040271	325844	714427	1019367
2860655	1727885	1132770	243575	889195	228229
4148650	1927602	2221048	389856	1831192	467182
2399517	1156553	1242964	161838	1081126	325054
2373387	1175670	1197717	299353	898364	280235
7282289	2616879	4665410	716010	3949400	70016
6171394	4337633	1833761	521492	1312269	393347
2998764	1771029	1227735	327197	900538	368246
3598133	2119338	1478795	532310	946485	377208
7385197	4566746	2818451	1004206	1814245	1815799
2708522	1247805	1460717	310139	1150578	268200
1183816	466197	717619	139517	578102	296434
2723354	1507365	1215989	390951	825038	561242
4112420	2585626	1526794	376710	1150084	1081553
1935265	1441767	493498	262120	231378	162133
2946999	1456235	1490764	398960	1091804	697371
271465	178699	92766	17359	75407	131030
3321083	1707310	1613773	364359	1249414	494230
2350283	1097201	1253082	243614	1009468	866841
1133035	495071	637964	92421	545543	422458
1243480	320910	922570	207079	715491	108819
2776102	1586617	1189485	265138	924347	810378

5-41 分地区普通高中公共财政预算

地区	合计	事业费支出	个人部分	工资福利支出	对个人和家庭的补助支出	#助学金
合计	**106342842**	**100311949**	**76409087**	**62416356**	**13992731**	**3081524**
北京	4774322	3794022	2159504	1705788	453716	24715
天津	2310227	2283147	1910358	1197286	713072	4712
河北	4697106	4637631	3638471	3142446	496025	145051
山西	3175860	2940801	2167929	1885409	282520	58888
内蒙古	3100861	2803772	1889750	1734765	154985	92415
辽宁	3562773	3385379	2611262	2107264	503998	58274
吉林	2274769	2274769	1631176	1146130	485046	48453
黑龙江	2309248	2269711	1732299	1256846	475453	45597
上海	3454004	3375435	2466261	2121930	344331	37291
江苏	7442213	6840112	6077827	4521269	1556558	144706
浙江	4685652	4569902	3613887	2992410	621477	52137
安徽	3321101	3220263	2435042	2068831	366211	106944
福建	3469146	3368910	2734672	2325921	408751	19686
江西	2071386	1975254	1547652	1223915	323737	158940
山东	7367608	7356208	5812059	4807604	1004455	168515
河南	4484352	4350242	3283582	2853379	430203	167592
湖北	3011239	2919459	2369759	1759941	609818	134547
湖南	3294807	3180967	2640035	2298381	341654	64523
广东	11058734	10093287	7204137	6581412	622725	53356
广西	2429884	2393062	1877204	1358267	518937	113047
海南	1192930	981997	589595	543201	46394	11777
重庆	2367007	2115596	1390140	1156479	233661	145885
四川	3936711	3641618	3038544	2499861	538683	245536
贵州	1884949	1872497	1585751	1136075	449676	35729
云南	2677969	2581342	1968036	1804693	163343	83084
西藏	424506	304735	249501	190858	58643	34441
陕西	3922146	3848036	2950987	2171257	779730	528215
甘肃	2623345	2367374	1790264	1468731	321533	138977
青海	1066297	881299	489492	448716	40776	31267
宁夏	900200	894686	461990	373203	88787	27485
新疆	3051490	2790436	2091921	1534088	557833	99739

教育事业费和基本建设支出明细

单位:千元

公用部分	商品和服务支出	其他资本性支出	专项公用支出	专项项目支出	基本建设支出
23902862	**11085215**	**12817647**	**3317824**	**9499823**	**6030893**
1634518	927168	707350	307056	400294	980300
372789	215703	157086	48371	108715	27080
999160	492431	506729	90556	416173	59475
772872	364436	408436	96716	311720	235059
914022	397143	516879	165277	351602	297089
774117	399842	374275	150036	224239	177394
643593	314651	328942	97916	231026	
537412	326651	210761	87219	123542	39537
909174	594765	314409	134440	179969	78569
762285	414014	348271	89480	258791	602101
956015	500812	455203	76541	378662	115750
785221	243117	542104	81400	460704	100838
634238	332335	301903	44656	257247	100236
427602	168938	258664	49035	209629	96132
1544149	321577	1222572	104612	1117960	11400
1066660	627769	438891	124187	314704	134110
549700	277994	271706	75791	195915	91780
540932	288392	252540	102953	149587	113840
2889150	1371615	1517535	484172	1033363	965447
515858	217330	298528	103761	194767	36822
392402	123770	268632	53436	215196	210933
725456	326090	399366	149902	249464	251411
603074	323731	279343	77205	202138	295093
286746	165227	121519	48979	72540	12452
613306	261035	352271	95725	256546	96627
55234	39558	15676	3576	12100	119771
897049	344752	552297	102358	449939	74110
577110	227043	350067	67598	282469	255971
391807	90067	301740	20630	281110	184998
432696	82626	350070	87363	262707	5514
698515	304633	393882	96877	297005	261054

5-42 分地区中央属普通高中公共财政预算

地区	合计	事业费支出	个人部分	工资福利支出	对个人和家庭的补助支出	#助学金
合计	**653767**	**619545**	**448656**	**351254**	**97402**	**7715**
北京	179382	179382	99260	58557	40703	81
天津						
河北						
山西						
内蒙古						
辽宁						
吉林	34844	34844	27993	17879	10114	
黑龙江	28757	28757	15741	7331	8410	482
上海	21454	21454	21454	21454		
江苏						
浙江						
安徽	4336	4336	4336	4336		
福建						
江西						
山东						
河南						
湖北	16762	16762	13253	9080	4173	83
湖南						
广东	14825	14825	11806	11192	614	614
广西						
海南	2000	2000	1512	1512		
重庆	16957	16957	14137	11005	3132	
四川	9479	9479	7627	7586	41	41
贵州						
云南						
西藏						
陕西	536	536	536	536		
甘肃						
青海						
宁夏						
新疆	324435	290213	231001	200786	30215	6414

教育事业费和基本建设支出明细

单位:千元

公用部分	商品和服务支出	其他资本性支出			基本建设支出
			专项公用支出	专项项目支出	
170889	**78524**	**92365**	**19650**	**72715**	**34222**
80122	23596	56526	8265	48261	
6851	6661	190	40	150	
13016	11030	1986	799	1187	
3509	3066	443	243	200	
3019	3019				
488	408	80	80		
2820	2526	294	294		
1852	1852				
59212	26366	32846	9929	22917	34222

5-43　分地区地方普通高中公共财政预算

地　区	合　计	事业费支出	个人部分	工资福利支出	对个人和家庭的补助支出	#助学金
合　计	**105689075**	**99692404**	**75960431**	**62065102**	**13895329**	**3073809**
北　京	4594940	3614640	2060244	1647231	413013	24634
天　津	2310227	2283147	1910358	1197286	713072	4712
河　北	4697106	4637631	3638471	3142446	496025	145051
山　西	3175860	2940801	2167929	1885409	282520	58888
内蒙古	3100861	2803772	1889750	1734765	154985	92415
辽　宁	3562773	3385379	2611262	2107264	503998	58274
吉　林	2239925	2239925	1603183	1128251	474932	48453
黑龙江	2280491	2240954	1716558	1249515	467043	45115
上　海	3432550	3353981	2444807	2100476	344331	37291
江　苏	7442213	6840112	6077827	4521269	1556558	144706
浙　江	4685652	4569902	3613887	2992410	621477	52137
安　徽	3316765	3215927	2430706	2064495	366211	106944
福　建	3469146	3368910	2734672	2325921	408751	19686
江　西	2071386	1975254	1547652	1223915	323737	158940
山　东	7367608	7356208	5812059	4807604	1004455	168515
河　南	4484352	4350242	3283582	2853379	430203	167592
湖　北	2994477	2902697	2356506	1750861	605645	134464
湖　南	3294807	3180967	2640035	2298381	341654	64523
广　东	11043909	10078462	7192331	6570220	622111	52742
广　西	2429884	2393062	1877204	1358267	518937	113047
海　南	1190930	979997	588083	541689	46394	11777
重　庆	2350050	2098639	1376003	1145474	230529	145885
四　川	3927232	3632139	3030917	2492275	538642	245495
贵　州	1884949	1872497	1585751	1136075	449676	35729
云　南	2677969	2581342	1968036	1804693	163343	83084
西　藏	424506	304735	249501	190858	58643	34441
陕　西	3921610	3847500	2950451	2170721	779730	528215
甘　肃	2623345	2367374	1790264	1468731	321533	138977
青　海	1066297	881299	489492	448716	40776	31267
宁　夏	900200	894686	461990	373203	88787	27485
新　疆	2727055	2500223	1860920	1333302	527618	93325

教育事业费和基本建设支出明细

单位:千元

公用部分	商品和服务支出	其他资本性支出	专项公用支出	专项项目支出	基本建设支出
23731973	**11006691**	**12725282**	**3298174**	**9427108**	**5996671**
1554396	903572	650824	298791	352033	980300
372789	215703	157086	48371	108715	27080
999160	492431	506729	90556	416173	59475
772872	364436	408436	96716	311720	235059
914022	397143	516879	165277	351602	297089
774117	399842	374275	150036	224239	177394
636742	307990	328752	97876	230876	
524396	315621	208775	86420	122355	39537
909174	594765	314409	134440	179969	78569
762285	414014	348271	89480	258791	602101
956015	500812	455203	76541	378662	115750
785221	243117	542104	81400	460704	100838
634238	332335	301903	44656	257247	100236
427602	168938	258664	49035	209629	96132
1544149	321577	1222572	104612	1117960	11400
1066660	627769	438891	124187	314704	134110
546191	274928	271263	75548	195715	91780
540932	288392	252540	102953	149587	113840
2886131	1368596	1517535	484172	1033363	965447
515858	217330	298528	103761	194767	36822
391914	123362	268552	53356	215196	210933
722636	323564	399072	149608	249464	251411
601222	321879	279343	77205	202138	295093
286746	165227	121519	48979	72540	12452
613306	261035	352271	95725	256546	96627
55234	39558	15676	3576	12100	119771
897049	344752	552297	102358	449939	74110
577110	227043	350067	67598	282469	255971
391807	90067	301740	20630	281110	184998
432696	82626	350070	87363	262707	5514
639303	278267	361036	86948	274088	226832

5-44 分地区农村高中公共财政预算

地区	合计	事业费支出	个人部分	工资福利支出	对个人和家庭的补助支出	#助学金
合计	**15137483**	**14760508**	**11937708**	**9805830**	**2131878**	**872479**
北京	325021	309412	198766	179210	19556	983
天津	376242	349162	308188	235576	72612	291
河北	512318	512318	424135	386589	37546	13779
山西	156492	155992	134166	119303	14863	4176
内蒙古	147711	147193	108665	98002	10663	5894
辽宁	339762	275622	169427	128919	40508	4173
吉林	119802	119802	104478	81906	22572	3323
黑龙江	46351	46351	37351	29011	8340	1349
上海	104917	104917	81997	72786	9211	2288
江苏	1477163	1466130	1336961	1063770	273191	38346
浙江	1024634	1024634	853144	728045	125099	8771
安徽	769587	758087	549372	477134	72238	24826
福建	1222368	1208107	979364	854689	124675	8023
江西	138150	138150	116208	91476	24732	16534
山东	696072	696072	604254	497505	106749	17176
河南	556118	555838	443702	383850	59852	22185
湖北	492840	490570	408387	325174	83213	31893
湖南	686348	684320	577065	536081	40984	17204
广东	1426727	1426407	1022675	926477	96198	11763
广西	227834	227792	199138	147787	51351	13074
海南	84659	78278	62294	59827	2467	700
重庆	605503	592779	424644	348036	76608	59365
四川	912368	896549	731742	613507	118235	75073
贵州	270826	266652	217237	166538	50699	10479
云南	328382	323950	250710	218109	32601	20743
西藏						
陕西	1152840	1116569	1005628	543623	462005	414928
甘肃	601203	510236	391594	331165	60429	33713
青海	43270	28021	25561	23751	1810	1414
宁夏	14105	14105	12239	7334	4905	196
新疆	277870	236493	158616	130650	27966	9817

教育事业费和基本建设支出明细

单位:千元

公用部分	商品和服务支出	其他资本性支出			基本建设支出
			专项公用支出	专项项目支出	
2822800	**1433480**	**1389320**	**319590**	**1069730**	**376975**
110646	88278	22368	16722	5646	15609
40974	36963	4011	1824	2187	27080
88183	68018	20165	7398	12767	
21826	11828	9998	3886	6112	500
38528	17981	20547	7453	13094	518
106195	30194	76001	25308	50693	64140
15324	12594	2730	196	2534	
9000	6800	2200	1447	753	
22920	19832	3088	3087	1	
129169	74731	54438	11187	43251	11033
171490	69561	101929	10284	91645	
208715	72858	135857	16306	119551	11500
228743	116625	112118	12610	99508	14261
21942	13175	8767	978	7789	
91818	20839	70979	5577	65402	
112136	63174	48962	4824	44138	280
82183	46772	35411	19666	15745	2270
107255	61166	46089	17893	28196	2028
403732	208303	195429	43895	151534	320
28654	16670	11984	3633	8351	42
15984	11832	4152	1097	3055	6381
168135	85950	82185	27499	54686	12724
164807	68924	95883	18987	76896	15819
49415	30854	18561	7076	11485	4174
73240	37249	35991	8585	27406	4432
110941	61293	49648	15370	34278	36271
118642	55010	63632	19251	44381	90967
2460	2106	354	354		15249
1866	1828	38	38		
77877	22072	55805	7159	48646	41377

5-45 分地区中央属农村高中公共财政预算

地区	合计	事业费支出	个人部分	工资福利支出	对个人和家庭的补助支出	#助学金
合计	**156120**	**130167**	**90638**	**79938**	**10700**	**6010**
北京						
天津						
河北						
山西						
内蒙古						
辽宁						
吉林						
黑龙江						
上海						
江苏						
浙江						
安徽						
福建						
江西						
山东						
河南						
湖北						
湖南						
广东	8989	8989	5970	5356	614	614
广西						
海南	2000	2000	1512	1512		
重庆						
四川						
贵州						
云南						
西藏						
陕西						
甘肃						
青海						
宁夏						
新疆	145131	119178	83156	73070	10086	5396

教育事业费和基本建设支出明细

单位：千元

公用部分	商品和服务支出	其他资本性支出			基本建设支出
			专项公用支出	专项项目支出	
39529	**13529**	**26000**	**4562**	**21438**	**25953**
3019	3019				
488	408	80	80		
36022	10102	25920	4482	21438	25953

5-46 分地区地方农村高中公共财政预算

地区	合计	事业费支出	个人部分	工资福利支出	对个人和家庭的补助支出	#助学金
合计	**14981363**	**14630341**	**11847070**	**9725892**	**2121178**	**866469**
北京	325021	309412	198766	179210	19556	983
天津	376242	349162	308188	235576	72612	291
河北	512318	512318	424135	386589	37546	13779
山西	156492	155992	134166	119303	14863	4176
内蒙古	147711	147193	108665	98002	10663	5894
辽宁	339762	275622	169427	128919	40508	4173
吉林	119802	119802	104478	81906	22572	3323
黑龙江	46351	46351	37351	29011	8340	1349
上海	104917	104917	81997	72786	9211	2288
江苏	1477163	1466130	1336961	1063770	273191	38346
浙江	1024634	1024634	853144	728045	125099	8771
安徽	769587	758087	549372	477134	72238	24826
福建	1222368	1208107	979364	854689	124675	8023
江西	138150	138150	116208	91476	24732	16534
山东	696072	696072	604254	497505	106749	17176
河南	556118	555838	443702	383850	59852	22185
湖北	492840	490570	408387	325174	83213	31893
湖南	686348	684320	577065	536081	40984	17204
广东	1417738	1417418	1016705	921121	95584	11149
广西	227834	227792	199138	147787	51351	13074
海南	82659	76278	60782	58315	2467	700
重庆	605503	592779	424644	348036	76608	59365
四川	912368	896549	731742	613507	118235	75073
贵州	270826	266652	217237	166538	50699	10479
云南	328382	323950	250710	218109	32601	20743
西藏						
陕西	1152840	1116569	1005628	543623	462005	414928
甘肃	601203	510236	391594	331165	60429	33713
青海	43270	28021	25561	23751	1810	1414
宁夏	14105	14105	12239	7334	4905	196
新疆	132739	117315	75460	57580	17880	4421

教育事业费和基本建设支出明细

单位:千元

公用部分	商品和服务支出	其他资本性支出			基本建设支出
			专项公用支出	专项项目支出	
2783271	**1419951**	**1363320**	**315028**	**1048292**	**351022**
110646	88278	22368	16722	5646	15609
40974	36963	4011	1824	2187	27080
88183	68018	20165	7398	12767	
21826	11828	9998	3886	6112	500
38528	17981	20547	7453	13094	518
106195	30194	76001	25308	50693	64140
15324	12594	2730	196	2534	
9000	6800	2200	1447	753	
22920	19832	3088	3087	1	
129169	74731	54438	11187	43251	11033
171490	69561	101929	10284	91645	
208715	72858	135857	16306	119551	11500
228743	116625	112118	12610	99508	14261
21942	13175	8767	978	7789	
91818	20839	70979	5577	65402	
112136	63174	48962	4824	44138	280
82183	46772	35411	19666	15745	2270
107255	61166	46089	17893	28196	2028
400713	205284	195429	43895	151534	320
28654	16670	11984	3633	8351	42
15496	11424	4072	1017	3055	6381
168135	85950	82185	27499	54686	12724
164807	68924	95883	18987	76896	15819
49415	30854	18561	7076	11485	4174
73240	37249	35991	8585	27406	4432
110941	61293	49648	15370	34278	36271
118642	55010	63632	19251	44381	90967
2460	2106	354	354		15249
1866	1828	38	38		
41855	11970	29885	2677	27208	15424

5-47 分地区普通初中公共财政预算

地区	合计	事业费支出	个人部分	工资福利支出	对个人和家庭的补助支出	#助学金
合计	**268984766**	**258924783**	**188273390**	**150046027**	**38227363**	**12509374**
北京	7172515	5940803	3494116	2809500	684616	64504
天津	3960590	3935253	3265798	2148819	1116979	2484
河北	11395717	11147063	8365694	7075666	1290028	454037
山西	7315136	7091238	4969899	4261626	708273	304005
内蒙古	6459539	6083105	4332862	3732782	600080	398492
辽宁	9218768	9038818	6394497	5140551	1253946	158890
吉林	5514422	5430802	3912772	2728599	1184173	164909
黑龙江	7114510	6880839	5128083	3685637	1442446	55849
上海	7192145	7027781	5122868	4289862	833006	175467
江苏	18205238	17787972	15373228	11075934	4297294	702138
浙江	13127825	13015346	11110706	9005962	2104744	491177
安徽	10325085	9958741	6595312	5683353	911959	272774
福建	7150160	6925342	5160063	4371799	788264	173004
江西	6340178	6156075	4210290	3428483	781807	385829
山东	19588978	19530362	13792222	11192545	2599677	499232
河南	14990787	14731550	9626816	8047820	1578996	627938
湖北	10077208	9800742	7346394	5406217	1940177	411229
湖南	9980482	9717114	6659913	5690658	969255	279922
广东	18597634	17747282	13246543	11628491	1618052	667073
广西	8581710	8350332	6157668	4286072	1871596	925536
海南	2334505	2249004	1456818	1312380	144438	54182
重庆	5755353	5445522	3443527	2844784	598743	392635
四川	14593156	13806696	10293859	8423471	1870388	1148501
贵州	6517139	6367458	4718939	3493378	1225561	371195
云南	9327030	8726286	6392593	4587945	1804648	1576365
西藏	1104988	1093729	877498	627751	249747	184752
陕西	8754595	8334475	5910441	4665962	1244479	588392
甘肃	6274527	5663657	3890484	2929417	961067	632851
青海	1833892	1596432	855204	729201	126003	99330
宁夏	1858457	1755152	944368	746263	198105	83067
新疆	8322497	7589812	5223915	3995099	1228816	163615

教育事业费和基本建设支出明细

单位：千元

公用部分	商品和服务支出	其他资本性支出			基本建设支出
			专项公用支出	专项项目支出	
70651393	**41253732**	**29397661**	**7562527**	**21835134**	**10059983**
2446687	1380321	1066366	457051	609315	1231712
669455	392420	277035	60711	216324	25337
2781369	1638962	1142407	257277	885130	248654
2121339	1278302	843037	198921	644116	223898
1750243	905355	844888	163299	681589	376434
2644321	1508883	1135438	249985	885453	179950
1518030	850223	667807	169151	498656	83620
1752756	1161732	591024	226361	364663	233671
1904913	1417677	487236	292267	194969	164364
2414744	1722744	692000	236364	455636	417266
1904640	1227073	677567	167034	510533	112479
3363429	1684485	1678944	308456	1370488	366344
1765279	824218	941061	117182	823879	224818
1945785	1006732	939053	250318	688735	184103
5738140	2295302	3442838	611398	2831440	58616
5104734	3709864	1394870	397305	997565	259237
2454348	1497653	956695	251772	704923	276466
3057201	1830946	1226255	429357	796898	263368
4500739	3198722	1302017	520216	781801	850352
2192664	1030475	1162189	206378	955811	231378
792186	343073	449113	86207	362906	85501
2001995	1184945	817050	241476	575574	309831
3512837	2265386	1247451	299505	947946	786460
1648519	1276540	371979	213141	158838	149681
2333693	1195200	1138493	303235	835258	600744
216231	139141	77090	13783	63307	11259
2424034	1362558	1061476	262001	799475	420120
1773173	870158	903015	176016	726999	610870
741228	405004	336224	71791	264433	237460
810784	238284	572500	119716	452784	103305
2365897	1411354	954543	204853	749690	732685

5-48 分地区中央属普通初中公共财政预算

地区	合计	事业费支出	个人部分	工资福利支出	对个人和家庭的补助支出	#助学金
合 计	1044440	894018	634654	528891	105763	39832
北 京	32010	32010	24641	18081	6560	4
天 津						
河 北						
山 西	130	130				
内蒙古						
辽 宁						
吉 林	1078	1078	358		358	
黑龙江	35869	34586	19187	16986	2201	407
上 海						
江 苏						
浙 江						
安 徽	3157	3157	3157	3157		
福 建						
江 西						
山 东						
河 南						
湖 北	8485	8485	6710	4598	2112	42
湖 南						
广 东	3047	3047	1374	1374		
广 西						
海 南	1167	1167	883	883		
重 庆	7679	7679	6402	4984	1418	
四 川	8619	8619	6980	6943	37	37
贵 州						
云 南						
西 藏						
陕 西						
甘 肃						
青 海						
宁 夏						
新 疆	943199	794060	564962	471885	93077	39342

教育事业费和基本建设支出明细

单位:千元

公用部分	商品和服务支出	其他资本性支出	专项公用支出	专项项目支出	基本建设支出
259364	**127042**	**132322**	**29444**	**102878**	**150422**
7369	5701	1668	299	1369	
130	130				
720	534	186	186		
15399	12528	2871	1812	1059	1283
1775	1552	223	123	100	
1673	572	1101	182	919	
284	238	46	46		
1277	1144	133	133		
1639	1639				
229098	103004	126094	26663	99431	149139

5-49 分地区地方普通初中公共财政预算

地 区	合 计	事业费支出	个人部分	工资福利支出	对个人和家庭的补助支出	#助学金
合 计	**267940326**	**258030765**	**187638736**	**149517136**	**38121600**	**12469542**
北 京	7140505	5908793	3469475	2791419	678056	64500
天 津	3960590	3935253	3265798	2148819	1116979	2484
河 北	11395717	11147063	8365694	7075666	1290028	454037
山 西	7315006	7091108	4969899	4261626	708273	304005
内蒙古	6459539	6083105	4332862	3732782	600080	398492
辽 宁	9218768	9038818	6394497	5140551	1253946	158890
吉 林	5513344	5429724	3912414	2728599	1183815	164909
黑龙江	7078641	6846253	5108896	3668651	1440245	55442
上 海	7192145	7027781	5122868	4289862	833006	175467
江 苏	18205238	17787972	15373228	11075934	4297294	702138
浙 江	13127825	13015346	11110706	9005962	2104744	491177
安 徽	10321928	9955584	6592155	5680196	911959	272774
福 建	7150160	6925342	5160063	4371799	788264	173004
江 西	6340178	6156075	4210290	3428483	781807	385829
山 东	19588978	19530362	13792222	11192545	2599677	499232
河 南	14990787	14731550	9626816	8047820	1578996	627938
湖 北	10068723	9792257	7339684	5401619	1938065	411187
湖 南	9980482	9717114	6659913	5690658	969255	279922
广 东	18594587	17744235	13245169	11627117	1618052	667073
广 西	8581710	8350332	6157668	4286072	1871596	925536
海 南	2333338	2247837	1455935	1311497	144438	54182
重 庆	5747674	5437843	3437125	2839800	597325	392635
四 川	14584537	13798077	10286879	8416528	1870351	1148464
贵 州	6517139	6367458	4718939	3493378	1225561	371195
云 南	9327030	8726286	6392593	4587945	1804648	1576365
西 藏	1104988	1093729	877498	627751	249747	184752
陕 西	8754595	8334475	5910441	4665962	1244479	588392
甘 肃	6274527	5663657	3890484	2929417	961067	632851
青 海	1833892	1596432	855204	729201	126003	99330
宁 夏	1858457	1755152	944368	746263	198105	83067
新 疆	7379298	6795752	4658953	3523214	1135739	124273

教育事业费和基本建设支出明细

单位:千元

公用部分	商品和服务支出	其他资本性支出	专项公用支出	专项项目支出	基本建设支出
70392029	41126690	29265339	7533083	21732256	9909561
2439318	1374620	1064698	456752	607946	1231712
669455	392420	277035	60711	216324	25337
2781369	1638962	1142407	257277	885130	248654
2121209	1278172	843037	198921	644116	223898
1750243	905355	844888	163299	681589	376434
2644321	1508883	1135438	249985	885453	179950
1517310	849689	667621	168965	498656	83620
1737357	1149204	588153	224549	363604	232388
1904913	1417677	487236	292267	194969	164364
2414744	1722744	692000	236364	455636	417266
1904640	1227073	677567	167034	510533	112479
3363429	1684485	1678944	308456	1370488	366344
1765279	824218	941061	117182	823879	224818
1945785	1006732	939053	250318	688735	184103
5738140	2295302	3442838	611398	2831440	58616
5104734	3709864	1394870	397305	997565	259237
2452573	1496101	956472	251649	704823	276466
3057201	1830946	1226255	429357	796898	263368
4499066	3198150	1300916	520034	780882	850352
2192664	1030475	1162189	206378	955811	231378
791902	342835	449067	86161	362906	85501
2000718	1183801	816917	241343	575574	309831
3511198	2263747	1247451	299505	947946	786460
1648519	1276540	371979	213141	158838	149681
2333693	1195200	1138493	303235	835258	600744
216231	139141	77090	13783	63307	11259
2424034	1362558	1061476	262001	799475	420120
1773173	870158	903015	176016	726999	610870
741228	405004	336224	71791	264433	237460
810784	238284	572500	119716	452784	103305
2136799	1308350	828449	178190	650259	583546

5-50 分地区农村初中公共财政预算

地区	合计	事业费支出	个人部分	工资福利支出	对个人和家庭的补助支出	#助学金
合计	**161083920**	**155731733**	**112724339**	**89581452**	**23142887**	**9816258**
北京	2360687	2126655	1215295	992527	222768	41139
天津	1642269	1616932	1300419	1015340	285079	347
河北	6641725	6477457	4928791	4126306	802485	397633
山西	3978822	3851212	2690536	2264280	426256	257655
内蒙古	1886045	1817457	1418332	1211312	207020	150709
辽宁	4558888	4399166	3017719	2437738	579981	125779
吉林	3104586	3041471	2129478	1529909	599569	151837
黑龙江	2867867	2732905	2060272	1511926	548346	34846
上海	2186765	2186765	1593764	1332144	261620	55227
江苏	10217208	10082108	8784853	6282938	2501915	667598
浙江	8065034	7998002	6835552	5557347	1278205	278902
安徽	7712451	7411403	4770297	4077655	692642	235407
福建	5015551	4910840	3600050	3053803	546247	164827
江西	4197982	4086379	2786693	2267811	518882	294931
山东	14498594	14459836	10193705	8312432	1881273	473817
河南	10455248	10330169	6647011	5440124	1206887	537680
湖北	6709483	6469447	4758406	3518673	1239733	347237
湖南	7067950	6895072	4864651	4161047	703604	236201
广东	8541483	8254195	5916363	5133562	782801	467020
广西	5816423	5656725	4116023	2916586	1199437	560919
海南	1233200	1208259	859529	791070	68459	32129
重庆	3731183	3552246	2378817	1941549	437268	330804
四川	10062720	9532477	7082368	5725754	1356614	993630
贵州	4874756	4733635	3420555	2592058	828497	333165
云南	6727330	6352275	4738075	3215621	1522454	1389182
西藏						
陕西	6115629	5852702	4226524	3254776	971748	508134
甘肃	4396650	3968591	2723964	2019299	704665	547457
青海	648269	515908	332063	291920	40143	32899
宁夏	918746	852337	456726	338523	118203	55355
新疆	4850376	4359107	2877508	2267422	610086	113792

教育事业费和基本建设支出明细

单位:千元

公用部分	商品和服务支出	其他资本性支出			基本建设支出
			专项公用支出	专项项目支出	
43007394	**25076167**	**17931227**	**4220049**	**13711178**	**5352187**
911360	525228	386132	173216	212916	234032
316513	166704	149809	20668	129141	25337
1548666	944347	604319	132883	471436	164268
1160676	721429	439247	110892	328355	127610
399125	273897	125228	38884	86344	68588
1381447	711091	670356	130513	539843	159722
911993	486485	425508	101845	323663	63115
672633	446813	225820	47569	178251	134962
593001	497207	95794	80313	15481	
1297255	926918	370337	132774	237563	135100
1162450	724332	438118	102691	335427	67032
2641106	1292040	1349066	249329	1099737	301048
1310790	574719	736071	72911	663160	104711
1299686	661864	637822	173750	464072	111603
4266131	1670388	2595743	450594	2145149	38758
3683158	2672965	1010193	256729	753464	125079
1711041	1032726	678315	190280	488035	240036
2030421	1338950	691471	179872	511599	172878
2337832	1664057	673775	195612	478163	287288
1540702	722467	818235	146023	672212	159698
348730	175113	173617	39422	134195	24941
1173429	691185	482244	138198	344046	178937
2450109	1588943	861166	197103	664063	530243
1313080	1022393	290687	167287	123400	141121
1614200	892277	721923	208337	513586	375055
1626178	942515	683663	184706	498957	262927
1244627	613616	631011	105582	525429	428059
183845	89641	94204	41951	52253	132361
395611	114667	280944	44108	236836	66409
1481599	891190	590409	106007	484402	491269

5-51 分地区中央属农村初中公共财政预算

地区	合计	事业费支出	个人部分	工资福利支出	对个人和家庭的补助支出	#助学金
合计	**808926**	**667853**	**460707**	**385045**	**75662**	**37438**
北京						
天津						
河北						
山西						
内蒙古						
辽宁						
吉林						
黑龙江						
上海						
江苏						
浙江						
安徽						
福建						
江西						
山东						
河南						
湖北						
湖南						
广东	3043	3043	1374	1374		
广西						
海南	1167	1167	883	883		
重庆						
四川						
贵州						
云南						
西藏						
陕西						
甘肃						
青海						
宁夏						
新疆	804716	663643	458450	382788	75662	37438

教育事业费和基本建设支出明细

单位:千元

公用部分	商品和服务支出	其他资本性支出	专项公用支出	专项项目支出	基本建设支出
207146	**88268**	**118878**	**21615**	**97263**	**141073**
1669	568	1101	182	919	
284	238	46	46		
205193	87462	117731	21387	96344	141073

5-52 分地区地方农村初中公共财政预算

地区	合计	事业费支出	个人部分	工资福利支出	对个人和家庭的补助支出	#助学金
合计	**160274994**	**155063880**	**112263632**	**89196407**	**23067225**	**9778820**
北京	2360687	2126655	1215295	992527	222768	41139
天津	1642269	1616932	1300419	1015340	285079	347
河北	6641725	6477457	4928791	4126306	802485	397633
山西	3978822	3851212	2690536	2264280	426256	257655
内蒙古	1886045	1817457	1418332	1211312	207020	150709
辽宁	4558888	4399166	3017719	2437738	579981	125779
吉林	3104586	3041471	2129478	1529909	599569	151837
黑龙江	2867867	2732905	2060272	1511926	548346	34846
上海	2186765	2186765	1593764	1332144	261620	55227
江苏	10217208	10082108	8784853	6282938	2501915	667598
浙江	8065034	7998002	6835552	5557347	1278205	278902
安徽	7712451	7411403	4770297	4077655	692642	235407
福建	5015551	4910840	3600050	3053803	546247	164827
江西	4197982	4086379	2786693	2267811	518882	294931
山东	14498594	14459836	10193705	8312432	1881273	473817
河南	10455248	10330169	6647011	5440124	1206887	537680
湖北	6709483	6469447	4758406	3518673	1239733	347237
湖南	7067950	6895072	4864651	4161047	703604	236201
广东	8538440	8251152	5914989	5132188	782801	467020
广西	5816423	5656725	4116023	2916586	1199437	560919
海南	1232033	1207092	858646	790187	68459	32129
重庆	3731183	3552246	2378817	1941549	437268	330804
四川	10062720	9532477	7082368	5725754	1356614	993630
贵州	4874756	4733635	3420555	2592058	828497	333165
云南	6727330	6352275	4738075	3215621	1522454	1389182
西藏						
陕西	6115629	5852702	4226524	3254776	971748	508134
甘肃	4396650	3968591	2723964	2019299	704665	547457
青海	648269	515908	332063	291920	40143	32899
宁夏	918746	852337	456726	338523	118203	55355
新疆	4045660	3695464	2419058	1884634	534424	76354

教育事业费和基本建设支出明细

单位:千元

公用部分	商品和服务支出	其他资本性支出			基本建设支出
			专项公用支出	专项项目支出	
42800248	**24987899**	**17812349**	**4198434**	**13613915**	**5211114**
911360	525228	386132	173216	212916	234032
316513	166704	149809	20668	129141	25337
1548666	944347	604319	132883	471436	164268
1160676	721429	439247	110892	328355	127610
399125	273897	125228	38884	86344	68588
1381447	711091	670356	130513	539843	159722
911993	486485	425508	101845	323663	63115
672633	446813	225820	47569	178251	134962
593001	497207	95794	80313	15481	
1297255	926918	370337	132774	237563	135100
1162450	724332	438118	102691	335427	67032
2641106	1292040	1349066	249329	1099737	301048
1310790	574719	736071	72911	663160	104711
1299686	661864	637822	173750	464072	111603
4266131	1670388	2595743	450594	2145149	38758
3683158	2672965	1010193	256729	753464	125079
1711041	1032726	678315	190280	488035	240036
2030421	1338950	691471	179872	511599	172878
2336163	1663489	672674	195430	477244	287288
1540702	722467	818235	146023	672212	159698
348446	174875	173571	39376	134195	24941
1173429	691185	482244	138198	344046	178937
2450109	1588943	861166	197103	664063	530243
1313080	1022393	290687	167287	123400	141121
1614200	892277	721923	208337	513586	375055
1626178	942515	683663	184706	498957	262927
1244627	613616	631011	105582	525429	428059
183845	89641	94204	41951	52253	132361
395611	114667	280944	44108	236836	66409
1276406	803728	472678	84620	388058	350196

5-53 分地区成人中学公共财政预算

地区	合计	事业费支出	个人部分	工资福利支出	对个人和家庭的补助支出	#助学金
合计	**260286**	**260286**	**184685**	**155939**	**28746**	**2349**
北京						
天津	15314	15314	15250	12922	2328	
河北	2039	2039	1785	1717	68	
山西						
内蒙古						
辽宁						
吉林	2256	2256	2133	611	1522	
黑龙江						
上海	59797	59797	35235	28764	6471	381
江苏	15166	15166	12159	9102	3057	
浙江	126482	126482	94737	81861	12876	1736
安徽						
福建	3617	3617	3057	2500	557	
江西						
山东						
河南	22064	22064	11269	11222	47	
湖北	1287	1287	1287	1057	230	
湖南						
广东	4584	4584	3764	3463	301	232
广西						
海南						
重庆	411	411	81	81		
四川	4464	4464	1154	1054	100	
贵州						
云南						
西藏						
陕西	514	514	483	480	3	
甘肃						
青海						
宁夏						
新疆	2291	2291	2291	1105	1186	

教育事业费和基本建设支出明细

单位：千元

公用部分	商品和服务支出	其他资本性支出			基本建设支出
			专项公用支出	专项项目支出	
75601	**60271**	**15330**	**12403**	**2927**	
64	64				
254	201	53	53		
123	123				
24562	22249	2313	2313		
3007	2770	237	226	11	
31745	29064	2681	1765	916	
560	519	41	41		
10795	4034	6761	4761	2000	
820	542	278	278		
330	330				
3310	344	2966	2966		
31	31				

5-54 分地区小学公共财政预算

地 区	合 计	事业费支出	个人部分	工资福利支出	对个人和家庭的补助支出	#助学金
合 计	**391131145**	**382800759**	**293545004**	**232241345**	**61303659**	**9767326**
北 京	9372400	8841498	5277509	4203609	1073900	68395
天 津	5775934	5740864	4894085	3113708	1780377	7
河 北	18191625	17939790	13709775	11520511	2189264	386580
山 西	11536286	11312987	8639378	7222192	1417186	275667
内蒙古	9907514	9595025	7353909	6521400	832509	405376
辽 宁	11428757	11366358	8590867	6802452	1788415	172319
吉 林	8894250	8824175	6745727	4664977	2080750	118742
黑龙江	9966744	9826723	8059216	5302509	2756707	25344
上 海	8939888	8733217	6383605	5385098	998507	191676
江 苏	28133877	27608938	24322198	15916576	8405622	339178
浙 江	20195850	20057857	17438423	12895827	4542596	555363
安 徽	14891719	14651119	10415270	8782959	1632311	189586
福 建	11163950	11033772	8559692	6919798	1639894	109306
江 西	10364559	10203299	7324670	5942121	1382549	262238
山 东	23691851	23606556	18073541	14797320	3276221	413743
河 南	21969098	21818482	14771617	12740616	2031001	306884
湖 北	11529663	11368618	8881406	6652590	2228816	257396
湖 南	13969683	13751783	9507276	8367857	1139419	165425
广 东	26438951	25841211	20210853	17846903	2363950	686125
广 西	14495028	14252706	11400732	8079612	3321120	562776
海 南	4142593	4002886	3021667	2802688	218979	23745
重 庆	7502287	7319788	4965563	4450041	515522	210222
四 川	20644896	19887592	15313569	12671631	2641938	1007734
贵 州	12319037	12143638	9575364	6968547	2606817	96780
云 南	14658903	14167826	10699134	8963412	1735722	1397421
西 藏	2551227	2427097	1809363	1307484	501879	304795
陕 西	12247428	11895301	9179560	7237210	1942350	454389
甘 肃	8648283	8038532	6042911	4951542	1091369	388423
青 海	2963903	2644892	1669595	1408415	261180	212727
宁 夏	2649024	2526564	1663101	1322046	341055	57709
新 疆	11945937	11371665	9045428	6479694	2565734	121255

教育事业费和基本建设支出明细

单位:千元

公用部分	商品和服务支出	其他资本性支出			基本建设支出
			专项公用支出	专项项目支出	
89255755	**54803491**	**34452264**	**9217324**	**25234940**	**8330386**
3563989	1955459	1608530	669828	938702	530902
846779	495022	351757	78428	273329	35070
4230015	2688858	1541157	354045	1187112	251835
2673609	1733436	940173	215690	724483	223299
2241116	1215835	1025281	197938	827343	312489
2775491	1673530	1101961	279440	822521	62399
2078448	1093339	985109	184515	800594	70075
1767507	1272111	495396	176955	318441	140021
2349612	1775733	573879	346001	227878	206671
3286740	2300685	986055	288372	697683	524939
2619434	1741374	878060	236937	641123	137993
4235849	2096035	2139814	324972	1814842	240600
2474080	1286118	1187962	188351	999611	130178
2878629	1640785	1237844	384114	853730	161260
5533015	2965448	2567567	682812	1884755	85295
7046865	5311270	1735595	512602	1222993	150616
2487212	1544040	943172	245837	697335	161045
4244507	2662285	1582222	389692	1192530	217900
5630358	4034454	1595904	710058	885846	597740
2851974	1544918	1307056	218444	1088612	242322
981219	381625	599594	68723	530871	139707
2354225	1447498	906727	269971	636756	182499
4574023	2921409	1652614	357625	1294989	757304
2568274	2011176	557098	312811	244287	175399
3468692	1791017	1677675	443893	1233782	491077
617734	241758	375976	47085	328891	124130
2715741	1614179	1101562	344880	756682	352127
1995621	1193969	801652	175278	626374	609751
975297	421878	553419	162086	391333	319011
863463	372174	491289	68649	422640	122460
2326237	1376073	950164	281292	668872	574272

5-55 分地区中央属小学公共财政预算

地区	合计	事业费支出	个人部分	工资福利支出	对个人和家庭的补助支出	#助学金
合 计	**1616134**	**1414328**	**990085**	**821140**	**168945**	**58019**
北 京	95940	95940	57912	43194	14718	
天 津	18641	18641	13278	8034	5244	
河 北						
山 西	196	196				
内蒙古						
辽 宁						
吉 林	28347	28347	17666	13306	4360	
黑龙江	51924	49707	27896	25655	2241	87
上 海						
江 苏						
浙 江						
安 徽	811	811	811	811		
福 建						
江 西	39	39	8		8	8
山 东						
河 南						
湖 北	14644	14644	9733	7794	1939	
湖 南						
广 东	9190	9190	5216	5216		
广 西						
海 南	1333	1333	1008	1008		
重 庆	9251	9251	7207	5834	1373	
四 川	7795	7795	4384	4372	12	12
贵 州						
云 南						
西 藏						
陕 西	80	80				
甘 肃	385	385				
青 海						
宁 夏						
新 疆	1377558	1177969	844966	705916	139050	57912

教育事业费和基本建设支出明细

单位:千元

公用部分	商品和服务支出	其他资本性支出			基本建设支出
			专项公用支出	专项项目支出	
424243	**208848**	**215395**	**55475**	**159920**	**201806**
38028	16981	21047	12691	8356	
5363	1140	4223	1733	2490	
196	196				
10681	981	9700		9700	
21811	16141	5670	1029	4641	2217
31	26	5	5		
4911	3493	1418	1418		
3974	2918	1056	185	871	
325	272	53	53		
2044	1993	51	51		
3411	3101	310	310		
80	80				
385	385				
333003	161141	171862	38000	133862	199589

5-56 分地区地方小学公共财政预算

地区	合计	事业费支出	个人部分	工资福利支出	对个人和家庭的补助支出	#助学金
合计	**389515011**	**381386431**	**292554919**	**231420205**	**61134714**	**9709307**
北京	9276460	8745558	5219597	4160415	1059182	68395
天津	5757293	5722223	4880807	3105674	1775133	7
河北	18191625	17939790	13709775	11520511	2189264	386580
山西	11536090	11312791	8639378	7222192	1417186	275667
内蒙古	9907514	9595025	7353909	6521400	832509	405376
辽宁	11428757	11366358	8590867	6802452	1788415	172319
吉林	8865903	8795828	6728061	4651671	2076390	118742
黑龙江	9914820	9777016	8031320	5276854	2754466	25257
上海	8939888	8733217	6383605	5385098	998507	191676
江苏	28133877	27608938	24322198	15916576	8405622	339178
浙江	20195850	20057857	17438423	12895827	4542596	555363
安徽	14890908	14650308	10414459	8782148	1632311	189586
福建	11163950	11033772	8559692	6919798	1639894	109306
江西	10364520	10203260	7324662	5942121	1382541	262230
山东	23691851	23606556	18073541	14797320	3276221	413743
河南	21969098	21818482	14771617	12740616	2031001	306884
湖北	11515019	11353974	8871673	6644796	2226877	257396
湖南	13969683	13751783	9507276	8367857	1139419	165425
广东	26429761	25832021	20205637	17841687	2363950	686125
广西	14495028	14252706	11400732	8079612	3321120	562776
海南	4141260	4001553	3020659	2801680	218979	23745
重庆	7493036	7310537	4958356	4444207	514149	210222
四川	20637101	19879797	15309185	12667259	2641926	1007722
贵州	12319037	12143638	9575364	6968547	2606817	96780
云南	14658903	14167826	10699134	8963412	1735722	1397421
西藏	2551227	2427097	1809363	1307484	501879	304795
陕西	12247348	11895221	9179560	7237210	1942350	454389
甘肃	8647898	8038147	6042911	4951542	1091369	388423
青海	2963903	2644892	1669595	1408415	261180	212727
宁夏	2649024	2526564	1663101	1322046	341055	57709
新疆	10568379	10193696	8200462	5773778	2426684	63343

教育事业费和基本建设支出明细

单位:千元

公用部分	商品和服务支出	其他资本性支出			基本建设支出
			专项公用支出	专项项目支出	
88831512	**54594643**	**34236869**	**9161849**	**25075020**	**8128580**
3525961	1938478	1587483	657137	930346	530902
841416	493882	347534	76695	270839	35070
4230015	2688858	1541157	354045	1187112	251835
2673413	1733240	940173	215690	724483	223299
2241116	1215835	1025281	197938	827343	312489
2775491	1673530	1101961	279440	822521	62399
2067767	1092358	975409	184515	790894	70075
1745696	1255970	489726	175926	313800	137804
2349612	1775733	573879	346001	227878	206671
3286740	2300685	986055	288372	697683	524939
2619434	1741374	878060	236937	641123	137993
4235849	2096035	2139814	324972	1814842	240600
2474080	1286118	1187962	188351	999611	130178
2878598	1640759	1237839	384109	853730	161260
5533015	2965448	2567567	682812	1884755	85295
7046865	5311270	1735595	512602	1222993	150616
2482301	1540547	941754	244419	697335	161045
4244507	2662285	1582222	389692	1192530	217900
5626384	4031536	1594848	709873	884975	597740
2851974	1544918	1307056	218444	1088612	242322
980894	381353	599541	68670	530871	139707
2352181	1445505	906676	269920	636756	182499
4570612	2918308	1652304	357315	1294989	757304
2568274	2011176	557098	312811	244287	175399
3468692	1791017	1677675	443893	1233782	491077
617734	241758	375976	47085	328891	124130
2715661	1614099	1101562	344880	756682	352127
1995236	1193584	801652	175278	626374	609751
975297	421878	553419	162086	391333	319011
863463	372174	491289	68649	422640	122460
1993234	1214932	778302	243292	535010	374683

5-57 分地区普通小学公共财政预算

地区	合计	事业费支出	个人部分	工资福利支出	对个人和家庭的补助支出	#助学金
合计	**391095748**	**382765362**	**293515474**	**232212749**	**61302725**	**9767326**
北京	9372400	8841498	5277509	4203609	1073900	68395
天津	5775934	5740864	4894085	3113708	1780377	7
河北	18188872	17937037	13707022	11517758	2189264	386580
山西	11536286	11312987	8639378	7222192	1417186	275667
内蒙古	9906966	9594477	7353452	6520943	832509	405376
辽宁	11428757	11366358	8590867	6802452	1788415	172319
吉林	8894250	8824175	6745727	4664977	2080750	118742
黑龙江	9966744	9826723	8059216	5302509	2756707	25344
上海	8939888	8733217	6383605	5385098	998507	191676
江苏	28133877	27608938	24322198	15916576	8405622	339178
浙江	20195850	20057857	17438423	12895827	4542596	555363
安徽	14891719	14651119	10415270	8782959	1632311	189586
福建	11148526	11018348	8546054	6906860	1639194	109306
江西	10364559	10203299	7324670	5942121	1382549	262238
山东	23691851	23606556	18073541	14797320	3276221	413743
河南	21963085	21812469	14767563	12736699	2030864	306884
湖北	11528700	11367655	8880529	6651713	2228816	257396
湖南	13969683	13751783	9507276	8367857	1139419	165425
广东	26438951	25841211	20210853	17846903	2363950	686125
广西	14494978	14252656	11400732	8079612	3321120	562776
海南	4142593	4002886	3021667	2802688	218979	23745
重庆	7495085	7312586	4959227	4443725	515502	210222
四川	20643305	19886001	15312206	12670345	2641861	1007734
贵州	12319037	12143638	9575364	6968547	2606817	96780
云南	14658065	14166988	10699082	8963360	1735722	1397421
西藏	2551227	2427097	1809363	1307484	501879	304795
陕西	12247428	11895301	9179560	7237210	1942350	454389
甘肃	8648283	8038532	6042911	4951542	1091369	388423
青海	2963903	2644892	1669595	1408415	261180	212727
宁夏	2649024	2526564	1663101	1322046	341055	57709
新疆	11945922	11371650	9045428	6479694	2565734	121255

教育事业费和基本建设支出明细

单位:千元

公用部分	商品和服务支出	其他资本性支出			基本建设支出
			专项公用支出	专项项目支出	
89249888	**54798051**	**34451837**	**9217007**	**25234830**	**8330386**
3563989	1955459	1608530	669828	938702	530902
846779	495022	351757	78428	273329	35070
4230015	2688858	1541157	354045	1187112	251835
2673609	1733436	940173	215690	724483	223299
2241025	1215744	1025281	197938	827343	312489
2775491	1673530	1101961	279440	822521	62399
2078448	1093339	985109	184515	800594	70075
1767507	1272111	495396	176955	318441	140021
2349612	1775733	573879	346001	227878	206671
3286740	2300685	986055	288372	697683	524939
2619434	1741374	878060	236937	641123	137993
4235849	2096035	2139814	324972	1814842	240600
2472294	1284468	1187826	188325	999501	130178
2878629	1640785	1237844	384114	853730	161260
5533015	2965448	2567567	682812	1884755	85295
7044906	5309340	1735566	512573	1222993	150616
2487126	1543964	943162	245827	697335	161045
4244507	2662285	1582222	389692	1192530	217900
5630358	4034454	1595904	710058	885846	597740
2851924	1544868	1307056	218444	1088612	242322
981219	381625	599594	68723	530871	139707
2353359	1446652	906707	269951	636756	182499
4573795	2921181	1652614	357625	1294989	757304
2568274	2011176	557098	312811	244287	175399
3467906	1790463	1677443	443661	1233782	491077
617734	241758	375976	47085	328891	124130
2715741	1614179	1101562	344880	756682	352127
1995621	1193969	801652	175278	626374	609751
975297	421878	553419	162086	391333	319011
863463	372174	491289	68649	422640	122460
2326222	1376058	950164	281292	668872	574272

5-58 分地区中央属普通小学公共财政预算

地 区	合 计	事业费支出	个人部分	工资福利支出	对个人和家庭的补助支出	#助学金
合 计	**1616134**	**1414328**	**990085**	**821140**	**168945**	**58019**
北 京	95940	95940	57912	43194	14718	
天 津	18641	18641	13278	8034	5244	
河 北						
山 西	196	196				
内蒙古						
辽 宁						
吉 林	28347	28347	17666	13306	4360	
黑龙江	51924	49707	27896	25655	2241	87
上 海						
江 苏						
浙 江						
安 徽	811	811	811	811		
福 建						
江 西	39	39	8		8	8
山 东						
河 南						
湖 北	14644	14644	9733	7794	1939	
湖 南						
广 东	9190	9190	5216	5216		
广 西						
海 南	1333	1333	1008	1008		
重 庆	9251	9251	7207	5834	1373	
四 川	7795	7795	4384	4372	12	12
贵 州						
云 南						
西 藏						
陕 西	80	80				
甘 肃	385	385				
青 海						
宁 夏						
新 疆	1377558	1177969	844966	705916	139050	57912

教育事业费和基本建设支出明细

单位:千元

公用部分	商品和服务支出	其他资本性支出	专项公用支出	专项项目支出	基本建设支出
424243	**208848**	**215395**	**55475**	**159920**	**201806**
38028	16981	21047	12691	8356	
5363	1140	4223	1733	2490	
196	196				
10681	981	9700		9700	
21811	16141	5670	1029	4641	2217
31	26	5	5		
4911	3493	1418	1418		
3974	2918	1056	185	871	
325	272	53	53		
2044	1993	51	51		
3411	3101	310	310		
80	80				
385	385				
333003	161141	171862	38000	133862	199589

5-59 分地区地方普通小学公共财政预算

地区	合计	事业费支出	个人部分	工资福利支出	对个人和家庭的补助支出	#助学金
合计	**389479614**	**381351034**	**292525389**	**231391609**	**61133780**	**9709307**
北京	9276460	8745558	5219597	4160415	1059182	68395
天津	5757293	5722223	4880807	3105674	1775133	7
河北	18188872	17937037	13707022	11517758	2189264	386580
山西	11536090	11312791	8639378	7222192	1417186	275667
内蒙古	9906966	9594477	7353452	6520943	832509	405376
辽宁	11428757	11366358	8590867	6802452	1788415	172319
吉林	8865903	8795828	6728061	4651671	2076390	118742
黑龙江	9914820	9777016	8031320	5276854	2754466	25257
上海	8939888	8733217	6383605	5385098	998507	191676
江苏	28133877	27608938	24322198	15916576	8405622	339178
浙江	20195850	20057857	17438423	12895827	4542596	555363
安徽	14890908	14650308	10414459	8782148	1632311	189586
福建	11148526	11018348	8546054	6906860	1639194	109306
江西	10364520	10203260	7324662	5942121	1382541	262230
山东	23691851	23606556	18073541	14797320	3276221	413743
河南	21963085	21812469	14767563	12736699	2030864	306884
湖北	11514056	11353011	8870796	6643919	2226877	257396
湖南	13969683	13751783	9507276	8367857	1139419	165425
广东	26429761	25832021	20205637	17841687	2363950	686125
广西	14494978	14252656	11400732	8079612	3321120	562776
海南	4141260	4001553	3020659	2801680	218979	23745
重庆	7485834	7303335	4952020	4437891	514129	210222
四川	20635510	19878206	15307822	12665973	2641849	1007722
贵州	12319037	12143638	9575364	6968547	2606817	96780
云南	14658065	14166988	10699082	8963360	1735722	1397421
西藏	2551227	2427097	1809363	1307484	501879	304795
陕西	12247348	11895221	9179560	7237210	1942350	454389
甘肃	8647898	8038147	6042911	4951542	1091369	388423
青海	2963903	2644892	1669595	1408415	261180	212727
宁夏	2649024	2526564	1663101	1322046	341055	57709
新疆	10568364	10193681	8200462	5773778	2426684	63343

教育事业费和基本建设支出明细

单位：千元

公用部分	商品和服务支出	其他资本性支出			基本建设支出
			专项公用支出	专项项目支出	
88825645	**54589203**	**34236442**	**9161532**	**25074910**	**8128580**
3525961	1938478	1587483	657137	930346	530902
841416	493882	347534	76695	270839	35070
4230015	2688858	1541157	354045	1187112	251835
2673413	1733240	940173	215690	724483	223299
2241025	1215744	1025281	197938	827343	312489
2775491	1673530	1101961	279440	822521	62399
2067767	1092358	975409	184515	790894	70075
1745696	1255970	489726	175926	313800	137804
2349612	1775733	573879	346001	227878	206671
3286740	2300685	986055	288372	697683	524939
2619434	1741374	878060	236937	641123	137993
4235849	2096035	2139814	324972	1814842	240600
2472294	1284468	1187826	188325	999501	130178
2878598	1640759	1237839	384109	853730	161260
5533015	2965448	2567567	682812	1884755	85295
7044906	5309340	1735566	512573	1222993	150616
2482215	1540471	941744	244409	697335	161045
4244507	2662285	1582222	389692	1192530	217900
5626384	4031536	1594848	709873	884975	597740
2851924	1544868	1307056	218444	1088612	242322
980894	381353	599541	68670	530871	139707
2351315	1444659	906656	269900	636756	182499
4570384	2918080	1652304	357315	1294989	757304
2568274	2011176	557098	312811	244287	175399
3467906	1790463	1677443	443661	1233782	491077
617734	241758	375976	47085	328891	124130
2715661	1614099	1101562	344880	756682	352127
1995236	1193584	801652	175278	626374	609751
975297	421878	553419	162086	391333	319011
863463	372174	491289	68649	422640	122460
1993219	1214917	778302	243292	535010	374683

5-60 分地区农村小学公共财政预算

地 区	合 计	事业费支出	个人部分	工资福利支出	对个人和家庭的补助支出	#助学金
合 计	**261034815**	**255945943**	**197664724**	**157029358**	**40635366**	**8192117**
北 京	3867213	3463414	2139452	1764578	374874	44091
天 津	2549241	2514171	2112634	1477001	635633	7
河 北	13218090	13014419	9950120	8374455	1575665	379868
山 西	7922957	7765301	6027760	4930310	1097450	268324
内蒙古	5039982	4932477	4003701	3565262	438439	250495
辽 宁	6723012	6670780	4985429	3906750	1078679	151850
吉 林	5894560	5836445	4482666	3176560	1306106	116040
黑龙江	5611557	5543421	4684615	3129497	1555118	18353
上 海	3009010	3009010	2268594	1944080	324514	68956
江 苏	16411213	16193808	14477278	9316612	5160666	330363
浙 江	13013296	12930917	11320808	8156908	3163900	342942
安 徽	11291270	11099884	7843035	6541462	1301573	167172
福 建	7821319	7739382	6056210	4930436	1125774	106385
江 西	7699196	7571747	5536243	4506830	1029413	203682
山 东	18426666	18387711	14032653	11677533	2355120	400920
河 南	16963316	16845681	11286525	9715149	1571376	257860
湖 北	7545135	7416747	5701840	4397344	1304496	210058
湖 南	9650959	9538946	6811854	6168653	643201	149850
广 东	12419499	12378516	9779998	8536154	1243844	491704
广 西	11489047	11286874	9002217	6492227	2509990	315200
海 南	2949549	2897027	2351274	2189403	161871	18874
重 庆	5019609	4905970	3535728	3188547	347181	180026
四 川	15667200	15074858	11592733	9645258	1947475	966455
贵 州	9878567	9716384	7598984	5702312	1896672	95131
云 南	12287863	11917849	9005697	7398828	1606869	1352388
西 藏	1640497	1542747	1163697	834072	329625	235986
陕 西	8962465	8720234	6915167	5347570	1567597	413487
甘 肃	6717840	6246680	4716158	3891305	824853	361650
青 海	1764106	1568353	1034459	869621	164838	141856
宁 夏	1703934	1621629	1113535	875113	238422	47636
新 疆	7876647	7594561	6133660	4379528	1754132	104508

教育事业费和基本建设支出明细

单位：千元

公用部分	商品和服务支出	其他资本性支出			基本建设支出
			专项公用支出	专项项目支出	
58281219	**36007158**	**22274061**	**5467245**	**16806816**	**5088872**
1323962	802116	521846	234789	287057	403799
401537	209125	192412	29506	162906	35070
3064299	1945346	1118953	236169	882784	203671
1737541	1130198	607343	129546	477797	157656
928776	535956	392820	54772	338048	107505
1685351	941978	743373	166579	576794	52232
1353779	675173	678606	113167	565439	58115
858806	583077	275729	96853	178876	68136
740416	609741	130675	75377	55298	
1716530	1324555	391975	127209	264766	217405
1610109	1037037	573072	149168	423904	82379
3256849	1637590	1619259	242411	1376848	191386
1683172	823882	859290	95798	763492	81937
2035504	1181023	854481	277171	577310	127449
4355058	2293947	2061111	544856	1516255	38955
5559156	4260186	1298970	345394	953576	117635
1714907	1041931	672976	165120	507856	128388
2727092	1848975	878117	223318	654799	112013
2598518	1889018	709500	285189	424311	40983
2284657	1236984	1047673	159902	887771	202173
545753	245965	299788	36138	263650	52522
1370242	894740	475502	155174	320328	113639
3482125	2201321	1280804	217757	1063047	592342
2117400	1671891	445509	247771	197738	162183
2912152	1487863	1424289	357293	1066996	370014
379050	151102	227948	28523	199425	97750
1805067	1112905	692162	238860	453302	242231
1530522	918353	612169	120571	491598	471160
533894	235493	298401	77847	220554	195753
508094	238956	269138	36958	232180	82305
1460901	840731	620170	198059	422111	282086

5-61 分地区中央属农村小学公共财政预算

地区	合计	事业费支出	个人部分	工资福利支出	对个人和家庭的补助支出	#助学金
合计	**1165987**	**982213**	**685145**	**574188**	**110957**	**54470**
北京						
天津						
河北						
山西						
内蒙古						
辽宁						
吉林						
黑龙江						
上海						
江苏						
浙江						
安徽						
福建						
江西						
山东						
河南						
湖北						
湖南						
广东	9016	9016	5097	5097		
广西						
海南	1333	1333	1008	1008		
重庆						
四川						
贵州						
云南						
西藏						
陕西						
甘肃	78	78				
青海						
宁夏						
新疆	1155560	971786	679040	568083	110957	54470

教育事业费和基本建设支出明细

单位：千元

公用部分	商品和服务支出	其他资本性支出	专项公用支出	专项项目支出	基本建设支出
297068	**135989**	**161079**	**31195**	**129884**	**183774**
3919	2863	1056	185	871	
325	272	53	53		
78	78				
292746	132776	159970	30957	129013	183774

5-62 分地区地方农村小学公共财政预算

地区	合计	事业费支出	个人部分	工资福利支出	对个人和家庭的补助支出	#助学金
合计	**259868828**	**254963730**	**196979579**	**156455170**	**40524409**	**8137647**
北京	3867213	3463414	2139452	1764578	374874	44091
天津	2549241	2514171	2112634	1477001	635633	7
河北	13218090	13014419	9950120	8374455	1575665	379868
山西	7922957	7765301	6027760	4930310	1097450	268324
内蒙古	5039982	4932477	4003701	3565262	438439	250495
辽宁	6723012	6670780	4985429	3906750	1078679	151850
吉林	5894560	5836445	4482666	3176560	1306106	116040
黑龙江	5611557	5543421	4684615	3129497	1555118	18353
上海	3009010	3009010	2268594	1944080	324514	68956
江苏	16411213	16193808	14477278	9316612	5160666	330363
浙江	13013296	12930917	11320808	8156908	3163900	342942
安徽	11291270	11099884	7843035	6541462	1301573	167172
福建	7821319	7739382	6056210	4930436	1125774	106385
江西	7699196	7571747	5536243	4506830	1029413	203682
山东	18426666	18387711	14032653	11677533	2355120	400920
河南	16963316	16845681	11286525	9715149	1571376	257860
湖北	7545135	7416747	5701840	4397344	1304496	210058
湖南	9650959	9538946	6811854	6168653	643201	149850
广东	12410483	12369500	9774901	8531057	1243844	491704
广西	11489047	11286874	9002217	6492227	2509990	315200
海南	2948216	2895694	2350266	2188395	161871	18874
重庆	5019609	4905970	3535728	3188547	347181	180026
四川	15667200	15074858	11592733	9645258	1947475	966455
贵州	9878567	9716384	7598984	5702312	1896672	95131
云南	12287863	11917849	9005697	7398828	1606869	1352388
西藏	1640497	1542747	1163697	834072	329625	235986
陕西	8962465	8720234	6915167	5347570	1567597	413487
甘肃	6717762	6246602	4716158	3891305	824853	361650
青海	1764106	1568353	1034459	869621	164838	141856
宁夏	1703934	1621629	1113535	875113	238422	47636
新疆	6721087	6622775	5454620	3811445	1643175	50038

教育事业费和基本建设支出明细

单位:千元

公用部分	商品和服务支出	其他资本性支出	专项公用支出	专项项目支出	基本建设支出
57984151	**35871169**	**22112982**	**5436050**	**16676932**	**4905098**
1323962	802116	521846	234789	287057	403799
401537	209125	192412	29506	162906	35070
3064299	1945346	1118953	236169	882784	203671
1737541	1130198	607343	129546	477797	157656
928776	535956	392820	54772	338048	107505
1685351	941978	743373	166579	576794	52232
1353779	675173	678606	113167	565439	58115
858806	583077	275729	96853	178876	68136
740416	609741	130675	75377	55298	
1716530	1324555	391975	127209	264766	217405
1610109	1037037	573072	149168	423904	82379
3256849	1637590	1619259	242411	1376848	191386
1683172	823882	859290	95798	763492	81937
2035504	1181023	854481	277171	577310	127449
4355058	2293947	2061111	544856	1516255	38955
5559156	4260186	1298970	345394	953576	117635
1714907	1041931	672976	165120	507856	128388
2727092	1848975	878117	223318	654799	112013
2594599	1886155	708444	285004	423440	40983
2284657	1236984	1047673	159902	887771	202173
545428	245693	299735	36085	263650	52522
1370242	894740	475502	155174	320328	113639
3482125	2201321	1280804	217757	1063047	592342
2117400	1671891	445509	247771	197738	162183
2912152	1487863	1424289	357293	1066996	370014
379050	151102	227948	28523	199425	97750
1805067	1112905	692162	238860	453302	242231
1530444	918275	612169	120571	491598	471160
533894	235493	298401	77847	220554	195753
508094	238956	269138	36958	232180	82305
1168155	707955	460200	167102	293098	98312

5-63 分地区成人小学公共财政预算

地区	合计	事业费支出	个人部分	工资福利支出	对个人和家庭的补助支出	#助学金
合计	**35397**	**35397**	**29530**	**28596**	**934**	
北京						
天津						
河北	2753	2753	2753	2753		
山西						
内蒙古	548	548	457	457		
辽宁						
吉林						
黑龙江						
上海						
江苏						
浙江						
安徽						
福建	15424	15424	13638	12938	700	
江西						
山东						
河南	6013	6013	4054	3917	137	
湖北	963	963	877	877		
湖南						
广东						
广西	50	50				
海南						
重庆	7202	7202	6336	6316	20	
四川	1591	1591	1363	1286	77	
贵州						
云南	838	838	52	52		
西藏						
陕西						
甘肃						
青海						
宁夏						
新疆	15	15				

教育事业费和基本建设支出明细

单位：千元

公用部分	商品和服务支出	其他资本性支出	专项公用支出	专项项目支出	基本建设支出
5867	**5440**	**427**	**317**	**110**	
91	91				
1786	1650	136	26	110	
1959	1930	29	29		
86	76	10	10		
50	50				
866	846	20	20		
228	228				
786	554	232	232		
15	15				

5-64 分地区特殊教育公共财政预算

地区	合计	事业费支出	个人部分	工资福利支出	对个人和家庭的补助支出	#助学金
合计	**5730568**	**4698456**	**3049894**	**2403208**	**646686**	**84314**
北京	214336	214336	131360	100815	30545	2350
天津	125737	125737	95714	57156	38558	90
河北	329012	199012	132337	119392	12945	2781
山西	133756	106056	74031	62043	11988	1811
内蒙古	212957	158219	55944	51346	4598	1920
辽宁	232479	232479	175091	136740	38351	1231
吉林	198652	169862	105871	66665	39206	1760
黑龙江	214996	190676	131472	82089	49383	2040
上海	379538	377803	278403	242075	36328	3446
江苏	460411	448971	333980	231221	102759	4687
浙江	217641	215111	173924	133281	40643	3293
安徽	138087	109297	68841	59695	9146	2811
福建	166277	152367	99703	80029	19674	2861
江西	181223	91370	34551	27270	7281	1659
山东	360424	360424	281265	223383	57882	5605
河南	314657	273911	117773	105106	12667	3768
湖北	243396	126026	84469	57598	26871	4316
湖南	150116	90943	70921	60909	10012	2138
广东	276196	268515	186793	176516	10277	670
广西	108726	96396	44422	36355	8067	1724
海南	12878	12878	8019	6694	1325	515
重庆	140053	109669	41043	34777	6266	4600
四川	276055	171855	99603	82844	16759	6559
贵州	93853	77203	50042	36078	13964	1215
云南	156697	102497	48760	40037	8723	6714
西藏	27832	5832	4960	3857	1103	871
陕西	145541	78827	43738	36520	7218	2689
甘肃	74127	54617	32115	19447	12668	7794
青海	31063	12383	9340	7788	1552	1232
宁夏	23595	10835	9019	6964	2055	286
新疆	90257	54349	26390	18518	7872	878

教育事业费和基本建设支出明细

单位:千元

公用部分	商品和服务支出	其他资本性支出			基本建设支出
			专项公用支出	专项项目支出	
1648562	**645704**	**1002858**	**260103**	**742755**	**1032112**
82976	46361	36615	26427	10188	
30023	12908	17115	2028	15087	
66675	31849	34826	5648	29178	130000
32025	17723	14302	2378	11924	27700
102275	13709	88566	77754	10812	54738
57388	32206	25182	2135	23047	
63991	24054	39937	3380	36557	28790
59204	32878	26326	6686	19640	24320
99400	66092	33308	14955	18353	1735
114991	36809	78182	15703	62479	11440
41187	32271	8916	4094	4822	2530
40456	16162	24294	8639	15655	28790
52664	19482	33182	2847	30335	13910
56819	7822	48997	15488	33509	89853
79159	46614	32545	4626	27919	
156138	38520	117618	4412	113206	40746
41557	15705	25852	6711	19141	117370
20022	15693	4329	1207	3122	59173
81722	40704	41018	16130	24888	7681
51974	6204	45770	4743	41027	12330
4859	3726	1133	1133		
68626	14821	53805	3686	50119	30384
72252	28507	43745	9750	33995	104200
27161	13364	13797	868	12929	16650
53737	9259	44478	3436	41042	54200
872	872				22000
35089	8512	26577	10151	16426	66714
22502	5479	17023	2408	14615	19510
3043	1402	1641	1131	510	18680
1816	1377	439	419	20	12760
27959	4619	23340	1130	22210	35908

5-65 分地区特殊教育学校公共财政预算

地区	合计	事业费支出	个人部分	工资福利支出	对个人和家庭的补助支出	#助学金
合计	**5552691**	**4529475**	**2933470**	**2313480**	**619990**	**83238**
北京	199798	199798	121008	92674	28334	2333
天津	109816	109816	82340	49827	32513	90
河北	329012	199012	132337	119392	12945	2781
山西	133756	106056	74031	62043	11988	1811
内蒙古	212957	158219	55944	51346	4598	1920
辽宁	201882	201882	150671	119036	31635	1151
吉林	193622	164832	101489	64534	36955	1760
黑龙江	211792	187472	129331	80705	48626	2040
上海	379538	377803	278403	242075	36328	3446
江苏	451761	440321	332710	229951	102759	4687
浙江	209100	206570	168258	128756	39502	3212
安徽	137134	108344	67926	58780	9146	2811
福建	155581	145821	94957	76107	18850	2301
江西	180929	91076	34268	27102	7166	1659
山东	360424	360424	281265	223383	57882	5605
河南	309172	268426	113882	102255	11627	3740
湖北	236877	119507	79759	54373	25386	4194
湖南	150116	90943	70921	60909	10012	2138
广东	245580	238645	168403	158643	9760	515
广西	103712	91382	41937	34502	7435	1724
海南	12878	12878	8019	6694	1325	515
重庆	136270	105886	38147	32156	5991	4597
四川	258361	158161	91071	75618	15453	6531
贵州	87815	71165	45250	32665	12585	1215
云南	152393	98193	45581	36860	8721	6712
西藏	27832	5832	4960	3857	1103	871
陕西	145541	78827	43738	36520	7218	2689
甘肃	74127	54617	32115	19447	12668	7794
青海	31063	12383	9340	7788	1552	1232
宁夏	23595	10835	9019	6964	2055	286
新疆	90257	54349	26390	18518	7872	878

教育事业费和基本建设支出明细

单位:千元

公用部分	商品和服务支出	其他资本性支出			基本建设支出
			专项公用支出	专项项目支出	
1596005	**616456**	**979549**	**242551**	**736998**	**1023216**
78790	43978	34812	25540	9272	
27476	11418	16058	1975	14083	
66675	31849	34826	5648	29178	130000
32025	17723	14302	2378	11924	27700
102275	13709	88566	77754	10812	54738
51211	26214	24997	1950	23047	
63343	23406	39937	3380	36557	28790
58141	31867	26274	6634	19640	24320
99400	66092	33308	14955	18353	1735
107611	36809	70802	8323	62479	11440
38312	30030	8282	3460	4822	2530
40418	16124	24294	8639	15655	28790
50864	17965	32899	2711	30188	9760
56808	7811	48997	15488	33509	89853
79159	46614	32545	4626	27919	
154544	37567	116977	3771	113206	40746
39748	14878	24870	5729	19141	117370
20022	15693	4329	1207	3122	59173
70242	35808	34434	11118	23316	6935
49445	5776	43669	4192	39477	12330
4859	3726	1133	1133		
67739	13982	53757	3638	50119	30384
67090	24217	42873	9059	33814	100200
25915	12118	13797	868	12929	16650
52612	8821	43791	3136	40655	54200
872	872				22000
35089	8512	26577	10151	16426	66714
22502	5479	17023	2408	14615	19510
3043	1402	1641	1131	510	18680
1816	1377	439	419	20	12760
27959	4619	23340	1130	22210	35908

5-66 分地区工读学校公共财政预算

地 区	合 计	事业费支出	个人部分	工资福利支出	对个人和家庭的补助支出	#助学金
合 计	**177877**	**168981**	**116424**	**89728**	**26696**	**1076**
北 京	14538	14538	10352	8141	2211	17
天 津	15921	15921	13374	7329	6045	
河 北						
山 西						
内蒙古						
辽 宁	30597	30597	24420	17704	6716	80
吉 林	5030	5030	4382	2131	2251	
黑龙江	3204	3204	2141	1384	757	
上 海						
江 苏	8650	8650	1270	1270		
浙 江	8541	8541	5666	4525	1141	81
安 徽	953	953	915	915		
福 建	10696	6546	4746	3922	824	560
江 西	294	294	283	168	115	
山 东						
河 南	5485	5485	3891	2851	1040	28
湖 北	6519	6519	4710	3225	1485	122
湖 南						
广 东	30616	29870	18390	17873	517	155
广 西	5014	5014	2485	1853	632	
海 南						
重 庆	3783	3783	2896	2621	275	3
四 川	17694	13694	8532	7226	1306	28
贵 州	6038	6038	4792	3413	1379	
云 南	4304	4304	3179	3177	2	2
西 藏						
陕 西						
甘 肃						
青 海						
宁 夏						
新 疆						

教育事业费和基本建设支出明细

单位:千元

公用部分	商品和服务支出	其他资本性支出			基本建设支出
			专项公用支出	专项项目支出	
52557	**29248**	**23309**	**17552**	**5757**	**8896**
4186	2383	1803	887	916	
2547	1490	1057	53	1004	
6177	5992	185	185		
648	648				
1063	1011	52	52		
7380		7380	7380		
2875	2241	634	634		
38	38				
1800	1517	283	136	147	4150
11	11				
1594	953	641	641		
1809	827	982	982		
11480	4896	6584	5012	1572	746
2529	428	2101	551	1550	
887	839	48	48		
5162	4290	872	691	181	4000
1246	1246				
1125	438	687	300	387	

5-67 分地区幼儿园公共财政预算

地区	合计	事业费支出	个人部分	工资福利支出	对个人和家庭的补助支出	#助学金
合计	**20052230**	**18694433**	**14367594**	**12441643**	**1925951**	**17832**
北京	977174	929901	544910	447049	97861	
天津	546652	546652	461302	308637	152665	
河北	1626015	1593205	1425046	1357804	67242	
山西	394421	391921	345892	315970	29922	1
内蒙古	707969	680889	547541	519227	28314	1923
辽宁	370377	367901	261874	228766	33108	
吉林	265275	263275	227316	157751	69565	
黑龙江	295307	267707	224256	169280	54976	
上海	3111581	3099014	2342526	2129448	213078	
江苏	1592218	1534940	1087813	941996	145817	2
浙江	1235340	1232340	797770	686549	111221	508
安徽	296197	283387	248382	228652	19730	
福建	817230	816986	686497	620198	66299	
江西	157461	153611	132142	113072	19070	
山东	587766	587766	504956	455930	49026	
河南	467966	459546	390151	368721	21430	9
湖北	342870	338153	309139	252052	57087	
湖南	253327	240027	206424	191515	14909	
广东	716771	715629	604807	552227	52580	862
广西	274009	272009	243191	185043	58148	
海南	50885	50885	45545	43297	2248	
重庆	160760	160560	107641	102368	5273	227
四川	701598	630698	525232	458567	66665	
贵州	216267	216267	191707	134696	57011	
云南	467945	438965	367026	355649	11377	100
西藏	75426	73926	62554	55331	7223	
陕西	408320	383364	330051	291587	38464	
甘肃	314533	309953	267218	241568	25650	
青海	110610	71700	57907	56239	1668	
宁夏	106196	106196	89646	71902	17744	
新疆	2403764	1477060	731132	400552	330580	14200

教育事业费和基本建设支出明细

单位:千元

公用部分	商品和服务支出	其他资本性支出	专项公用支出	专项项目支出	基本建设支出
4326839	**2237665**	**2089174**	**654673**	**1434501**	**1357797**
384991	236382	148609	90850	57759	47273
85350	69715	15635	11513	4122	
168159	94145	74014	10648	63366	32810
46029	27139	18890	4835	14055	2500
133348	70100	63248	13480	49768	27080
106027	55096	50931	25969	24962	2476
35959	24764	11195	4068	7127	2000
43451	32280	11171	4468	6703	27600
756488	568522	187966	130389	57577	12567
447127	143210	303917	97554	206363	57278
434570	169025	265545	64425	201120	3000
35005	13484	21521	8958	12563	12810
130489	53797	76692	15657	61035	244
21469	10534	10935	911	10024	3850
82810	39124	43686	9801	33885	
69395	44516	24879	4595	20284	8420
29014	18508	10506	1899	8607	4717
33603	14946	18657	4605	14052	13300
110822	79659	31163	16164	14999	1142
28818	8787	20031	3424	16607	2000
5340	4325	1015	674	341	
52919	32171	20748	10167	10581	200
105466	50083	55383	11544	43839	70900
24560	10094	14466	2417	12049	
71939	39072	32867	13666	19201	28980
11372	9767	1605	1373	232	1500
53313	20177	33136	8032	25104	24956
42735	18944	23791	12098	11693	4580
13793	7398	6395	1535	4860	38910
16550	9035	7515	1591	5924	
745928	262866	483062	67363	415699	926704

5-68 分地区中央属幼儿园公共财政预算

地区	合计	事业费支出	个人部分	工资福利支出	对个人和家庭的补助支出	#助学金
合计	**208011**	**68195**	**40610**	**25194**	**15416**	**13427**
北京						
天津						
河北						
山西						
内蒙古						
辽宁	2531	715	575	575		
吉林						
黑龙江	6787	6787	5034	4535	499	
上海						
江苏	50	50	10	10		
浙江						
安徽						
福建						
江西						
山东						
河南						
湖北						
湖南						
广东						
广西						
海南						
重庆						
四川						
贵州						
云南						
西藏						
陕西						
甘肃						
青海						
宁夏						
新疆	198643	60643	34991	20074	14917	13427

教育事业费和基本建设支出明细

单位:千元

公用部分	商品和服务支出	其他资本性支出			基本建设支出
			专项公用支出	专项项目支出	
27585	**10995**	**16590**	**15453**	**1137**	**139816**
140	140				1816
1753	1145	608	88	520	
40	40				
25652	9670	15982	15365	617	138000

5-69 分地区地方幼儿园公共财政预算

地区	合计	事业费支出	个人部分	工资福利支出	对个人和家庭的补助支出	#助学金
合计	**19844219**	**18626238**	**14326984**	**12416449**	**1910535**	**4405**
北京	977174	929901	544910	447049	97861	
天津	546652	546652	461302	308637	152665	
河北	1626015	1593205	1425046	1357804	67242	
山西	394421	391921	345892	315970	29922	1
内蒙古	707969	680889	547541	519227	28314	1923
辽宁	367846	367186	261299	228191	33108	
吉林	265275	263275	227316	157751	69565	
黑龙江	288520	260920	219222	164745	54477	
上海	3111581	3099014	2342526	2129448	213078	
江苏	1592168	1534890	1087803	941986	145817	2
浙江	1235340	1232340	797770	686549	111221	508
安徽	296197	283387	248382	228652	19730	
福建	817230	816986	686497	620198	66299	
江西	157461	153611	132142	113072	19070	
山东	587766	587766	504956	455930	49026	
河南	467966	459546	390151	368721	21430	9
湖北	342870	338153	309139	252052	57087	
湖南	253327	240027	206424	191515	14909	
广东	716771	715629	604807	552227	52580	862
广西	274009	272009	243191	185043	58148	
海南	50885	50885	45545	43297	2248	
重庆	160760	160560	107641	102368	5273	227
四川	701598	630698	525232	458567	66665	
贵州	216267	216267	191707	134696	57011	
云南	467945	438965	367026	355649	11377	100
西藏	75426	73926	62554	55331	7223	
陕西	408320	383364	330051	291587	38464	
甘肃	314533	309953	267218	241568	25650	
青海	110610	71700	57907	56239	1668	
宁夏	106196	106196	89646	71902	17744	
新疆	2205121	1416417	696141	380478	315663	773

教育事业费和基本建设支出明细

单位:千元

公用部分	商品和服务支出	其他资本性支出			基本建设支出
			专项公用支出	专项项目支出	
4299254	**2226670**	**2072584**	**639220**	**1433364**	**1217981**
384991	236382	148609	90850	57759	47273
85350	69715	15635	11513	4122	
168159	94145	74014	10648	63366	32810
46029	27139	18890	4835	14055	2500
133348	70100	63248	13480	49768	27080
105887	54956	50931	25969	24962	660
35959	24764	11195	4068	7127	2000
41698	31135	10563	4380	6183	27600
756488	568522	187966	130389	57577	12567
447087	143170	303917	97554	206363	57278
434570	169025	265545	64425	201120	3000
35005	13484	21521	8958	12563	12810
130489	53797	76692	15657	61035	244
21469	10534	10935	911	10024	3850
82810	39124	43686	9801	33885	
69395	44516	24879	4595	20284	8420
29014	18508	10506	1899	8607	4717
33603	14946	18657	4605	14052	13300
110822	79659	31163	16164	14999	1142
28818	8787	20031	3424	16607	2000
5340	4325	1015	674	341	
52919	32171	20748	10167	10581	200
105466	50083	55383	11544	43839	70900
24560	10094	14466	2417	12049	
71939	39072	32867	13666	19201	28980
11372	9767	1605	1373	232	1500
53313	20177	33136	8032	25104	24956
42735	18944	23791	12098	11693	4580
13793	7398	6395	1535	4860	38910
16550	9035	7515	1591	5924	
720276	253196	467080	51998	415082	788704

5-70 分地区教育行政单位公共财政预算

地区	合计	事业费支出	个人部分	工资福利支出	对个人和家庭的补助支出	#助学金
合计	**18881448**	**17863897**	**7532442**	**5415977**	**2116465**	
北京	336253	336253	170759	141300	29459	
天津	176876	176876	153917	84433	69484	
河北	507176	505127	312998	255037	57961	
山西	472760	467160	269001	201593	67408	
内蒙古	415094	401594	204754	167454	37300	
辽宁	445620	438338	203803	146129	57674	
吉林	265093	265093	106910	65263	41647	
黑龙江	835349	804592	247708	124145	123563	
上海	181054	181054	140763	103981	36782	
江苏	1602510	1446183	561649	366792	194857	
浙江	493212	493212	352919	237136	115783	
安徽	315927	315927	184301	143630	40671	
福建	226202	226202	147005	112635	34370	
江西	658928	653528	164908	118086	46822	
山东	1099547	1099547	608636	496451	112185	
河南	1133608	1122968	415834	352123	63711	
湖北	617200	617200	275979	165489	110490	
湖南	836855	824085	443078	348444	94634	
广东	1667425	1384120	502571	405002	97569	
广西	543555	495650	180618	99484	81134	
海南	211260	185440	81405	63887	17518	
重庆	276111	276111	79579	69751	9828	
四川	678824	662540	356074	253935	102139	
贵州	1868138	1678419	405632	188372	217260	
云南	1277105	1128848	199312	161647	37665	
西藏	121059	121059	89169	70819	18350	
陕西	375312	363912	170958	122056	48902	
甘肃	160379	160379	79356	65743	13613	
青海	248751	198505	32276	31034	1242	
宁夏	73290	73290	47885	32775	15110	
新疆	760975	760685	342685	221351	121334	

教育事业费和基本建设支出明细

单位:千元

公用部分	商品和服务支出	其他资本性支出			基本建设支出
			专项公用支出	专项项目支出	
10331455	**5587158**	**4744297**	**1664326**	**3079971**	**1017551**
165494	151884	13610	13610		
22959	14821	8138	2140	5998	
192129	148269	43860	22183	21677	2049
198159	148729	49430	15653	33777	5600
196840	156680	40160	31470	8690	13500
234535	162688	71847	31429	40418	7282
158183	79811	78372	16646	61726	
556884	253308	303576	131348	172228	30757
40291	29748	10543	3043	7500	
884534	426213	458321	252980	205341	156327
140293	116932	23361	17238	6123	
131626	97360	34266	9459	24807	
79197	56467	22730	10529	12201	
488620	412821	75799	54079	21720	5400
490911	269805	221106	55361	165745	
707134	478138	228996	68571	160425	10640
341221	124863	216358	44110	172248	
381007	319652	61355	37157	24198	12770
881549	575415	306134	83525	222609	283305
315032	98258	216774	61199	155575	47905
104035	70481	33554	22729	10825	25820
196532	98669	97863	15463	82400	
306466	266860	39606	28005	11601	16284
1272787	347641	925146	274886	650260	189719
929536	254065	675471	166823	508648	148257
31890	27546	4344	3342	1002	
192954	129131	63823	8937	54886	11400
81023	58456	22567	8473	14094	
166229	41227	125002	99946	25056	50246
25405	18507	6898	6898		
418000	152713	265287	67094	198193	290

5-71　分地区中央属教育行政单位公共财政预算

地　区	合　计	事业费支出	个人部分	工资福利支出	对个人和家庭的补助支出	#助学金
合　计	**105113**	**105113**	**58120**	**55222**	**2898**	
北　京	80833	80833	46500	46021	479	
天　津						
河　北						
山　西						
内蒙古						
辽　宁						
吉　林						
黑龙江	3799	3799	1231	1231		
上　海						
江　苏						
浙　江						
安　徽						
福　建						
江　西						
山　东						
河　南						
湖　北						
湖　南						
广　东						
广　西						
海　南						
重　庆						
四　川						
贵　州						
云　南						
西　藏						
陕　西						
甘　肃						
青　海						
宁　夏						
新　疆	20481	20481	10389	7970	2419	

教育事业费和基本建设支出明细

单位:千元

公用部分	商品和服务支出	其他资本性支出	专项公用支出	专项项目支出	基本建设支出
46993	**45058**	**1935**	**1935**		
34333	32543	1790	1790		
2568	2568				
10092	9947	145	145		

5-72 分地区地方教育行政单位公共财政预算

地区	合计	事业费支出	个人部分	工资福利支出	对个人和家庭的补助支出	#助学金
合计	18776335	17758784	7474322	5360755	2113567	
北京	255420	255420	124259	95279	28980	
天津	176876	176876	153917	84433	69484	
河北	507176	505127	312998	255037	57961	
山西	472760	467160	269001	201593	67408	
内蒙古	415094	401594	204754	167454	37300	
辽宁	445620	438338	203803	146129	57674	
吉林	265093	265093	106910	65263	41647	
黑龙江	831550	800793	246477	122914	123563	
上海	181054	181054	140763	103981	36782	
江苏	1602510	1446183	561649	366792	194857	
浙江	493212	493212	352919	237136	115783	
安徽	315927	315927	184301	143630	40671	
福建	226202	226202	147005	112635	34370	
江西	658928	653528	164908	118086	46822	
山东	1099547	1099547	608636	496451	112185	
河南	1133608	1122968	415834	352123	63711	
湖北	617200	617200	275979	165489	110490	
湖南	836855	824085	443078	348444	94634	
广东	1667425	1384120	502571	405002	97569	
广西	543555	495650	180618	99484	81134	
海南	211260	185440	81405	63887	17518	
重庆	276111	276111	79579	69751	9828	
四川	678824	662540	356074	253935	102139	
贵州	1868138	1678419	405632	188372	217260	
云南	1277105	1128848	199312	161647	37665	
西藏	121059	121059	89169	70819	18350	
陕西	375312	363912	170958	122056	48902	
甘肃	160379	160379	79356	65743	13613	
青海	248751	198505	32276	31034	1242	
宁夏	73290	73290	47885	32775	15110	
新疆	740494	740204	332296	213381	118915	

教育事业费和基本建设支出明细

单位:千元

公用部分	商品和服务支出	其他资本性支出	专项公用支出	专项项目支出	基本建设支出
10284462	**5542100**	**4742362**	**1662391**	**3079971**	**1017551**
131161	119341	11820	11820		
22959	14821	8138	2140	5998	
192129	148269	43860	22183	21677	2049
198159	148729	49430	15653	33777	5600
196840	156680	40160	31470	8690	13500
234535	162688	71847	31429	40418	7282
158183	79811	78372	16646	61726	
554316	250740	303576	131348	172228	30757
40291	29748	10543	3043	7500	
884534	426213	458321	252980	205341	156327
140293	116932	23361	17238	6123	
131626	97360	34266	9459	24807	
79197	56467	22730	10529	12201	
488620	412821	75799	54079	21720	5400
490911	269805	221106	55361	165745	
707134	478138	228996	68571	160425	10640
341221	124863	216358	44110	172248	
381007	319652	61355	37157	24198	12770
881549	575415	306134	83525	222609	283305
315032	98258	216774	61199	155575	47905
104035	70481	33554	22729	10825	25820
196532	98669	97863	15463	82400	
306466	266860	39606	28005	11601	16284
1272787	347641	925146	274886	650260	189719
929536	254065	675471	166823	508648	148257
31890	27546	4344	3342	1002	
192954	129131	63823	8937	54886	11400
81023	58456	22567	8473	14094	
166229	41227	125002	99946	25056	50246
25405	18507	6898	6898		
407908	142766	265142	66949	198193	290

5-73 分地区教育事业单位公共财政预算

地区	合计	事业费支出				
			个人部分			
				工资福利支出	对个人和家庭的补助支出	
						#助学金
合计	**35455833**	**33825063**	**12288370**	**8378307**	**3910063**	
北京	6722925	6462858	1312602	549165	763437	
天津	1337464	1337464	463141	268950	194191	
河北	688587	688262	416517	349339	67178	
山西	839109	800741	434833	304685	130148	
内蒙古	476699	461699	336489	278412	58077	
辽宁	2712451	2705451	834663	625953	208710	
吉林	873305	858505	452818	254579	198239	
黑龙江	1222933	1202334	463368	264296	199072	
上海	1509696	1509696	615584	543557	72027	
江苏	2643633	1950832	677820	403163	274657	
浙江	1874531	1844531	762668	494798	267870	
安徽	223541	215401	128768	108602	20166	
福建	728915	728915	359957	266764	93193	
江西	917273	885824	196356	134765	61591	
山东	1243267	1243267	932330	680994	251336	
河南	2062343	2055743	508344	389073	119271	
湖北	667009	662118	416619	269696	146923	
湖南	417497	415317	199931	158585	41346	
广东	1830641	1777886	515097	402131	112966	
广西	783100	701875	304859	201753	103106	
海南	88925	87175	50246	38582	11664	
重庆	495393	492693	95217	76312	18905	
四川	704355	653891	375845	300559	75286	
贵州	273375	273375	111278	57782	53496	
云南	1351819	1246813	184773	112844	71929	
西藏	667205	572605	136828	76143	60685	
陕西	535600	535600	416661	314333	102328	
甘肃	415785	415785	191473	155744	35729	
青海	452981	452981	93031	88445	4586	
宁夏	106805	106805	74336	54076	20260	
新疆	588671	478621	225918	154227	71691	

教育事业费和基本建设支出明细

单位:千元

公用部分	商品和服务支出	其他资本性支出	专项公用支出	专项项目支出	基本建设支出
21536693	**12590399**	**8946294**	**3499359**	**5446935**	**1630770**
5150256	4193707	956549	408940	547609	260067
874323	657426	216897	100352	116545	
271745	217761	53984	26236	27748	325
365908	175856	190052	80883	109169	38368
125210	83497	41713	14297	27416	15000
1870788	891767	979021	334369	644652	7000
405687	159812	245875	71166	174709	14800
738966	658843	80123	39570	40553	20599
894112	621554	272558	133914	138644	
1273012	323919	949093	262608	686485	692801
1081863	668987	412876	119394	293482	30000
86633	63900	22733	11495	11238	8140
368958	184268	184690	107245	77445	
689468	434491	254977	30412	224565	31449
310937	126506	184431	73248	111183	
1547399	706711	840688	497018	343670	6600
245499	134471	111028	19614	91414	4891
215386	101418	113968	72455	41513	2180
1262789	525501	737288	306447	430841	52755
397016	132182	264834	61779	203055	81225
36929	27926	9003	8840	163	1750
397476	182452	215024	181494	33530	2700
278046	210357	67689	58934	8755	50464
162097	128736	33361	8077	25284	
1062040	265232	796808	232140	564668	105006
435777	236767	199010	119066	79944	94600
118939	94771	24168	22969	1199	
224312	192751	31561	28758	2803	
359950	48130	311820	23793	288027	
32469	21349	11120	5810	5310	
252703	119351	133352	38036	95316	110050

5-74 分地区中央属教育事业单位公共财政预算

地区	合计	事业费支出	个人部分	工资福利支出	对个人和家庭的补助支出	#助学金
合计	**3725574**	**3725574**	**192523**	**57090**	**135433**	
北京	3702661	3702661	179752	47194	132558	
天津						
河北						
山西						
内蒙古						
辽宁						
吉林						
黑龙江	6807	6807	1027	874	153	
上海						
江苏						
浙江						
安徽						
福建						
江西						
山东						
河南						
湖北						
湖南						
广东						
广西						
海南						
重庆						
四川						
贵州						
云南						
西藏						
陕西						
甘肃						
青海						
宁夏						
新疆	16106	16106	11744	9022	2722	

教育事业费和基本建设支出明细

单位:千元

公用部分	商品和服务支出	其他资本性支出			基本建设支出
			专项公用支出	专项项目支出	
3533051	**3230280**	**302771**	**206523**	**96248**	
3522909	3220508	302401	206153	96248	
5780	5780				
4362	3992	370	370		

5-75 分地区地方教育事业单位公共财政预算

地区	合计	事业费支出	个人部分	工资福利支出	对个人和家庭的补助支出	#助学金
合计	**31730259**	**30099489**	**12095847**	**8321217**	**3774630**	
北京	3020264	2760197	1132850	501971	630879	
天津	1337464	1337464	463141	268950	194191	
河北	688587	688262	416517	349339	67178	
山西	839109	800741	434833	304685	130148	
内蒙古	476699	461699	336489	278412	58077	
辽宁	2712451	2705451	834663	625953	208710	
吉林	873305	858505	452818	254579	198239	
黑龙江	1216126	1195527	462341	263422	198919	
上海	1509696	1509696	615584	543557	72027	
江苏	2643633	1950832	677820	403163	274657	
浙江	1874531	1844531	762668	494798	267870	
安徽	223541	215401	128768	108602	20166	
福建	728915	728915	359957	266764	93193	
江西	917273	885824	196356	134765	61591	
山东	1243267	1243267	932330	680994	251336	
河南	2062343	2055743	508344	389073	119271	
湖北	667009	662118	416619	269696	146923	
湖南	417497	415317	199931	158585	41346	
广东	1830641	1777886	515097	402131	112966	
广西	783100	701875	304859	201753	103106	
海南	88925	87175	50246	38582	11664	
重庆	495393	492693	95217	76312	18905	
四川	704355	653891	375845	300559	75286	
贵州	273375	273375	111278	57782	53496	
云南	1351819	1246813	184773	112844	71929	
西藏	667205	572605	136828	76143	60685	
陕西	535600	535600	416661	314333	102328	
甘肃	415785	415785	191473	155744	35729	
青海	452981	452981	93031	88445	4586	
宁夏	106805	106805	74336	54076	20260	
新疆	572565	462515	214174	145205	68969	

教育事业费和基本建设支出明细

单位:千元

公用部分					基本建设支出
	商品和服务支出	其他资本性支出			
			专项公用支出	专项项目支出	
18003642	**9360119**	**8643523**	**3292836**	**5350687**	**1630770**
1627347	973199	654148	202787	451361	260067
874323	657426	216897	100352	116545	
271745	217761	53984	26236	27748	325
365908	175856	190052	80883	109169	38368
125210	83497	41713	14297	27416	15000
1870788	891767	979021	334369	644652	7000
405687	159812	245875	71166	174709	14800
733186	653063	80123	39570	40553	20599
894112	621554	272558	133914	138644	
1273012	323919	949093	262608	686485	692801
1081863	668987	412876	119394	293482	30000
86633	63900	22733	11495	11238	8140
368958	184268	184690	107245	77445	
689468	434491	254977	30412	224565	31449
310937	126506	184431	73248	111183	
1547399	706711	840688	497018	343670	6600
245499	134471	111028	19614	91414	4891
215386	101418	113968	72455	41513	2180
1262789	525501	737288	306447	430841	52755
397016	132182	264834	61779	203055	81225
36929	27926	9003	8840	163	1750
397476	182452	215024	181494	33530	2700
278046	210357	67689	58934	8755	50464
162097	128736	33361	8077	25284	
1062040	265232	796808	232140	564668	105006
435777	236767	199010	119066	79944	94600
118939	94771	24168	22969	1199	
224312	192751	31561	28758	2803	
359950	48130	311820	23793	288027	
32469	21349	11120	5810	5310	
248341	115359	132982	37666	95316	110050

5-76 分地区其他教育机构公共财政预算

地 区	合 计	事业费支出	个人部分	工资福利支出	对个人和家庭的补助支出	#助学金
合 计	**10608704**	**9860646**	**5456371**	**4135037**	**1321334**	**30591**
北 京	916112	903809	319398	180785	138613	17602
天 津	141769	141769	109260	61989	47271	
河 北	338548	334674	242602	200304	42298	5773
山 西	264237	263847	174179	137501	36678	
内蒙古	229939	226637	137375	131236	6139	
辽 宁	394267	372306	234279	178780	55499	
吉 林	205878	205878	153140	97149	55991	
黑龙江	276887	276142	194703	123364	71339	330
上 海	562171	368733	208057	170616	37441	435
江 苏	609543	589301	393221	253664	139557	538
浙 江	586559	579317	302521	206527	95994	298
安 徽	210923	210923	149022	107631	41391	
福 建	255180	241636	134700	108991	25709	
江 西	212490	212490	130150	98470	31680	1959
山 东	1173047	1139191	362204	287185	75019	
河 南	338454	334711	199137	176064	23073	
湖 北	297829	297829	156174	112540	43634	
湖 南	387966	341927	203325	173641	29684	
广 东	555824	523538	265697	238456	27241	3385
广 西	336016	294048	130576	85032	45544	
海 南	34200	23000	15082	12643	2439	
重 庆	150487	118414	52028	49642	2386	
四 川	420518	367501	229063	183438	45625	
贵 州	190965	190965	136301	90420	45881	7
云 南	331389	253615	141320	135763	5557	
西 藏	125819	66469	50752	37505	13247	
陕 西	230213	223213	158158	129706	28452	253
甘 肃	266385	230385	137994	119005	18989	
青 海	101569	84369	56611	55360	1251	
宁 夏	70700	70700	45268	29310	15958	6
新 疆	392820	373309	234074	162320	71754	5

教育事业费和基本建设支出明细

单位:千元

公用部分	商品和服务支出	其他资本性支出	专项公用支出	专项项目支出	基本建设支出
4404275	**2322159**	**2082116**	**518242**	**1563874**	**748058**
584411	146026	438385	83383	355002	12303
32509	26592	5917	4862	1055	
92072	76855	15217	13366	1851	3874
89668	60680	28988	6201	22787	390
89262	78301	10961	2637	8324	3302
138027	116363	21664	20781	883	21961
52738	47414	5324	4272	1052	
81439	73966	7473	1967	5506	745
160676	132841	27835	21451	6384	193438
196080	99828	96252	38048	58204	20242
276796	207340	69456	24553	44903	7242
61901	43078	18823	6330	12493	
106936	60620	46316	35010	11306	13544
82340	39449	42891	3826	39065	
776987	164428	612559	18374	594185	33856
135574	86534	49040	8649	40391	3743
141655	52092	89563	12939	76624	
138602	102760	35842	13388	22454	46039
257841	168438	89403	24655	64748	32286
163472	38215	125257	75120	50137	41968
7918	6122	1796	1307	489	11200
66386	56721	9665	1952	7713	32073
138438	97218	41220	17740	23480	53017
54664	37336	17328	13341	3987	
112295	59022	53273	9073	44200	77774
15717	14686	1031		1031	59350
65055	50153	14902	4098	10804	7000
92391	63034	29357	14683	14674	36000
27758	23667	4091	4041	50	17200
25432	16028	9404	5026	4378	
139235	76352	62883	27169	35714	19511

5-77 分地区中央属其他教育机构公共财政预算

地区	合计	事业费支出	个人部分	工资福利支出	对个人和家庭的补助支出	#助学金
合计	**849487**	**844242**	**318106**	**162250**	**155856**	**17602**
北京	647375	647375	183504	81175	102329	17602
天津	68841	68841	54115	27735	26380	
河北						
山西						
内蒙古						
辽宁						
吉林						
黑龙江	1862	1117	735	576	159	
上海	64094	64094	33730	19809	13921	
江苏						
浙江						
安徽						
福建						
江西						
山东	2080	2080	975	975		
河南						
湖北						
湖南						
广东						
广西						
海南						
重庆						
四川						
贵州						
云南						
西藏						
陕西						
甘肃						
青海						
宁夏						
新疆	65235	60735	45047	31980	13067	

教育事业费和基本建设支出明细

单位:千元

公用部分	商品和服务支出	其他资本性支出			基本建设支出
			专项公用支出	专项项目支出	
526136	**153961**	**372175**	**34479**	**337696**	**5245**
463871	99455	364416	27654	336762	
14726	13250	1476	1476		
382	382				745
30364	29156	1208	274	934	
1105	1105				
15688	10613	5075	5075		4500

5-78 分地区地方其他教育机构公共财政预算

地 区	合 计	事业费支出	个人部分	工资福利支出	对个人和家庭的补助支出	#助学金
合 计	**9759217**	**9016404**	**5138265**	**3972787**	**1165478**	**12989**
北 京	268737	256434	135894	99610	36284	
天 津	72928	72928	55145	34254	20891	
河 北	338548	334674	242602	200304	42298	5773
山 西	264237	263847	174179	137501	36678	
内蒙古	229939	226637	137375	131236	6139	
辽 宁	394267	372306	234279	178780	55499	
吉 林	205878	205878	153140	97149	55991	
黑龙江	275025	275025	193968	122788	71180	330
上 海	498077	304639	174327	150807	23520	435
江 苏	609543	589301	393221	253664	139557	538
浙 江	586559	579317	302521	206527	95994	298
安 徽	210923	210923	149022	107631	41391	
福 建	255180	241636	134700	108991	25709	
江 西	212490	212490	130150	98470	31680	1959
山 东	1170967	1137111	361229	286210	75019	
河 南	338454	334711	199137	176064	23073	
湖 北	297829	297829	156174	112540	43634	
湖 南	387966	341927	203325	173641	29684	
广 东	555824	523538	265697	238456	27241	3385
广 西	336016	294048	130576	85032	45544	
海 南	34200	23000	15082	12643	2439	
重 庆	150487	118414	52028	49642	2386	
四 川	420518	367501	229063	183438	45625	
贵 州	190965	190965	136301	90420	45881	7
云 南	331389	253615	141320	135763	5557	
西 藏	125819	66469	50752	37505	13247	
陕 西	230213	223213	158158	129706	28452	253
甘 肃	266385	230385	137994	119005	18989	
青 海	101569	84369	56611	55360	1251	
宁 夏	70700	70700	45268	29310	15958	6
新 疆	327585	312574	189027	130340	58687	5

教育事业费和基本建设支出明细

单位:千元

公用部分	商品和服务支出	其他资本性支出			基本建设支出
			专项公用支出	专项项目支出	
3878139	**2168198**	**1709941**	**483763**	**1226178**	**742813**
120540	46571	73969	55729	18240	12303
17783	13342	4441	3386	1055	
92072	76855	15217	13366	1851	3874
89668	60680	28988	6201	22787	390
89262	78301	10961	2637	8324	3302
138027	116363	21664	20781	883	21961
52738	47414	5324	4272	1052	
81057	73584	7473	1967	5506	
130312	103685	26627	21177	5450	193438
196080	99828	96252	38048	58204	20242
276796	207340	69456	24553	44903	7242
61901	43078	18823	6330	12493	
106936	60620	46316	35010	11306	13544
82340	39449	42891	3826	39065	
775882	163323	612559	18374	594185	33856
135574	86534	49040	8649	40391	3743
141655	52092	89563	12939	76624	
138602	102760	35842	13388	22454	46039
257841	168438	89403	24655	64748	32286
163472	38215	125257	75120	50137	41968
7918	6122	1796	1307	489	11200
66386	56721	9665	1952	7713	32073
138438	97218	41220	17740	23480	53017
54664	37336	17328	13341	3987	
112295	59022	53273	9073	44200	77774
15717	14686	1031		1031	59350
65055	50153	14902	4098	10804	7000
92391	63034	29357	14683	14674	36000
27758	23667	4091	4041	50	17200
25432	16028	9404	5026	4378	
123547	65739	57808	22094	35714	15011

第六部分

省、自治区、直辖市教育部门和其他部门各级各类学校生均教育经费支出

6-1 分地区高等学校生均教育经费支出

单位:元

地 区	教育经费支出	事业性经费支出	个人部分	公用部分	基本建设支出
合 计	**19952.96**	**19118.61**	**8382.42**	**10736.19**	**834.34**
北 京	48514.65	45698.39	17230.61	28467.78	2816.26
天 津	25374.85	24953.75	11687.40	13266.35	421.10
河 北	13654.36	13580.75	6556.08	7024.67	73.61
山 西	12334.69	12019.86	6423.38	5596.47	314.84
内蒙古	16642.72	15563.11	6711.75	8851.35	1079.62
辽 宁	19929.09	19466.17	9314.78	10151.40	462.92
吉 林	17425.02	17144.22	7797.12	9347.10	280.80
黑龙江	18146.81	17678.76	7098.45	10580.31	468.05
上 海	38465.34	37156.46	15981.33	21175.13	1308.88
江 苏	23434.66	22302.38	9487.50	12814.88	1132.28
浙 江	28108.89	27051.39	10702.06	16349.33	1057.51
安 徽	13220.65	12306.56	5600.47	6706.09	914.09
福 建	19245.05	18061.50	9031.31	9030.19	1183.55
江 西	12766.09	12315.30	5771.88	6543.42	450.79
山 东	14460.85	13903.22	6279.22	7624.01	557.63
河 南	11249.02	11083.72	5082.80	6000.92	165.29
湖 北	19843.62	19305.19	9369.68	9935.51	538.42
湖 南	13160.76	12716.00	5943.38	6772.62	444.76
广 东	22397.28	21271.10	9738.51	11532.59	1126.18
广 西	12906.60	12594.30	6409.68	6184.62	312.30
海 南	15404.71	14330.24	7404.31	6925.93	1074.47
重 庆	20012.48	19267.26	7371.93	11895.33	745.23
四 川	19352.00	18071.03	7095.24	10975.79	1280.97
贵 州	13189.17	12404.56	5504.22	6900.34	784.61
云 南	16700.75	15297.01	7215.41	8081.60	1403.74
西 藏	22837.49	20751.65	11885.57	8866.08	2085.84
陕 西	20938.75	20148.01	8089.05	12058.96	790.74
甘 肃	13841.56	13205.00	6392.09	6812.90	636.57
青 海	17674.92	16540.50	10397.18	6143.32	1134.42
宁 夏	18340.37	16727.99	8170.52	8557.47	1612.38
新 疆	18224.41	17283.47	7825.15	9458.33	940.94

6-2 分地区高等学校生均公共财政预算教育经费支出

单位:元

地区	公共财政预算教育经费支出	事业费支出	个人部分	公用部分	基本建设支出
合计	**10073.73**	**9527.39**	**5222.90**	**4304.49**	**546.34**
北京	27765.87	25388.99	11732.16	13656.84	2376.88
天津	13138.92	12753.71	7167.29	5586.42	385.20
河北	5525.88	5445.47	3762.51	1682.96	80.41
山西	6810.70	6617.32	4806.99	1810.34	193.38
内蒙古	11119.59	10124.18	5102.21	5021.97	995.41
辽宁	8092.54	7597.51	4213.35	3384.16	495.02
吉林	11000.30	10713.97	6286.98	4426.99	286.34
黑龙江	9377.05	8904.97	5821.58	3083.39	472.08
上海	21692.67	20479.15	8687.84	11791.31	1213.52
江苏	11894.55	11236.40	5602.60	5633.80	658.14
浙江	12070.44	11794.90	6815.42	4979.47	275.54
安徽	6197.29	5801.77	3585.48	2216.29	395.53
福建	7903.38	7626.55	4100.37	3526.18	276.83
江西	6178.13	6121.92	4172.69	1949.23	56.20
山东	7520.28	7321.07	4988.51	2332.56	199.21
河南	4314.98	4285.89	2813.05	1472.84	29.09
湖北	9275.75	8789.05	5799.43	2989.61	486.70
湖南	6076.12	5888.08	4395.49	1492.59	188.04
广东	13284.60	12071.09	5744.39	6326.71	1213.50
广西	6963.51	6757.54	4140.08	2617.46	205.96
海南	9394.92	8963.44	5231.09	3732.35	431.48
重庆	9001.99	8870.62	3439.18	5431.44	131.36
四川	8587.69	8010.84	3511.57	4499.27	576.84
贵州	8637.36	7878.91	4187.06	3691.86	758.45
云南	8552.57	8530.96	3817.22	4713.74	21.61
西藏	19373.09	17155.04	10475.34	6679.70	2218.05
陕西	9436.31	8690.77	4751.99	3938.78	745.55
甘肃	8464.26	8006.46	4612.44	3394.03	457.80
青海	12150.08	11076.49	7412.37	3664.12	1073.59
宁夏	12396.77	10584.92	6257.22	4327.70	1811.85
新疆	13519.60	12641.84	5993.66	6648.18	877.76

6-3 分地区中央属高等学校生均教育经费支出

单位:元

地 区	教育经费支出	事业性经费支出	个人部分	公用部分	基本建设支出
合 计	**39475.26**	**37362.69**	**15059.98**	**22302.71**	**2112.57**
北 京	53157.93	49951.95	17818.13	32133.82	3205.98
天 津	33775.93	32360.37	16710.28	15650.09	1415.56
河 北	19067.04	18912.21	9261.85	9650.36	154.84
山 西					
内蒙古					
辽 宁	38042.21	37163.04	14321.22	22841.82	879.17
吉 林	26337.87	25351.42	11088.00	14263.42	986.44
黑龙江	39663.89	37000.21	13368.96	23631.25	2663.69
上 海	50625.24	48350.89	21242.17	27108.72	2274.35
江 苏	38730.84	35124.58	14260.42	20864.17	3606.26
浙 江	67982.77	67854.72	23348.18	44506.54	128.05
安 徽	36906.88	33924.35	11780.74	22143.61	2982.53
福 建	36189.86	34156.84	17977.76	16179.08	2033.02
江 西					
山 东	33767.52	30703.65	13162.54	17541.11	3063.87
河 南	19614.68	19614.68	10246.86	9367.82	
湖 北	30280.94	29576.85	13926.19	15650.66	704.10
湖 南	28984.56	28392.62	13133.44	15259.18	591.94
广 东	33372.55	31976.34	13884.89	18091.45	1396.21
广 西					
海 南					
重 庆	27640.81	24921.19	9314.28	15606.91	2719.61
四 川	31439.56	30354.60	11741.88	18612.73	1084.96
贵 州					
云 南					
西 藏					
陕 西	36311.80	34203.73	13299.00	20904.73	2108.06
甘 肃	25294.88	23782.42	10141.81	13640.61	1512.46
青 海					
宁 夏	24051.37	18255.52	8247.34	10008.19	5795.84
新 疆					

6-4 分地区中央属高等学校生均公共财政预算教育经费支出

单位:元

地区	公共财政预算教育经费支出	事业费支出			基本建设支出
			个人部分	公用部分	
合计	**17964.30**	**16482.61**	**8976.92**	**7505.69**	**1481.69**
北京	24866.44	22437.68	10751.66	11686.02	2428.76
天津	14591.15	13364.34	6525.66	6838.68	1226.81
河北	10367.36	10201.55	6492.66	3708.89	165.81
山西					
内蒙古					
辽宁	16888.88	15969.96	6744.06	9225.89	918.93
吉林	14713.16	13596.21	10138.76	3457.45	1116.95
黑龙江	21489.98	18723.30	10493.18	8230.12	2766.69
上海	19637.75	17757.33	10610.30	7147.03	1880.42
江苏	17545.25	15982.50	8345.58	7636.92	1562.76
浙江	22752.17	22619.64	7354.61	15265.03	132.53
安徽	19738.91	16821.00	8082.69	8738.32	2917.91
福建	14461.89	13545.46	6781.81	6763.65	916.43
江西					
山东	13195.80	11970.92	8306.75	3664.17	1224.88
河南	18636.33	18636.33	8500.91	10135.42	
湖北	14938.65	14182.16	9653.81	4528.34	756.50
湖南	14250.25	13756.47	11895.86	1860.61	493.78
广东	16889.31	16020.61	7460.70	8559.92	868.70
广西					
海南					
重庆	14467.62	13953.72	6120.70	7833.02	513.90
四川	13866.79	13226.60	7051.57	6175.04	640.19
贵州					
云南					
西藏					
陕西	15430.58	13296.79	8757.68	4539.10	2133.79
甘肃	13532.90	13283.33	6824.09	6459.24	249.57
青海					
宁夏	15714.55	9899.32	5611.18	4288.14	5815.22
新疆					

6-5 分地区地方高等学校生均教育经费支出

单位:元

地 区	教育经费支出	事业性经费支出			基本建设支出
			个人部分	公用部分	
合 计	**15925.42**	**15354.78**	**7004.81**	**8349.97**	**570.64**
北 京	36837.29	35001.13	15753.05	19248.08	1836.16
天 津	22546.34	22460.06	9996.28	12463.78	86.29
河 北	13385.21	13315.65	6421.53	6894.11	69.57
山 西	12334.69	12019.86	6423.38	5596.47	314.84
内蒙古	16642.72	15563.11	6711.75	8851.35	1079.62
辽 宁	16812.03	16420.75	8453.23	7967.52	391.29
吉 林	14766.35	14696.04	6815.46	7880.58	70.31
黑龙江	13942.90	13903.82	5873.34	8030.47	39.08
上 海	28641.95	28113.02	11731.35	16381.67	528.93
江 苏	19482.42	18989.37	8254.28	10735.09	493.05
浙 江	24252.04	23104.63	9478.85	13625.78	1147.41
安 徽	11123.82	10392.85	5053.36	5339.49	730.98
福 建	16569.20	15519.79	7618.52	7901.27	1049.40
江 西	12766.09	12315.30	5771.88	6543.42	450.79
山 东	12387.49	12099.01	5540.01	6559.00	288.49
河 南	11221.96	11056.14	5066.10	5990.04	165.83
湖 北	14273.77	13823.75	6938.11	6885.64	450.01
湖 南	11394.28	10965.95	5140.72	5825.23	428.33
广 东	20518.76	19438.80	9028.81	10409.98	1079.96
广 西	12906.60	12594.30	6409.68	6184.62	312.30
海 南	15404.71	14330.24	7404.31	6925.93	1074.47
重 庆	17133.21	17133.21	6638.80	10494.41	
四 川	15704.34	14364.23	5693.03	8671.19	1340.12
贵 州	13189.17	12404.56	5504.22	6900.34	784.61
云 南	16700.75	15297.01	7215.41	8081.60	1403.74
西 藏	22837.49	20751.65	11885.57	8866.08	2085.84
陕 西	15348.23	15036.55	6194.41	8842.14	311.68
甘 肃	11669.52	11199.06	5680.98	5518.08	470.46
青 海	17674.92	16540.50	10397.18	6143.32	1134.42
宁 夏	17205.47	16424.44	8155.26	8269.18	781.04
新 疆	18224.41	17283.47	7825.15	9458.33	940.94

6-6 分地区地方高等学校生均公共财政预算教育经费支出

单位:元

地区	公共财政预算教育经费支出	事业费支出			基本建设支出
			个人部分	公用部分	
合计	**8431.81**	**8080.11**	**4441.74**	**3638.37**	**351.70**
北京	35671.00	33435.58	14405.44	19030.14	2235.42
天津	12634.04	12541.43	7390.36	5151.07	92.61
河北	5280.05	5203.98	3623.89	1580.09	76.07
山西	6810.70	6617.32	4806.99	1810.34	193.38
内蒙古	11119.59	10124.18	5102.21	5021.97	995.41
辽宁	6505.07	6086.55	3756.64	2329.91	418.52
吉林	9911.90	9869.05	5157.86	4711.20	42.85
黑龙江	6987.60	6968.17	4900.04	2068.12	19.44
上海	23524.83	22905.91	6973.78	15932.13	618.92
江苏	10422.29	9999.84	4887.93	5111.90	422.45
浙江	10887.47	10596.10	6755.71	3840.39	291.38
安徽	4989.39	4818.86	3184.33	1634.53	170.53
福建	6806.55	6636.69	3651.94	2984.75	169.86
江西	6178.13	6121.92	4172.69	1949.23	56.20
山东	6913.56	6823.99	4633.79	2190.21	89.56
河南	4277.00	4247.83	2797.97	1449.86	29.17
湖北	6224.43	5883.10	3722.59	2160.50	341.33
湖南	5122.27	4969.90	3520.26	1449.65	152.36
广东	12602.14	11323.36	5419.45	5903.91	1278.78
广西	6963.51	6757.54	4140.08	2617.46	205.96
海南	9394.92	8963.44	5231.09	3732.35	431.48
重庆	7125.11	7125.11	2518.36	4606.75	
四川	6892.98	6336.47	2375.16	3961.32	556.51
贵州	8637.36	7878.91	4187.06	3691.86	758.45
云南	8552.57	8530.96	3817.22	4713.74	21.61
西藏	19373.09	17155.04	10475.34	6679.70	2218.05
陕西	7308.41	7055.67	3330.00	3725.67	252.74
甘肃	7456.74	6957.56	4172.82	2784.74	499.19
青海	12150.08	11076.49	7412.37	3664.12	1073.59
宁夏	11640.33	10741.24	6404.52	4336.72	899.09
新疆	13519.60	12641.84	5993.66	6648.18	877.76

6-7 分地区普通高等学校生均教育经费支出

单位:元

地 区	教育经费支出	事业性经费支出	个人部分	公用部分	基本建设支出
合 计	**20497.92**	**19630.51**	**8582.93**	**11047.58**	**867.41**
北 京	50070.41	47107.63	17755.16	29352.47	2962.78
天 津	25653.80	25218.50	11678.86	13539.64	435.29
河 北	13960.62	13888.04	6680.59	7207.44	72.59
山 西	12559.93	12230.74	6515.27	5715.47	329.19
内蒙古	16725.69	15624.52	6706.34	8918.18	1101.16
辽 宁	19961.25	19487.12	9306.64	10180.48	474.13
吉 林	17880.65	17581.95	7850.99	9730.96	298.70
黑龙江	18258.92	17782.85	7046.32	10736.53	476.07
上 海	39553.10	38217.18	16265.82	21951.35	1335.92
江 苏	24009.37	22826.99	9669.55	13157.44	1182.38
浙 江	30007.02	28843.44	11347.69	17495.75	1163.58
安 徽	13532.49	12611.74	5687.74	6923.99	920.75
福 建	19814.77	18589.73	9315.98	9273.75	1225.04
江 西	13120.92	12658.42	5909.08	6749.34	462.50
山 东	14873.38	14295.53	6464.75	7830.78	577.85
河 南	11375.65	11224.77	5161.30	6063.46	150.88
湖 北	20155.91	19604.97	9498.66	10106.31	550.94
湖 南	13504.10	13041.73	6112.51	6929.22	462.37
广 东	23452.24	22239.55	10206.80	12032.75	1212.69
广 西	13279.92	12959.31	6567.61	6391.71	320.61
海 南	15650.37	14542.10	7520.49	7021.62	1108.27
重 庆	20096.72	19332.60	7419.59	11913.01	764.12
四 川	20113.17	18766.30	7376.27	11390.03	1346.87
贵 州	14689.70	13800.64	6137.17	7663.47	889.06
云 南	17367.66	15858.08	7555.99	8302.09	1509.58
西 藏	22837.49	20751.65	11885.57	8866.08	2085.84
陕 西	21474.61	20673.56	8288.02	12385.54	801.05
甘 肃	13923.72	13324.20	6451.92	6872.28	599.52
青 海	18284.73	17089.74	10739.07	6350.67	1194.99
宁 夏	18340.37	16727.99	8170.52	8557.47	1612.38
新 疆	19321.27	18303.94	8128.32	10175.62	1017.32

6-8 分地区普通高等学校生均公共财政预算教育经费支出

单位:元

地区	公共财政预算教育经费支出	事业费支出			基本建设支出
			个人部分	公用部分	
合计	**10144.33**	**9589.73**	**5227.00**	**4362.73**	**554.59**
北京	27965.31	25546.13	11758.42	13787.71	2419.17
天津	13041.30	12649.81	6992.47	5657.34	391.48
河北	5567.13	5489.09	3767.22	1721.87	78.04
山西	6882.37	6681.89	4831.47	1850.42	200.48
内蒙古	11157.48	10147.22	5104.80	5042.42	1010.26
辽宁	7940.22	7443.00	4090.06	3352.94	497.22
吉林	11036.12	10736.85	6172.29	4564.56	299.27
黑龙江	9230.15	8756.90	5684.92	3071.98	473.25
上海	20746.42	19600.36	8088.16	11512.20	1146.07
江苏	12022.90	11344.59	5615.13	5729.46	678.30
浙江	12032.60	11752.22	6757.07	4995.15	280.38
安徽	6237.64	5873.57	3599.02	2274.55	364.08
福建	7970.15	7684.37	4141.77	3542.60	285.78
江西	6209.46	6156.30	4181.20	1975.10	53.17
山东	7615.76	7420.37	5050.44	2369.93	195.39
河南	4346.93	4316.44	2851.07	1465.38	30.48
湖北	9382.17	8886.18	5855.93	3030.25	495.99
湖南	6203.10	6011.90	4476.64	1535.25	191.20
广东	13209.86	11978.71	5678.69	6300.03	1231.15
广西	7119.76	6902.44	4199.76	2702.68	217.32
海南	9308.77	8877.30	5144.96	3732.34	431.48
重庆	9041.09	8907.54	3448.70	5458.84	133.55
四川	8785.58	8195.95	3580.06	4615.89	589.62
贵州	9680.28	8823.65	4662.65	4161.00	856.63
云南	8537.63	8515.23	3908.80	4606.43	22.40
西藏	19373.09	17155.04	10475.34	6679.70	2218.05
陕西	9525.81	8768.73	4785.11	3983.62	757.08
甘肃	8345.17	7944.82	4560.51	3384.31	400.36
青海	12018.00	10944.41	7282.65	3661.77	1073.59
宁夏	12396.77	10584.92	6257.22	4327.70	1811.85
新疆	14112.61	13194.92	6102.18	7092.75	917.69

6-9 分地区中央属普通高等学校生均教育经费支出

单位:元

地 区	教育经费支出	事业性经费支出			基本建设支出
			个人部分	公用部分	
合 计	**39372.30**	**37258.10**	**15044.04**	**22214.06**	**2114.20**
北 京	52673.63	49459.41	17737.43	31721.97	3214.23
天 津	33775.93	32360.37	16710.28	15650.09	1415.56
河 北	19067.04	18912.21	9261.85	9650.36	154.84
山 西					
内蒙古					
辽 宁	38249.56	37364.45	14383.25	22981.21	885.10
吉 林	26337.87	25351.42	11088.00	14263.42	986.44
黑龙江	39663.89	37000.21	13368.96	23631.25	2663.69
上 海	50598.58	48324.23	21242.17	27082.06	2274.35
江 苏	38730.84	35124.58	14260.42	20864.17	3606.26
浙 江	67982.77	67854.72	23348.18	44506.54	128.05
安 徽	36906.88	33924.35	11780.74	22143.61	2982.53
福 建	36189.86	34156.84	17977.76	16179.08	2033.02
江 西					
山 东	33767.52	30703.65	13162.54	17541.11	3063.87
河 南	19614.68	19614.68	10246.86	9367.82	
湖 北	30280.94	29576.85	13926.19	15650.66	704.10
湖 南	28984.56	28392.62	13133.44	15259.18	591.94
广 东	33372.55	31976.34	13884.89	18091.45	1396.21
广 西					
海 南					
重 庆	27640.81	24921.19	9314.28	15606.91	2719.61
四 川	31439.56	30354.60	11741.88	18612.73	1084.96
贵 州					
云 南					
西 藏					
陕 西	36311.80	34203.73	13299.00	20904.73	2108.06
甘 肃	25294.88	23782.42	10141.81	13640.61	1512.46
青 海					
宁 夏	24051.37	18255.52	8247.34	10008.19	5795.84
新 疆					

6-10 分地区中央属普通高等学校生均公共财政预算教育经费支出

单位:元

地 区	公共财政预算教育经费支出	事业费支出			基本建设支出
			个人部分	公用部分	
合 计	**17961.93**	**16479.52**	**8977.62**	**7501.90**	**1482.41**
北 京	24871.32	22436.68	10759.43	11677.25	2434.64
天 津	14591.15	13364.34	6525.66	6838.68	1226.81
河 北	10367.36	10201.55	6492.66	3708.89	165.81
山 西					
内蒙古					
辽 宁	16888.84	15969.92	6744.05	9225.87	918.93
吉 林	14713.16	13596.21	10138.76	3457.45	1116.95
黑龙江	21489.98	18723.30	10493.18	8230.12	2766.69
上 海	19637.75	17757.33	10610.30	7147.03	1880.42
江 苏	17545.25	15982.50	8345.58	7636.92	1562.76
浙 江	22752.17	22619.64	7354.61	15265.03	132.53
安 徽	19738.91	16821.00	8082.69	8738.32	2917.91
福 建	14461.89	13545.46	6781.81	6763.65	916.43
江 西					
山 东	13195.80	11970.92	8306.75	3664.17	1224.88
河 南	18636.33	18636.33	8500.91	10135.42	
湖 北	14938.65	14182.16	9653.81	4528.34	756.50
湖 南	14250.25	13756.47	11895.86	1860.61	493.78
广 东	16889.31	16020.61	7460.70	8559.92	868.70
广 西					
海 南					
重 庆	14467.62	13953.72	6120.70	7833.02	513.90
四 川	13866.79	13226.60	7051.57	6175.04	640.19
贵 州					
云 南					
西 藏					
陕 西	15430.58	13296.79	8757.68	4539.10	2133.79
甘 肃	13532.90	13283.33	6824.09	6459.24	249.57
青 海					
宁 夏	15714.55	9899.32	5611.18	4288.14	5815.22
新 疆					

6-11 分地区地方普通高等学校生均教育经费支出

单位:元

地区	教育经费支出	事业性经费支出			基本建设支出
			个人部分	公用部分	
合计	**16349.18**	**15755.82**	**7162.73**	**8593.09**	**593.36**
北京	42216.75	40012.57	17808.65	22203.92	2204.18
天津	22794.63	22704.41	9907.70	12796.71	90.22
河北	13690.22	13621.99	6543.90	7078.08	68.23
山西	12559.93	12230.74	6515.27	5715.47	329.19
内蒙古	16725.69	15624.52	6706.34	8918.18	1101.16
辽宁	16749.88	16347.92	8415.20	7932.72	401.96
吉林	15135.10	15059.68	6800.13	8259.55	75.43
黑龙江	13906.30	13875.07	5760.64	8114.44	31.23
上海	29423.13	28947.85	11701.94	17245.91	475.28
江苏	19991.37	19470.55	8416.54	11054.00	520.82
浙江	25913.46	24638.26	10054.11	14584.15	1275.20
安徽	11336.41	10609.36	5115.29	5494.07	727.04
福建	17069.25	15979.68	7863.71	8115.98	1089.57
江西	13120.92	12658.42	5909.08	6749.34	462.50
山东	12720.25	12425.70	5701.48	6724.22	294.55
河南	11347.65	11196.25	5144.02	6052.23	151.39
湖北	14557.63	14091.37	7050.62	7040.75	466.26
湖南	11687.61	11240.44	5288.67	5951.77	447.17
广东	21599.50	20421.08	9519.87	10901.21	1178.41
广西	13279.92	12959.31	6567.61	6391.71	320.61
海南	15650.37	14542.10	7520.49	7021.62	1108.27
重庆	17148.84	17148.84	6679.24	10469.61	
四川	16351.14	14917.28	5926.24	8991.04	1433.86
贵州	14689.70	13800.64	6137.17	7663.47	889.06
云南	17367.66	15858.08	7555.99	8302.09	1509.58
西藏	22837.49	20751.65	11885.57	8866.08	2085.84
陕西	15758.24	15460.75	6357.42	9103.33	297.49
甘肃	11678.34	11259.09	5723.30	5535.79	419.25
青海	18284.73	17089.74	10739.07	6350.67	1194.99
宁夏	17205.47	16424.44	8155.26	8269.18	781.04
新疆	19321.27	18303.94	8128.32	10175.62	1017.32

6-12 分地区地方普通高等学校生均公共财政预算教育经费支出

单位:元

地区	公共财政预算教育经费支出	事业费支出			基本建设支出
			个人部分	公用部分	
合计	**8456.26**	**8102.02**	**4417.13**	**3684.89**	**354.25**
北京	36920.82	34546.43	14650.01	19896.42	2374.39
天津	12490.57	12395.91	7158.35	5237.56	94.66
河北	5311.87	5238.50	3622.29	1616.21	73.37
山西	6882.37	6681.89	4831.47	1850.42	200.48
内蒙古	11157.48	10147.22	5104.80	5042.42	1010.26
辽宁	6316.80	5896.08	3608.59	2287.49	420.72
吉林	9889.87	9845.50	4935.82	4909.68	44.37
黑龙江	6752.44	6742.70	4713.17	2029.52	9.74
上海	21743.63	21258.08	5819.60	15438.48	485.55
江苏	10528.08	10089.18	4876.04	5213.14	438.90
浙江	10805.64	10508.34	6688.67	3819.66	297.30
安徽	4981.08	4854.69	3181.73	1672.96	126.39
福建	6843.30	6666.99	3683.51	2983.48	176.31
江西	6209.46	6156.30	4181.20	1975.10	53.17
山东	6994.73	6913.92	4688.03	2225.89	80.81
河南	4307.21	4276.64	2835.36	1441.28	30.57
湖北	6299.34	5947.88	3748.80	2199.08	351.46
湖南	5229.26	5074.68	3578.80	1495.88	154.59
广东	12501.18	11200.22	5335.46	5864.76	1300.96
广西	7119.76	6902.44	4199.76	2702.68	217.32
海南	9308.77	8877.30	5144.96	3732.34	431.48
重庆	7135.63	7135.63	2510.46	4625.17	
四川	7053.44	6481.06	2396.66	4084.40	572.39
贵州	9680.28	8823.65	4662.65	4161.00	856.63
云南	8537.63	8515.23	3908.80	4606.43	22.40
西藏	19373.09	17155.04	10475.34	6679.70	2218.05
陕西	7358.71	7106.90	3327.15	3779.75	251.81
甘肃	7299.48	6868.73	4104.24	2764.49	430.75
青海	12018.00	10944.41	7282.65	3661.77	1073.59
宁夏	11640.33	10741.24	6404.52	4336.72	899.09
新疆	14112.61	13194.92	6102.18	7092.75	917.69

6-13 分地区普通高等本科学校生均教育经费支出

单位:元

地区	教育经费支出	事业性经费支出	个人部分	公用部分	基本建设支出
合计	**23221.84**	**22314.90**	**9742.79**	**12572.11**	**906.94**
北京	51072.56	48012.61	17992.21	30020.41	3059.94
天津	27726.46	27257.58	12568.21	14689.37	468.88
河北	15352.57	15244.70	7346.36	7898.34	107.87
山西	14452.95	14043.90	7588.33	6455.57	409.05
内蒙古	17559.26	16134.37	7253.76	8880.61	1424.89
辽宁	20804.06	20503.66	9729.42	10774.24	300.40
吉林	18880.94	18527.53	8221.47	10306.06	353.41
黑龙江	19738.75	19185.85	7382.14	11803.71	552.90
上海	40904.90	39475.04	16777.36	22697.68	1429.86
江苏	27547.06	26384.05	11408.50	14975.55	1163.01
浙江	34532.37	33042.14	13105.91	19936.23	1490.23
安徽	15561.92	14893.59	6648.07	8245.52	668.33
福建	21902.82	20538.73	10494.02	10044.71	1364.09
江西	14357.86	13900.29	6745.56	7154.73	457.57
山东	15917.38	15248.30	7336.64	7911.66	669.08
河南	12835.14	12792.56	6072.66	6719.90	42.58
湖北	22986.16	22513.89	10974.58	11539.31	472.27
湖南	16906.99	16263.62	7651.50	8612.12	643.37
广东	25185.76	24219.31	11248.73	12970.58	966.46
广西	14250.57	13880.23	7024.35	6855.87	370.34
海南	17936.06	16949.41	8623.47	8325.94	986.65
重庆	22548.03	21549.06	8139.28	13409.78	998.96
四川	21964.06	20706.93	7953.15	12753.78	1257.13
贵州	17453.35	16324.37	6949.58	9374.79	1128.98
云南	17442.39	17261.28	8041.97	9219.32	181.10
西藏	24682.66	21957.46	12554.09	9403.37	2725.20
陕西	23744.60	22891.98	8940.40	13951.58	852.62
甘肃	15086.68	14432.42	6978.64	7453.78	654.26
青海	20129.71	18457.98	11948.85	6509.14	1671.72
宁夏	19833.99	17427.00	9303.58	8123.42	2406.99
新疆	21228.36	20336.18	8939.71	11396.46	892.19

6-14 分地区普通高等本科学校生均公共财政预算教育经费支出

单位:元

地区	公共财政预算教育经费支出	事业费支出	个人部分	公用部分	基本建设支出
合计	**11745.48**	**11148.45**	**5996.69**	**5151.77**	**597.02**
北京	28023.08	25526.79	11859.54	13667.25	2496.29
天津	14385.07	13973.30	7312.44	6660.86	411.77
河北	6370.10	6252.66	4193.69	2058.97	117.44
山西	7859.04	7596.56	5729.97	1866.58	262.48
内蒙古	11907.12	10604.63	5417.10	5187.53	1302.50
辽宁	8019.17	7705.79	4108.26	3597.53	313.38
吉林	11892.50	11532.95	6532.59	5000.36	359.55
黑龙江	10121.72	9542.72	6018.71	3524.01	579.00
上海	21761.46	20531.21	8504.65	12026.56	1230.25
江苏	13475.12	12959.79	6586.20	6373.59	515.34
浙江	14072.40	13870.03	7786.54	6083.49	202.37
安徽	8218.32	7685.65	4454.85	3230.80	532.68
福建	9362.18	9001.11	4687.75	4313.36	361.06
江西	7265.87	7257.84	5036.94	2220.90	8.03
山东	8143.66	7882.00	5802.82	2079.18	261.67
河南	5120.56	5113.64	3258.15	1855.49	6.92
湖北	11216.93	10839.01	7068.18	3770.83	377.92
湖南	8061.92	7800.90	5753.84	2047.06	261.02
广东	14395.21	13347.41	6503.39	6844.02	1047.80
广西	8437.82	8093.19	4738.67	3354.53	344.63
海南	11848.45	11848.45	6356.57	5491.89	
重庆	10633.44	10458.30	3987.97	6470.33	175.14
四川	9748.60	9361.06	3986.79	5374.27	387.54
贵州	11792.02	10579.85	5150.38	5429.48	1212.17
云南	9562.15	9543.05	4058.09	5484.96	19.10
西藏	21164.53	18209.18	11216.19	6992.99	2955.35
陕西	10543.18	9743.63	5177.91	4565.73	799.55
甘肃	9694.00	9296.70	5119.77	4176.93	397.29
青海	14319.70	12776.22	8432.64	4343.58	1543.48
宁夏	14218.46	11439.36	7292.15	4147.20	2779.10
新疆	16263.59	15562.56	7051.86	8510.70	701.03

6-15 分地区地方普通高等本科学校生均教育经费支出

单位:元

地 区	教育经费支出	事业性经费支出			基本建设支出
			个人部分	公用部分	
合 计	**17822.76**	**17303.47**	**7965.40**	**9338.06**	**519.30**
北 京	44420.38	41990.97	18873.13	23117.83	2429.41
天 津	24730.22	24730.22	10516.69	14213.53	
河 北	15052.52	14948.44	7191.63	7756.81	104.08
山 西	14452.95	14043.90	7588.33	6455.57	409.05
内蒙古	17559.26	16134.37	7253.76	8880.61	1424.89
辽 宁	16984.22	16811.85	8710.43	8101.42	172.37
吉 林	15835.62	15740.73	7050.81	8689.92	94.89
黑龙江	14549.96	14546.75	5823.09	8723.66	3.22
上 海	30733.62	30189.85	12092.57	18097.27	543.77
江 苏	22327.08	22291.27	10076.45	12214.81	35.81
浙 江	28556.01	26822.40	11275.99	15546.42	1733.61
安 徽	12360.48	12039.25	5878.25	6161.00	321.23
福 建	18379.55	17180.42	8648.48	8531.94	1199.13
江 西	14357.86	13900.29	6745.56	7154.73	457.57
山 东	12952.20	12680.93	6368.87	6312.06	271.27
河 南	12835.14	12792.56	6072.66	6719.90	42.58
湖 北	16278.46	16019.36	8260.51	7758.85	259.11
湖 南	14133.34	13457.95	6413.63	7044.33	675.39
广 东	22590.25	21567.76	10305.99	11261.77	1022.49
广 西	14250.57	13880.23	7024.35	6855.87	370.34
海 南	17936.06	16949.41	8623.47	8325.94	986.65
重 庆	19294.48	19294.48	7348.29	11946.19	
四 川	17159.79	15798.51	6061.47	9737.04	1361.28
贵 州	17453.35	16324.37	6949.58	9374.79	1128.98
云 南	17442.39	17261.28	8041.97	9219.32	181.10
西 藏	24682.66	21957.46	12554.09	9403.37	2725.20
陕 西	16984.88	16807.55	6595.96	10211.59	177.33
甘 肃	12090.32	11687.96	6050.17	5637.79	402.35
青 海	20129.71	18457.98	11948.85	6509.14	1671.72
宁 夏	18447.06	17154.53	9650.93	7503.60	1292.53
新 疆	21228.36	20336.18	8939.71	11396.46	892.19

6-16 分地区地方普通高等本科学校生均公共财政预算教育经费支出

单位：元

地 区	公共财政预算教育经费支出	事业费支出	个人部分	公用部分	基本建设支出
合 计	**9641.58**	**9334.68**	**4984.29**	**4350.39**	**306.90**
北 京	39876.66	37165.88	15978.46	21187.42	2710.78
天 津	14280.96	14280.96	7709.94	6571.02	
河 北	6041.38	5927.92	4004.63	1923.28	113.47
山 西	7859.04	7596.56	5729.97	1866.58	262.48
内蒙古	11907.12	10604.63	5417.10	5187.53	1302.50
辽 宁	5983.39	5809.00	3503.29	2305.71	174.40
吉 林	10765.34	10708.46	5091.55	5616.92	56.88
黑龙江	7131.25	7127.73	4841.68	2286.05	3.52
上 海	23957.03	23398.95	6327.75	17071.20	558.09
江 苏	11560.63	11521.31	5773.21	5748.10	39.33
浙 江	12376.46	12160.44	7870.94	4289.50	216.01
安 徽	6459.27	6290.79	3900.92	2389.87	168.48
福 建	8036.70	7819.99	4143.48	3676.50	216.72
江 西	7265.87	7257.84	5036.94	2220.90	8.03
山 东	7298.33	7197.83	5383.86	1813.97	100.50
河 南	5120.56	5113.64	3258.15	1855.49	6.92
湖 北	7672.38	7655.02	4605.64	3049.38	17.36
湖 南	6563.12	6359.37	4288.19	2071.18	203.75
广 东	13256.09	12075.92	5984.65	6091.27	1180.17
广 西	8437.82	8093.19	4738.67	3354.53	344.63
海 南	11848.45	11848.45	6356.57	5491.89	
重 庆	8439.03	8439.03	2843.16	5595.88	
四 川	7581.06	7330.25	2418.95	4911.30	250.81
贵 州	11792.02	10579.85	5150.38	5429.48	1212.17
云 南	9562.15	9543.05	4058.09	5484.96	19.10
西 藏	21164.53	18209.18	11216.19	6992.99	2955.35
陕 西	8000.11	7894.81	3315.23	4579.58	105.30
甘 肃	8509.23	8066.35	4593.79	3472.56	442.88
青 海	14319.70	12776.22	8432.64	4343.58	1543.48
宁 夏	13622.75	12052.56	7961.48	4091.09	1570.19
新 疆	16263.59	15562.56	7051.86	8510.70	701.03

6-17 分地区地方普通高职高专学校生均教育经费支出

单位:元

地 区	教育经费支出	事业性经费支出			基本建设支出
			个人部分	公用部分	
合 计	**13458.92**	**12720.30**	**5588.37**	**7131.92**	**738.62**
北 京	34921.94	33463.34	14284.83	19178.51	1458.60
天 津	18038.70	17726.80	8411.35	9315.45	311.89
河 北	11097.52	11097.52	5311.17	5786.35	
山 西	9674.91	9467.43	4879.90	4587.53	207.49
内蒙古	15065.40	14609.02	5616.01	8993.02	456.38
辽 宁	15800.89	14469.19	7219.67	7249.52	1331.70
吉 林	12419.67	12419.67	5828.41	6591.26	
黑龙江	11612.80	11481.76	5538.10	5943.65	131.05
上 海	20328.82	20328.82	8991.09	11337.73	
江 苏	16733.38	15536.05	6101.21	9434.84	1197.33
浙 江	21894.08	21316.13	8195.61	13120.52	577.95
安 徽	9619.32	8211.84	3836.02	4375.82	1407.48
福 建	14286.30	13429.44	6196.92	7232.51	856.87
江 西	10738.12	10266.11	4297.71	5968.40	472.00
山 东	12213.44	11868.04	4243.31	7624.73	345.41
河 南	9180.24	8870.31	3790.92	5079.38	309.94
湖 北	11962.24	11183.55	5225.84	5957.71	778.69
湖 南	8914.54	8726.13	4013.15	4712.99	188.40
广 东	19746.30	18276.23	8049.44	10226.79	1470.07
广 西	11652.54	11415.31	5801.83	5613.48	237.23
海 南	11769.17	10454.38	5647.57	4806.81	1314.79
重 庆	12296.74	12296.74	5166.24	7130.50	
四 川	14621.94	13032.87	5637.07	7395.80	1589.07
贵 州	9628.06	9178.42	4649.24	4529.18	449.64
云 南	17136.14	11510.75	6050.35	5460.40	5625.39
西 藏	16817.77	16817.77	9704.56	7113.21	
陕 西	12661.56	12060.74	5755.21	6305.52	600.83
甘 肃	10831.51	10377.53	5051.40	5326.13	453.98
青 海	13764.19	13737.28	7774.87	5962.41	26.92
宁 夏	15309.60	15309.60	5871.39	9438.21	
新 疆	16237.84	15018.19	6816.44	8201.74	1219.65

6-18 分地区地方普通高职高专学校生均公共财政预算教育经费支出

单位:元

地 区	公共财政预算教育经费支出	事业费支出			基本建设支出
			个人部分	公用部分	
合 计	**6280.05**	**5838.87**	**3375.84**	**2463.04**	**441.18**
北 京	27874.80	26529.88	10584.42	15945.46	1344.92
天 津	8245.80	7926.71	5850.60	2076.11	319.09
河 北	3977.06	3977.06	2922.71	1054.35	
山 西	5538.59	5423.42	3595.23	1828.18	115.17
内蒙古	9772.14	9301.94	4527.68	4774.26	470.20
辽 宁	7574.14	6224.48	4005.68	2218.80	1349.66
吉 林	6784.16	6784.16	4383.39	2400.76	
黑龙江	5496.44	5466.07	4287.08	1178.98	30.37
上 海	6928.37	6928.37	2418.36	4510.00	
江 苏	9177.85	8216.46	3702.86	4513.60	961.40
浙 江	8584.05	8171.78	5016.60	3155.17	412.27
安 徽	2673.49	2612.79	2058.98	553.81	60.70
福 建	4443.72	4348.67	2758.64	1590.03	95.06
江 西	4318.60	4184.64	2649.50	1535.14	133.96
山 东	6391.65	6349.95	3305.82	3044.13	41.70
河 南	3188.88	3125.80	2254.05	871.75	63.08
湖 北	4383.24	3565.55	2553.07	1012.48	817.69
湖 南	3714.45	3615.70	2773.17	842.53	98.76
广 东	11241.76	9739.30	4252.42	5486.87	1502.46
广 西	5117.49	5093.57	3381.11	1712.46	23.92
海 南	5421.89	4330.05	3290.64	1039.42	1091.84
重 庆	4076.06	4076.06	1729.50	2346.56	
四 川	5991.30	4771.55	2351.78	2419.77	1219.75
贵 州	6052.44	5806.59	3824.77	1981.82	245.85
云 南	5795.71	5764.48	3509.26	2255.22	31.23
西 藏	13983.79	13983.79	8246.58	5737.21	
陕 西	5823.41	5220.90	3355.68	1865.22	602.51
甘 肃	5021.53	4613.62	3182.41	1431.21	407.90
青 海	6892.50	6865.29	4721.82	2143.48	27.21
宁 夏	8984.41	8984.41	4318.60	4665.81	
新 疆	10722.80	9463.67	4605.53	4858.14	1259.13

6-19 分地区地方中等职业学校生均教育经费支出

单位:元

地 区	教育经费支出	事业性经费支出			基本建设支出
			个人部分	公用部分	
合 计	**8704.98**	**8325.80**	**4584.33**	**3741.47**	**379.18**
北 京	24849.76	23962.94	11486.78	12476.16	886.82
天 津	17183.05	15631.13	11061.27	4569.86	1551.92
河 北	6817.57	6703.16	4111.21	2591.95	114.40
山 西	7578.29	6788.09	3712.63	3075.46	790.19
内蒙古	13101.37	11784.18	6712.45	5071.73	1317.19
辽 宁	10708.27	10541.03	5701.20	4839.83	167.24
吉 林	9898.23	9700.53	6143.71	3556.82	197.70
黑龙江	8707.24	8379.36	5558.05	2821.30	327.89
上 海	23633.70	23633.70	13304.87	10328.83	
江 苏	9600.61	9285.24	4947.90	4337.34	315.37
浙 江	12896.74	12839.88	7511.33	5328.55	56.86
安 徽	6915.45	6613.32	3154.41	3458.91	302.13
福 建	8177.74	7856.27	4872.59	2983.68	321.47
江 西	5427.10	5366.75	2818.76	2547.98	60.35
山 东	8998.30	8926.22	4734.60	4191.62	72.07
河 南	6142.73	5788.83	3538.47	2250.36	353.90
湖 北	5354.58	5253.33	2998.35	2254.98	101.25
湖 南	7590.59	7229.99	4363.83	2866.16	360.59
广 东	9994.68	9371.34	4736.31	4635.03	623.34
广 西	8822.96	8582.59	3960.76	4621.83	240.37
海 南	10418.59	6982.87	3763.96	3218.91	3435.71
重 庆	7347.82	7242.70	3571.29	3671.40	105.12
四 川	7605.72	7097.98	3768.68	3329.30	507.74
贵 州	5594.96	5309.05	2696.34	2612.71	285.91
云 南	7554.33	7257.99	4032.90	3225.09	296.34
西 藏	9525.50	8099.82	4421.89	3677.93	1425.68
陕 西	6920.61	6509.98	3756.01	2753.96	410.63
甘 肃	7306.07	6714.95	3954.06	2760.89	591.12
青 海	9983.76	8819.84	3917.90	4901.94	1163.92
宁 夏	7730.99	7257.09	3402.63	3854.46	473.89
新 疆	12517.21	11908.89	6529.28	5379.60	608.32

6-20 分地区地方中等职业学校生均公共财政预算教育经费支出

单位:元

地 区	公共财政预算教育经费支出	事业费支出			基本建设支 出
			个人部分	公用部分	
合 计	**5151.57**	**4840.41**	**3373.57**	**1466.84**	**311.16**
北 京	16470.61	15583.79	7621.01	7962.78	886.82
天 津	11597.80	10322.84	8900.41	1422.43	1274.96
河 北	4310.16	4195.75	3315.51	880.25	114.40
山 西	4956.14	4278.06	3174.63	1103.43	678.08
内蒙古	9118.68	8231.72	5242.55	2989.16	886.96
辽 宁	6660.68	6536.11	4159.54	2376.57	124.58
吉 林	7331.23	7266.12	5605.68	1660.44	65.11
黑龙江	6357.57	6029.69	4925.48	1104.21	327.89
上 海	12609.79	12609.79	8056.59	4553.20	
江 苏	4590.79	4314.28	3349.04	965.23	276.51
浙 江	6683.68	6643.12	4865.74	1777.39	40.55
安 徽	3187.26	2972.06	2164.65	807.42	215.20
福 建	4670.43	4433.29	3429.81	1003.48	237.14
江 西	3236.99	3192.15	2121.25	1070.89	44.85
山 东	5468.35	5436.04	4042.29	1393.75	32.31
河 南	3924.28	3609.54	2870.20	739.34	314.74
湖 北	2823.65	2728.00	2117.67	610.33	95.65
湖 南	4106.84	3963.30	3125.59	837.71	143.54
广 东	5339.01	4815.30	2840.20	1975.10	523.72
广 西	5451.78	5278.65	3063.88	2214.77	173.12
海 南	7654.92	4903.97	2945.48	1958.49	2750.95
重 庆	3755.92	3666.64	2144.81	1521.83	89.29
四 川	4296.94	3792.69	2693.49	1099.19	504.25
贵 州	4258.24	3974.26	2338.36	1635.90	283.97
云 南	4896.25	4728.43	2875.01	1853.42	167.82
西 藏	9044.34	7618.66	4284.98	3333.69	1425.68
陕 西	5010.53	4607.49	3105.26	1502.23	403.04
甘 肃	4864.14	4347.86	3276.32	1071.54	516.27
青 海	7396.09	6496.27	2960.89	3535.38	899.82
宁 夏	4900.82	4426.93	2649.14	1777.79	473.89
新 疆	8488.74	7996.67	5370.52	2626.15	492.07

6-21 分地区地方中等专业学校生均教育经费支出

单位:元

地区	教育经费支出	事业性经费支出	个人部分	公用部分	基本建设支出
合计	**8961.55**	**8546.37**	**4683.28**	**3863.10**	**415.18**
北京	24502.36	23760.23	11109.86	12650.37	742.14
天津	17894.97	15977.64	11331.85	4645.79	1917.33
河北	7108.82	7050.10	4512.10	2538.00	58.71
山西	7875.44	6983.24	3701.38	3281.86	892.20
内蒙古	12357.01	10242.49	6142.33	4100.16	2114.52
辽宁	10013.53	9875.32	5886.79	3988.52	138.21
吉林	9608.60	9439.98	5953.96	3486.01	168.62
黑龙江	9243.77	9182.16	5854.12	3328.04	61.61
上海	17154.45	17154.45	9627.26	7527.19	
江苏	9544.73	9443.80	4710.15	4733.65	100.93
浙江	12566.93	12566.93	6696.91	5870.02	
安徽	7397.63	6947.90	3470.29	3477.61	449.73
福建	8353.65	8052.18	4975.41	3076.78	301.47
江西	5765.76	5709.75	2787.28	2922.47	56.01
山东	9203.42	9138.67	4698.79	4439.89	64.75
河南	7638.66	6982.02	4384.90	2597.12	656.64
湖北	5470.84	5326.57	2952.20	2374.37	144.26
湖南	7464.85	7071.03	4285.00	2786.03	393.81
广东	10402.40	10023.29	5213.84	4809.45	379.10
广西	9196.85	8966.60	4197.99	4768.61	230.25
海南	8073.02	6681.87	3610.50	3071.37	1391.15
重庆	6835.89	6724.67	3342.36	3382.31	111.23
四川	9285.80	8315.01	4314.81	4000.20	970.79
贵州	5365.50	5233.61	2892.85	2340.76	131.90
云南	9567.21	9164.50	4565.84	4598.66	402.71
西藏	8718.37	7630.59	4138.69	3491.90	1087.78
陕西	8778.76	8488.12	4196.80	4291.32	290.64
甘肃	7326.83	6711.61	3973.66	2737.95	615.22
青海	12321.36	10230.58	6033.24	4197.34	2090.78
宁夏	8385.85	7524.83	3965.88	3558.94	861.02
新疆	13204.92	12363.15	6849.09	5514.06	841.77

6-22 分地区地方中等专业学校生均公共财政预算教育经费支出

单位:元

地 区	公共财政预算教育经费支出	事业费支出			基本建设支出
			个人部分	公用部分	
合 计	**5192.46**	**4882.51**	**3334.13**	**1548.38**	**309.96**
北 京	18456.82	17714.68	7485.57	10229.11	742.14
天 津	12105.37	10537.74	8946.98	1590.77	1567.62
河 北	4322.64	4263.93	3367.80	896.13	58.71
山 西	4831.00	4051.61	3020.51	1031.10	779.38
内蒙古	8450.38	7305.72	4648.63	2657.09	1144.66
辽 宁	6068.14	5995.73	4107.44	1888.29	72.42
吉 林	6728.01	6559.39	5280.16	1279.23	168.62
黑龙江	6072.10	6010.49	4636.84	1373.66	61.61
上 海	10021.80	10021.80	5924.81	4096.99	
江 苏	4360.19	4259.26	3164.62	1094.65	100.93
浙 江	5268.72	5268.72	3586.35	1682.37	
安 徽	2848.13	2615.66	2168.77	446.89	232.48
福 建	4561.62	4373.78	3374.77	999.01	187.84
江 西	3199.45	3178.19	1972.47	1205.72	21.26
山 东	5507.28	5442.54	3907.01	1535.53	64.75
河 南	4930.09	4335.47	3535.43	800.04	594.62
湖 北	2847.82	2708.31	2076.42	631.90	139.51
湖 南	3963.89	3768.57	3054.81	713.77	195.32
广 东	5373.67	5160.95	3042.75	2118.20	212.72
广 西	5480.71	5332.77	3233.21	2099.56	147.94
海 南	4847.12	4405.10	2594.01	1811.10	442.02
重 庆	3398.11	3286.88	1827.70	1459.19	111.23
四 川	5327.85	4357.07	2747.43	1609.64	970.79
贵 州	3930.36	3798.88	2436.57	1362.31	131.48
云 南	6126.16	5994.88	3033.98	2960.90	131.28
西 藏	8266.07	7178.29	4037.69	3140.60	1087.78
陕 西	5050.30	4759.67	2585.49	2174.18	290.64
甘 肃	4818.81	4246.85	3161.13	1085.72	571.97
青 海	8175.13	6902.04	4250.27	2651.77	1273.09
宁 夏	5491.01	4629.98	2981.22	1648.77	861.02
新 疆	8808.20	8159.25	5330.90	2828.35	648.95

6-23　分地区地方职业高中生均教育经费支出

单位:元

地　区	教育经费支出	事业性经费支出	个人部分	公用部分	基本建设支　出
合　计	**7959.07**	**7682.57**	**4271.70**	**3410.87**	**276.51**
北　京	26602.55	25535.80	14011.32	11524.48	1066.74
天　津	23278.49	23278.49	19320.31	3958.18	
河　北	5835.82	5677.12	3307.52	2369.59	158.71
山　西	6201.43	5788.68	3197.95	2590.73	412.75
内蒙古	12143.83	11550.53	6010.04	5540.49	593.31
辽　宁	11132.21	10942.88	5363.36	5579.52	189.33
吉　林	7890.77	7630.98	4310.37	3320.61	259.79
黑龙江	7389.86	7233.32	5001.46	2231.86	156.54
上　海	31951.35	31951.35	18160.85	13790.49	
江　苏	9758.22	9225.57	5324.54	3901.02	532.66
浙　江	12214.05	12159.33	7392.85	4766.47	54.72
安　徽	6718.99	6488.81	2992.78	3496.02	230.19
福　建	7693.82	7553.30	4716.15	2837.14	140.52
江　西	4507.76	4440.01	2472.64	1967.37	67.75
山　东	9016.61	9014.02	4911.60	4102.43	2.59
河　南	4356.95	4313.43	2452.64	1860.79	43.52
湖　北	5110.69	5083.96	3119.06	1964.91	26.73
湖　南	8025.19	7578.70	4424.98	3153.72	446.49
广　东	9224.21	8445.60	4740.73	3704.87	778.60
广　西	11078.88	10485.33	3342.17	7143.16	593.54
海　南	9955.18	8984.34	5051.57	3932.77	970.84
重　庆	7587.97	7479.71	3552.46	3927.25	108.27
四　川	6187.99	5877.33	3058.28	2819.05	310.65
贵　州	5858.46	5401.67	2489.72	2911.94	456.79
云　南	5513.78	5219.36	3336.98	1882.38	294.42
西　藏					
陕　西	5667.01	5187.51	3098.08	2089.43	479.51
甘　肃	7505.53	6913.82	3918.59	2995.23	591.70
青　海	8953.12	8219.55	2927.33	5292.22	733.56
宁　夏	7137.65	7137.65	2700.48	4437.17	
新　疆	7835.98	7719.73	4300.00	3419.73	116.25

6-24　分地区地方职业高中生均公共财政预算教育经费支出

单位:元

地　区	公共财政预算教育经费支出	事业费支出			基本建设支　出
			个人部分	公用部分	
合　计	**4856.30**	**4608.08**	**3307.90**	**1300.18**	**248.22**
北　京	14314.39	13247.64	8573.16	4674.48	1066.74
天　津	17815.26	17815.26	16952.21	863.05	
河　北	3789.04	3630.33	2842.81	787.52	158.71
山　西	4275.24	3872.59	2909.42	963.18	402.64
内蒙古	8689.71	8110.86	4936.30	3174.56	578.85
辽　宁	6815.09	6643.93	4145.61	2498.32	171.16
吉　林	5815.92	5815.92	3976.14	1839.78	
黑龙江	5857.80	5701.26	4748.57	952.69	156.54
上　海	13386.39	13386.39	10155.70	3230.68	
江　苏	5088.01	4555.35	3736.76	818.59	532.66
浙　江	6506.04	6473.08	4885.41	1587.66	32.96
安　徽	3600.69	3379.64	2264.70	1114.94	221.05
福　建	4880.33	4739.81	3753.37	986.44	140.52
江　西	2963.02	2895.27	1976.82	918.45	67.75
山　东	5653.16	5650.57	4390.87	1259.70	2.59
河　南	2823.71	2785.91	2098.16	687.75	37.80
湖　北	2796.31	2778.60	2286.34	492.27	17.71
湖　南	4465.92	4300.37	3255.29	1045.08	165.55
广　东	5836.33	5102.39	3417.03	1685.37	733.93
广　西	8902.31	8308.77	3057.55	5251.22	593.54
海　南	7892.31	6921.47	4511.92	2409.55	970.84
重　庆	4146.98	4068.28	2435.49	1632.78	78.70
四　川	3487.29	3182.07	2320.25	861.82	305.21
贵　州	4633.57	4180.40	2230.56	1949.84	453.17
云　南	3897.46	3645.68	2718.41	927.27	251.77
西　藏					
陕　西	4566.06	4097.59	2842.49	1255.11	468.47
甘　肃	5111.71	4688.61	3595.15	1093.46	423.10
青　海	7139.40	6405.84	2384.18	4021.66	733.56
宁　夏	4300.07	4300.07	2258.30	2041.77	
新　疆	6129.30	6013.04	4053.99	1959.05	116.25

6-25 分地区地方农村职业高中生均教育经费支出

单位:元

地区	教育经费支出	事业性经费支出	个人部分	公用部分	基本建设支出
合计	**6307.47**	**6001.20**	**3381.89**	**2619.31**	**306.28**
北京	25461.75	17165.07	7187.98	9977.08	8296.69
天津					
河北	4805.98	4637.17	2818.27	1818.90	168.81
山西	5878.77	5787.72	3079.21	2708.50	91.05
内蒙古	6944.05	6944.05	4629.28	2314.76	
辽宁	16657.85	16657.85	6402.68	10255.17	
吉林	2730.44	2730.44	1844.46	885.98	
黑龙江	3315.62	3315.62	2411.59	904.03	
上海	29012.12	29012.12	21816.16	7195.96	
江苏	11101.39	9190.96	5325.21	3865.75	1910.43
浙江	10293.42	10293.01	6710.82	3582.19	0.41
安徽	5476.43	5262.29	2495.01	2767.28	214.15
福建	4465.83	4465.83	2958.40	1507.43	
江西	3873.35	3873.35	2047.30	1826.05	
山东	6871.62	6871.62	4307.03	2564.59	
河南	3920.24	3802.51	2227.19	1575.32	117.74
湖北	5353.05	5353.05	2359.48	2993.57	
湖南	8903.23	8876.89	4543.58	4333.31	26.33
广东	5048.00	5048.00	2956.94	2091.06	
广西	8919.12	8180.07	3395.03	4785.04	739.05
海南	6892.14	6892.14	5705.73	1186.42	
重庆	4898.69	4859.50	1873.69	2985.82	39.18
四川	5001.44	4912.96	2620.02	2292.95	88.48
贵州	4564.22	4252.76	2822.19	1430.57	311.46
云南	5500.36	4091.91	2598.95	1492.96	1408.45
西藏					
陕西	5226.26	4795.48	2979.07	1816.42	430.78
甘肃	6800.97	6670.78	4539.64	2131.14	130.18
青海					
宁夏					
新疆	9183.14	9183.14	2019.01	7164.13	

6-26 分地区地方农村职业高中生均公共财政预算教育经费支出

单位:元

地区	公共财政预算教育经费支出	事业费支出			基本建设支出
			个人部分	公用部分	
合计	**3884.68**	**3590.13**	**2678.40**	**911.73**	**294.55**
北京	19405.23	11108.55	5460.36	5648.19	8296.69
天津					
河北	3250.75	3081.94	2426.31	655.63	168.81
山西	3708.82	3708.82	2988.76	720.07	
内蒙古	5649.51	5649.51	4196.92	1452.59	
辽宁	7954.36	7954.36	4112.95	3841.41	
吉林	2241.19	2241.19	1839.08	402.11	
黑龙江	2941.56	2941.56	2381.36	560.20	
上海	22866.67	22866.67	17919.19	4947.47	
江苏	6050.46	4140.03	3731.09	408.94	1910.43
浙江	5390.56	5390.56	4421.56	969.00	
安徽	3387.54	3173.39	2141.17	1032.22	214.15
福建	3434.44	3434.44	2554.23	880.22	
江西	2388.06	2388.06	1686.33	701.73	
山东	4465.56	4465.56	4064.74	400.82	
河南	2712.19	2594.46	2004.87	589.59	117.74
湖北	3181.27	3181.27	1958.68	1222.59	
湖南	4074.46	4048.12	3132.19	915.93	26.33
广东	3283.37	3283.37	2048.44	1234.93	
广西	7786.35	7047.31	3006.98	4040.33	739.05
海南	5991.57	5991.57	4862.41	1129.16	
重庆	2943.85	2904.66	1383.19	1521.47	39.18
四川	2830.23	2746.59	2074.72	671.87	83.64
贵州	3383.72	3072.26	2559.11	513.15	311.46
云南	3432.89	2548.51	2122.76	425.75	884.38
西藏					
陕西	4024.92	3594.14	2713.01	881.13	430.78
甘肃	5650.36	5520.17	4229.73	1290.44	130.18
青海					
宁夏					
新疆	6431.56	6431.56	2019.01	4412.55	

6-27 分地区地方技工学校生均教育经费支出

单位:元

地区	教育经费支出	事业性经费支出	个人部分	公用部分	基本建设支出
合计	**9242.28**	**8518.38**	**4324.14**	**4194.24**	**723.90**
北京	23541.28	22679.62	7975.52	14704.10	861.66
天津	12734.86	12435.89	8921.50	3514.39	298.97
河北	8332.05	8332.05	4687.26	3644.79	
山西	9783.42	7042.40	3463.56	3578.84	2741.02
内蒙古	14297.36	12660.93	8222.37	4438.56	1636.43
辽宁	17055.50	16693.94	7307.86	9386.08	361.56
吉林	4290.16	4290.16	2733.68	1556.48	
黑龙江	13404.78	11237.23	6408.32	4828.91	2167.56
上海	150339.34	150339.34	98924.59	51414.75	
江苏	8324.16	7901.96	3911.23	3990.73	422.19
浙江	13569.81	13540.21	7068.71	6471.50	29.60
安徽	6304.48	6033.49	2496.18	3537.32	270.99
福建	8518.96	7604.40	4890.90	2713.51	914.56
江西	5685.47	5685.47	3687.64	1997.83	
山东	7594.84	7359.82	3855.49	3504.33	235.01
河南	6394.38	6032.50	3684.75	2347.75	361.88
湖北	6756.81	6756.81	3018.43	3738.38	
湖南	5979.40	5865.89	3923.30	1942.59	113.51
广东	9933.03	8897.74	3864.69	5033.05	1035.29
广西	6677.57	6561.39	3641.62	2919.76	116.19
海南	21080.15	4665.84	2530.67	2135.18	16414.31
重庆	6213.13	6173.76	3569.35	2604.41	39.37
四川	9334.40	9127.44	5355.86	3771.58	206.96
贵州					
云南	6192.24	6180.56	3110.80	3069.76	11.68
西藏					
陕西	52184.67	52184.67	49515.33	2669.33	
甘肃	3997.21	3648.94	2256.21	1392.73	348.27
青海					
宁夏					
新疆	18754.20	18365.06	8833.82	9531.25	389.14

6-28 分地区地方技工学校生均公共财政预算教育经费支出

单位:元

地区	公共财政预算教育经费支出	事业费支出			基本建设支出
			个人部分	公用部分	
合计	**5226.62**	**4598.14**	**2892.91**	**1705.23**	**628.48**
北京	19092.98	18231.31	6517.96	11713.35	861.66
天津	8421.37	8122.41	7529.85	592.55	298.97
河北	4428.64	4428.64	3326.14	1102.50	
山西	6815.11	4928.58	2650.33	2278.24	1886.53
内蒙古	10122.50	8486.07	6747.15	1738.92	1636.43
辽宁	12889.21	12527.65	5717.49	6810.16	361.56
吉林	2602.33	2602.33	2257.36	344.97	
黑龙江	8088.34	5920.78	4863.01	1057.77	2167.56
上海	93145.90	93145.90	56844.26	36301.64	
江苏	3184.49	3058.31	2147.35	910.95	126.19
浙江	7387.80	7358.20	4675.50	2682.69	29.60
安徽	1703.48	1432.50	1373.42	59.08	270.99
福建	5033.23	4216.76	3261.45	955.31	816.47
江西	4217.64	4217.64	3687.64	530.01	
山东	4357.65	4327.16	3014.99	1312.16	30.50
河南	3643.11	3365.75	2677.01	688.73	277.37
湖北	3709.52	3709.52	1841.23	1868.30	
湖南	2817.82	2817.82	2630.41	187.41	
广东	5040.54	4034.45	2046.02	1988.43	1006.09
广西	3831.65	3779.67	2553.22	1226.45	51.98
海南	20664.47	4250.16	2506.86	1743.30	16414.31
重庆	2455.45	2416.14	1441.38	974.76	39.31
四川	5145.66	4938.70	4169.50	769.19	206.96
贵州					
云南	3354.02	3342.34	1860.58	1481.75	11.68
西藏					
陕西	49491.33	49491.33	49491.33		
甘肃	2302.18	1953.91	1451.94	501.97	348.27
青海					
宁夏					
新疆	10890.95	10551.07	7078.57	3472.51	339.88

6-29 分地区地方普通中学生均教育经费支出

单位:元

地区	教育经费支出	事业性经费支出	个人部分	公用部分	基本建设支出
合计	**7013.30**	**6775.75**	**4412.96**	**2362.79**	**237.55**
北京	32221.74	27514.39	16071.52	11442.87	4707.35
天津	18151.44	18031.79	12887.35	5144.44	119.65
河北	6461.90	6368.13	4239.35	2128.78	93.77
山西	6288.41	6051.12	3634.87	2416.25	237.29
内蒙古	10129.81	9514.58	5810.95	3703.63	615.22
辽宁	8802.83	8617.66	5812.61	2805.05	185.17
吉林	7420.78	7314.46	4816.54	2497.92	106.32
黑龙江	6409.03	6238.07	4179.33	2058.73	170.96
上海	25869.96	25399.85	16030.33	9369.53	470.11
江苏	10687.92	10379.43	7540.15	2839.28	308.49
浙江	12426.31	12315.68	8400.92	3914.76	110.63
安徽	5411.49	5258.86	3278.85	1980.00	152.63
福建	7994.68	7777.29	5251.44	2525.85	217.39
江西	4589.54	4472.49	2814.71	1657.78	117.06
山东	7428.07	7407.78	4488.75	2919.02	20.30
河南	4221.30	4139.38	2577.77	1561.61	81.92
湖北	5586.57	5467.19	3687.55	1779.63	119.38
湖南	6822.91	6687.95	4413.61	2274.34	134.95
广东	6607.91	6302.12	4058.93	2243.19	305.79
广西	5186.21	5081.89	3507.95	1573.94	104.32
海南	7730.53	7180.33	4193.91	2986.42	550.20
重庆	6709.93	6402.58	3898.89	2503.69	307.35
四川	5803.98	5571.19	3679.38	1891.81	232.79
贵州	3884.13	3816.16	2631.96	1184.20	67.97
云南	5825.60	5550.30	3789.95	1760.35	275.30
西藏	8591.65	7883.29	6129.96	1753.33	708.36
陕西	6308.33	6103.66	3917.99	2185.67	204.67
甘肃	5474.10	4946.85	3127.40	1819.45	527.25
青海	10640.51	9310.57	5226.91	4083.66	1329.94
宁夏	8104.29	7847.93	3869.17	3978.75	256.36
新疆	9472.53	8798.22	5643.93	3154.29	674.32

6-30 分地区地方普通中学生均公共财政预算教育经费支出

单位:元

地 区	公共财政预算教育经费支出	事业费支出			基本建设支出
			个人部分	公用部分	
合 计	**5217.79**	**4994.32**	**3686.65**	**1307.67**	**223.47**
北 京	24952.92	20245.57	11767.71	8477.86	4707.35
天 津	14314.68	14195.02	11815.85	2379.18	119.65
河 北	4888.53	4794.76	3645.95	1148.81	93.77
山 西	4795.16	4583.91	3261.84	1322.07	211.25
内蒙古	7407.80	6884.65	4822.82	2061.83	523.15
辽 宁	6622.92	6437.75	4666.38	1771.37	185.17
吉 林	6281.99	6214.22	4469.64	1744.58	67.77
黑龙江	5405.81	5245.03	3941.50	1303.53	160.78
上 海	20450.53	19980.42	14622.54	5357.89	470.11
江 苏	7673.23	7364.74	6453.22	911.52	308.49
浙 江	7867.07	7765.04	6518.47	1246.56	102.04
安 徽	3733.73	3605.66	2469.41	1136.25	128.07
福 建	5719.63	5544.02	4253.51	1290.51	175.61
江 西	3395.91	3281.30	2315.62	965.68	114.61
山 东	5819.50	5804.21	4245.16	1559.05	15.28
河 南	3199.05	3133.65	2126.77	1006.87	65.40
湖 北	3957.53	3845.84	2937.60	908.24	111.69
湖 南	4519.96	4390.75	3172.27	1218.48	129.21
广 东	4621.03	4334.78	3201.62	1133.17	286.24
广 西	4171.28	4069.42	3045.53	1023.89	101.86
海 南	6526.87	5976.77	3791.36	2185.41	550.10
重 庆	4385.16	4078.68	2615.72	1462.96	306.48
四 川	3866.34	3640.55	2784.09	856.47	225.78
贵 州	3292.85	3229.12	2473.62	755.49	63.73
云 南	4610.82	4341.52	3209.91	1131.61	269.31
西 藏	7922.13	7243.45	5837.38	1406.07	678.68
陕 西	5191.21	4988.38	3638.15	1350.23	202.83
甘 肃	4461.70	4026.37	2847.68	1178.68	435.33
青 海	8912.52	7613.12	4129.67	3483.46	1299.39
宁 夏	6474.12	6217.76	3296.45	2921.31	256.36
新 疆	8301.77	7635.84	5357.14	2278.70	665.93

6-31 分地区地方普通高中生均教育经费支出

单位:元

地区	教育经费支出	事业性经费支出			基本建设支出
			个人部分	公用部分	
合计	**8100.61**	**7804.39**	**4633.48**	**3170.91**	**296.22**
北京	34626.42	29033.27	16847.27	12186.00	5593.15
天津	17989.95	17832.98	12721.47	5111.51	156.96
河北	6525.13	6473.67	3920.41	2553.26	51.45
山西	7733.47	7360.00	3856.89	3503.11	373.47
内蒙古	10079.54	9269.26	4952.42	4316.84	810.28
辽宁	8721.08	8441.50	5227.15	3214.35	279.58
吉林	7349.55	7343.89	4341.18	3002.71	5.66
黑龙江	6723.61	6630.48	3992.42	2638.06	93.13
上海	33115.89	32637.23	18255.18	14382.05	478.66
江苏	11252.36	10754.44	6928.02	3826.42	497.92
浙江	14035.67	13862.95	8642.68	5220.27	172.72
安徽	6226.80	6082.75	3466.46	2616.29	144.05
福建	8998.20	8786.23	5764.33	3021.91	211.97
江西	5694.96	5539.24	3302.15	2237.09	155.73
山东	8305.55	8296.58	4574.77	3721.82	8.96
河南	4646.09	4528.34	2464.87	2063.47	117.75
湖北	5947.47	5843.85	3575.02	2268.84	103.62
湖南	7441.49	7311.80	4477.95	2833.85	129.69
广东	9616.07	9066.34	5095.96	3970.38	549.73
广西	5701.21	5641.53	3515.19	2126.34	59.68
海南	9502.35	8117.26	4401.19	3716.07	1385.09
重庆	7550.77	7117.53	4160.84	2956.69	433.25
四川	6271.41	6048.75	3609.18	2439.57	222.66
贵州	5242.27	5210.65	3269.64	1941.01	31.62
云南	7108.58	6929.51	4394.23	2535.28	179.06
西藏	11069.45	8221.63	6355.76	1865.87	2847.83
陕西	6486.76	6395.16	3849.86	2545.30	91.60
甘肃	6106.20	5616.80	3290.78	2326.02	489.41
青海	12031.91	10315.06	5753.01	4562.05	1716.84
宁夏	9565.53	9524.21	4295.91	5228.29	41.32
新疆	10100.20	9432.74	6021.20	3411.53	667.47

6-32 分地区地方普通高中生均公共财政预算教育经费支出

单位:元

地　区	公共财政预算教育经费支出	事业费支出			基本建设支出
			个人部分	公用部分	
合　计	**4776.16**	**4503.50**	**3434.41**	**1069.10**	**272.66**
北　京	26212.81	20619.66	11754.82	8864.84	5593.15
天　津	13390.83	13233.87	11073.06	2160.81	156.96
河　北	4049.34	3997.89	3138.17	859.72	51.45
山　西	4588.93	4245.34	3126.03	1119.31	343.59
内蒙古	6209.88	5611.80	3784.40	1827.40	598.08
辽　宁	5614.38	5334.80	4114.75	1220.04	279.58
吉　林	5104.32	5104.32	3652.86	1451.46	
黑龙江	4490.56	4411.34	3382.07	1029.27	79.22
上　海	20825.24	20346.58	14861.01	5485.57	478.66
江　苏	6093.39	5595.47	4990.66	604.82	497.92
浙　江	6580.27	6415.40	5088.48	1326.93	164.86
安　徽	2905.95	2817.27	2127.63	689.63	88.69
福　建	5377.66	5221.83	4238.42	983.41	155.83
江　西	3166.55	3016.21	2357.57	658.64	150.34
山　东	5084.73	5076.80	4005.89	1070.92	7.92
河　南	2534.64	2457.82	1861.95	595.87	76.82
湖　北	2644.56	2563.33	2081.29	482.04	81.23
湖　南	3406.68	3288.30	2733.16	555.14	118.37
广　东	5824.87	5312.93	3803.98	1508.96	511.94
广　西	3481.04	3428.11	2692.14	735.97	52.93
海　南	7806.52	6421.43	3860.00	2561.42	1385.09
重　庆	4039.51	3606.59	2367.36	1239.23	432.92
四　川	2801.79	2590.74	2160.80	429.94	211.05
贵　州	3339.27	3317.10	2814.88	502.21	22.17
云　南	4480.24	4315.79	3288.83	1026.96	164.46
西　藏	10093.59	7245.76	5932.45	1313.31	2847.83
陕　西	4578.15	4491.15	3449.70	1041.46	87.00
甘　肃	4210.15	3798.17	2871.06	927.11	411.98
青　海	9662.47	7983.63	4430.17	3553.46	1678.84
宁　夏	6713.55	6672.23	3437.95	3234.27	41.32
新　疆	7907.17	7249.22	5396.89	1852.33	657.95

6-33 分地区地方农村高中生均教育经费支出

单位:元

地区	教育经费支出	事业性经费支出	个人部分	公用部分	基本建设支出
合计	**6280.49**	**6157.08**	**3982.94**	**2174.13**	**123.41**
北京	26093.29	25140.30	14658.28	10482.02	952.99
天津	11165.31	10580.98	7758.85	2822.13	584.33
河北	6261.44	6261.44	4428.86	1832.58	
山西	5738.67	5382.04	3203.32	2178.72	356.63
内蒙古	8223.52	8205.20	4653.70	3551.50	18.32
辽宁	9587.72	8165.48	4120.18	4045.30	1422.24
吉林	5351.02	5351.02	4066.74	1284.28	
黑龙江	4788.58	4788.58	3510.71	1277.87	
上海	17651.07	17651.07	13560.72	4090.34	
江苏	8025.04	7991.65	5489.13	2502.52	33.39
浙江	10988.91	10977.25	7230.83	3746.42	11.66
安徽	4963.35	4876.04	2806.07	2069.97	87.31
福建	7307.78	7183.09	4866.50	2316.58	124.70
江西	4381.01	4372.50	2864.48	1508.02	8.51
山东	7307.48	7307.48	4639.50	2667.98	
河南	4164.74	4093.46	2468.98	1624.49	71.28
湖北	4201.96	4192.43	2584.69	1607.74	9.53
湖南	6322.38	6299.46	4019.70	2279.76	22.92
广东	6210.49	6186.94	3410.76	2776.18	23.55
广西	3949.59	3929.48	2987.12	942.36	20.10
海南	5896.48	5532.51	4262.89	1269.62	363.96
重庆	5322.67	5255.45	3314.51	1940.95	67.22
四川	4538.33	4498.46	2872.52	1625.95	39.87
贵州	4109.26	4042.00	2741.75	1300.25	67.26
云南	5537.12	5481.27	3894.93	1586.34	55.85
西藏					
陕西	6536.42	6351.92	4901.03	1450.90	184.50
甘肃	5529.96	4584.62	2911.75	1672.87	945.34
青海	8156.34	5788.85	4736.22	1052.63	2367.49
宁夏	7846.08	7846.08	6531.55	1314.53	
新疆	11703.65	10405.12	6541.67	3863.45	1298.54

6-34 分地区地方农村高中生均公共财政预算教育经费支出

单位:元

地区	公共财政预算教育经费支出	事业费支出			基本建设支出
			个人部分	公用部分	
合计	**3821.46**	**3731.49**	**3024.01**	**707.49**	**89.96**
北京	19843.76	18890.77	12135.42	6755.36	952.99
天津	8118.46	7534.14	6650.01	884.13	584.33
河北	4539.80	4539.80	3752.40	787.40	
山西	2928.09	2918.62	2531.72	386.90	9.47
内蒙古	5222.50	5204.17	3843.62	1360.56	18.32
辽宁	7533.86	6111.62	3756.86	2354.76	1422.24
吉林	4407.56	4407.56	3843.79	563.78	
黑龙江	4208.86	4208.86	3481.38	727.48	
上海	16189.55	16189.55	12729.90	3459.65	
江苏	4462.07	4428.68	4041.97	386.71	33.39
浙江	5036.65	5036.65	4193.49	843.15	
安徽	2765.42	2723.99	1973.27	750.72	41.43
福建	4852.67	4795.93	3890.44	905.49	56.74
江西	2639.95	2639.95	2211.36	428.59	
山东	5018.65	5018.65	4363.03	655.63	
河南	2640.10	2638.76	2107.81	530.95	1.34
湖北	2068.99	2059.46	1714.41	345.05	9.53
湖南	2774.01	2765.76	2332.13	433.62	8.25
广东	3618.48	3617.66	2602.46	1015.20	0.82
广西	2999.63	2999.08	2621.82	377.25	0.55
海南	4712.41	4348.45	3466.92	881.53	363.96
重庆	3151.94	3085.70	2210.48	875.22	66.23
四川	2297.58	2257.71	1842.42	415.29	39.87
贵州	3226.74	3176.91	2592.00	584.92	49.83
云南	4134.52	4078.67	3158.67	920.01	55.85
西藏					
陕西	5270.08	5103.58	4609.35	494.23	166.50
甘肃	4166.23	3535.84	2713.67	822.17	630.38
青海	6717.90	4350.41	3968.48	381.93	2367.49
宁夏	6742.35	6742.35	5850.38	891.97	
新疆	11175.20	9876.66	6352.92	3523.74	1298.54

6-35 分地区地方普通初中生均教育经费支出

单位:元

地 区	教育经费支出	事业性经费支出	个人部分	公用部分	基本建设支出
合 计	**6526.73**	**6315.44**	**4314.28**	**2001.16**	**211.29**
北 京	30791.29	26610.87	15610.06	11000.80	4180.42
天 津	18256.36	18160.95	12995.12	5165.83	95.41
河 北	6427.58	6310.85	4412.42	1898.43	116.73
山 西	5624.83	5450.08	3532.92	1917.16	174.76
内蒙古	10161.39	9668.70	6350.30	3318.40	492.69
辽 宁	8842.87	8703.95	6099.38	2604.56	138.92
吉 林	7460.08	7298.23	5078.80	2219.43	161.85
黑龙江	6277.35	6073.81	4257.58	1816.23	203.54
上 海	22497.03	22030.91	14994.67	7036.23	466.12
江 苏	10362.15	10162.99	7893.46	2269.53	199.16
浙 江	11690.04	11607.82	8290.32	3317.50	82.22
安 徽	5041.37	4884.85	3193.69	1691.16	156.52
福 建	7460.21	7239.93	4978.28	2261.65	220.27
江 西	4198.09	4094.72	2642.09	1452.63	103.36
山 东	7026.48	7000.99	4449.39	2551.61	25.48
河 南	4047.58	3980.31	2623.94	1356.38	67.27
湖 北	5398.43	5270.83	3746.22	1524.61	127.60
湖 南	6518.89	6381.35	4381.99	1999.36	137.54
广 东	5335.29	5132.70	3620.21	1512.49	202.59
广 西	5001.27	4880.92	3505.36	1375.56	120.35
海 南	7032.55	6811.24	4112.25	2698.99	221.31
重 庆	6319.44	6070.56	3777.24	2293.32	248.88
四 川	5609.68	5372.68	3708.56	1664.11	237.00
贵 州	3499.45	3421.18	2451.35	969.83	78.27
云 南	5449.07	5145.52	3612.61	1532.92	303.55
西 藏	7901.57	7789.06	6067.08	1721.98	112.51
陕 西	6211.98	5946.25	3954.78	1991.47	265.73
甘 肃	5187.41	4643.00	3053.30	1589.70	544.41
青 海	9927.13	8795.56	4957.18	3838.38	1131.57
宁 夏	7434.35	7079.40	3673.53	3405.88	354.95
新 疆	9224.42	8547.40	5494.79	3052.60	677.02

6-36 分地区地方普通初中生均公共财政预算教育经费支出

单位:元

地 区	公共财政预算教育经费支出	事业费支出			基本建设支出
			个人部分	公用部分	
合 计	**5415.41**	**5213.95**	**3799.53**	**1414.43**	**201.46**
北 京	24203.46	20023.04	11775.38	8247.66	4180.42
天 津	14914.89	14819.48	12298.43	2521.05	95.41
河 北	5343.92	5227.19	3921.50	1305.69	116.73
山 西	4889.85	4739.37	3324.20	1415.17	150.48
内蒙古	8160.36	7684.29	5475.19	2209.10	476.08
辽 宁	7116.94	6978.02	4936.59	2041.43	138.92
吉 林	6931.71	6826.55	4920.25	1906.29	105.16
黑龙江	5788.93	5594.01	4175.67	1418.34	194.92
上 海	20276.10	19809.98	14511.53	5298.45	466.12
江 苏	8585.05	8385.89	7297.35	1088.54	199.16
浙 江	8455.78	8382.49	7172.69	1209.80	73.29
安 徽	4109.50	3963.55	2624.56	1338.99	145.95
福 建	5901.76	5715.61	4261.54	1454.07	186.15
江 西	3477.13	3375.17	2300.76	1074.41	101.96
山 东	6155.78	6137.13	4354.67	1782.46	18.65
河 南	3470.75	3410.02	2235.07	1174.95	60.73
湖 北	4641.97	4514.41	3384.00	1130.42	127.56
湖 南	5067.10	4932.57	3388.08	1544.50	134.53
广 东	4111.73	3920.97	2946.78	974.19	190.76
广 西	4419.16	4299.73	3172.44	1127.29	119.43
海 南	6022.78	5801.61	3764.31	2037.29	221.17
重 庆	4545.68	4297.92	2731.06	1566.86	247.76
四 川	4308.86	4076.96	3043.18	1033.77	231.91
贵 州	3279.70	3204.20	2376.96	827.24	75.50
云 南	4649.15	4349.07	3186.74	1162.33	300.08
西 藏	7317.37	7242.81	5810.90	1431.91	74.56
陕 西	5522.27	5256.90	3739.93	1516.97	265.38
甘 肃	4575.79	4129.87	2837.08	1292.78	445.92
青 海	8528.01	7423.16	3975.60	3447.57	1104.85
宁 夏	6364.35	6009.40	3231.57	2777.83	354.95
新 疆	8457.75	7788.66	5341.43	2447.24	669.09

6-37 分地区地方农村初中生均教育经费支出

单位:元

地 区	教育经费支出	事业性经费支出			基本建设支出
			个人部分	公用部分	
合 计	**5874.05**	**5699.52**	**3955.39**	**1744.13**	**174.54**
北 京	35135.38	32238.58	17694.85	14543.73	2896.79
天 津	13679.79	13493.02	10113.54	3379.48	186.77
河 北	6834.08	6691.85	4797.09	1894.76	142.23
山 西	5737.80	5529.01	3702.15	1826.86	208.80
内蒙古	10825.31	10481.37	8078.96	2402.41	343.94
辽 宁	8054.89	7815.81	5302.06	2513.76	239.08
吉 林	7919.04	7763.83	5362.51	2401.32	155.22
黑龙江	5512.00	5243.94	3823.12	1420.82	268.06
上 海	18812.65	18812.65	13336.30	5476.35	
江 苏	9800.23	9686.98	7707.08	1979.89	113.26
浙 江	11358.42	11277.52	8181.25	3096.27	80.90
安 徽	4898.35	4731.12	3050.95	1680.18	167.23
福 建	7032.08	6891.22	4781.85	2109.37	140.86
江 西	4101.68	4005.06	2692.87	1312.20	96.61
山 东	6701.98	6676.67	4333.79	2342.88	25.32
河 南	3912.32	3869.45	2551.87	1317.58	42.87
湖 北	5011.10	4848.90	3508.68	1340.22	162.20
湖 南	6564.31	6434.66	4622.24	1812.41	129.66
广 东	3780.50	3663.11	2542.60	1120.51	117.39
广 西	4703.32	4584.21	3295.97	1288.23	119.11
海 南	6568.93	6453.93	4324.75	2129.18	115.00
重 庆	5677.65	5468.94	3567.36	1901.58	208.71
四 川	5292.81	5069.51	3517.79	1551.72	223.30
贵 州	3363.20	3268.19	2311.23	956.96	95.01
云 南	5153.74	4898.05	3542.85	1355.20	255.69
西 藏					
陕 西	6406.98	6150.86	4298.42	1852.45	256.11
甘 肃	5066.48	4480.55	3019.08	1461.47	585.92
青 海	9461.90	7765.30	5112.12	2653.18	1696.60
宁 夏	8065.84	7547.45	3870.00	3677.45	518.39
新 疆	9298.36	8521.65	5377.30	3144.35	776.72

6-38 分地区地方农村初中生均公共财政预算教育经费支出

单位:元

地区	公共财政预算教育经费支出	事业费支出			基本建设支出
			个人部分	公用部分	
合计	**5061.33**	**4896.40**	**3547.96**	**1348.43**	**164.93**
北京	29220.04	26323.25	15042.64	11280.60	2896.79
天津	12105.59	11918.83	9585.73	2333.10	186.77
河北	5746.55	5604.32	4263.46	1340.86	142.23
山西	5285.82	5115.90	3578.27	1537.63	169.92
内蒙古	9380.39	9039.20	7055.52	1983.68	341.19
辽宁	6823.83	6584.76	4516.98	2067.78	239.08
吉林	7634.97	7479.76	5236.93	2242.82	155.22
黑龙江	5258.45	5009.35	3776.85	1232.50	249.10
上海	17751.24	17751.24	12944.48	4806.77	
江苏	8550.32	8437.06	7361.51	1075.55	113.26
浙江	8485.68	8414.96	7195.33	1219.63	70.72
安徽	4166.29	4003.62	2577.15	1426.47	162.67
福建	5851.81	5729.57	4201.89	1527.68	122.24
江西	3591.03	3495.23	2380.48	1114.75	95.80
山东	6047.06	6030.77	4264.66	1766.10	16.29
河南	3472.86	3431.11	2209.85	1221.27	41.74
湖北	4531.68	4369.54	3213.89	1155.65	162.14
湖南	5182.30	5055.39	3567.90	1487.50	126.90
广东	3016.03	2914.11	2094.82	819.29	101.92
广西	4315.58	4197.04	3054.23	1142.81	118.54
海南	5666.52	5551.73	3951.33	1600.40	114.79
重庆	4297.56	4090.47	2743.95	1346.52	207.09
四川	4188.28	3967.08	2951.80	1015.29	221.19
贵州	3207.98	3115.04	2252.43	862.61	92.95
云南	4522.88	4270.71	3185.60	1085.11	252.17
西藏					
陕西	5935.68	5680.10	4106.19	1573.91	255.58
甘肃	4590.10	4143.21	2843.82	1299.39	446.89
青海	8218.96	6540.60	4210.63	2329.96	1678.37
宁夏	7171.76	6653.37	3565.22	3088.15	518.39
新疆	8835.21	8070.43	5282.92	2787.51	764.78

6-39 分地区地方普通小学生均教育经费支出

单位:元

地区	教育经费支出	事业性经费支出	个人部分	公用部分	基本建设支出
合计	**4931.58**	**4840.63**	**3585.18**	**1255.46**	**90.95**
北京	19762.13	18882.77	11214.69	7668.08	879.37
天津	12688.51	12617.99	10175.71	2442.29	70.51
河北	4627.01	4573.89	3333.69	1240.20	53.12
山西	4647.95	4558.23	3340.15	1218.08	89.71
内蒙古	8954.37	8702.86	6550.21	2152.65	251.51
辽宁	6533.40	6504.57	4953.60	1550.97	28.83
吉林	6653.48	6602.39	4916.51	1685.88	51.09
黑龙江	5882.01	5803.57	4598.05	1205.52	78.44
上海	18982.88	18592.12	12108.66	6483.46	390.76
江苏	8610.95	8472.63	6792.99	1679.64	138.31
浙江	8973.71	8923.05	6743.98	2179.07	50.66
安徽	4047.49	3989.25	2913.90	1075.35	58.23
福建	6240.02	6160.70	4626.02	1534.69	79.31
江西	3049.18	3009.77	2140.76	869.01	39.41
山东	4382.76	4368.49	3072.64	1295.85	14.27
河南	2552.97	2537.28	1764.08	773.20	15.69
湖北	3757.28	3711.05	2761.34	949.71	46.23
湖南	3941.70	3892.13	2716.02	1176.10	49.57
广东	4717.12	4620.20	3553.21	1066.99	96.92
广西	3857.57	3800.47	3010.29	790.18	57.10
海南	6392.29	6195.92	4546.50	1649.42	196.37
重庆	5368.57	5276.23	3802.03	1474.20	92.34
四川	4724.93	4591.17	3409.77	1181.40	133.76
贵州	2962.16	2915.97	2265.43	650.54	46.19
云南	4317.51	4190.93	3197.05	993.88	126.58
西藏	9302.80	8729.21	6384.66	2344.54	573.60
陕西	5294.76	5154.13	3867.80	1286.33	140.63
甘肃	4073.92	3819.26	2863.85	955.41	254.66
青海	6821.36	6190.29	4082.82	2107.47	631.07
宁夏	4490.04	4304.86	2752.64	1552.22	185.18
新疆	6570.30	6351.86	4845.02	1506.84	218.44

6-40 分地区地方普通小学生均公共财政预算教育经费支出

单位:元

地　区	公共财政预算教育经费支出	事业费支出	个人部分	公用部分	基本建设支出
合　计	**4097.62**	**4011.77**	**3082.31**	**929.46**	**85.85**
北　京	15361.76	14482.39	8645.40	5836.99	879.37
天　津	11575.94	11505.42	9813.63	1691.80	70.51
河　北	3836.26	3783.13	2890.89	892.25	53.12
山　西	4129.49	4049.34	3094.49	954.85	80.15
内蒙古	6910.07	6691.86	5131.10	1560.76	218.21
辽　宁	5202.60	5174.19	3910.64	1263.55	28.41
吉　林	6270.17	6220.61	4758.24	1462.37	49.56
黑龙江	5562.95	5484.50	4506.21	978.30	78.44
上　海	16534.61	16143.85	11879.15	4264.69	390.76
江　苏	7390.71	7252.39	6398.85	853.55	138.31
浙　江	6779.13	6732.41	5861.87	870.54	46.72
安　徽	3244.32	3192.12	2269.63	922.50	52.20
福　建	4842.44	4785.85	3714.59	1071.25	56.59
江　西	2509.39	2470.25	1773.00	697.25	39.15
山　东	3950.53	3936.26	3018.61	917.66	14.27
河　南	2201.37	2186.14	1485.30	700.84	15.23
湖　北	3253.81	3208.29	2507.20	701.09	45.52
湖　南	3061.86	3013.99	2085.51	928.48	47.86
广　东	3568.76	3487.02	2751.17	735.85	81.74
广　西	3412.66	3355.57	2685.21	670.36	57.09
海　南	5773.68	5578.47	4219.73	1358.73	195.21
重　庆	3725.08	3633.96	2467.51	1166.45	91.11
四　川	3501.53	3372.56	2601.75	770.81	128.97
贵　州	2798.54	2758.61	2179.35	579.26	39.93
云　南	3400.28	3286.24	2483.68	802.56	114.04
西　藏	8581.87	8164.32	6086.37	2077.95	417.55
陕　西	4864.15	4723.88	3652.60	1071.28	140.27
甘　肃	3557.37	3306.41	2485.77	820.64	250.95
青　海	5617.92	5011.76	3161.27	1850.49	606.16
宁　夏	4004.32	3819.14	2514.64	1304.51	185.18
新　疆	6084.43	5868.61	4723.12	1145.49	215.82

6-41 分地区地方农村小学生均教育经费支出

单位:元

地区	教育经费支出	事业性经费支出	个人部分	公用部分	基本建设支出
合计	**4560.31**	**4482.09**	**3397.75**	**1084.34**	**78.22**
北京	22781.02	20844.63	12278.18	8566.45	1936.39
天津	10950.59	10814.05	8563.30	2250.74	136.55
河北	4740.17	4679.22	3436.52	1242.70	60.95
山西	5123.21	5014.68	3788.61	1226.07	108.53
内蒙古	12155.11	11927.13	9781.52	2145.61	227.98
辽宁	6652.87	6610.17	5000.23	1609.94	42.70
吉林	7265.99	7197.01	5464.53	1732.48	68.98
黑龙江	6394.88	6319.85	5208.47	1111.38	75.03
上海	14442.25	14442.25	10772.85	3669.40	
江苏	8336.88	8238.23	6879.80	1358.44	98.64
浙江	8967.02	8917.07	6894.95	2022.12	49.95
安徽	3898.57	3840.39	2821.59	1018.80	58.19
福建	6482.37	6417.47	4883.63	1533.84	64.90
江西	3018.86	2976.73	2185.19	791.54	42.13
山东	4151.37	4143.21	2969.49	1173.72	8.16
河南	2464.89	2449.34	1703.29	746.05	15.55
湖北	3355.39	3303.11	2494.29	808.83	52.28
湖南	3694.91	3659.28	2682.87	976.41	35.63
广东	3529.77	3501.21	2768.11	733.09	28.57
广西	3698.87	3640.47	2897.18	743.29	58.40
海南	6576.58	6469.10	5136.65	1332.45	107.48
重庆	5018.40	4936.09	3756.72	1179.38	82.31
四川	4664.41	4525.77	3413.80	1111.97	138.64
贵州	2872.20	2820.37	2176.70	643.67	51.83
云南	4313.72	4201.07	3214.23	986.84	112.65
西藏	8713.40	8055.03	5959.45	2095.58	658.37
陕西	5789.31	5642.61	4399.65	1242.97	146.69
甘肃	4063.63	3810.46	2883.68	926.78	253.17
青海	6647.41	5999.69	4084.52	1915.17	647.72
宁夏	4434.92	4240.37	2844.95	1395.42	194.55
新疆	6489.27	6394.26	5143.55	1250.71	95.02

6-42 分地区地方农村小学生均公共财政预算教育经费支出

单位:元

地 区	公共财政预算教育经费支出	事业费支出	个人部分	公用部分	基本建设支出
合 计	**3876.24**	**3802.92**	**2940.84**	**862.08**	**73.32**
北 京	18544.94	16608.55	10259.59	6348.96	1936.39
天 津	9925.48	9788.94	8225.55	1563.39	136.55
河 北	3955.43	3894.49	2977.51	916.97	60.95
山 西	4662.44	4569.58	3548.68	1020.91	92.85
内蒙古	9346.15	9146.68	7427.93	1718.75	199.47
辽 宁	5495.78	5453.08	4075.38	1377.70	42.70
吉 林	6996.87	6927.88	5320.94	1606.94	68.98
黑龙江	6131.02	6055.99	5123.28	932.72	75.03
上 海	13939.42	13939.42	10614.82	3324.60	
江 苏	7441.74	7343.10	6568.03	775.06	98.64
浙 江	7018.50	6973.95	6109.89	864.06	44.55
安 徽	3204.44	3150.12	2225.94	924.18	54.32
福 建	5145.00	5091.09	3984.79	1106.29	53.92
江 西	2522.38	2480.60	1813.70	666.91	41.78
山 东	3848.24	3840.09	2935.52	904.57	8.16
河 南	2169.92	2154.78	1447.42	707.36	15.14
湖 北	3070.60	3018.34	2320.50	697.84	52.25
湖 南	2924.08	2890.10	2064.15	825.94	33.98
广 东	2662.36	2653.50	2104.05	549.45	8.86
广 西	3317.69	3259.29	2600.02	659.28	58.39
海 南	5949.21	5843.14	4746.17	1096.97	106.07
重 庆	3551.58	3470.98	2503.99	966.99	80.60
四 川	3490.52	3358.16	2587.42	770.74	132.36
贵 州	2726.52	2681.72	2099.09	582.63	44.80
云 南	3429.69	3326.39	2514.13	812.26	103.30
西 藏	8012.27	7534.86	5683.56	1851.30	477.42
陕 西	5397.26	5251.11	4169.93	1081.18	146.15
甘 肃	3582.17	3330.93	2514.84	816.09	251.24
青 海	5587.78	4966.41	3273.86	1692.55	621.37
宁 夏	4027.60	3833.06	2632.07	1200.99	194.55
新 疆	6208.75	6117.94	5038.84	1079.09	90.82

6-43 分地区地方特殊教育学校生均教育经费支出

单位:元

地 区	教育经费支出	事业性经费支出	个人部分	公用部分	基本建设支出
合 计	**38906.66**	**32688.72**	**19207.97**	**13480.75**	**6217.95**
北 京	80620.70	80620.70	42859.64	37761.06	
天 津	69157.23	69157.23	51744.58	17412.65	
河 北	41967.43	27317.89	16914.24	10403.65	14649.54
山 西	24641.84	19816.45	13177.53	6638.91	4825.39
内蒙古	92373.89	66702.44	25734.21	40968.23	25671.45
辽 宁	29168.85	29168.85	21659.77	7509.08	
吉 林	39920.51	34458.55	20417.19	14041.36	5461.96
黑龙江	31792.84	28284.48	19017.17	9267.31	3508.37
上 海	58113.31	57867.56	40507.65	17359.92	245.75
江 苏	41697.65	40856.47	26172.50	14683.97	841.18
浙 江	47350.67	46622.10	27781.58	18840.53	728.56
安 徽	22352.94	18639.06	11154.80	7484.26	3713.88
福 建	33054.64	31281.52	17114.49	14167.04	1773.11
江 西	49357.35	27851.12	9359.50	18491.62	21506.22
山 东	28749.55	28749.55	19200.16	9549.39	
河 南	28232.59	24963.49	11101.73	13861.76	3269.09
湖 北	34276.47	19074.25	11390.11	7684.14	15202.22
湖 南	35082.39	25541.44	13931.80	11609.64	9540.95
广 东	43171.53	38888.55	27139.76	11748.78	4282.99
广 西	34518.02	31321.23	15113.56	16207.67	3196.79
海 南	25115.73	24373.89	13054.90	11318.99	741.84
重 庆	39260.43	31892.82	12326.38	19566.44	7367.60
四 川	37161.36	25113.74	13215.10	11898.64	12047.61
贵 州	24156.31	19931.49	11893.94	8037.55	4224.82
云 南	42515.70	28939.16	12887.63	16051.52	13576.55
西 藏	123265.49	25920.35	21946.90	3973.45	97345.13
陕 西	67263.64	42167.77	16453.17	25714.60	25095.87
甘 肃	33969.02	26220.81	13272.84	12947.97	7748.21
青 海	40317.48	18105.83	13897.74	4208.09	22211.65
宁 夏	42691.00	21027.16	16979.63	4047.54	21663.84
新 疆	64118.40	41261.62	18368.56	22893.06	22856.78

6-44 分地区地方特殊教育学校生均公共财政预算教育经费支出

单位:元

地 区	公共财政预算教育经费支出	事业费支出			基本建设支出
			个人部分	公用部分	
合 计	**32256.28**	**26307.83**	**17043.40**	**9264.43**	**5948.45**
北 京	54559.80	54559.80	33044.24	21515.57	
天 津	66154.22	66154.22	49602.41	16551.81	
河 北	37075.95	22426.41	14912.89	7513.52	14649.54
山 西	22626.70	17861.52	12590.57	5270.94	4765.18
内蒙古	82509.49	61301.43	21675.32	39626.11	21208.06
辽 宁	24279.25	24279.25	18120.38	6158.87	
吉 林	36733.45	31271.49	19254.22	12017.26	5461.96
黑龙江	30552.80	27044.43	18657.10	8387.33	3508.37
上 海	53758.92	53513.17	39433.85	14079.32	245.75
江 苏	33217.72	32376.54	24463.97	7912.57	841.18
浙 江	30234.94	29868.48	24326.91	5541.57	366.45
安 徽	17690.14	13976.26	8762.38	5213.88	3713.88
福 建	23162.27	21709.25	14136.82	7572.43	1453.03
江 西	43285.30	21779.08	8202.01	13577.07	21506.22
山 东	23926.43	23926.43	18706.11	5220.32	
河 南	24805.20	21536.10	9136.87	12399.23	3269.09
湖 北	30588.46	15432.21	10299.46	5132.75	15156.25
湖 南	24170.59	14629.64	11427.44	3202.19	9540.95
广 东	31460.42	30572.00	21573.53	8998.46	888.42
广 西	26889.29	23692.51	10872.96	12819.55	3196.79
海 南	19106.82	19106.82	11897.63	7209.20	
重 庆	33043.16	25675.56	9250.00	16425.56	7367.60
四 川	31064.21	19016.59	10949.98	8066.61	12047.61
贵 州	22282.42	18057.60	11481.86	6575.74	4224.82
云 南	37387.88	24090.53	11182.78	12907.75	13297.35
西 藏	123150.44	25805.31	21946.90	3858.41	97345.13
陕 西	53488.94	28889.38	15957.60	12931.78	24599.56
甘 肃	29438.84	21690.63	12754.17	8936.46	7748.21
青 海	36935.79	14724.14	11105.83	3618.31	22211.65
宁 夏	40059.42	18395.59	15312.39	3083.19	21663.84
新 疆	57410.57	34553.79	16763.21	17790.58	22856.78

6-45 分地区地方幼儿园生均教育经费支出

单位:元

地 区	教育经费支出	事业性经费支出	个人部分	公用部分	基本建设支出
合 计	**3601.85**	**3482.55**	**2172.41**	**1310.14**	**119.31**
北 京	15771.11	15353.60	8839.96	6513.65	417.50
天 津	8495.93	8495.93	5808.10	2687.83	
河 北	2136.18	2108.04	1457.03	651.00	28.15
山 西	1917.85	1910.28	1223.09	687.18	7.57
内蒙古	6621.83	6454.12	4247.44	2206.68	167.71
辽 宁	3191.64	3189.17	1952.18	1236.99	2.47
吉 林	3451.30	3436.18	2292.09	1144.09	15.11
黑龙江	3607.80	3353.92	2293.64	1060.28	253.88
上 海	15472.09	15425.66	10427.06	4998.60	46.43
江 苏	4033.74	3984.85	2310.37	1674.49	48.88
浙 江	6280.86	6272.53	3639.67	2632.86	8.33
安 徽	1849.59	1809.97	1154.24	655.73	39.62
福 建	3202.33	3189.39	2136.80	1052.58	12.94
江 西	2033.65	2012.51	1291.51	721.00	21.14
山 东	2034.82	2034.82	1163.17	871.65	
河 南	2346.14	2327.23	1410.19	917.04	18.91
湖 北	2830.27	2812.89	1905.89	907.00	17.38
湖 南	2956.75	2895.23	1737.99	1157.23	61.52
广 东	4086.23	4082.55	2833.50	1249.05	3.68
广 西	1536.12	1531.40	986.76	544.64	4.72
海 南	4387.66	4355.11	3219.51	1135.61	32.55
重 庆	1814.51	1812.86	831.49	981.37	1.65
四 川	2254.26	2153.62	1343.17	810.44	100.64
贵 州	2696.42	2696.42	1888.90	807.52	
云 南	2093.17	2020.36	1285.99	734.37	72.81
西 藏	7954.46	7573.04	5723.45	1849.59	381.42
陕 西	4831.55	4638.54	2796.07	1842.47	193.01
甘 肃	2840.69	2814.45	1931.29	883.15	26.25
青 海	7316.02	5156.08	3732.66	1423.42	2159.95
宁 夏	2305.58	2305.58	1414.83	890.76	
新 疆	7244.63	4832.11	2306.89	2525.22	2412.52

6-46 分地区地方幼儿园生均公共财政预算教育经费支出

单位:元

地 区	公共财政预算教育经费支出	事业费支出	个人部分	公用部分	基本建设支出
合 计	**1875.34**	**1759.02**	**1361.29**	**397.73**	**116.31**
北 京	8549.48	8133.05	4800.12	3332.93	416.43
天 津	4702.10	4702.10	3967.95	734.15	
河 北	1393.71	1365.56	1221.72	143.84	28.15
山 西	1050.50	1043.76	920.42	123.34	6.74
内蒙古	4377.97	4210.27	3390.82	819.44	167.71
辽 宁	1370.97	1368.51	973.87	394.64	2.46
吉 林	2000.84	1985.73	1717.77	267.95	15.11
黑龙江	2637.32	2383.44	2001.45	381.99	253.88
上 海	11380.74	11334.31	8614.59	2719.72	46.43
江 苏	1343.98	1295.36	919.50	375.87	48.61
浙 江	2405.13	2398.94	1598.29	800.65	6.19
安 徽	865.94	828.32	729.42	98.90	37.62
福 建	1844.12	1843.56	1549.33	294.24	0.56
江 西	858.72	837.58	719.71	117.87	21.14
山 东	617.59	617.59	530.58	87.01	
河 南	1015.32	996.70	849.17	147.52	18.62
湖 北	1263.41	1246.03	1139.12	106.91	17.38
湖 南	1136.78	1076.17	928.11	148.06	60.61
广 东	1353.65	1351.36	1203.19	148.17	2.28
广 西	646.61	641.89	573.88	68.00	4.72
海 南	2987.19	2987.19	2675.97	311.22	
重 庆	507.94	507.31	341.46	165.85	0.64
四 川	1003.35	903.43	752.87	150.56	99.93
贵 州	1729.28	1729.28	1532.90	196.38	
云 南	1130.63	1057.82	905.42	152.40	72.81
西 藏	6267.74	6143.09	5198.11	944.99	124.65
陕 西	2636.57	2475.27	2133.27	342.00	161.30
甘 肃	1795.79	1769.54	1526.76	242.78	26.25
青 海	4602.42	2983.40	2409.48	573.92	1619.02
宁 夏	1335.91	1335.91	1122.31	213.60	
新 疆	6729.21	4316.69	2115.75	2200.94	2412.52

附　录

全国教育经费统计指标说明

全国教育经费统计指标说明

全国教育经费指标体系是在多年的统计工作实践的基础上，通过不断修改、充实、完善建立起来的。为了便于参考和使用教育经费统计资料，现就教育经费统计指标和统计范围作简要说明。

一、全国教育经费来源

全国教育经费来源包括国家财政性教育经费，民办学校中举办者投入，社会捐赠经费，事业收入及其他教育经费。

1. **国家财政性教育经费：**包括公共财政预算教育经费，各级政府征收用于教育的税费，企业办学中的企业拨款，校办产业和社会服务收入用于教育的经费，其他属于国家财政性教育经费。

（1）公共财政预算教育经费：指中央、地方各级财政或上级主管部门在本年度内安排，并划拨到各级各类学校、教育行政单位、教育事业单位，列入国家预算支出科目的教育经费。

①**教育事业费拨款：**指学校或单位从中央和地方财政取得的列入《政府收支分类支出科目》第205类“教育支出”科目中教育事业费拨款数，不含205类第09款“教育费附加支出”、10款“地方教育附加支出”、11款“地方教育基金支出”、其他类科目中纳入基金预算管理的安排用于教育的财政性经费拨款。

②**科研拨款：**指高等学校从中央和地方取得的《政府收支分类支出科目》第206类“科学技术”科目的科学研究经费。

③**基本建设拨款：**指学校或单位从中央和地方发展与改革部门取得的列《政府收支分类科目》经济分类第309类的“基本建设支出”拨款。

④**其他拨款：**指学校或单位学校从中央和地方取得的除《政府收支分类支出科目》第205类以外的其他属于公共财政预算教育经费拨款。如第210类中的“医疗保障”经费、第229类中的“住房改革”经费、第208类“社会保障和就业”中的相关经费、第218类03款01项“地震灾后恢复重建支出”中“学校和其他教育设施”的经费等。

（2）各级政府征收用于教育的税费：指中央和地方各级政府为发展教育事业而指定机关专门征收，并划拨给教育部门使用的实际数额。例如：教育费附加，地方教育附加，地方基金。

①**教育费附加：**指按照国家规定比例向缴纳增值税、营业税、消费税的单位和个人征收的教育费附加。

②**地方教育附加：**指地方各级政府根据《教育法》的有关规定，在征收教育费附加以外，

开征的用于教育的税费。如地方政府按增值税、营业税、消费税一定比例征收的用于教育的地方附加等。

③**地方基金**:指地方各级政府除公共财政预算教育经费、教育费附加、地方教育附加以外的纳入基金预算管理的安排用于教育的其他财政性经费拨款。如国有土地使用权出让金收入、城市基础设施配套费收入、彩票公益金收入、国有资源(资产)有偿使用收入、能源建设基金收入等安排用于教育的拨款。

(3)企业办学中的企业拨款:指中央和地方所属企业在企业营业外资金列支或企业自有资金列支,并实际拨付所属学校的办学经费。

(4)校办产业和社会服务收入用于教育的经费:指学校举办的校办产业和各种经营取得的收益及投资收益中用于补充教育经费的部分。

(5)其他属于国家财政性教育经费:指高等学校从非本级财政或其他政府部门、公办科研机构取得的,未列入"科研拨款"的所有用于科学研究并源自财政拨款的经费;学校因承担农民工培训、复转军人培训、岗前培训等任务,而收到的非本级财政或其他政府部门的财政拨款;各级各类学校和教育事业单位以外的培训机构承办农民工培训、复转军人培训、岗前培训等继续教育培训任务所取得的财政拨款。

2. **民办学校中举办者投入**:指办学的单位或公民个人拨给民办学校的办学经费。

3. **社会捐赠经费**:指境内外社会各界及个人对教育的资助和捐赠。

4. **事业收入**:指学校和单位开展教学及其辅助活动依法取得的、经财政部门核准留用的资金,以及经财政专户核拨回的资金,包括教学事业收入和科研事业收入。

其中,学杂费:指学生缴纳的学杂费(含普通高中按省级人民政府规定收取的择校费和幼儿园的保育费),不包括学校收取的课本费和其他代收费项目。

5. **其他收入**:指除上述各项收入以外的其他各项收入。

二、全国教育经费支出

教育经费支出分为事业性经费支出和基建支出两部分。

1. **事业性经费支出**:分为"个人部分支出"和"公用部分支出"两部分。

(1)个人部分支出:包括"工资福利支出"、"对个人和家庭的补助"两部分。

①**工资福利支出**:反映学校或单位开支的在职职工和临时聘用人员的各类劳动报酬,以及为上述人员缴纳的各项社会保险费等。

②**对个人和家庭的补助**:反映政府对个人和家庭的补助支出。

(2)公用部分支出:包括"商品和服务支出"和"其他资本性支出"两部分。

①**商品和服务支出**:反映学校或单位购买商品和服务的支出(不包括用于购置固定资产的支出)。

②**其他资本性支出**:反映非各级发展与改革部门集中安排用于学校或单位购置固定资产、土地和无形资产,以及购建基础设施、大型修缮所发生的支出。

2. **基本建设支出**:反映各级发展和改革部门集中安排用于学校或单位购置固定资产、土地和无形资产,以及购建基础设施、大型修缮所发生的支出以及与之配套完成上述项目的非公共财政预算资金支出,不包括公共财政预算配套资金。

公共财政预算教育事业费和基建支出:反映学校或单位对应“公共财政预算教育事业费拨款”和“基本建设拨款”的支出。

本统计中央和地方教育经费支出按学校与其他教育机构隶属关系划分。中央教育经费支出指中央部委属学校及其他教育机构支出,地方教育经费支出指地方属学校及其他教育机构支出。中央和地方教育经费收入按经费来源划分。

本资料统计的范围包括:

1. 凡列入财政部制定的《政府收支分类科目》中第 205 类“教育支出”科目的:

县级及以上人民政府教育行政单位(部门)。

教育部门办各级各类学校、幼儿园、教育事业单位;其他部门办各级各类学校、幼儿园。

独立师资并按学校体制管理的中央、省(自治区、直辖市)、地(市)、县各级党委举办的党校,各级政府举办的社会主义学院、行政学院(不含行业、部门办的党校和行政学院);财政部举办的国家会计学院。

2. 国有及国有控股企业举办的普通高等学校、中等专业学校、职业高中、技工学校、普通中学、十二年一贯制学校、九年一贯制学校、普通小学、幼儿园和经过教育主管部门批准承认学历的成人高校、成人中等专业学校、成人中学、成人小学等。

3. 由国家机构以外的社会组织或者个人,利用非国家财政性经费,面向社会举办的,经县级以上人民政府教育行政部门按照国家规定的权限审批的普通高等学校(含按新机制和模式举办的独立学院)、中等专业学校、职业高中、普通中学、十二年一贯制学校、九年一贯制学校、普通小学、特殊教育学校、幼儿园等;或经县级以上人民政府人力资源和社会保障部门按照国家规定的权限审批的技工学校等。

4. 科研机构用于国家计划内研究生培养的财政拨款。

5. 列支《政府收支分类科目》第 206 类 07 款 03 项“科学技术普及-青少年科技活动”的财政拨款。

6. 各级各类学校和教育事业单位以外的培训机构承办农民工培训、复转军人培训、岗前培训等继续教育培训任务所取得的财政拨款。

香港、澳门和台湾省的教育经费统计资料暂缺。

本资料的统计时间:2010 年 1 月 1 日至 2010 年 12 月 31 日。